Carolin Philipps
Therese von Bayern

PIPER

Zu diesem Buch

Als liebenswürdig und sanftmütig galt Therese, die ihrem Gatten Ludwig I. stets eine tugendhafte und pflichtbewusste Gattin war. Dass sie für ihren Mann jedoch eine Beraterin in politischen Fragen war, ist ein hartnäckiges Gerücht, das nach der Auswertung von Tausenden von Briefen Thereses an ihren Mann und an ihre Kinder, die im Geheimen Hausarchiv der Wittelsbacher in München liegen, endgültig widerlegt werden kann. Sie war zur Ehefrau und Mutter erzogen worden und diese Rolle füllte sie perfekt aus. Im März 1847 aber kam der Moment, wo sie aus dieser Rolle heraustrat, als ihr Mann nämlich verlangte, dass sie seine Geliebte Lola Montez, von Ludwig zur Gräfin erhoben, bei Hofe empfangen und sie damit gesellschaftsfähig machen sollte. Sie widersetzte sich standhaft und brachte somit eine Staatskrise ins Rollen: »Ich bin es meiner Frauenehre schuldig – die mir teurer als daß Leben – diejenige welcher Du eine Standeserhöhung verliehen, nie – und unter keinen Bedingungen, von Angesicht zu Angesicht zu sehen«.

Carolin Philipps, geboren 1954, studierte Englisch und Geschichte in Hannover und Bonn. Heute lebt sie als freie Autorin in Hamburg und hat sich auf historische Biografien starker Frauen spezialisiert. Zuletzt erschienen von ihr die erfolgreichen Bücher »Friederike von Preußen. Die leidenschaftliche Schwester der Königin Luise« und »Luise. Die Königin und ihre Geschwister«.

Carolin Philipps

Therese von Bayern

Eine Königin zwischen Liebe, Pflicht und Widerstand

PIPER

München Berlin Zürich

Mehr über unsere Autoren und Bücher:
www.piper.de

Von Carolin Philipps liegen im Piper Verlag vor:
Friederike von Preußen
Luise
Die Dunkelgräfin
Therese von Bayern

MIX
Papier aus verantwor-
tungsvollen Quellen
FSC® C083411

Originalausgabe
1. Auflage Oktober 2015
3. Auflage Februar 2017
© Piper Verlag GmbH, München/Berlin 2015
Umschlaggestaltung: semper smile, München
Umschlagabbildung: akg images
Satz: Kösel Media GmbH, Krugzell
Gesetzt aus der Stempel Garamond
Druck und Bindung: CPI books GmbH, Leck
Printed in Germany   ISBN 978-3-492-30444-3

Für meinen Vater (1925 – 2012),
der dieses Buch nur noch in
seinen Anfängen begleiten konnte

Menschen treten in unser Leben und
begleiten uns eine Weile.
Einige bleiben für immer,
denn sie hinterlassen Spuren in unseren Herzen.

Inhalt

Prolog

>»Und nun entscheide, theurer Ludwig, überzeugt
seyend, daß Dein Ausspruch mir Gesetz.«[1]

So und ähnlich enden unzählige Briefe Thereses an König Ludwig I. Seit ihrer Hochzeit im Oktober 1810 hing ihr Schicksal von einem Mann ab, den sie zwar liebte und von ihm auf seine Weise ebenfalls geliebt und verehrt wurde, den sie aber auch wegen seiner Wutausbrüche und Misshandlungen fürchtete.

Sanftmut und Liebenswürdigkeit bescheinigten Therese alle, die sie kannten. Tugendhaftigkeit, Pflichtbewusstsein und ein starker Glaube an einen Gott, der auch in der größten Not die Hand über sie hielt, prägten ihren Lebensweg. Dass sie für ihren Mann eine kompetente Beraterin in politischen Fragen war, ist ein hartnäckiges Gerücht, das aber den Tatsachen nicht standhält. Nach der Auswertung von Tausenden von Briefen Thereses an ihren Mann und an ihre Kinder, die im Geheimen Hausarchiv der Wittelsbacher in München liegen, lässt sich feststellen, dass ihre Einflussnahme sich nur auf den familiären Bereich bezog. Zu mehr war sie durch ihre Vorbildung, ihre Interessen und auch die Beratungsresistenz ihres Mannes nicht in der Lage. Sie war erzogen worden, zu einer vollkommenen Ehefrau und Mutter möglichst vieler männlicher Nachkommen zu werden, und diese Rolle hat sie perfekt ausgefüllt.

Im März 1847 aber kam der Moment, wo sie aus dieser Rolle heraustrat, als ihr Mann nämlich verlangte, dass sie seine Geliebte Lola Montez, von Ludwig zur Gräfin erhoben, bei Hofe empfangen und sie damit gesellschaftsfähig machen sollte. »Ich bin es meiner Frauenehre schuldig – die mir teurer als daß

Leben – diejenige welcher Du eine Standeserhöhung verliehen, nie – und unter keinen Bedingungen, von Angesicht zu Angesicht zu sehen«, schrieb sie ihm.[2]

Die sanftmütige Königin, die sich widerspruchslos den Anordnungen ihres Mannes unterwarf, die seine früheren Affären schicksalsergeben ertragen hatte, setzte sich an die Spitze des passiven Widerstands der ganzen Gesellschaft gegen den König und seine Mätresse. Ein Widerstand, der letztendlich zum Rücktritt König Ludwigs führte und auch Therese den Thron kostete.

An Therese, die ihre Aufgabe als Königin in erster Linie als »Landesmutter« begriff, erinnern heute, neben der Wiese, auf der das jährliche Oktoberfest stattfindet, viele Schulen und soziale Einrichtungen in ganz Bayern, die ihren Namen tragen.

Therese von Bayern hat keine Kriege gewonnen, keine Lorbeeren auf dem diplomatischen Parkett errungen, aber sie hat Spuren in den Herzen der Menschen hinterlassen, die ihr begegneten.

Behütete Kindheit in kriegerischen Zeiten
(1792 – 1809)

Geburt im Revolutionsjahr 1792

So beteten die Einwohner in den Kirchen der Stadt Hildburg-hausen in Thüringen am Morgen des 8. Juli 1792. Herzog Fried-rich von Sachsen-Hildburghausen informierte noch am selben Tag die Verwandten in nah und fern: »daß meine zärtlich ge-liebte Gemahlin am 8. dieser Früh gegen 1 Uhr unter göttlichem Beystand mit einer gesunden und wohlgebildeten Prinzessin entbunden wurde.«[2] Die Geburt hatte im nahe gelegenen Jagd-schloss zu Seidingstadt, dem Sommersitz der Familie, stattge-funden. Die kleine Prinzessin war das sechste Kind ihrer Eltern im siebten Jahr ihrer Ehe.

Am 13. Juli 1792 wurde sie auf die Namen Therese Charlotte Louise Friederike Amalie getauft. Auch wenn die Schwestern der Herzogin Charlotte nicht als Paten aufgeführt sind, ist es wohl kein Zufall, dass die Namen der kleinen Prinzessin denen der Schwestern der Herzogin[3] entsprachen, die zusammen mit ihr als die schönsten Frauen ihrer Zeit galten: Fürstin Therese von Thurn und Taxis, Königin Luise von Preußen, Friederike, die spätere Königin von Hannover. Es war eine Tradition, von Charlotte eingeführt, den Kindern die Namen der Geschwister zu geben, um die enge Verbundenheit mit ihnen zu demonstrie-ren.

Thereses Mutter Charlotte (1769–1818) war die älteste Tochter Karls von Mecklenburg-Strelitz und seiner Frau Friederike (1752–1782), einer geborenen Prinzessin von Hessen-Darmstadt. Nach einer Kindheit, geprägt von familiärer Geborgenheit in Hannover, starb ihre Mutter, als Charlotte zwölf war. Ihre Stiefmutter Friederike, eine Schwester der Mutter, kümmerte sich liebevoll um sie. Die bis dahin fünf Geschwister hingen zeit ihres Lebens mit einer besonderen Zärtlichkeit aneinander. Umso größer war der Schock, als im Juni 1785 ein Schreiben von Prinz Joseph aus Hildburghausen eintraf, in dem er für seinen Neffen um die Hand der 15-jährigen Charlotte anhielt.

Es sollte eine der damals üblichen arrangierten Ehen aus dynastischen Gründen werden. Karl von Mecklenburg-Strelitz war ein liebevoller Vater, aber er hatte vier Töchter, die es alle standesgemäß zu verheiraten galt. Hatte Charlotte eine Chance, den Antrag abzulehnen? Wir wissen, dass Karl von Mecklenburg-Strelitz keine seiner Töchter gegen ihren ausgesprochenen Willen verheiratet hätte. Am Ende siegte aber auch bei Charlotte das Pflichtgefühl, den Wünschen des Vaters zu entsprechen, über die Angst vor der Zukunft mit einem ihr fremden Mann in einem fernen Land, 350 Kilometer entfernt von der alten Heimat. Als einzige Vertraute begleitete sie ihre alte Erzieherin, Magdalena von Wolzogen, als neue Oberhofmeisterin. Durch alle ihre Briefe an den Vater und die Geschwister zieht sich zeitlebens die Sehnsucht nach ihrer Ursprungsfamilie.

Thereses Vater Friedrich von Sachsen-Hildburghausen (1763–1834) war der einzige Sohn des Herzogs Ernst Friedrich III. Carl von Sachsen-Hildburghausen (1727–1780) und dessen dritter Gemahlin Prinzessin Ernestine Auguste Sophie von Sachsen-Weimar-Eisenach (1740–1786). Er durchlief die übliche Erziehung eines Erbprinzen, den es auf die spätere Regentschaft vorzubereiten galt. Als sein Vater 1780 starb, erbte Friedrich ein immer noch hoch verschuldetes Fürstentum. Sein Urgroßonkel Joseph (1702–1787) übernahm seine Vormundschaft, auf ausdrücklichen Wunsch Friedrichs auch noch nach

1784, dem Jahr seiner Volljährigkeit, bis zu Josephs Tod im Jahr 1787, da sich Friedrich mit der Regierung überfordert fühlte.

Auch für Prinz Friedrich war es natürlich eine arrangierte Heirat, seine Braut kannte er nur von dem Miniaturbild, das ihm zugeschickt worden war. Die Hochzeit fand am 3. September 1785 statt. Das Schloss, in das Charlotte einzog, lag am Rande der Stadt, die seit 1680 Residenz der Fürsten von Sachsen-Hildburghausen war und um 1810 ca. 3500 Einwohner hatte. Die Ausstattung des Schlosses soll sehr prunkvoll gewesen sein. Vor dem Gebäudekomplex erstreckte sich der Schlossgarten mit mehr als fünf Quadratkilometern Grundfläche. Das gesamte Schlossterrain war bis 1826, als der Hof nach Altenburg umzog, für die übrige Bevölkerung gesperrt, die Tore waren durch Wachen gesichert.[4]

Das Geburtsjahr Thereses 1792 stand ganz im Bann der revolutionären Ereignisse in Frankreich, von denen sich alle großen und kleinen Herrscher im übrigen Europa bedroht fühlten. In Paris hatte sich das Volk im Sommer 1789 gegen seinen König erhoben, ausgelöst durch den Plan Ludwigs XVI., neue Steuern zu erheben. Am 26. August 1789 hatte die neue Nationalversammlung die Erklärung der Menschenrechte nach dem Vorbild der amerikanischen Unabhängigkeitserklärung verabschiedet. Der zentrale Satz im Artikel 1, dass alle Menschen gleich geboren und mit gleichen Rechten ausgestattet seien, bedeutete das Ende der alten Ständeordnung, die auf der sozialen Ungleichheit der Menschen aufgebaut war. Im September 1791 wurde eine neue Verfassung angenommen. Nach dem Willen des Volkes sollte niemals wieder ein einziger Mensch die ganze Macht im Staate haben. Über allen, auch über dem König, der nach wie vor die Regierung als Teil der Exekutive anführen sollte, standen die Gesetze. Brach er sie, konnte er, wie jeder andere auch, zur Rechenschaft gezogen werden.

Ein Schrei des Entsetzens ging durch die europäischen Fürstenhäuser, als diese Nachrichten verbreitet wurden. Vor allem die Behandlung der Königsfamilie löste ungläubige Empörung aus. Thereses Vater sah sich, wie auch sein Schwiegervater und die meisten Fürsten, als väterlicher Beschützer seiner Untertanen. Protest, Auflehnung und gar ein Recht auf Widerstand waren gleichbedeutend mit der Umkehr der natürlichen gottgegebenen Ordnung.

Die Herrscher von Österreich und Preußen versuchten zunächst durch Appelle und Drohungen die Monarchie in Frankreich zu retten. Die Franzosen nahmen diese Einmischung in ihre inneren Angelegenheiten aber sehr übel und erklärten im April 1792 den übrigen Mächten den Krieg. Am 20. August wurden der französische König Ludwig XVI. und seine Familie im Temple gefangen gesetzt, am 25. September schaffte die Nationalversammlung die Monarchie ab, Frankreich wurde Republik.

Kurze Zeit später marschierten die französischen Truppen in Mainz und Frankfurt ein, um ihre Republik mit dem Schlachtruf »Krieg den Palästen, Friede den Hütten« gegen das monarchische Europa zu verteidigen. Der französische König wurde in einem Scheinprozess, bei dem das Ergebnis schon vorher feststand, zum Tod durch die Guillotine verurteilt, ebenso wie seine Frau Marie Antoinette, die Kinder blieben noch jahrelang im Gefängnis.[5]

Hildburghausen wurde vom eigentlichen Kriegsgeschehen zunächst nur am Rande gestreift. Die Regierung Herzog Friedrichs wurde zu diesem Zeitpunkt von niemandem infrage gestellt. Von den Schrecken der Zeit dürfte Therese aber später durch die Erzählungen der Mutter und ihrer Tanten und Onkel erfahren haben, denn die Familie ihrer Mutter war persönlich mit Marie Antoinette bekannt und die Geschwister ihrer Mutter waren mit der Großmutter drei Monate nach Thereses Geburt auf der Flucht vor den französischen Truppen aus Darmstadt nach Hildburghausen geflohen, wo sie für einige Monate Asyl erhielten.

In späteren Jahren gab es immer wieder Truppendurchmärsche und Einquartierungen in Hildburghausen, auch musste

das Herzogtum als Mitglied des Rheinbundes Napoleon Soldaten stellen, aber im Vergleich zu Charlottes Schwestern, die auf
der Flucht vor den französischen Truppen quer durch Europa
reisten, verlief das Leben der Herzogsfamilie eher in ruhigen
Bahnen. Herzogin Charlotte beschreibt selbst Anfang 1808 ihr
Leben in einem Brief an ihren Vater noch so: Zurückgekehrt
von einem Ball, den die Herzogin von Sachsen-Meiningen gegeben hat, » sind wir wieder hier, im alten, gewöhnlichen Laufe
der Ordnung zurückgekehrt, wo ein Tag dem anderen ziemlich
ähnlich, ruhig dahingleitet. «[6]

Erziehung einer Prinzessin

⌘

> »...als einfache und bescheidene Blume erblühte sie
> in der Abgeschiedenheit im Refugium der Familie,
> in dieser frommen Zufluchtsstätte der häuslichen
> Tugenden...«[1]

So beschreibt eine von Thereses Töchtern, vermutlich ihre
jüngste Tochter Alexandra, nach dem Tod der Mutter deren
Kindheit und fügt hinzu, dass diese keinesfalls im Luxus aufgewachsen sei, wie man vielleicht vermuten könne. Dies hing
natürlich vor allem mit den von der kaiserlichen Debitkommis-
sion verhängten Sparmaßnahmen zusammen, die die Regierungszeit Herzog Friedrichs überschatteten. Der äußere Prunk,
den Thereses Mutter Charlotte bei ihrer Ankunft in Hildburghausen noch vorfand, wurde von Prinz Joseph aus seinem Privatvermögen finanziert und darf nicht darüber hinwegtäu-
schen, dass dem jungen Paar für seinen Haushalt nur ein stark
begrenzter Etat zustand, was Charlotte zeit ihres Lebens bedauerte.

Immer wieder kam es zu Spannungen mit ihrem Mann, wenn
Charlotte dadurch nicht an Unternehmungen ihrer Geschwister oder an einem Familientreffen mit dem Vater in Neu-Strelitz
teilnehmen konnte. So schrieb sie am 13. März 1801 an ihren
Bruder Georg, dass ihre Schwester Therese Pläne mache für
»sich und auch für mich, die fast zu schön sind, um ausgeführt
zu werden. Ach, das leidige Geld! Im Grunde ist es mir so wenig, aber in manchen Augenblicken doch viel!«[2]

Geschichten über den Geldmangel im Herzogshaus kursierten auch in der Bevölkerung. So erzählte man sich, dass die

Hofküche manchmal »kein Fleisch erhalten konnte, weil die Lieferanten, bevor die alten Fleischrechnungen nicht bezahlt wären, nur gegen bares Geld abliefern wollten, oder wie ein ander Mal die Seife im Hofwaschhaus fehlte, oder wie ein Hofball, weil die ausgebrannten Kerzen nicht erneuert werden konnten, vor der Zeit geschlossen werden musste, oder wie sich die Dienerschaft aus Mangel an Licht im Dunkeln behelfen musste.«[3]

Wie viel Therese davon mitbekommen hat, wissen wir nicht genau, denn wirklicher Mangel herrschte im Schloss natürlich nicht. Allein der Hofstaat von Herzogin Charlotte und ihrer drei Töchter umfasste zum Beispiel 1805 zwölf Hofdamen, Kammerfrauen und Garderobemädchen sowie zwei Kammerdiener.[4] Aber im Vergleich zu dem Luxus, der sie später als Kronprinzessin von Bayern erwartete, ging es auf dem Schloss zu Hildburghausen nach dem Tod von Prinz Joseph wohl eher bescheiden zu.

Thereses Erziehung stand ganz im Zeichen der Rolle, die sie später als Ehefrau eines Fürsten ausfüllen musste. Intellektuelle Bildung hatte dabei nicht die oberste Priorität. Auch eine Auseinandersetzung mit den aktuellen politischen Zuständen fand nur auf emotionaler Ebene statt, politische Zusammenhänge standen nicht auf dem Lehrplan – das zeigen auch ihre späteren Briefe. Ein Schwerpunkt ihrer Erziehung lag bei der Unterweisung im protestantischen Glauben. Im Mittelpunkt standen dabei weniger Fakten über Luther und die Reformation oder Kirchengeschichte, es ging vielmehr darum, durch das Lesen und Verstehen der Bibeltexte Vertrauen in die Güte Gottes und Ergebenheit in seinen Willen zu gewinnen und Wege für ein eigenes tugendhaftes Leben zu finden.

Thereses Lieblingsbuch war darum auch keinesfalls eine philosophische Abhandlung, sondern ein Religionsbuch mit dem Titel »Gumal und Lina«, das der Dekan der Predigerkirche zu Erfurt 1795 geschrieben hatte, um Kindern durch »eine sinnliche Darstellung die nützlichsten Begriffe und Kenntnisse« von der Religion beizubringen. Die Kernsätze, die sich darin finden, spiegeln sich auch in Thereses Glauben wider, so zum Beispiel, wenn eine der Figuren der Geschichte sagt: »Denn wer unter dem Schutz des Allmächtigen ist, der darf kein Unglück fürchten, der kann auch mitten in Gefahren getrost und frohen Muthes seyn.«[5] Für Therese waren die Gebote der Bibel zeitlebens Richtschnur ihres Handelns. Sie hatte, wie auch ihre Mutter, einen sehr persönlichen Zugang zur Religion; ihre gelebte Frömmigkeit war ein wesentlicher Teil ihres Lebens. »Das Gebet und ›heilige Besinnungen‹ waren ihr zu allen Zeiten Zufluchtsort und Trost«, schreibt ihre Tochter dazu.[6]

Gelebte Frömmigkeit bedeutete für Therese auch Mildtätigkeit gegenüber den Armen. Hier lernte sie durch das Vorbild der Mutter, die jährlich die Hälfte ihres Einkommens für Bedürftige, Pensionen, Erziehungs- und Lehrlingskosten aufgewandt haben soll.[7] Neben dem traditionellen Unterricht für Prinzessinnen in deutscher Literatur und französischer Sprache als Hofsprache war ein weiterer Schwerpunkt ihrer Erziehung der musisch-künstlerische Bereich. Herzogin Charlotte, die sich intensiv mit den Lehren des Pädagogen Johann Heinrich Pestalozzi (1746–1827), vor allem mit dessen ganzheitlichem Ansatz, beschäftigte, ließ ihre Söhne ein Handwerk lernen und ihre Töchter, die das Talent der Mutter geerbt hatten, auf musischem Gebiet fördern.

Herzogin Charlotte holte Musiker, Maler und Schriftsteller an den Hof, unter anderem die Dichter Jean Paul und Friedrich Rückert; im Hoftheater gastierten die bekanntesten Schauspieltruppen der Zeit. Auch die Herzogin selbst trat häufig zur Begeisterung ihrer Zuhörer auf der Bühne auf, ebenso Therese, wie ihre im Stadtmuseum ausgestellten Schuhe von der Aufführung des »Rotkäppchen« im Hildburghäuser Theater um 1800 bezeugen.

Familienleben zwischen Freude und Trauer

❦

»Die Seele war gleichsam nur mechanisch beschäftigt«,[1]

schrieb Herzogin Charlotte am 13. Juli 1800 an ihren Bruder Georg in Neu-Strelitz über die Zeit nach dem Tod ihres fünfjährigen Sohnes Franz. Therese, die zu diesem Zeitpunkt acht Jahre alt war, erlebte mit, wie ihre Mutter nach dem Tod des Bruders schwer krank wurde. Sie erlebte auch die schwere Depression, in die ihre Mutter verfiel, als sie in Folge der Krankheit nicht mehr singen konnte.[2]

Die Geburt neuer Geschwister und ihr Tod, verbunden mit der Teilnahme an der Beerdigung, der wochenlangen Hoftrauer in schwarzer Kleidung und die Verzweiflung der Mutter gehörten zu Thereses Kindheit dazu. Charlotte gebar insgesamt zwölf Kinder, vier davon überlebten das erste Jahr nicht. Zu den überlebenden sieben Geschwistern hatte Therese ihr Leben lang eine sehr enge Beziehung, die ihr Zentrum im intensiven Familienleben mit der Mutter hatte: Da war ihre älteste Schwester Charlotte (1787–1847), die 1805 Paul von Württemberg (1785–1852) heiratete, der sich 1816 aber von ihr trennte, ein Ereignis, das auch Therese sehr betroffen hat. Es gab ihre Schwester Luise (1794–1825), die den Herzog Wilhelm von Nassau (1792–1839) heiratete und mit 31 Jahren starb. Ihr Bruder Joseph (1789–1868) trat 1834 die Nachfolge seines Vaters an. Schließlich gehörten die jüngeren Brüder Georg (1796–1853), Friedrich (1801–1870) und Eduard (1804–1852) dazu.

Auch wenn die Ehe ihrer Eltern als nicht sehr glücklich galt, war das Familienleben, in dem Therese aufwuchs, sehr lebendig, wie zum Beispiel Charlottes Bruder Georg bezeugt: »Dein Familienkreis ist der einzige, wo ich wahres häusliches Glück empfinde, und den ich daher *wahrhaft* meinen Familienkreis nennen kann.«[3] Es gab Feste, Sommeraufenthalte im Jagdschloss Seidingstadt und feste Traditionen, die Herzogin Charlotte einführte und die ihre Tochter Therese in ihre eigene Familie übernahm.

Zur Familie im weiteren Sinn gehörten für Therese auch ihr Großvater Karl von Mecklenburg-Strelitz und die Geschwister ihrer Mutter. Das Schloss zu Hildburghausen war für die ganze Familie immer wieder ein beliebter Treffpunkt, so zum großen Familienfest im Jahr 1805. Am häufigsten aber kam Charlottes Bruder Georg von Mecklenburg-Strelitz, der oft für Wochen in Hildburghausen weilte und den Therese sehr verehrte, wie ihre Briefe aus der Zeit zeigen.[4]

Konfirmation – Ende der Kindheit

>»Entflohen sind der Kindheit Blumenzeiten, der
>Lauf der Weihe-Stunde ist erfüllt!«

So beginnt das Gedicht, das Herzogin Charlotte zur Konfirmation ihrer Tochter Therese am 11. April 1808 selbst verfasst haben soll.[1]

Wir wissen nicht, was Therese gedacht hat, als es ihr verlesen wurde, prophezeite es doch für eine 16-Jährige zumindest aus heutiger Sicht eine eher düstere Sicht auf die Zukunft. Auf jeden Fall wird deutlich, was die Mutter, analog ihrer eigenen Geschichte, von ihrer Tochter erwartete. »Dort harret dein der Riesen-Kampf der Pflichten«, ist eine der zentralen Botschaften des Gedichtes. Das Wort »Pflicht« zieht sich auch später wie ein roter Faden durch Thereses Briefe und ist ein wichtiger Schlüssel zur Beurteilung ihres Lebens.

»Es heilt ein Gott des sanft Ergebnen Wunde.« Auch das war eine Botschaft der Mutter, die Therese mit in ihr Leben nahm. Was auch immer ihr widerfuhr, sie hat es mit Vertrauen in die Vorsehung und die Güte eines väterlichen Gottes angenommen.

Dass der »Kindheit Blumenzeiten« nun beendet waren, bekam im Jahr 1809 noch eine ganz andere Bedeutung für Therese. Bereits seit Jahren hatten sich ihre Eltern auseinandergelebt. Aktueller Anlass für die Krise im Jahr 1809 war die Forderung Herzog Friedrichs, seine Frau solle nach einem sechsmonatigen Aufenthalt bei ihrem Vater in Neu-Strelitz unverzüglich nach Hause zurückkommen, obwohl sie krank war und auch die Ärzte in Neu-Strelitz dringend zu einer Kur geraten hatten, die

der Herzog aber nicht finanzieren wollte. Die Scheidungs-
gerüchte kursierten bereits in Berlin, wo sie, vor allem wegen
der Verwandtschaft zu Königin Luise, in allen Salons heiß diskutiert wurden.[2] Aus dem Exil in Königsberg schalteten sich
daher sogar Königin Luise und Charlottes Bruder Georg, der
dort zu Besuch war, ein. Luise wollte, dass der Vater persönlich
nach Hildburghausen reisen solle, da der Herzog sich seiner
Autorität nicht entziehen könne.[3] Da der Vater aus gesundheit-
lichen Gründen nicht fahren konnte, wurde Georg als Vermitt-
ler eingesetzt. Der Bruder schaffte es tatsächlich, den Frieden
zwischen dem Herzog und seiner Frau wiederherzustellen,
wofür ihm Charlotte sehr dankbar war.

Die Ehekrise im Herzogshaus war also zumindest an der
Oberfläche gebannt, als Therese selbst zur begehrten Heirats-
kandidatin wurde.

Romantische Brautzeit und Traumhochzeit
(1809 – 1810)

Therese von Sachsen-Hildburghausen – begehrte Heiratskandidatin

❧

>»Die Kronprinzessin ist keine Schönheit, klein von Gestalt; aber doch dabei sehr hübsch, einnehmend und liebenswürdig«,

schrieb der Dichter Graf August von Platen, der am Münchner Hof als Schüler der Pagerie weilte, über Therese im Jahr 1810. »An unserem Hofe [München]* war sie immer die schönste Dame. Sie ist ohne Ziererei und Koketterie, voll Natürlichkeit, leutselig, gutmütig. Ihr Lächeln und alle ihre Gebärden sind unwiderstehlich.«¹ Auch andere Quellen heben vor allem ihre Sanftmut und Natürlichkeit hervor. Während ihre drei Jahre ältere Schwester Charlotte bereits seit vier Jahren verheiratet und schon dreifache Mutter war, lebte Therese Ende 1809 noch im väterlichen Schloss in Hildburghausen, wohl wissend, dass mit 17 Jahren auch ihre Verheiratung nur noch eine Frage der Zeit war.

Als mögliche Heiratskandidaten präsentierten sich gleich mehrere, ganz unterschiedliche Männer: Im Jahr 1809 ging ein Gerücht durch die Fürstenhäuser Europas, dass Napoleon sich von seiner Frau Josephine scheiden lassen wolle, weil sie keine Kinder mehr bekommen konnte, seine Dynastie aber unbedingt einen Nachfolger brauchte. Daher hätte er eine Kandidatinnenliste der heiratsfähigen Töchter der Fürsten des Rheinbundes aufstellen lassen, auf der auch der Name Therese von Sachsen-Hildburghausen stünde. Sie kam zwar nur aus einem

_____
* Anm. d. Verf.

kleinen Herzogtum, das aber glänzende Verbindungen in die übrigen Fürstenhäuser hatte, unter anderem war sie die Nichte der preußischen Königin Luise und eine Großnichte der englischen Königin Sophie Charlotte. Für die Familie aber war die Vorstellung, Napoleon als neues Familienmitglied begrüßen zu müssen, undenkbar.[2] Herzogin Charlotte hätte es am liebsten gesehen, wenn Therese ihren Onkel Georg geheiratet hätte, der seit Jahren auf vergeblicher Brautsuche war. Durch seine häufigen Besuche in Hildburghausen kannten sich beide sehr gut, und so war wohl bei ihnen im Laufe des Jahres 1808 ein Gefühl entstanden, das zumindest Georg als Liebe bezeichnete. In Briefen an seine Schwester Therese von Thurn und Taxis deutete er schon 1808 an, dass er sich in Hildburghausen verliebt hatte, ohne seiner neugierigen Schwester zunächst Details zu verraten.[3] Eine Ehe zwischen Verwandten zweiten Grades war in Adelskreisen nicht ungewöhnlich, auch wenn sie das Krankheitsrisiko für die Nachkommen erhöhte.

Ob Therese in ihren Onkel verliebt war, wissen wir nicht genau. Er war ihr sehr vertraut, stand für alles, was sie auch an der Mutter liebte, und ihre Briefe zeigen durchaus vorsichtige Ansätze eines Flirts mit dem Onkel, so in einem Brief vom 30. Juli 1808 nach einem längeren Besuch Georgs in Hildburghausen: »Schade, daß Sie nicht länger dablieben; vielleicht würde Ihnen in der Folge nicht allein die Gegend wohl gefallen haben, sondern auch so manche Menschen, deren Schüchternheit gewiß mehrere ihrer Vorzüge verbergen.«[4] Was im Einzelnen zwischen beiden passiert ist, können wir nur vermuten, aber Georg und auch Herzogin Charlotte und ihre Schwestern gingen von einer Heirat aus.

Am 21. Dezember 1809 aber erschien im Schloss der 23-jährige bayerische Kronprinz Ludwig von Bayern (1786–1868) auf der Suche nach einer Braut. Er fürchtete, genau wie seine Schwester Auguste, die Napoleons Stiefsohn Eugène heiraten musste, Teil der dynastischen Heiratspolitik Napoleons zu werden – eine Aussicht, die ihm zutiefst zuwider war. »Ich bin bald 24 Jahre alt, ich muß unbedingt heiraten«, schrieb er in sein Tagebuch. »Ist das einmal geschehen, können solche Anschläge auf meine Freiheit von Paris her nicht mehr gemacht werden.«[5] Sein Vater hatte ihm vorgeschlagen, Therese oder Luise von Sachsen-Hildburghausen zu ehelichen, eine seiner Großnichten. Jede von ihnen sei »lieb, freundlich und gütig und könnte eine ausgezeichnete Frau abgeben«. Zwar bringe sie kein Geld mit in die Ehe, aber Hildburghausen sei so klein und politisch so unwichtig, dass auch Napoleon keine Bedenken haben würde.[6] Bei Konzerten und beim Walzertanz kam man sich näher und am Ende entschied er sich für Therese. Ludwig schien, zumindest nach seinen Tagebucheinträgen zu urteilen, sehr verliebt.

Therese erwiderte diese Gefühle, obwohl Ludwigs Äußeres keinesfalls dem Bild eines Märchenprinzen entsprach. Sein Aussehen wird von den meisten Zeitgenossen als »wenig einnehmend« bezeichnet. Er war von mittlerer Größe, hatte eine vorspringende Nase und Blatternnarben im Gesicht. Er war stark schwerhörig, ein Erbteil der Mutter, und stotterte, was die Zeitgenossen als »schwere Zunge« bezeichneten. Daher waren Unterhaltungen mit ihm eher mühsam und auch Konzert- und Theaterbesuche schwierig. Die Folge der Schwerhörigkeit waren ein überlautes Sprechen, abrupte Bewegungen und wildes Gestikulieren. Er sprach kurz und abgehackt, oft keine ganzen Sätze und seine Äußerungen wurden von den Zeitgenossen als oftmals heftig und taktlos empfunden.[7]

Am 24. Januar 1810, als Ludwig von Hildburghausen nach München zurückkehrte, ließ er ein Gedicht bei Therese zurück, das sehr deutlich zeigt, unter welchem Dilemma die Beziehung von Anfang an stand: Ludwig, hochgebildet in Theorie und Praxis durch seine Reisen, direkt beteiligt an den großen Ereignissen der Zeit einschließlich der Teilnahme an Schlachten, traf auf ein 17-jähriges junges Mädchen, das abgesehen von Besuchen innerhalb der Familie keine Erfahrung mit der Welt außerhalb des heimatlichen Schlosses hatte und in einer sehr behütenden Familienatmosphäre aufwuchs. Dies war Ludwig durchaus bewusst, doch Therese sollte die eigentliche Bedeutung seiner Verse erst im Laufe der nächsten Jahre erkennen.

An Therese
In dem Herzen tragest Du den Himmel
Du empfindst des Lebens reinstes Glück,
Ferne dem gehaltlosen Gewimmel,
Seligkeit Dir jeder Augenblick.

Heiter wie das Heute dir, so morgen,
Reiht sich Tag an Tage, Jahr an Jahr;
Glückliche! Du kennst noch nicht die Sorgen,
Für des Herzens Reinheit eitler Gefahr.

Froh, zufrieden, mit dem, was gegeben,
Lebst Du Deinem heiligen Gefühl,
Und Dich peiniget keine ängstlich Narben,
Stilles Häuslichglück Dein frommes Ziel.

Soll ich Deinem Frieden Dich entreißen,
Stürzen in die sturmbewegte Welt?!
Alles Alte sinkt aus seinen Gleisen,
Und das Gute, Schöne es zerfällt.

Fremd Dir von dem Leben die Beschwerden,
Deine Welt der Deinen traute Zahl.
Ach! daß anders einstens dies muß werden!
Jedem wird auf Erden einstmal Qual.

Mehren können nicht die goldnen Tage
Unbefangner schöner Leichtigkeit.
Fruchtlos nur hallt ihnen nach die Klage,
Denn der Mensch muß in des Lebens Streit.

Alles keimt, wächst und wird blühen,
Doch gereifet muß die Blüt' zergehn,
Sie zu halten wäre leer Bemühen,
Die Natur, sie baut kein Stillestehn.

Ach! des Mädchens harmlos kleine Stunden
Werden Dir auch bald verschwindend fliehn,
Und von meinem Lebensbild umwunden,
Um Dein Aug' die Welt sich anders ziehn.

Dir noch unbekannte tiefe Schmerzen,
Freude auch, Dein neuer Stand verleiht;
Doch es kommt das Glück nur aus dem Herzen;
Deines zu vermehren meine Seligkeit.[8]

Im ersten Brief, den Therese ihm schrieb, drückte sie sich noch vorsichtig, wie es sich gehörte, aber durchaus mit Gefühl aus: »Dem alten Freund, dem hier zum erstenmal Vermissten, sendet mit inniger Freude, die eine Freundin. – O könnte sie dem edlen Herzen, doch Alles geben, was es je vermissen könnte. Wie glücklich wäre sie.«[9]

Lange musste sie auf eine Antwort warten, weil Ludwig zunächst das Einverständnis seiner Eltern, die zu der Zeit in Paris zu Verhandlungen mit Napoleon waren, für seine Entscheidung abwarten musste. Dann endlich, Ende Januar, kam der ersehnte elterliche Brief und Ludwig konnte sich überschwänglich für Thereses Brief bedanken, in dem er »immer mehr mein Herz beseligende Gefühle« entdeckte. »Liebte ich Sie nicht schon, durch Ihren Brief hätte ich Sie lieben müssen. Eine solche Therese giebt es nicht mehr auf Erden. O seliger Gedanke der Hoffnung mit Ihnen einst vereint zu werden für das Leben; möchte ihm Wirklichkeit zukommen. Dieses ist meine Sehnsucht.« Er schreibt weiter von »glühender Sehnsucht« und »Verehrung«, spricht von ihr als »erhabener Fürstin« und »Geliebter«.[10]

Ludwig, Kronprinz von Bayern (1786–1868)

Nicht bey dem Glücke kann der Mensch verweilen,
Denn er muß immer sehnen, immer hoffen,
Die Welten liegen seinen Wünschen offen,
Rastloses Treiben spürt er, fortzueilen.

So lautet der Beginn eines Sonetts, in dem Ludwig sein Seelenleben offenbart. Auch wenn seine Gedichte schon von den Zeitgenossen nicht als hohe Kunst betrachtet wurden und Ludwig selbst bewusst war, dass sie nur gedruckt wurden, weil er König war, gibt es doch kaum einen König, der durch seine Gedichte einen so intimen Einblick in sein Gefühlsleben gewährte. Ludwig fuhr fort:

Aus milden Thales Fluren zu den steilen
Berghöhen strebt sein Trachten; zu den schroffen
Felsklippen; wenn sein Wünschen eingetroffen,
Möcht' er das Vorige sich neu ertheilen.[1]

Die tiefe lebenslange innere Zerrissenheit Ludwigs, ein Sehnen ohne Erfüllung, die Suche nach der blauen Blume eines Novalis wird hier deutlich. Seine Gefühlswelt glich einer Achterbahn, von himmelhoch jauchzend bis zu Tode betrübt und dazwischen immer wieder jähzornige Ausbrüche. Sein Biograf Heinz Gollwitzer bezeichnet ihn als »überempfindlichen Egozentriker«, als »äußerst unausgeglichenen Menschen«.[2] Gollwitzer, der als einer der letzten Historiker seine Tagebücher einsehen durfte, fand dort häufig Eintragungen wie: »Da brauste ich auf«

oder »Da fuhr ich hoch« oder »In Zorn brach ich aus, was mich bald reuete«.[3] Auf die Biografie Ludwigs wird im Folgenden aber nur in den Punkten ausführlicher eingegangen, die für seine Beziehung zu Therese von Bedeutung sind.

Ludwigs Vater, Maximilian Joseph von Pfalz-Zweibrücken (1756–1825), war vor der Französischen Revolution als Oberst im Heer des französischen Königs Ludwigs XVI. in Straßburg stationiert. Am 30. September 1785 heiratete er Auguste Wilhelmine von Hessen-Darmstadt (1765–1796), eine Tante von Thereses Mutter, der Herzogin Charlotte von Hildburghausen. Zumindest am Anfang muss die Ehe sehr glücklich gewesen sein. Ludwig wurde am 25. August 1786 in Straßburg geboren. »Von dem Augenblick, da er das Licht der Welt gesehen hat, haben mich die Schmerzen verlassen und Freude und Wonne sind an ihre Stelle getreten. Von jeher war ich die glücklichste Tochter und jetzt bin ich die glücklichste der Mütter und Weiber«, schrieb seine Mutter nach der Geburt.[4] Taufpate wurde unter anderen der französische König Ludwig XVI. Ludwig und sein Vater hatten für Frankreich große Bedeutung, da sowohl der Kurfürst in München, Karl Theodor, als auch der Herzog von Zweibrücken kinderlos waren und es nicht ausgeschlossen war, dass Maximilian Joseph der zukünftige Kurfürst von Bayern werden konnte.

Ludwig war drei Jahre alt, als 1789 die Französische Revolution und ihre Folgen sein Leben auf den Kopf stellten. Die Familie musste Straßburg verlassen, die Franzosen besetzten das linke Rheinufer – der Beginn einer mehrjährigen Flucht vor den Heeren der Franzosen, die Ludwig für sein Leben prägten. Am 1. April 1795 starb der Bruder Maximilians, Herzog Karl August von Zweibrücken, an einem Schlaganfall, auch er auf der Flucht. Ludwigs Vater wurde neuer Herzog eines Landes, das von den Franzosen immer noch besetzt war.[5] Ludwigs Mutter war durch die Flucht sehr geschwächt, zudem im siebten Monat schwanger. Sie überlebte zwar die Geburt, aber erholte sich nicht mehr. Am 30. März 1796 starb sie mit 31 Jahren. Ludwig war neuneinhalb Jahre alt und nicht nur durch die Kriegserlebnisse, sondern vor allem durch den Tod der über alles geliebten Mutter traumatisiert. Der Hass auf die Franzosen, die er dafür verantwortlich machte, begleitete ihn sein Leben lang. Wie tief seine Trauer noch 30 Jahre später war, zeigen seine Gedichte, die er nahezu alle fünf Jahre zur Erinnerung an seine Mutter schrieb, zum Beispiel 1826:

An meine verewigte Mutter

Es hat die Erde heut vor dreißig Jahren
Der Frauen schönste, herrlichste verloren,
Die liebevolle, welche mich geboren;
Beschieden dreißig Jahre nur ihr waren.

Im Zeitlichen das Ewige erkoren,
Ist ihre Seele früh' zu ihm gefahren,
Sie wurde sehnend von den sel'gen Schaaren,
Empfangen an des Himmels heil'gen Thoren.

Zurück in die Heimath nur gekehret
Ist sie, hat selbe immer hier entbehret;
Dort lebt sie, wie auf Erden verkläret.

O! Mutter! Zu dem Höchsten dorten bitte,
Daß solche leite Deines Sohnes Schritte,
Auch er gelange in der Sel'gen Mitte.[6]

Ludwig und vor allem seine Beziehung zu Therese kann man nicht verstehen, wenn man seine Beziehung zu seiner Mutter und das Trauma ihres Verlustes unbeachtet lässt.

Bereits ein Jahr später heiratete sein Vater Karoline von Baden (1776–1841), mit der er weitere acht Kinder bekam. Ludwigs Beziehung zur neuen Frau an der Seite seines Vaters blieb stets distanziert. Nur in ihrer Abneigung gegen die Fran-

zosen waren sich beide nahe. Das Jahr 1797 brachte einen weiteren Verlust für ihn. Während seine Familie weiterhin auf der
Flucht war, siegten die Franzosen gegen die Österreicher und
bekamen im Frieden von Campo Formio, Ludwigs Heimat, das
linke Rheinufer einschließlich Zweibrücken und Teile der Kurpfalz zugesprochen. Auch dies wurde zur lebenslangen Erschüt-
terung für den inzwischen 11-jährigen Ludwig. Zeit seines
Lebens versuchte er, letztendlich vergebens, seine Heimat und
die damit verbundenen glücklichen Jahre mit seiner Mutter
zurückzugewinnen.

Vernunft und Leidenschaft

> »Wir waren in gar vielem das Gegenteil voneinan-
> der, er voller Vorliebe für die Franzoßen, für die
> Tricolore, für die Republik, für Napoleon, ihnen
> entschiedener Freund, ich entschiedener Feind,
> ja ein glühender Feind der Franzosen«,[7]

schrieb Ludwig über die Beziehung zu seinem Vater. Am
16. Februar 1799 wurde Maximilian Joseph von Pfalz-Zweibrücken nach dem Tod Karl Theodors nicht nur neuer Kurfürst
Bayerns, sondern sein Sohn Ludwig als neuer Kurprinz auch
Ziel dynastischer Heiratspolitik. Um den neuen Kurfürsten
und Bayern für die Allianz Österreich, Russland, England zu
gewinnen, schloss der russische Zar Paul I. ein geheimes Hei-
ratsabkommen mit Maximilian Joseph: Der 13-jährige Ludwig
sollte seine Tochter, die Großherzogin Katharina, heiraten,
sobald er 18 war.[8] Dafür musste Bayern gegen Frankreich mit
in den Krieg ziehen.

Nach der Niederlage der Österreicher in Hohenlinden kam
es zum Vertrag von Lunéville, in dem den Franzosen das linke
Rheinufer endgültig überlassen wurde, was der neue Kurfürst
den Österreichern sehr übel nahm. Forciert von Außenminister
Graf Maximilian von Montgelas (1759–1838), der besser Fran-

zösisch als Deutsch sprach, und zum Entsetzen des Kurprinzen schloss Bayern 1801 mit Frankreich einen Freundschaftsvertrag, in dem Frankreich als neue Schutzmacht Garantien gegen österreichische Übergriffe übernahm und Bayern Entschädigungen für den Verlust des linksrheinischen Gebietes erhielt, was einer Anerkennung der revolutionären Regierung durch Bayern gleichkam. Es kam zu ersten Konflikten zwischen Ludwig und seinem Vater. Träger der neuen Politik mit seiner Anlehnung an Frankreich und einer Kirchenpolitik, die in der Auflösung aller katholischen Klöster gipfelte, wurde immer mehr Graf Maximilian von Montgelas, der seinen größten Kritiker im Kurprinzen hatte. Gefördert wurde diese Kritik durch Ludwigs Erzieher: Joseph Anton Sambuga (1752–1815), ehemals Hofprediger zu Mannheim, der noch von der Mutter Ludwigs ausgesucht worden war. Zwei Grundsätze verfolgte Sambuga mit seiner Erziehung beim Kurprinzen, wie er selbst schreibt: »die Liebe zu seinen Baiern, und die Liebe zur Religion seiner Väter«, der katholischen.[9]

Im Herbst 1803 besuchte Ludwig nach einem halben Jahr in Landshut die Universität in Göttingen, wo er neben Vorlesungen in Geschichte und Staatslehre auch solche in Altertumskunde hörte. Als er Ende 1804 nach München zurückkam, befürchtete Montgelas, Ludwig würde seine Frankreichpolitik behindern, und so wurde er gleich wieder auf Reisen geschickt.[10] Seine erste Italienreise führte ihn nach Venedig, Rom und Neapel. Sie war der Beginn einer Leidenschaft für das Land, die antike Kunst und die Künstler, die ihn sein Leben lang begleitete und die Museen und Gemäldesammlungen Münchens mit antiken Kostbarkeiten füllte.

Und hier verliebte er sich auch zum ersten Mal mit 18 Jahren, als er 1805 in Gaeta die Tochter des amerikanischen Gesandten in Paris, Mary Livingston, traf. Sie steht am Anfang einer langen Liste von Frauen, die die Leidenschaft des Kronprinzen entflammt haben sollen.

Gollwitzer bescheinigte Ludwig ein »aktives erotisches Tem-

perament«, eine Leidenschaftlichkeit oft bis »zur Persönlich-
keitsgefährdung«, die ihm »Schmerz bereiten konnte«. Ludwig
selbst rechtfertigte sich immer damit, dass er »sein poetisches
Gemüt durch Anregungen erotischer Art in ›Schwung‹« halten
müsse. Ludwig von Bayern, der Mann, den Therese heiraten
würde, war ein Mann von innerer Zerrissenheit, ein Getriebe-
ner auf der Suche nach Frieden: einmal durch den Kampf gegen
seine Erzfeinde, die Franzosen, und für den Rückgewinn seiner Heimat, der Pfalz, und zum anderen im Kampf gegen die
»vulkanische Dimension seiner Liebesleidenschaft«.[11] Ludwig
dichtete dazu:

Ohne Liebe wäre nicht die Erde,
Ohne Liebe selbst der Himmel nicht;
Liebe, welche sehnend ich begehrte,
Du allein bist meines Lebens Licht…[12]

Kronprinz Ludwig, Napoleon und Tirol

> »[I]ch bitte Sie, nur nicht mit den Franzosen zu
> gehen, unsere Waffen nicht mit den ihrigen zu
> vereinen und nicht mit den Ungerechtigkeiten
> dieser Nation gemeinsame Sache zu machen,
> die alles Recht mit Füßen tritt«,[13]

schrieb Ludwig im Sommer 1805 an seinen Vater, um in letzter
Minute zu verhindern, dass der Geheimvertrag von Bogenhau-
sen mit Frankreich unterzeichnet würde. Kurfürst Maximilian
wäre am liebsten neutral geblieben, aber das hätten weder die
Österreicher noch die Franzosen geduldet. So setzte sich am
Ende Montgelas durch, der in einem Bündnis mit dem starken
Napoleon die Interessen Bayerns am besten gesichert sah. Im
Vertrag, der am 28. September unterzeichnet wurde, garantierte
Frankreich als neue Schutzmacht die im Reichsdeputations-
hauptschluss 1803 festgelegten Grenzen Bayerns und stellte

neuen Gebietszuwachs in Aussicht. Dafür unterstützten sich
beide Staaten fortan gegenseitig bei feindlichen Angriffen, so
zum Beispiel bei der Schlacht von Austerlitz 1805.

Um das Bündnis weiter zu festigen, griff Napoleon auf eine
bewährte Methode zurück: Heirat. Sein Stiefsohn Eugène de
Beauharnais sollte die 17-jährige Schwester Ludwigs, Auguste,
heiraten, obwohl sie bereits mit dem Erbprinzen von Baden
verlobt war. Die Hochzeit fand am 14. Januar 1806 statt, die
Verbindung soll recht glücklich gewesen sein.[14]

Eine erste Belohnung bekam das bayerische Herrscherhaus
bereits am 1. Januar 1806, indem es zum Königreich ausgerufen
wurde. Aus dem Kurprinzen Ludwig wurde der Kronprinz,
zukünftiger bayerischer König. 1806 kam es zur Auflösung des
Heiligen Römischen Reichs deutscher Nation und zur Gründung des Rheinbundes mit Napoleon als Schutzherrn. Im Zuge
der Neuordnung wurde auch ein Vertrag zwischen Russland
und Frankreich abgeschlossen, was Ludwigs Hoffnung auf eine
Hochzeit mit der Großfürstin Katharina wieder wachsen ließ.
Er schrieb an seinen Vater, dass man den russischen Hof wissen
lassen solle, dass er sie im Sommer 1808 heiraten wolle.[15]

Die seit 1792 andauernden kriegerischen Auseinandersetzungen – die Therese in Hildburghausen allenfalls, wenn überhaupt, durch die durchmarschierenden Truppen mitbekam –
führten 1807 zum ersten Kampfeinsatz Ludwigs, als man ihm
nominell das Kommando der zweiten bayerischen Division, die
Napoleon im Kampf gegen Russland unterstützte, übertrug.
König Joseph Maximilian I. hatte ihn dorthin beordert, um
Napoleons Misstrauen gegenüber der bayerischen Bündnistreue zu besänftigen. Immerhin war im März 1807 ein Gedicht
Ludwigs erschienen, in dem er zum Widerstand gegen Napoleon aufgerufen hatte.

Das Jahr 1809 war in mehrfacher Hinsicht für Ludwigs weiteres Leben bedeutsam: Großfürstin Katharina Pawlowna heiratete am 3. August 1809 nicht ihn, sondern den Herzog Georg
von Oldenburg, und König Joseph Maximilian I. ernannte sei-

nen Sohn Ludwig zum Generalgouverneur des Inn- und Salz-
achkreises, ein Gebiet, das 1805 von den Österreichern an die
Bayern abgetreten werden musste. Die bayerische Verwaltung
war hier auf eine Bevölkerung gestoßen, deren Leben über-
durchschnittlich stark von den katholischen Traditionen geprägt war. Schon im 18. Jahrhundert war es zu Protestantenver-
folgungen gekommen, die größte im Jahr 1731/32, an denen die
mit der Volksmissionierung beauftragten Jesuiten aus Bayern
maßgeblich beteiligt waren. Ziel war es, den Protestantismus
auszurotten. Die im Sinne der Aufklärung vom Toleranzgedan-
ken getragenen Reformen König Maximilians trafen daher auf
den massiven Widerstand der Tiroler, der sich 1809 zu einem
Aufstand entwickelte. Natürlich spielten dabei auch andere
Faktoren eine Rolle: die durch den langen Krieg zusammen-
gebrochene Tiroler Wirtschaft, Steuererhöhungen, Einführung
der allgemeinen Wehrpflicht, Abschaffung der traditionellen
Selbstverwaltung der Tiroler. Diese revolutionäre Stimmung
war von Wien aus geschürt und finanziell und personell unterstützt worden. Als die Österreicher am 9. April 1809 den Franzosen den Krieg erklärten, kam es parallel dazu zum Aufstand
der Tiroler gegen die bayerische Herrschaft. Ludwig engagierte
sich persönlich stark für die freiheitsliebenden Tiroler und bat
immer wieder um Schonung. Trotzdem musste er weiter am
Feldzug gegen sie teilnehmen, schließlich war sein Vater ein
Verbündeter Napoleons. Der fünfte Koalitionskrieg endete mit
einem Sieg Napoleons und seines Verbündeten Bayern gegen
Österreich. Die Tiroler unter ihrem Anführer Andreas Hofer
kämpften noch Monate weiter, am endgültigen Sieg gegen sie
war auch Ludwig direkt beteiligt, als er am 2. November mit
seinen Truppen in Innsbruck einzog. Andreas Hofer wurde am
20. Februar 1810 erschossen.
    Die bayerische Regierung nahm keine einzige ihrer religions-
und kirchenpolitischen Verordnungen nach 1809 zurück. Doch
erkannte man in München, dass man behutsamer vorgehen und
unnötige Verletzungen der religiösen Gefühle der Bevölkerung

vermeiden musste. Das war wohl auch ein Grund, warum man Kronprinz Ludwig dort als Gouverneur einsetzte. Es war allgemein bekannt, dass er immer wieder versucht hatte, die Situation der Tiroler zu verbessern.

Brautzeit zwischen Liebesschwüren und ersten Missverständnissen

❦

Ein Versprechen

»Ich finde die Idee des bayrischen Kronprinzen,
Therese zu bitten, ihre Religion zu ändern, höchst
lächerlich«,

schrieb Königin Luise von Preußen Mitte Januar 1810 an ihren
Vater. »Ich habe Charlotte geantwortet, daß man in einer derart
ernsten Angelegenheit das nicht anraten könne, aber andererseits habe ich ihr zu verstehen gegeben, daß allein Therese wissen könne, ob sie das Glaubensbekenntnis und die Gelübde, die
sie zu Füßen des Altares Gottes abgelegt habe, mit Überlegung
und voller Glauben gesprochen habe, oder ob sie in einem der
entscheidenden Augenblicke ihres Lebens unüberlegt, verwirrt
oder leichtfertig gewesen sei.«[1] Während nun zwischen Therese
und Ludwig Anfang 1810 die ersten Liebesbriefe hin- und hergingen, schlugen in Hildburghausen, Berlin und Neu-Strelitz
die Wellen hoch. Abgesehen von Georgs enttäuschten Hoffnungen ging es vor allem um die Frage der Religion. Der Kronprinz hatte ganz klar zum Ausdruck gebracht, dass Therese
zum katholischen Glauben übertreten sollte, was das Herzogs-
paar, vor allem Herzogin Charlotte, ablehnte.

Niemand ahnte zu dem Zeitpunkt, dass Ludwig Therese
bereits ein Versprechen abgerungen hatte, von dem er seine
Werbung um sie abhängig machte: Er musste zu Recht davon
ausgehen, dass sein Vater, der bereits seiner protestantischen

Frau Karoline von Baden eine eigene Kapelle und einen eigenen Geistlichen zugestanden hatte, dieses auch bei Therese machen würde. Er hatte aber auch den Tiroler Aufstand erlebt und war besorgt, dass ein Gouverneur mit einer protestantischen Ehefrau, die ihre eigene protestantische Kapelle nebst Geistlichen mitbrachte, von Anfang an zu Problemen, ja vielleicht sogar zu einem neuen Aufstand führen könnte.

Ludwig suchte nach einem Kompromiss und nahm Therese Anfang Januar 1810 ein Versprechen ab, das sie ihm in ihrem Brief vom 5. Januar 1810 schriftlich bestätigen musste: »Fordert es nemlich die Rücksicht auf Ihre Unterthanen, so will ich mir einer Kapelle, ja selbst eines Geistlichen versagen, so lange Ihr Wunsch es nothwendig finden wird, und Ihren Gottesdienstlichen Versammlungen beiwohnen, so viel meine Pflicht und ihre Kirche einer Evangelischen erlauben.«[2] Einen Übertritt zum katholischen Glauben lehnte sie aber ab. Was auch immer Ludwig ihr im Januar 1810 über Tirol, die Jesuiten und die Situation der Protestanten erzählt hatte, um sie zu diesem Verzicht zu bringen, es bewirkte eine lebenslange Furcht vor den Jesuiten und ihrer Macht. Noch als Königin sagte sie zu ihrer Oberhofmeisterin, wenn die Jesuiten im Land wieder zugelassen würden, wäre es besser gewesen, sie wäre nie nach Bayern gekommen.[3]

Thereses Vater, der Herzog von Sachsen-Hildburghausen, war glücklich über die herausragende Partie, die seine Tochter machen würde. Schon am 24. Januar, als das Einverständnis des bayerischen Königs noch gar nicht eingetroffen war, schrieb er ihm begeistert: »Ein herrliches Los ist meiner Tochter gefallen. Sie mag, sie wird es verdienen durch treue Liebe, durch treue Erfüllung ihrer Pflichten. Gott segne diesen Bund, den Liebe schloß.«[4]

Herzogin Charlotte sah das allerdings ganz anders. »Die Überraschung machte sie krank und leidend«, schrieb Königin Luise an ihren Vater. Auch Therese von Thurn und Taxis war wenig begeistert, vor allem, weil ihr Bruder Georg darunter leiden musste.[5]

Die Verlobung von Therese und Ludwig fand am 12. Februar 1810 in Hildburghausen statt. Am Tag danach kehrte Ludwig nach München zurück und schrieb an seine Braut: »Ich fühle mich wie in einer anderen Welt, sehne mich zurück nach dem herzlichen Kreise, wieder zu Dir, Geliebte meiner Seele.«[6]

Erst am 9. März 1810 traute sich Therese ihrem Onkel Georg zu schreiben. In diesem kurzen Brief fällt auf, wie oft sie die Beziehung Onkel–Nichte betont, so als hätte es für sie darüber hinausgehende Gefühle gar nicht gegeben. »Theuerster Oncle! Nur wenige Worte vermag ich zu schreiben, und doch Vieles und Wichtiges für mich habe ich Ihnen zu sagen.« Obwohl er ja Bescheid wisse, möchte sie ihm doch persönlich »von der neuen frohen Aussicht meiner Zukunft« berichten. »Sie kennen den Mann, dessen edles Herz mich gewiß einst glücklich machen wird; o daß es auch mir gelingen möchte, zu seinem Glück zu leben. Schenken Sie mir auch ferner, theurer Oncle, Ihre Freundschaft und Ihre Theilnahme, welche mich immer so sehr beglückte! Und Ihre freundschaftlichen Rathschläge, deren ich bedürfen und die ich immer mit Freude und Dankbarkeit befolgen werde … Mit inniger Verehrung, theuerster Oncle, Ihre gehorsame nièce Thérèse.«[7] Georg heiratete 1817 Prinzessin Marie von Hessen-Kassel (1796–1880). Seiner Nichte Therese blieb er zeit ihres Lebens ein treuer Freund und Ratgeber, wie die vielen Briefen zwischen den beiden belegen.

Liebesschwüre

»Zwei andere Leben deucht es mich München, Hildburghausen, fremdartig, nur in meinem Herzen hier und dort und überall, wo ich bin, dich liebend finde ich ihre Vereinigung.«[8]

Ihr Leben in zwei Welten, das Ludwig Anfang März 1810 so klar beschreibt, galt nicht nur für die Vergangenheit, es würde auch in der Zukunft so bleiben. Therese wird seine Worte nicht verstanden haben, denn sie kannte nur die eine Welt, ihre Welt. Sie las aus Ludwigs Schreiben und seinen Gedichten lediglich die Sehnsucht einer romantischen Liebe heraus.

Das Zusammensein zu zweit fand im weißen Kabinett im Hildburghausener Schloss statt, dort waren auch Umarmungen und Küsse erlaubt, es war der Ort, an dem Therese Ludwigs Briefe las und in Erinnerungen schwelgte, wenn er abgereist war. »Es ist zum Heiligthum geworden; auch durch Deine lieben Verse, – oft und mit welchen Empfindungen wurden sie gelesen!«[9] Und noch etwas hinterließ Ludwig, als er im Februar abreiste: Einen Code für geheime Botschaften in den Briefen. Das war einmal sinnvoll, wenn man an die Unsicherheit des Postweges in den kriegerischen Zeiten dachte, und zum anderen, weil nicht ausgeschlossen war, dass Thereses Eltern seine Briefe an Therese lesen würden.[10]

In den folgenden Monaten gingen zahllose Briefe hin und her, die zunächst Sehnsucht und Liebesschwüre zum Inhalt hatten. »Froh seh' ich meiner Zukunft entgegen, glücklich in Deiner Liebe«, schrieb Ludwig. »Ich küße Dich, holde Braut, in Gedanken ist es nicht so süß wie auf Deine zarten Lippen.«[11] Therese antwortete ihm, wie es ihre Erziehung gebot, das vertraute »Du« noch vermeidend: »Geliebter Freund! Könnten Worte die Freude schildern, mit der ich Ihre mir so theuren Zeilen empfing. – Wo durfte ich sie lesen, als im lieben kleinen Kabinette? – In diesen schönen Augenblicken hörte ich Sie selber zu mir sprechen.« Sie unterschrieb mit »Ihre glückliche Therese«.[12]

Man kann sich vorstellen, was in einem 17-jährigen Mädchen vorgeht, das zum ersten Mal verliebt ist und den folgenden Brief erhält: »Ueberall denk' ich dein, dein denk ich immer, das brauche ich Dir nicht zu sagen, Du bist davon überzeugt, und ich bin es von meiner Therese. Mein, mein, du bist es schon, vielgeliebte Braut, dieses Mein gibt dem Herzen Seligkeit. Der erste Tag des Hierseins war noch nicht vorüber und mich dünkte schon die Trennung von dir so lange.« Er würde in

München gelobt für sein gesundes Aussehen, schrieb Ludwig weiter, und das habe er nur ihr zu verdanken: »Die Zufriedenheit dich für meine Braut zu haben, danken alle meine Züge uns, und glücklich für mich, daß meine Seele in der Zukunft weilt.« Das Interesse an der zukünftigen Kronprinzessin sei in München sehr groß, schrieb er ihr, jeder wolle wissen, wie sie aussehe, wie groß sie sei, welche Haarfarbe sie habe.[13]

Einerseits schmeichelte ihr die neue, ungewohnte Aufmerksamkeit, andererseits machte sie ihr Angst, weil sie nicht wusste, ob sie die großen Erwartungen, die man offenbar an sie stellte, auch erfüllen konnte. »Nur ein Gedanke beruhigt mich, es ist der, daß mich ein theurer Freund, durch seine freundschaftlichen Rathschläge leiten wird.«[14]

Ludwig, der auch in Liebesdingen mehr Erfahrung hatte, versuchte sie durch ein Gedicht zum vertrauten »Du« zu überreden.

Daß du mit trautem, zutraulichem Du
Mich nennst, dieß will zu meinem Glücke nur noch
  fehlen,
Es flößt dem Herzen süße Wonne zu,
Ist gleichgestimmter Menschen geistiges Vermählen...[15]

Wie unerfahren und unsicher Therese war, zeigt ihr Antwortbrief: »Ich erinnere mich Ihres Wunsches und meines Versprechens, ihn zu zu erfüllen – doch mein Gesicht brennt und meine Finger sind kalt, ehe das Versprechen erfüllt ist. Und stahl sich, schon ein *Sie* in diese Zeilen, so will ich sogar Dich, meinen geliebten Freund, deshalb um Verzeihung bitten. O wie viel ist mit diesem kleinen Wörtchen ausgesprochen! Wie viel weniger sagt doch ein Mann dem Mädchen damit, als dieses jenem. Das fühlst Du selbst. Nur das höchste Vertrauen kann es aussprechen – möge die Liebe es deuten! Ach ich würde noch viel über das inhaltsschwere Wörtchen sagen, hätte ich es nicht Dir gesagt.«[16]

Aber auch einen ersten Vorgeschmack auf Ludwigs schwankende Stimmungen bekam Therese bereits in den ersten Monaten, als er sich beschwerte, dass sie ihm nicht oft genug schreibe. »Du warst unzufrieden, und – durch mich, die Dich nie, nie betrüben möchte. Doch zu hart hast Du mich bestraft, da Du das Vergnügen in Zweifel ziehst, welches mir die Unterhaltung mit Dir gewährt. Ja, das war zu hart.« Ihm zu schreiben sei doch das Einzige, was ihr bliebe, wo sie getrennt seien, »und wie sollte eine schriftliche Unterhaltung mit Dir mir nicht teuer seyn? – Das kannst Du selbst nicht glauben.« Sie habe so viele andere Pflichtbriefe zu schreiben, daher fehle ihr die Zeit. »Um Verzeihung bitte ich gerne, wenn ich gefehlt habe, aber auch Du mußt Abbitte über Deine bösen Worte thun, theurer Freund.« Sie unterschrieb nur mit »Therese«, ein Zeichen, dass sie nicht nur sehr verletzt, sondern auch erbost war.[17] Es ist bezeichnend, dass sie zwar bereit war, sich zu entschuldigen, aber auch einforderte, dass er dasselbe tun müsse. Zu Beginn ihrer Beziehung war sie noch wesentlich mutiger als später, als sie seinen unberechenbaren Jähzorn kennen und hautnah spüren lernte und alles vermied, was ihn zusätzlich reizen konnte.

Von Brief zu Brief verlor sie auch die Hemmungen, von ihrer Liebe zu ihm zu sprechen: »Du sagtest mir einst, die ataliänische [italienische] Sprache sey die Sprache der Liebe. – Warum ich das nicht früher geahnt habe? Habe ich doch früher schon schreiben müssen: io amo, tu ami, egli ama ppp –, doch was verstand ich von der ganzen Conjugation, ehe Du mein Lehrer wurdest?« Ihr war diese Sprache immer wichtig, aber so richtig erst, wo »ich jetzt schreiben konnte: ti amo il mio Ludovico. – Schöner Name, süßklingend mir in jeder Sprache.«[18]

Parallel zu dieser privaten Korrespondenz zwischen dem Brautpaar waren die offiziellen Verhandlungen angelaufen. Therese bekam ein Paket mit den Bildern des bayerischen Königspaares zugesandt,[19] ihr zukünftiger Hofstaat musste zusammengestellt werden, wobei Ludwig dabei stärker einbezogen wurde als Therese, die aber von ihm zumindest über den Stand

der Planungen informiert wurde. Vor allem die Stelle der Ober-
hofmeisterin war bedeutsam, da sie täglich mit Therese zu tun
haben würde. Ludwig teilte ihr am 8. Mai 1810 mit, dass seine
Wunschkandidatin, die Gräfin Oberndorf, leider verhindert sei.
Therese teilte seine Betrübnis darüber, ohne die Dame zu ken-
nen. »So werde ich immer, wie jede Freude, so auch jeden
Schmerz mit Dir theilen, geliebter Freund. Auch Leiden mit
Dir Geliebter zu theilen ist süß.« Sie freute sich über die neue
Wahl einer Frau von Redwitz, ebenfalls ohne sie zu kennen.
Auch hier wird ein Muster für ihr späteres Verhalten erkennbar.
Ihre Gefühle hat sie auch in Zukunft immer hintenangestellt.
»Freuen würde ich mich aber auch schon um Deinetwillen,
wenn sie die Stelle nimmt, da Du es wünschst.«[20]

Am 23. Juni erfolgte die offizielle Werbung um Thereses
Hand durch den Abgesandten des bayerischen Hofes, Freiherr
Karl Ludwig von Keßling, nachdem man die Paragrafen des
Heiratsvertrages ausgehandelt hatte. Therese erhielt als Braut-
geschenk ein mit Brillanten besetztes Porträt des Bräutigams.[21]

Ein Problem war die Aussteuer, die das verschuldete Herzogtum hart traf. Die konkrete Planung und Umsetzung der
Aussteuer übernahm Herzogin Charlotte zusammen mit ihrer
Schwester, der Königin Luise von Preußen, die seit Wochen
krank gewesen war und den Zeitplan nicht hatte einhalten können. Luise beklagte sich in einem Brief an ihre Oberhofmeisterin Voß: »Nie hat mich eine Aussteuer mehr in Verlegenheit
gebracht … Da ich keine Zauberin bin, kann ich nicht mehr als
das Mögliche tun; … Anbei ein Brief für meine Schwester
[Charlotte], ich bitte Sie, ihr den sofort durch Stafette zuzustel-
len. Ich habe versprochen, ihr alles, sobald es fertig wäre, durch
einen Kurierwagen zu schicken … Der beiliegende Kasten in
Wachsleinen soll mit der Stafette gehen, die Sie unverzüglich
abschicken werden. Da es Diamanten sind, um die Charlotte
mich flehentlich bittet, versichern Sie sie, ich bitte Sie darum
und lassen sich einen Schein darüber geben … Ich glaube, Klee-
blätter in Buketts gebunden, so daß es ein Tuff machte wie

ungefähr eine Hortensienblüte so rund, wäre sehr hübsch. Ich will die Probe davon Montag morgen um 11 Uhr in Berlin sehen, ... Tag und Nacht soll daran gearbeitet werden, damit es bis Mittwoch fertig ist.«[22]

Den Sommer verbrachte Therese, wie gewöhnlich, mit ihrer Familie auf Schloss Seidingstadt, Ludwig kurte in Brückenau. Sehnsüchtig wartete sie auch hier auf seine Briefe, die in der Regel einmal pro Woche eintrafen. »Doch unsere Geister, unsere Herzen, kann und darf keine Entfernung trennen, so bin ich Dir immer nahe. – Bei jedem Geschäfte schwebt Dein Bild mir vor, und leichter und schneller vollende ich es.«[23]

Sie berichtete ihm von den kleinen Vergnügungen mit ihren Geschwistern, die an einer Lotterie teilgenommen hatten, von ihren Spaziergängen, doch die »liebste Promenade ist mir doch immer die, mit dem Geiste zu dem Geliebten zu eilen. – Sitzend und stehend und gehend, und wachend und schlafend mache ich diese.« Ludwigs Wunsch entsprechend hatte sie sich Anfang Juli »die Kuhpocken einimpfen lassen«. Sie hoffte, nun sicher vor dieser Krankheit zu sein.[24] Ihre Briefe schloss sie mit: »Lebe wohl, Geliebter, so wohl als die innigste Lieb es Dir wünscht.«[25]

Auch Ludwig beschrieb ihr seine Tage, die er, wenn er in Nymphenburg war, meistens in seinem Gartenhaus verbrachte, allein, umgeben von den »großen Männern vergangener Jahrhunderte«, die er studierte. »Studium ist bei mir Leidenschaft.«[26]

Therese genoss die neue Stellung als zukünftige Kronprinzessin. Immer wieder kamen Menschen, um sich ihr vorzustellen, ihr zu schmeicheln, was sie wohl noch nicht durchschaute. So zum Beispiel ein Herr von Schlottenburg aus Bamberg, der zu ihr von der Liebe der Bamberger zum Kronprinzen sprach, deren Herzen Ludwig durch sein »liebevolles Betragen ganz gewonnen« habe. »Gefühle der Liebe gegen Dich, du theurer, geliebter Freund, kennt niemand *besser* als Deine Therese, und fühlte ganz das Glück, die Deine zu seyn.«[27] Auch die ersten Bittgesuche erreichten sie, als Brief oder persönlicher Besuch, wie der einer Tirolerin, die Ludwig, obwohl sie ihn nicht kannte, verehrte. Es ging um eine Handelserlaubnis für Nürnberg. Therese schilderte voller Eifer in aller Ausführlichkeit das Anliegen der Frau, der sie versprochen hatte, die Bitte weiterzugeben.[28]

Der Geburtstag Ludwigs am 25. August war, obwohl Ludwig nicht anwesend, auch für Therese ein ganz besonderer Tag. »Mit lebhaftern Gefühlen sah ich noch keinem Tag entgegen, als dem der mir als einer der wichtigsten meines Lebens erscheint, dem Tage, dem ich ein theures Leben verdanke, ein Leben mir theurer als das meine.« Sie schickte ihm »ein kleines Andenken von meiner Arbeit«, offenbar etwas für ihn Gesticktes. »Die Freude, welche es mir gemacht, selbst etwas für den geliebten Freund zu erbieten, wird in seinen Augen so manchen Fehler der Arbeit entschuldigen.«[29] In Seidingstadt wurde Ludwigs Geburtstag auch gefeiert. Therese genoss es, im Mittelpunkt zu stehen. Alle freuten sich mit ihr. »Schön und herrlich war es für Deine Therese … Hättest Du Geliebter nicht gefehlt, ich wäre ganz glücklich gewesen.«[30]

Paragraf 2 der Heiratsurkunde

> »Therese hat noch nie ihr Wort
> gebrochen und Dir, Dir sollte sie ein so
> heilig gegebenes Wort brechen? Zerrissen,
> tief gekränkt hast Du ein Herz, das Dich
> innig liebt, durch deine letzten Zeilen«,[31]

schrieb Therese Anfang September an Ludwig. Was war passiert?

Während Therese und Ludwig sich romantische Briefe voller Liebesschwüre schickten, verhandelten die Unterhändler beider Seiten über den Heiratsvertrag: Graf Maximilian von Montgelas für Bayern und Carl Ludwig von Baumbach für Hildburghausen.[32] Festgelegt wurden die Vermählung in München nach katholischem Ritus, die Erziehung der Kinder im katholischen Glauben, der Verzicht Thereses auf alle Erbansprüche in Hildburghausen. Paragraf 20 legte den Brautschatz, den Thereses Vater ihr zahlen musste, auf 20 000 Gulden (meißnisch) oder 31 500 Gulden (rheinisch) fest. Paragraf 7 regelte die sogenannte Morgengabe, die Ludwig ihr am Morgen nach »vollzogenem Beilager« in Form von 10 000 Gulden zahlen musste. Diese Morgengabe war als Privatvermögen Thereses gedacht und sollte während der Dauer der Ehe stehen bleiben, verzinst mit jährlich 5 Prozent, sodass sie jährlich 500 Gulden ausbezahlt bekam. Weiterhin musste Ludwig ihr laut Paragraf 8 in dreimonatigen Raten insgesamt jährlich 12 000 Gulden zahlen, als sogenannte Hand- und Spielgulden beziehungsweise Nadelgeld. Der Paragraf 9 regelte, dass Therese alles, was sie sonst in die Ehe einbrachte oder während der Ehe erbte etc., als ihr »freies Eigenthum« behalten durfte. Der Kronprinz verzichtete auf seine Ansprüche daran. Paragraf 10 und 11 regelten die Absicherung Thereses im Falle, Ludwig starb vor ihr.

So weit entsprach alles den üblichen Bestimmungen für Heiratsverträge. Der Stein des Anstoßes für Ludwig aber war der Paragraf 2, in dem es hieß, dass Therese »in Besehung ihrer Gewissensfreiheit in der protestantischen Religionsuebung in keiner Weise beschränkt«, sondern vom König von Bayern dar in geschützt werde und ihr eine protestantische Kapelle samt Prediger eingerichtet würde. Und als Zusatz, was durchaus als Mahnung an den Kronprinzen gerichtet war: »Eben diese Zusicherungen werden des Kronprinzen von Baiern Königliche Hoheit auch unter allen Verhältnissen erfüllen.« Außerdem sollte Ludwig seiner Frau einen Hofstaat geben, dem nach ihren Wünschen auch Protestanten angehörten. Das Gleiche galt für ihren Privatsekretär.

In ihrem Brief vom 29. Juli 1810 teilte Therese Ludwig mit, dass der König ihr im Paragrafen 2 des Heiratsvertrags eine eigene Kapelle und einen Geistlichen anbieten wolle. Sie habe nun Baumbach gesagt, dass sie Ludwig versprochen habe, darauf zu verzichten, »da ich es für meine Pflicht halte, die jetzige Stimmung der Tiroler zu schonen«. Sie bat um Ludwigs Rat, ob sie das auch dem König so mitteilen solle.[33]

Ludwig war geschockt. Denn sein Abkommen mit Therese sollte geheim bleiben. Für ihn war dieser Vertrag ein Wortbruch Thereses, der in die erste ernsthafte Krise der jungen Verlobten führte. Ob Ludwig tatsächlich nur aus Sorge um mögliche feindliche Reaktionen der Tiroler gehandelt hatte, lässt sich mit letzter Klarheit nicht sagen. Vielleicht aber war es nur der Ärger darüber, dass er seinen Willen nicht bekam.

Der Kronprinz versuchte zunächst durch Einschüchterung doch noch an sein Ziel zu kommen. Er verlangte in einem weiteren Brief von ihr, dass »du Verzicht leistest auf den § 2, der ohne mein Wissen aufgesetzt wurde«.[34] Im Geheimen Hausarchiv zu München liegt zwischen den Briefen an Therese der Entwurf eines Briefes von Ludwig an seine Stiefmutter Karoline, die protestantische bayerische Königin. Zunächst bedankt er sich darin für ihre Glückwünsche zu dem doppelten Fest, seinem Geburtstag am 25. August und der offiziellen Verlobung mit Therese. Dann aber kommt er sehr schnell auf den eigentlichen Anlass des Briefes zu sprechen: Paragraf 2 des Heiratsvertrags. Er teilt der Königin mit, dass Therese aus Liebe zu ihm bereits in einem Brief am 5. Januar zugesichert habe, auf einen eigenen Priester und eine Kapelle zu verzichten, und er wolle, dass sie »treu hält«, was sie ihm versprochen habe. Der Entwurf endet mit den Sätzen: Er habe noch nichts unterschrieben »und den § 2 werde ich nie anerkennen«.[35] Ob er diesen Brief jemals in Reinschrift abgeschickt hat, wissen wir nicht.

In mehreren Briefen versuchte Therese verzweifelt ihn zu überzeugen, dass sie ihrem Versprechen treu bleiben würde. Ihre Briefe aus den kommenden Wochen belegen ihre große Angst, dass er die Hochzeit platzen lassen könnte. Ludwig, der ungeduldig auf einen Brief Thereses wartete, in dem sie ihm erneut schriftlich ihren Verzicht bestätigte, erhöhte den Druck, indem er einen von ihr ersehnten Besuch davon abhängig machte: »Ich wünschte sehr Dich zu besuchen, *und bald*, aber ich habe mir selber zur Bedingung gesetzt, *nicht eher* als bis die Geliebte mein Begehren *ganz erfüllt.*«[36]

Inzwischen hatte der Hildburghausener Verhandlungsführer in München König Joseph Maximilian I. davon unterrichtet, dass Therese auf Ludwigs Bitten hin auf den Paragrafen 2 verzichten wolle. Das muss zu einer Auseinandersetzung zwischen Vater und Sohn geführt haben, deren Folge Therese im Brief vom 30. August zu spüren bekam. »Wahrlich, das hatte ich nicht erwartet. *Daß* Du *protestantisch,* hat die Liebe meiner Baiern gegen mich gemindert«, schrieb Ludwig voller Zorn an seine Braut. »Um so weniger kann ich glauben, daß du nun Schwierigkeiten machen würdest zu halten, was du mir selber angebothen im Brief vom 5. Januar.« Im Geheimcode erinnert er sie an ihre Zusage, dass sie verzichte, »so lang ich es für nothwendig halte … Therese! überlegs recht; zwinge mich nicht andere Meinung auf von dir, als die ich so freudig bekannte. Mein Wort gebe ich dir und mir, nie werde ich § 2 als verbindlich erkennen, aber die Handlungsweise werden die Umstände bestimmen. Zu dir zu kommen wünsche ich, du machst es mir aber unmöglich, wenn du so fortfährst. Ludwig«[37]

Therese war am Boden zerstört. Trotzdem brachte sie noch einen recht bemerkenswerten Brief zustande, in dem sie sich gegen Schuldzuweisungen wehrte. »O nein, nie glaubte ich einen solchen Brief von Dir zu erhalten; welche reine Freude gab mir nicht *jeder* von Dir, nun dieser, wie tief verwundete er mein Herz … Könnte ich doch diesem Briefe Flügel geben, daß nicht acht lange schmerzliche Tage, Dein Herz, Geliebter, das meine so unerklärbar verkenne. Therese hat ein reines Gewissen! Bei Gott! Selbst in meiner Seele stieg kein Gedanke auf, dem heilig gegebenen Wort untreu zu werden.« Drei Briefe habe sie ihm zu dem Thema geschrieben und keiner von ihnen habe Ludwig von ihrer Bereitwilligkeit überzeugt, »meinem Wort, und deinem Wunsche treu zu bleiben …?«. Und wieder zitiert sie ihr Versprechen, gelobt, dass sie sich daran halten werde und schließt mit den Worten: »Heiße Wünsche, daß Du Geliebter, mich nicht mehr verkennen, sondern meinen Gefühlen und meiner Handlungsweise volle Gerechtigkeit erweisen wirst, folgen diesen Zeilen.«[38] Nun endlich war Ludwig zufrieden. »Ja, ich erkenne wieder meine Therese, wie sie meine Liebe gefühlet, herzlich küsse ich dich. Mit inniger *Liebe und Achtung,* Dein Ludwig herzlicher der Deine«[39]

Dieser Brief löste in Hildburghausen große Freude aus: »Glücklicher Augenblick, in welchem ich die ersten Worte deines Briefes las...O lass nie wieder ein Vertrauen erschüttert werden, daß mir theurer wie mein Leben ist, auch Mißverständnisse müssen es nicht schwächen...Dasselbe Wort, das mich bindet, Dir an jeden Ort hin zu folgen, wohin *Du* gehen wirst, – *dasselbe* Wort verbindet mich auch zur Erfüllung *jenes* Versprechens an *jedem* deiner und meiner Bestimmung, so lange dein Wunsch es nothwendig finden wird. Daran kannst Du nicht zweifeln, Geliebter.«[40]

Abschied von Hildburghausen und eine Märchenhochzeit in München

≈≈≈≈≈

> »Immer naeher rueckt nun der Augenblick, in welchem ich mich von allen Lieben trennen soll. Mit bangen Gefühlen gehe ich demselben entgegen. Nur eines vermag den tiefen Schmerz der Trennung lindern, – die Gewißheit deiner Liebe theurer Freund.«

Das schrieb Therese im letzten Brief aus Hildburghausen an Ludwig und fuhr fort: »Sie ist es auch, die allein mir Muth zu geben vermag zu diesen ersten Schritten in eine fremde, mir gänzlich unbekannte Welt. – Sie, deine Liebe, wird mich leiten auf meinem Wege, den ich zum erstenmale ohne leitende Freundin betreten soll. – So gehe ich denn, wenn auch mit schwerem, gänzlich mit freudigem Herzen, meiner Bestimmung entgegen, anders fühlend wirst Du selbst deine Therese nicht wünschen.«[1]

Am 6. Oktober 1810 begann gegen acht Uhr morgens unter dem Geläute der Kirchenglocken der Auszug der zukünftigen bayerischen Kronprinzessin aus Hildburghausen. Von der Familie begleiteten sie ihre Eltern und ihre jüngere Schwester Luise. Am Rathaus unter einer Ehrenpforte wurde Therese vom Magistrat der Stadt feierlich empfangen, ihre Brüder führten mithilfe einiger Kinder aus der Stadt ein Theaterstück nach Szenen aus Thereses Lieblingsbuch »Gumal und Lina« auf.[2] Bis heute erinnert das Theresienfest in Hildburghausen jährlich an diesen Abschied und die Hochzeit in München. Über Bamberg, wo man die erste Nacht verbrachte, und Nürnberg ging es nach

Regensburg, wo sie in St. Emmeran bei ihrer Tante Therese von Thurn und Taxis übernachteten.

Überall wurde die zukünftige Kronprinzessin mit Kanonendonner und begeisterten Jubelrufen der Bevölkerung empfangen, ein für die 18-jährige Therese völlig neues Erlebnis. Schon in der Verlobungszeit war sie in ihrer Bedeutung als zukünftige Kronprinzessin und Königin von Bayern enorm gestiegen. Und nun, auf der Reise nach München, folgte eine öffentliche Huldigung nach der anderen, begeisterte Menschen auf den Straßen, pompöse Empfänge in den Rathäusern.

In Regensburg erwartete Therese auch ihr neuer Oberhofmeister Graf Fabrizio Evaristo von Pocci (1766–1844), der ihr einen Brief von Ludwig überreichte: »Willkommen, geliebte Braut! Sei Du mir vielmal willkommen in dem neuen Vaterland; mögest Du Erfreuliches nur in ihm erleben! Liebe vereinige uns beide, die meinem Herzen so theuer. Du solltest nicht eher in Baiern schlafen als bis du auch in Baiern die Worte gelesen mit meinem Gefühl, Therese, daß ich Dich liebe.« Selten ist in jenen Tagen eine fürstliche Braut mit so zärtlichen Willkommensworten empfangen worden.[3]

Die letzte Nacht vor dem Einzug in München verbrachte Therese in Freising bei München, wo sie auch noch zu Mittag aß. Der Kronprinz und sein Vater waren dorthin inkognito gereist, um die Braut vorweg zu begrüßen, kehrten aber am Nachmittag nach München zurück, um Therese und ihre Eltern in der Residenz offiziell zu empfangen. Alle königlichen Prinzen, die Minister, die Großordensträger und hohe Adlige hatten sich an der Marmortreppe der Residenz versammelt.

Die Feierlichkeiten begannen schon am Vorabend der Hochzeit am 11. Oktober mit einem Konzert zu Ehren gleichzeitig des Namenstags des Königs und der bevorstehenden Hochzeit des Kronprinzen. Am nächsten Morgen fand zunächst ein feierlicher Namenstagsgottesdienst in St. Michael statt, gefolgt von einer Parade der Schützen. Um 19 Uhr erfolgte dann die Trauung. Alle Glocken der Stadt läuteten, 60 Kanonen wurden

abgefeuert, vom Petersturm erschallten die Trompeten, auf
allen Hauptplätzen der Stadt ertönte Musik. Die Höfe der Residenz waren gefüllt mit Menschen, Auserwählte durften in den
Hallen und Sälen der Burg auf den Hochzeitszug zur Hofkapelle warten. Auch die Amtsträger und das Gefolge beider
Höfe versammelten sich, um Zeuge des Aktes zu werden.[4]

Kurz nach sieben erschien die Braut, von ihren Eltern geführt,
»gekleidet wie eine Fee« in einem weißen, von Silberfäden
durchzogenen Seidenkleid, auf der Stirn ein mit kostbaren Steinen besetztes Diadem. Danach kam der Kronprinz, von König
Maximilian und seiner Frau Karoline geführt. Die Hofkapelle
war hell erleuchtet und mit rotem Samt ausgekleidet. Therese
verneigte sich vor ihren Eltern, der Kronprinz vor seinen Eltern
und sie bekamen in einem symbolischen Akt erneut die Einwilligung zur Eheschließung, die von Probst Graf von Törring
nach katholischem Ritus vollzogen wurde.[5]

Danach empfingen die Neuvermählten unter dem Thron-
himmel im Rittersaal die Glückwünsche der Anwesenden. Eine
dicht gedrängte Menschenmenge schaute zu.[6] Fünf Tage lang
wurde die Hochzeit als Volksfest mit Theatervorführungen,
Bällen und anderen Veranstaltungen gefeiert. Die Berichte aus
der Zeit erwähnen immer wieder die Festbeleuchtung, die in
diesen Tagen ganz München in ein Lichtermeer tauchte, was
man wohl nur verstehen kann, wenn man bedenkt, welch ein
Luxus das zu der damaligen Zeit war. Am 13. Oktober um
20 Uhr begann die Illuminierung der Hauptstadt und ihrer
Vorstädte. Auf dem Max-Joseph-Platz war ein Tempel aufgebaut, 44 Fuß breit, mit sechs ionischen Säulen. Vor dem Tempel
erstrahlte ein großer Bogen, der Frieden und Glück in der Ehe
symbolisieren sollte, in den Farben des Regenbogens. Dafür
hatte man 20 000 Glassteine von der Größe eines Zolls benötigt.
In den Füllungen der beiden Piedestale glänzten die Worte:
»Heil Dir Ludwig! Heil Dir Therese!« An den Seitengirlanden,
zwischen den Piedestalen, waren Tribünen, besetzt mit Musik-
chören, aufgebaut. Hinter dem Tempel hatte man Bäume auf-

gestellt, die von unten durch Feuer erleuchtet wurden. »Die ganze Illumination dieses Platzes brachte eine zauberähnliche Wirkung hervor.« Auch die anderen Häuser am Platz, zum Beispiel das des Grafen von Montgelas war in »Armidens Zauberpalast verwandelt, strahlten im Feuerglanze. In den Fenstern der Häuser glühten die Namen von Therese und Ludwig und gute Wünsche für ihr Glück. Nach 9 Uhr fuhren die königlichen Hoheiten und Hildburghausener in mehreren Wagen unter dem Jubel der Menschen durch die Stadt.«[7]

Auf vier Plätzen wurden Speisen und Getränke an das Volk verteilt: »32000 Maas Bier, 8000 Maas Wein, 32000 Portionen Brod, 16000 Portionen Braten, 4000 Portionen Käß, 8000 Cervelatwürste, 16000 Paar geräucherte Würste. Auf den Freibällen noch extra essen.«[8] Die »angesehenen« Bürger, die zur Nationalgarde gehörten, wurden mit ihren Familien – 6200 an der Zahl – vom König in vier großen Gasthäusern zum Abendessen und Tanz eingeladen. In den Volkstheatern vor dem Isar- und Karlstor war freier Eintritt.[9]

Am Sonntag, dem 14. Oktober, besuchte die Königin mit dem Hildburghäuser Hof den Gottesdienst in der protestantischen Hofkirche; ob Therese dabei war, ist nicht erwähnt. Auch am 15. und 16. Oktober gab es kleinere Volksfeste, einen Hofball und Theateraufführungen.

Der 17. Oktober brachte dann mit dem Ur-Oktoberfest einen weiteren Höhepunkt durch das von der Kavalleriedivision der Nationalgarde veranstaltete Pferderennen auf der Fläche vor dem Sendlinger Tor, die zu Ehren der Kronprinzessin »Theresienwiese« genannt wurde. Der Ort war aufgrund seiner günstigen Lage ausgesucht worden, die heutige Theresienhöhe, der Sendlinger Berg, ermöglichte mehreren tausend Zuschauern einen guten Blick auf die Rennbahn. Vorbild war das im Jahr 1438 erstmals veranstaltete Pferderennen zur Hochzeit Herzog Albrechts III. mit der Prinzessin Anna von Braunschweig.[10]

Circa 50000 Menschen, nahezu die gesamte damalige Bevöl-

kerung Münchens, erwarteten nachmittags um zwei Uhr die
Ankunft der beiden Höfe, die unter Kanonendonner und Musik
der Nationalgarde einzogen und im extra aufgebauten Pavillon
Platz nahmen. Therese trug dazu ein bereits in Hildburghausen
angefertigtes Kleid in den bayerischen Nationalfarben.[11]

Am Abend gab es einen großen Hofball, an dem 1600 bis
1800 Personen aus allen Ständen teilnahmen.[12] In unzähligen Huldigungsgedichten ließ man das Kronprinzenpaar hochleben. In allen wurde die Liebe und die Tugend beschworen,
aber auch die Erwartung, in Therese eine zukünftige würdige
Landesmutter zu bekommen, die dem Zweck dieser Ehe gerecht
wurde: durch reichen Nachwuchssegen den Bestand der Dynastie zu gewährleisten.

Angekommen in der Realität

»Glut, dauernde Glut«

füllte Ludwigs Herz noch am 9. Oktober, als er einen letzten sehnsuchtsvollen Brief vor der Ankunft Thereses in München an seine Braut schrieb: »Geliebte Braut! Endlich wirst Du, was dein Herz schon war, völlig mein.«[1] – der Auftakt für eine Märchenhochzeit, wie man sie sich pompöser und romantischer nicht vorstellen konnte.

Aber der Schein trügte. Zunächst einmal hatten Therese schon am Hochzeitstag starke Zahnschmerzen geplagt, die auch danach noch tagelang andauerten, sodass sie sich, sobald es ging, in ihre Zimmer zurückziehen musste. Auch am 17. Oktober, nach dem offiziellen Teil des Volksfestes auf der Theresienwiese, brachte Ludwig sie auf ihren Wunsch hin in die Residenz zurück. Der Kronprinz kehrte alleine zum Ball zurück, nicht, weil er große Lust zum Tanzen hatte, sondern, wie er in seinem Tagebuch notierte: »Ich tat es, um meine Freiheit zu zeigen, und damit meine Frau nicht glaubte, ich müsse, weil sie es getan, wegbleiben … Ich als Bräutigam habe der Braut geschrieben, meine gewohnte Lebensweise würde ich beibehalten, so tue ich schon itzt so viel möglich, bei Nacht schlafe ich in meinem Zimmer, nur zu Besuch zu meiner Frau kommend, gehe bei Tage spazieren, alleine wie sonst. Man muß gleich anfangs auf den Ton setzen, wie man ihn für die Folge will. So schicke ich mich in den Ehestand, fühle mich nicht unglücklich.«[2]

Von Therese liegen aus diesen Tagen keine schriftlichen

Äußerungen vor. Man kann nur vermuten, wie es ihr ging. Statt zu feiern, lag sie mit Schmerzen alleine in ihrem Bett. So hatte sie sich das bestimmt nicht vorgestellt.

Ludwig dagegen hat auch in Briefen an seine Schwester Charlotte seine Eheschließung kommentiert: »Die Seele deines Bruders faßt nicht Taumel, ernst ist der Schritt, den ich tat, oh, oft dachte ich an Dich, *konnte* nicht hochzeitlich verloren sein in Wonne. Ausgezeichnet ist Therese durch ihr Herz, durch Vernunft, Schönheit, keine bessere Frau würde ich mir wünschen, aber leidenschaftslos verehlichte ich mich, es mag vorteilhafter sein für die Zukunft!«[3]

Therese dagegen plagten keine Zweifel, wie sie Ludwig bereits vor der Hochzeit schrieb: »Daß ich glücklich seyn werde, dafür bürgt mir Dein Herz; möchte der innigste Wunsch meines Herzens ach mein wichtigstes Bestreben, dir ebenso sichere Bürgschaft für Dein Glück geben können! Zwar nicht Ideale träume ich mir von meinem kommenden Leben, aber viel des Großen erwarte ich doch. Das höchste Glück wird mir seyn, zu dem Deinen beitragen zu können.«[4]

Zunächst aber stand noch der Abschied von den Eltern an. »Ich übergehe den Augenblick des Scheidens, denn er sollte wie immer sein, ein schreckliches unbeschreibliches Leid.« Mutter und Tochter schrieben sich noch je einen Brief, in dem Therese der Mutter ihre Liebe und Zuneigung versicherte und ihr von der »Teilnahme des Prinzen bei der Trauer der Trennung« berichtete.[5] Welche Ratschläge Charlotte ihrer Tochter mit auf den Weg gab, wissen wir nicht, denn ihre Briefe sind verloren, auch der Brief Thereses an ihre Mutter. Aber es wird sich in etwa mit dem decken, was Thereses – von dieser sehr geliebte – Tante Luise, die preußische Königin, die am 19. Juli 1810 gestorben war, ihr kurz vor ihrem Tod geschrieben hatte. Sie wünschte ihrer Nichte, dass sich die Verbindung mit Ludwig »zu Deinem Glück schließen möge. Viel, ja sehr viel wird dabei auf Deine Aufführung ankommen. Liebe und besonders der Rausch der Liebe kann nicht immer dauern, aber Freundschaft und Ach-

tung kannst Du Dir verdienen, wenn Du rein und unbescholten
dastehst und wenn Klugheit Deine übrigen Schritte in die Welt
leitet.« Sie komme in ein Land, das vom Krieg zerstört sei.
»Bestrebe Dich, Gutes zu tun und Wohltaten zu streuen, damit
die Unglücklichen Deinen Namen segnen und nicht die Mar-
chandes de mode [Putzmacherinnen]...Behalte Deine Grundsätze und laß Dich nicht wanken in dem, was Du einmal für
Recht erkannt hast.«[6]

Schon in der Verlobungszeit hatte Ludwig Therese vor zu
großen Erwartungen in der Ehe gewarnt. Er fürchtete wohl
nicht ganz zu Unrecht, dass ihre Vorstellungen sehr romantisch
sein würden. »Glücklich werde ich sein mit Dir, liebe Therese,
doch wie Trübes und Helles, wechselt Freude und Trauer in
dem Leben, Seligkeit gibt es auf Erden nicht, auch in der Ehe
nicht, selbst in der glücklichsten, und o, wie weit bin ich entfernt von Vollkommenheit! Überspannte Erwartung mindert
sie mehr als die Wirklichkeit. Geliebte Therese, präge Dir dies
tief ein, es ist Wahrheit, Deiner Zukunft Glück hängt davon
ab.«[7]

Therese hat aus all diesen Warnungen und gut gemeinten
Ratschlägen einen Satz für sich herausgefiltert, den sie kurz vor
der Hochzeit an Ludwig schrieb und den man als Leitspruch
über ihre 44 Jahre dauernde Ehe stellen kann: »Um deiner
Wünsche wegen sollen dann die meinen schweigen.«[8]

Kronprinzessin in Salzburg und Innsbruck
(1810–1816)

Erstes Ehejahr und Geburt des Thronfolgers

❧◆❧

> »Tirol ihnen anhänglich zu machen,
> ist mein Bestreben.«[1]

So beschrieb Kronprinz Ludwig in einem Brief an seinen Vater seine politischen Ziele. Im Winter sollte das Kronprinzenpaar in der Residenz in Innsbruck wohnen, im Sommer im Schloss Mirabell in Salzburg. Ludwig wusste, dass er viel Fingerspitzengefühl brauchen würde, um sein Ziel zu erreichen. Auch Therese sah ihrer neuen Heimat mit bangen Gefühlen entgegen.

Aber dann kam alles ganz anders, wie die »Augsburgische Politische Zeitung« ihren Lesern begeistert berichtete: Als das Kronprinzenpaar am 27. Oktober abends gegen 19.30 Uhr in Innsbruck ankam, waren auf allen Hügeln rings um die Stadt Feuer entzündet worden. Auf beiden Seiten der Straße standen die Bauern in ihren Sonntagsgewändern mit Blumen und Bändern an den Hüten, Feuer erhellten die Dunkelheit, Musikkapellen ertönten, jubelnde und tanzende Menschen begleiteten die Kutschen. Stadtkommandant von Braun empfing das Paar mit einer Schwadron Kavallerie, der Bürgermeister Rauch und der Stadtmagistrat waren ebenfalls anwesend. Auch die Stadt Innsbruck war hell erleuchtet. Auf dem Rennplatz war ein Tempel aufgebaut, über dessen Portal die Worte standen: »Der Liebe für König und Vaterland, dem besten Fürstenpaar Ludwig August und Therese«. Ein »tausendfaches Lebehoch« begleitete das Kronprinzenpaar dann zur Residenz, wo »alle Zivil- und Militärautoritäten in Parade bis zum fürstlichen Gemache auf beiden Seiten aufgestellt waren«.[2]

Am 29. Oktober besuchte das Kronprinzenpaar unter großem Anteil der Bevölkerung den Mittagsgottesdienst in der
katholischen Pfarrkirche. Danach war große Militärparade. Um
12 Uhr empfing der Kronprinz die Repräsentanten der Stadt,
den Adel, die Geistlichkeit und den Magistrat, abends um
19 Uhr empfing Therese alle Autoritäten und die Damen.[3]
Auch im Theater wurde das Kronprinzenpaar mit Jubel begrüßt.

Diese Huldigungen sollte man allerdings nicht überbewer-
ten. Wie spontan sie waren, bleibt dahingestellt. Auch wenn
Ludwig bei den Tirolern wegen seiner Haltung im Tirolerauf-
stand hoch angesehen war, blieb er doch der Repräsentant des
Staates, der, gemeinsam mit den verhassten Franzosen, den
Aufstand blutig niedergeschlagen und ihren Helden Andreas
Hofer hingerichtet hatte.

Die Beschreibung der Ankunft soll daher auch vor allem
klarmachen, wie sich Therese gefühlt haben musste. Sie war
sicherlich sehr erleichtert über die begeisterte Aufnahme. Die
ersten Wintermonate in Innsbruck waren eine ruhige Zeit, in
der Ludwig sich mit großem Fleiß in die Verwaltung einarbei-
tete, was nicht hieß, dass er seine neu gewonnenen Erkenntnisse
auch in Form von Regierungsarbeit umsetzen durfte. Er konnte
Vorschläge machen, aber die Entscheidungen wurden in München beziehungsweise in Paris getroffen. Er sei eine »Nullität«,
stellte er daher auch schon nach kurzer Zeit etwas frustriert fest
und wandte sich enttäuscht wieder seiner großen Leidenschaft,
der Kunst, zu.[4]

Es waren Monate gemeinsam verbrachter Zeit, wie sie in den
nächsten Jahren nur noch selten vorkommen würden. Und das
lag nicht nur an den äußeren Bedingungen wie den Befreiungs-
kriegen gegen Napoleon, an denen der Kronprinz aktiv teilnahm. Therese und Ludwig waren in zwei Welten aufgewachsen, wie sie unterschiedlicher nicht sein konnten. Und sie
lebten auch nach der Hochzeit in diesen unterschiedlichen Welten. An den vielfältigen Interessen ihres Mannes, zum Beispiel
seiner Begeisterung für die antike Kunst, nahm Therese allen-

falls emotional Anteil, in ihren Briefen taucht immer wieder das Wort »interessant« auf, wenn sie seine Beschreibungen kommentiert. Eine inhaltliche Auseinandersetzung fand nicht statt, sodass sie keine adäquate Gesprächspartnerin war. Thereses künstlerisches Interesse lag auf dem Gebiet der Musik, der Oper, der Konzerte, das aber wiederum verschloss sich für Ludwig in seiner ganzen Fülle durch seine Schwerhörigkeit.

Wie auch in den kommenden Jahren fuhr das Kronprinzenpaar Ende Januar zum Karolinenfest, mit dem der Namenstag der Königin Karoline gefeiert wurde, nach München und blieb dort auch für die Zeit des Karnevals bis Mitte März.

Im Februar 1811 wurde Therese schwanger, was Ludwig zu einem Gedicht inspirierte – »Therese in ihren Wochen« –, eine Huldigung an seine Frau.[5] Mitte Juni bezogen sie die Sommerresidenz in Salzburg, wo Ludwig in den umliegenden Bergen wanderte. Es war ein ruhiges Leben in der Provinz abseits von den kulturellen und gesellschaftlichen Ereignissen der Hauptstadt München. Ein Besuch des bayerischen Königspaares wie im August des Jahres gehörte da schon zu den Highlights. Kurz darauf erschien auch eine Deputation von Bürgern aus München, die darum baten, dass das erste Kind des Kronprinzenpaares in München geboren würde. Da dies auch dem Wunsch des Königs entsprach, trafen Therese und Ludwig am 9. Oktober in der Hauptstadt ein. Am 28. November um 15.10 Uhr verkündeten 101 Kanonenschüsse die Geburt des Thronfolgers Maximilian, der bereits zwei Tage später in der grünen Galerie der Residenz von König Maximilian persönlich über das Taufbecken gehalten wurde.

Therese wird sich besonders über den Besuch ihrer Eltern zur Taufe gefreut haben. Ende Januar 1812 traf sie sie erneut in Aalen bei Stuttgart. Voller Dankbarkeit, dass er dies Treffen erlaubt hatte, schrieb sie an Ludwig: »Bedürfnis ist es meinem Herzen Dir, dem ich so viele, so große Freude danke, wenigstens einige Worte zu schreiben. O könnt' ich mündlich dir sagen, wie glücklich ich mich fühle.« Aalen gehörte zum König-

reich Württemberg und so kam auch ihre Schwester Charlotte,
mit Paul von Württemberg verheiratet. Die Schwestern hatten
sich seit Jahren nicht mehr gesehen, sodass die Schwester Therese nicht mal erkannte. Unter einem fremden Namen stellte
Herzogin Charlotte Therese vor. »Schweigend betrachtete mich
Charlotte, noch sprach ich nicht – doch jetzt kaum hatten wir
das Zimmer betreten, flog ich in ihre Arme, wie *glücklich,* wie
unendlich glücklich fühlten wir uns nicht in diesen herrlichen
Augenblicken des Wiedersehens. O hättest Du mein guter lieber Ludwig, doch Zeuge dieses Glückes seyn können.« Die einzige Sorge war die Mutter, die, wie so häufig in den letzten Jahren, krank war; Charlotte und Therese pflegten sie liebevoll.[6]

Am 8. März kehrte das Kronprinzenpaar nach Innsbruck
zurück, wo sie den Durchmarsch französischer Divisionen mit-
erlebten, die Napoleon von allen Seiten für seine »Grande
Armée« Richtung Russland zusammenzog. Vergeblich verlangte Ludwig von seinem Vater, sich nicht an dem Feldzug zu
beteiligen, eine völlig unrealistische Forderung, denn Bayern
war vertraglich zur Truppenstellung gezwungen.

Anfangs kamen noch Siegesmeldungen, aber dann wendete
sich das Blatt. Zwar erreichte Napoleon Moskau, musste die
Stadt aber ohne Ergebnis wieder verlassen. Nachdem sich die
Bewohner in Sicherheit gebracht hatten, hatte Zar Alexander
die Stadt anzünden lassen und damit auch alle Unterkünfte und
Nahrungsmittel für die 500 000 Mann starke Armee vernichtet.
Der Rückzug, erschwert durch den einsetzenden Winter, wurde
zum Desaster; von den 500 000 Soldaten kehrten nur 9000, von
den 30 000 Bayern 200 zurück.[7]

Die vielleicht wichtigste Erkenntnis des Russlandfeldzuges
aber war: Er ist nicht unbesiegbar. Die Gegner Napoleons, zu
denen auch der bayerische Kronprinz gehörte, bekamen Auf-
wind. Der französische Gesandte in München berichtete nach
Paris: »Das moralische Oberhaupt dieses Widerspruchsgeistes
hier ist kein anderer als Kronprinz Ludwig.«[8]

Einsame Ehefrau und begeisterte Mutter

❦

> »Meine Gesundheit ist dieselbe und ein gewißer
> Freund (Arzt) versicherte mir soeben (mit der Dir
> wohl bekannten ernsten Miene), es sei nur Wahr-
> scheinlichkeit zu der Erfüllung Deines – und schon
> deßhalb, auch meines Wunsches vorhanden.«[1]

Therese war erneut schwanger und Ludwig hoffte, dass es
wieder ein Junge werden würde. »Vor allem einen Kuß, geliebte
Therese, und auch einen für den lieben sichtbaren Sohn und den
unsichtbaren gebe du ihnen in Gedanken.«[2] In den Briefen, die
Therese in dieser Zeit schrieb, nehmen die Berichte über ihren
Sohn Maximilian, kurz Max, einen breiten Raum ein. Sie war
eine begeisterte Mutter und Abschiede von ihrem Sohn, zum
Beispiel, wenn sie im Januar nach München musste, fielen ihr
sehr schwer. »Die schöne Tasse mit dessen freundlichem Gesichtchen wird mich nach München begleiten.«[3] Auch Ludwig
beschäftigte sich für die damalige Zeit ungewöhnlich intensiv
mit seinem Sohn, später auch, sofern er anwesend war, mit seinen anderen Kindern. Er hockte sich sogar auf den Boden und
spielte mit seinem Sohn mit der Eisenbahn.[4]

Aber auch etwas anderes wird in den Briefen deutlich: Thereses große Ängstlichkeit, einen Fehler zu machen. Anfang
Januar 1813, Ludwig war bereits in München, sie sollte nachkommen, schrieb sie einen zwei Seiten langen, sehr umständlichen Brief an ihn, der nur einen Zweck hatte: Ludwigs Meinung über den von ihrem Oberhofmeister Pocci wegen der
schlechten Wege über die Berge vorgeschlagenen veränderten
Reiseplan zu erfahren. »Lange wollte ich nicht einwilligen, da

mein früherer Plan mir auch der deinige zu seyn schien, doch die Hoffnung (daß, im Fall Du vielleicht durch irgendeine Ursache bewogen, nicht wünschest, mich diesen Weg nehmen zu sehen, Du mich leicht durch eine Stafette mit deinem Wunsch bekannt machen könntest) beruhigte mich unendlich.«[5]

Die Karnevalssaison wurde diesmal allerdings von der Politik überlagert: Noch in München erfuhren sie, dass der preußische König die Seiten gewechselt hatte und zum Krieg gegen Napoleon aufrief. Ludwig wäre am liebsten sofort mitmarschiert. Er forderte seinen Vater auf, sich der Koalition mit Russland und Preußen anzuschließen. Doch der König zögerte noch, denn Neutralität konnte sich in diesem Konflikt niemand leisten und gegen Frankreich zu kämpfen, dazu konnte er sich erst recht nicht entschließen, zumal Napoleon zunächst weiterhin siegte. Also schrieb er seinem Sohn, dass er keine weiteren Briefe über Politik erhalten wolle.[6]

Therese hat diese Zeit als Beobachterin miterlebt. Wenn es Gespräche darüber mit Ludwig gegeben hat, dann war sie sicherlich nur Zuhörerin. Wie ihre Briefe aus den folgenden Jahren zeigen, in denen sie sich sogar weigerte, Zeitung zu lesen, hatte sie nur wenig Ahnung von den politischen Zusammenhängen.

Am Ende kam die Wende von außen: Am 12. August 1813 erklärte Österreich Frankreich den Krieg und trat damit der Koalition der Russen und Preußen bei. Das bedeutete zunächst einmal ganz konkret die Gefahr eines Einmarsches der Österreicher in Salzburg, da Bayern ja noch mit Frankreich verbündet war. In München wurde beschlossen, dass das Kronprinzenpaar Salzburg verlassen und sich nach Augsburg begeben solle. In München wollte man den Kronprinzen möglichst nicht aufnehmen. König Maximilian fürchtete nicht ohne Grund weitere Auseinandersetzungen mit seinem Sohn.

Am 21. August 1813 traf also die hochschwangere Therese mit dem zweijährigen Maximilian und ihrem gesamten Hofstaat

in Augsburg ein, Ludwig folgte einen Tag später. Sie wohnten im ehemaligen fürstbischöflichen Residenzschloss neben
dem Dom. Hier kündeten am 30. August 30 Kanonenschüsse
von der Geburt ihrer Tochter Mathilde. Ludwig lag zu der
Zeit mit Scharlach darnieder und durfte seine Tochter nicht
sehen, die Taufe in der Domkirche wurde deshalb auf den
10. Oktober verschoben. Dafür dichtete er als Huldigung an
seine Frau:

Meiner noch keine zwey Tage alten Tochter Mathilde
Der gleiche immer, welche dich geboren!
Das ist der höchste Wunsch zu deinem Glück,
Zum Schmuck der Menschen bist du dann erkohren;
Die Mutter einstens giebt in dir zurück.
Das Schönste dann vereinigst du, Mathilde;
Mit zarter Weiblichkeit der Anmuth Milde;
Beglücken wirst du, welche dich umgeben,
Und Seligkeit wird deines Gatten Leben.[7]

Zur gleichen Zeit erreichten den bayerischen König in Mün-
chen Bündnisangebote der Alliierten. Inzwischen waren auch
General Wrede und Montgelas überzeugt, dass nur noch ein
Bündniswechsel Bayern vor dem Untergang retten könnte. Am
8. Oktober wurde der Vertrag von Ried unterzeichnet, in dem
sich Bayern vom Rheinbund lossagte und sich auf die Seite der
Alliierten stellte. Das Königreich verpflichtete sich, mit seiner
Armee von 36 000 Mann unter alliiertem Oberkommando
gegen Napoleon zu operieren. Dafür garantierte Österreich
Bayern im Namen der Alliierten den territorialen Status quo.
Bayern konnte also zunächst seine Gebietserwerbungen, die es
von Napoleon erhalten hatte, behaupten.

Der Frontwechsel geschah gerade noch rechtzeitig, acht
Tage vor der Völkerschlacht bei Leipzig, die mit einer Nieder-
lage Napoleons endete. Die anderen Siegermächte ließen es die
Bayern allerdings bei den Verhandlungen über die Friedensbe-

dingungen in den nächsten zwei Jahren immer wieder spüren, dass sie nicht von Anfang an dazugehört hatten.

Am Tag nach der Taufe seiner Tochter begab sich Ludwig nach Nymphenburg, um seinen Vater zu bitten, bei den nächsten Schlachten gegen Napoleon teilnehmen zu dürfen. König Maximilian verbot ihm, als Thronfolger Kriegsdienste an der Front zu leisten. Dafür sollte sein Bruder Karl ziehen dürfen.

Therese war wenig begeistert von Ludwigs Kriegsbereitschaft. Mit Sorge und Angst hatte sie ihn nach München fahren sehen und war sehr erleichtert, als sie vom Verbot des Königs hörte. So entschuldigte sie sich im folgenden Brief, dass sie darüber nicht betrübt sein könne: »Mit klopfendem Herzen öffnete ich Deinen lieben Brief«, schrieb sie ihm noch aus Augsburg. »*Was* mich so heftig bewegte, weißt Du, – und verzeihst gerne Deiner Therese, daß zum ersten Mal in ihrem Leben, sie die Gefühle ihres Ludwigs nicht theilen, sich nicht *mit* ihm betrüben konnte ... Meine Therese ist keine Spartanerin, denkst Du gewiß, – wer weiß aber, ob jene so wie wir zu *lieben* wußten. – Deine treue Therese«[8]

Sobald sich Therese von der Geburt erholt hatte, kehrte das Kronprinzenpaar nach Salzburg zurück, wo sie bis 1816 blieben, als durch den Münchner Vertrag Salzburg endgültig an Österreich zurückfiel. Allerdings war es in der Hauptsache Therese, die mit den Kindern dort lebte, denn Kronprinz Ludwig wurde als Entschädigung dafür, dass er nicht an die Front durfte, zum Oberbefehlshaber der Reservearmee ernannt, die er ausbauen und kriegsbereit machen sollte.

Das aber ging nicht von Salzburg aus. Er musste sein Hauptquartier nach München verlegen. Vorsichtshalber gab man ihm einen erfahrenen Militär, den General Raglovich, zur Seite. Mit Begeisterung ging Ludwig an seine neue Aufgabe und reiste am 17. Dezember nach München ab, Therese blieb mit den Kindern zurück, so wie sie das von jetzt an immer tun würde. Maximilian wird später seinen Vater als den abwesenden Vater bezeichnen. Traurig schreibt sie zwei Tage nach seiner Abreise:

»Gewiß würdest Du es mir verziehen haben, wenn ich den heutigen Posttag mit Stillschweigen hätte vorübergehen lassen. – Die *traurige* Ursache, welche mir selbst die Freuden einer schriftlichen Unterhaltung mit meinem geliebten Ludwig heute nur halb empfinden lässt, ist Dir bekannt. – Ich schweige dann von mir und *meinem* Kummer, doch den eines anderen zu lindern, ergreife ich die Feder, da dieß vielleicht in Deiner Macht steht.« Es ging wie so oft um Bittgesuche. Sie beendete ihren Brief mit den Worten: »Max und Mathilde sind wohl, als ich ersteren frug, was ich dem lieben Vater schreiben sollte, sagte er – bleib da. Gerne schreibe ich *seine* Worte auf.«[9]

Socken und Filzschuhe für die Soldaten

»Sollte ich auch für Dich eine gleiche Anzahl an
Socken und Filzschuhen bestellen, so würde sich
dies auf 383 bis 400 fl belaufen«,

schrieb Therese am 22. Dezember 1813 an ihren Mann in München. Sie engagierte sich im Salzburger Frauenverein, der es sich
zum Ziel gesetzt hatte, »das Schicksal des Kriegers durch weib-
liche Fürsorge zu erleichtern«.[1] Es waren die Wochen, als die
rechtsrheinischen Koalitionstruppen ihren Winterfeldzug gegen Frankreich mit der Überquerung des Rheins begannen,
an dem sich auch das fünfte Corps der Böhmischen Armee
unter Führung Carl Philipps von Wrede mit 35 000 Bayern beteiligte.

Die Frauen strickten Socken und fertigten Filzschuhe an; das
Material an Wolle, Flachs, Zwirn und Leder kam aus Spenden.
Therese übernahm es dann, da sie als bayerische Kronprinzessin und Frau des Gouverneurs über bessere Postwege verfügte, das Gefertigte ans Heer weiterzuleiten. Sie schickte auch
Spendengelder, Hemden, Leibchen, Beinkleider, Hauben, Hals-
tücher, Handschuhe, Stiefel, Leintücher, Bandagen und Kom-
pressen.

Neben ihrem Engagement im Frauenverein beschäftigte sich
Therese vor allem aber mit dem bevorstehenden Weihnachtsfest, zu dem ihr Mann zum ersten Mal nicht anwesend sein
würde. So blieb ihr, wie so oft in diesen Jahren, nur der schriftliche Kontakt zu ihm. Sie bedankte sich für zwei Briefe, die sie
bekommen hatte, und fügte hinzu: »Doch Dir selbst zu sagen,
wie jeder neue Beweis Deiner Liebe mich beglückt – ist mir

süße Pflicht. Die süßeste – Dir zu beweisen, wie innig ich dieses Gefühl erwidere.« Sie wollte von ihm wissen, wie viel Geld er für die Weihnachtsgeschenke der Kinder vorgesehen habe. Am Ende waren es dann doch zu viele Geschenke für Max »in Erwägung seines Alters« und Therese schlug vor, einen Teil für das nächste Jahr zu lassen.[2]

Bei offiziellen Feiern musste Therese alleine erscheinen, was sie gar nicht gerne machte. »Heute Abend werde ich wieder *alleine* im Museum erscheinen müssen und im großen Sessel paradieren müssen. Gewiß Du lächelst – malst das Ganze Dir lebhaft aus –, ich aber lächele gar nicht. Die Einladung zu dem nächsten Balle, … habe ich unserer Verabredung gemäß angenommen.«[3]

Ludwigs Briefe beschäftigten sich mit den Kriegsvorgängen, von denen er ausführlich an seine Frau berichtete. Den Rheinübergang der Armee kommentierte sie mit den Worten: »Reiner und größer noch würde meine Freude über die herrlichen Fortschritte der guten Sache seyn, könnte ich mit *Dir* mich *freuen*. Dir mündlich darüber meine Gefühle mitheilen. Gewiß glänzt jetzt Frohsinn und Zufriedenheit auf dem Gesicht meines lieben Ludwigs, hinge es doch von mir ab diese immer darauf zu erhalten.«[4] Eine sachliche Kommentierung mit politischer Dimension wird man bei Therese vergeblich suchen. Zwar heißt es in biografischen Aufsätzen über sie immer wieder, dass sie die Beraterin ihres Mannes gewesen sei und entsprechende Hinweise im Geheimen Hausarchiv der Wittelsbacher unbearbeitet liegen würden. Korrekt ist, dass dort ihre Briefe an ihren Mann liegen. Aber sie zeichnen keineswegs das Bild einer Frau, die, außer in familiären Belangen, Ratgeberin Ludwigs war. Abgesehen davon, dass ihr Mann ziemlich beratungsresistent war, was seine Umgebung, später auch seine Minister, immer wieder erfahren musste, fehlte Therese schlichtweg die politische Bildung, die sie zu einer solchen Tätigkeit befähigt hätte. Typisch für sie sind die Kommentare, die auf der emotionalen Ebene liegen.

Ansonsten war ihr Hauptbetätigungsfeld der soziale Bereich, wo sie sich als Landesmutter im wörtlichen Sinne des Wortes verstand: »Tüchtig wird jetzt an größerer Ausdehnung des Frauenvereins gearbeitet. – Mehrere der ersten Damen Salzburgs gehen mit gutem Beispiel voran. Selbst im Rathe sieht man viele Hände mit Verfertigung der Sachen beschäftigt. Bis zum 10. Januar hoffe ich die schon früher bestellt gewesenen 1000 Paar zum Heere absenden zu können.«[5]

Ihr Engagement führte zu einer Anfrage, ob sie nicht den Vorsitz des Vereins übernehmen wolle. Natürlich erhofften sich die Frauen durch das Vorbild Thereses noch mehr Frauen des Adels zu aktivieren, was auch gelang. Therese nahm das Amt mit den Worten an: »Es ist ein edles Unternehmen und deutscher Frauen würdig, während unsere Männer und Jünglinge des Vaterlandes Freiheit mit den Waffen erkämpfen, für diese in unserem stillen häuslichen Kreise zu arbeiten, und so zum große Zwecke mitzuwirken.«[6]

Doch auch in Kriegszeiten wurde gefeiert. Und so verließ Therese wie jedes Jahr Mitte Januar Innsbruck, um in München zusammen mit Ludwig am Karneval teilzunehmen, der in diesem Jahr allerdings im Schatten der aktuellen Ereignisse an der Front stand. Zwar hatten am 24. Januar die württembergischen und österreichischen über die französischen Truppen gesiegt, aber danach gelang es Napoleon immer wieder, einzelne Schlachten zu gewinnen und seine Gegner zum Rückzug zu zwingen. Ludwig saß derweil ungeduldig in München und schrieb Briefe an Kaiser Franz I. in Wien, um ihn von einem voreiligen Frieden abzuhalten.

Therese kehrte am 4. März allein nach Salzburg zurück, glücklich, wieder bei ihren Kindern zu sein. »Nachdem ich an dem Anblick unserer *lieblichen* Kinder mich noch einmal recht *innig* gelabt habe, eil' ich dem, der die freudigen Regungen meines Herzens mit *allein* nachzuempfinden vermag, eine Beschreibung unseres frohen Wiedersehens zu geben.« Sie war gegen Abend in Salzburg angekommen und sofort zu den Kindern geeilt. »Mit *welchen* Empfindungen ich sie an mich drückte, vermag ich nicht zu beschreiben … Lebe wohl mein guter Ludwig und gedenke meiner zuweilen mit Liebe. Mit der innigsten Liebe, Deine Therese«[7]

Am 9. März verlor Napoleon die Schlacht bei Laon, am 30. März 1814 eroberten die Alliierten den Montmartre, um einen Tag später in Paris einzumarschieren. Am 2. April wurde Napoleon für abgesetzt erklärt, an seiner Stelle die Bourbonen unter Ludwig XVIII., einem Bruder Ludwigs XVI., wieder eingesetzt. Die alte Ordnung aus der Zeit vor der Revolution 1789 schien wieder in Kraft zu sein.

Bereits einen Tag später informierte Ludwig seine Frau über die Geschehnisse. Sie antwortete ihm: »Deinen letzten Brief vom 10ten erhielt ich gestern erst. Die frohen Nachrichten, so er enthielt, erfreuten mich innig, doch vollkommener noch wäre meine Freude dann gewesen, hätte ich in Deinen Zügen, lieber Ludwig, die frohe Bestätigung dessen lesen können. Auch möchten diesen Siegesnachrichten bald schönere noch, die eines dauerhaften Friedens, folgen. Mit mehr Ruhe und ohne banges Herzklopfen werd ich dann Deine Briefe öffnen können. – Ich sehe Dich lächeln – in Deiner Therese noch immer keine Spartanerin bewundern zu können; doch glaube mir, am Willen fehlt es nicht.«[8] *Jetzt ist es entschieden, ob Friede oder Krieg,* so sagte mir Dein letzter Brief«, schrieb Therese 14 Tage später. »Ach, daß ich die Fittiche eines Vögleins hätte, um es *hören* zu können, jenes große Wort, welches das Schicksal von Tausenden bestimmen wird.« Mathilde hatte von ihr die Küsse des Vaters auf ihre »runden Bäckchen« erhalten. Desgleichen »unser kleines Mänchen, welches täglich auf einem langen Stocke zu ihm nach München reitet«.[9]

Freude über die siegreichen Nachrichten und Sehnsucht nach einem Wiedersehen durchziehen ihre Briefe aus diesen Wochen. »O wüßtest Du mir immer *gleich* frohe Nachrichten mitzuteilen haben … Max und Mathildchen blühen wie liebliche Blumen; wie wohl thut es nicht dem Mutterherzen, sie pflegen zu

können. Ach daß ich doch einmal statt Herrn von Poccis Fuß-
tritten wieder die meines guten lieben Ludwigs über meinen
Zimmern vernehmen könnte. ... Mit treuer inniger Liebe Deine
Therese«[10]

Ein Wiedersehen aber sollte noch lange nicht stattfinden.
Nachdem Napoleon am 11. April in die Verbannung nach Elba
abgereist war, durfte sich Ludwig endlich, am 20. des Monats,
auf den Weg nach Paris machen, wo er unter anderem erreichen
wollte, dass Bayern die Kurpfalz zurückbekam, den Teil, der
seine Heimat war und dem er seit seiner Vertreibung in der
Kindheit nachtrauerte. Nur übersah er dabei, dass Bayern wegen seiner langen Bündnistreue zu Frankreich von den anderen nur als Bündnispartner zweiter Klasse angesehen wurde. So
fanden Ludwigs Pläne wenig Gehör, auch der offizielle Vertreter Bayerns, General Wrede, hatte wenig Einfluss auf die
Friedensverhandlungen. Es gelang ihm immerhin, die Verluste
gering zu halten. Tirol, Vorarlberg und Salzburg fielen aber an
Österreich zurück.

Therese, die gehofft hatte, dass Ludwig nach Kriegsende nun
zurück nach Salzburg kommen würde, war überrascht und sehr
enttäuscht, als sie von seiner Abreise nach Paris erfuhr. Trotzdem freute sie sich für ihn: »Noch einmal wiederhole ich aber,
daß ich Deine freudigen Empfindungen über diese schöne Reise
herzlich theile, da es einem deutschen Herzen wie das Deine
wohl theuer seyn muß, Paris in seiner jetzig veränderten Gestalt
wieder zu sehen. Mit Sehnsucht sehe ich Deinem ersten Brief
aus dessen Mauern entgegen.«[11]

Sie versorgte ihn weiter mit Nachrichten von den Kindern
und legte ihre eigene Enttäuschung oft den Kindern in den
Mund: »Max spricht oft und viel von seinem lieben Vater«,
»und reitet jetzt täglich im gestreckten Galopp auf seinem
Stockpferd« statt nach München nach Paris. »Gestern sagte er
mit wahrhaft rührender Stimme – bitte bitte zum Vater reisen.«

Ansonsten lebte Therese in ihrer kleinen Welt in Salzburg
inmitten der Berge abseits des Weltgeschehens – einer Welt, die

Ludwig zu eng war. Noch immer aber holte sie seine Meinung auch in kleinen Alltagsdingen ein, um keinen Fehler in Bezug auf die Hofetikette zu machen, in die sie erst langsam hineinwuchs. So wollte sie von ihm wissen, ob sie eine Friedensfeier mit »großem diné oder einen Ball mit soupé« organisieren solle. Außerdem brauchte sie seine Meinung, ob sie »den hiesigen Herren« erlauben dürfe, »wie in vorigen Jahren im Frack bei Tafel zu erscheinen«. Da das Wetter gut sei und Salzburg und Umgebung »im frischen Grün des Frühjahres schöner wie je erscheinen, werde ich statt Gesellschaften zu geben (wenn Du nichts dagegen hast) zuweilen kleine Landpartien machen.«[12]

Sie fand sich damit ab, dass er so bald wohl nicht nach Hause kommen würde. »Wirst Du wohl zu des Königs Namensfeste [12. Oktober] zurück sein? Wenn nicht, so schreibe mir, ich bitte Dich, wie es gefeiert werden soll. – Wenn ich auch das Fest des Friedens [Weihnachten] ohne Dich begehen müßte, es würde mich schmerzen.«[13]

Aber auch aus Paris kam er nicht zurück, sondern zog mit seinem Bruder Karl weiter zur Siegesfeier der Alliierten nach London, was Therese befürchtet hatte. Therese war im Bad, als der entsprechende Brief Ludwigs aus Paris ankam. »Daß ich nun länger in der Badewanne verweilte und trotz ihres *engen* Raumes, mit Dir in einem weiteren (wenigstens im Geiste) mich zu bewegen glaubte, wirst Du – der so lebhaft die schöne Reise mir zu schildern wußte, wohl begreifen. – Überhaupt begleiteten Dich meine Gedanken in diesen für Dich so schönen Tagen, häufiger denn je ... Ich fürchte, es werden Wochen vergehen, ehe wir uns wiedersehen.« Da sie wusste, dass Ludwig das Jammern nicht ausstehen konnte, versuchte sie seiner Reise etwas Praktisches abzugewinnen und bat ihn aus Paris oder London, falls er »eine zweckmäßige Kleidung für Kinder sehen« sollte, »so gedenke unseres kleinen Mänchens«, denn Max sollte jetzt mit fast drei Jahren »Beinkleider« tragen. Therese schickte ihm die entsprechenden Maße, auch vom Kopf, damit Ludwig wenigstens eine Mütze mitbringen könne.[14]

Unter dem Pseudonym eines Grafen von Haag landete Ludwig am 30. Mai in Portsmouth. Ausführlich berichtete er nach Salzburg, dass die Engländerinnen ihm gefielen: Sie trügen den »Busen bedeckt, dessen Form sich aber ausdrückt, mehr als ich sonst noch gesehen«.[15] Darauf ging Therese nicht ein, aber ihre Briefe unterschrieb sie in dieser Zeit immer mit einem »innig treu Dich liebend« oder »In treuer Liebe«, das Wort »treu« manchmal unterstrichen.

Mit Erlaubnis des Königs reiste Therese im Juli nach München, wo die Alliierten durchreisen sollten und sie sich »mit der schönen Hoffnung schmeichelte, Dich hier vielleicht recht bald zu sehen … Man glaubt ja so gerne, was man wünscht«. Kaum war sie in München, erfuhr sie zu ihrer großen Enttäuschung, dass Ludwig bereits weiter nach Wien zum Friedenskongress gereist war »und so werde ich dann gleich in die Arme meiner Kinderchen zurückkehren«.[16]

Erst am 5. August, fünf Monate nachdem sie sich getrennt hatten, erschien Ludwig wieder in Salzburg, von Therese sehnsüchtig erwartet. Zwei Tage vorher hatte sie ihm noch geschrieben: »Welche Wonne für mich unser holdes Pärchen [Max und Mathilde] wieder einmal in den Armen ihres guten theuren Vaters zu sehen. Du wirst sie kaum erkennen, besonders Mathildchen sehr verändert finden … Ich zähle (wie die Kinder) jeden Tag, der Dich noch von mir trennt, an den Fingern ab, ach daß diese Rechnung Deine Reise beflügeln könnte. – … Zögere nicht mehr uns alle mit Deiner Gegenwart zu beglücken. … Bald – bald kann ich Dir mündlich sagen wie innig, wie herzlich ich Dich liebe.«[17] Die Folge dieses Besuches Ludwigs in Salzburg war eine erneute Schwangerschaft Thereses, die dritte in vier Ehejahren.

Zwischen Krieg und Frieden

»Der Kongress tanzt, aber er geht nicht weiter!«,

lautet das inzwischen geflügelte Wort über den Wiener Kongress, der vom 18. September 1814 bis zum 9. Juni 1815 stattfand. Unter der Leitung des österreichischen Außenministers Metternich sollte nach dem Sieg über Napoleon und nach mehr als 20 Jahren nahezu ununterbrochenen Kriegsgeschehens Europa neu geordnet werden. Die mächtigen und nicht so mächtigen Fürsten waren mit ihrem Hofstaat und manche mit ihren Frauen und Kindern nach Wien geströmt, um ihre territorialen Besitzstände zu sichern oder gar zu erweitern, auf jeden Fall, um Verluste zu vermeiden.

Ludwig, der die Erlaubnis von seinem Vater erst nach langem Zögern erhalten hatte, erschien am 28. September in Wien zusammen mit Hofmarschall Baron von Washington und seinem Adjutanten Major Freiherr von Gumppenberg. Auch seine Eltern und sein Bruder Karl waren vor Ort. Wahrscheinlich hat Ludwig wirklich geglaubt, er könnte Einfluss auf die Entscheidungen ausüben, ja, man wäre in irgendeiner Weise interessiert an seiner Meinung, aber in der Realität war er völlig unbedeutend, genauso wie die anderen Kronprinzen. Und so stürzte er sich ins Vergnügen, von dem den anwesenden Fürsten jede Menge geboten wurde. Theatervorführungen, Maskenbälle, Schlittenfahrten. Von vielem, was er erlebte, schrieb er Therese lebhafte Berichte nach Hause. »Nicht wahr, Therese, du denkst doch Bälle und immer nur Bälle.«[1]

Erst zu Weihnachten 1814 war Ludwig zu einem kurzen

Besuch in Salzburg bei seiner Familie. Immerhin war Therese im vierten Monat schwanger. Anfang Januar aber zog es ihn zurück nach Wien, wo er die Schlittenfahrten an der Seite Sophie Zichys genoss, die mit ihrer Schwester zu den schönsten und umschwärmtesten Damen gehörte.

Aus Salzburg schickte Therese sehnsuchtsvolle Briefe. Mathilde frage, so gab sie weiter, »warum ist mein Vater nicht hier, ich hab' ihn so lieb«. Sie legte nahezu jedem Brief an ihn Petitionen bei, die ihr von Salzburger Bürgern zur Übermittlung an Ludwig überreicht worden waren. Auch die Bittgesuche, die an Therese gerichtet wurden, leitete sie an Ludwig weiter mit der Frage, ob sie Unterstützung leisten dürfe.[2]

Ungeduldig wartete Therese auf die Posttage, an denen die Briefe ausgeliefert wurden, dankbar für jedes Schreiben, das sie von ihm bekam. Sie teilte seine Küsse an die Kinder aus und begab sich dann an den Schreibtisch, um ihm von ihrem Leben und den Kindern zu berichten, damit er das Gefühl hatte, dabei zu sein. Zum Beispiel erzählte sie ihm, wie sie einmal die Kinder zu sich holen ließ. Sie kamen fröhlich angelaufen, vertrieben die Mutter aus dem Bett. Dann spielte Max den Vater, holte dessen Bild, küsste es und befahl Mathilde, das auch zu tun. Therese bemühte sich rührend darum, dass der abwesende Vater für die Kinder irgendwie doch präsent war.

Die vielen Briefe, die er von allen Seiten bekam, sortierte sie vor. Manche schickte sie ihm, andere legte sie »zu der jetzt nicht mehr klein zu nennenden Sammlung«, bis man mündlich darüber reden konnte. »Wann wird dieses wohl geschehen können, – sollte dies Jahr 1815 dem vergangenen in dieser Hinsicht ähnlich werden? – Ich fürchte es.«[3]

Die Monate in Wien beim Kongress 1814/15 waren eine besondere Herausforderung für Ludwig, was das Thema Treue anbetraf. Da war das Bürgermädchen Antonie, das dem Kronprinzen eine »so heftige Leidenschaft einflößte«, dass er am liebsten dort geblieben wäre.[4] Als er feststellte, dass Antonie auch andere Männer traf, versuchte Ludwig sie zur Tugendhaftigkeit zu bekehren, was wohl eher bedeuten sollte, dass sie außer ihm niemanden erhören sollte.

Nun wird ja häufig behauptet und auch Ludwig hat das immer getan, dass seine Leidenschaft für bestimmte Frauen – bis auf Lola Montez – immer nur platonisch gewesen sei. Es fällt allerdings schwer, das zu glauben, wenn man liest, was die Gräfin Elise von Bernstorff, Frau des dänischen Gesandten beim Wiener Kongress, unter dem 2. Oktober 1814 berichtete: »Da fiel mir die wunderlich zutrauliche Anrede eines deutschen Jünglings höchst lästig auf, seine unbescheidene Annäherung trieb mich immer mehr in die Enge, bis ich mich zwischen einer Konsole und dem so bekannt thuenden Fremdling eingeklemmt fühlte. Endlich befreite mich eine Antwort, die ihn stutzig machte, von seiner unbequemen Nähe; er hatte sein Erstaunen geäußert, daß ich so gut deutsch und nicht lieber ungarisch spräche; als er aber hörte, ich könne kein Ungarisch, ich sei gar keine Ungarin, eilte er von mir hinweg, um meinen Namen zu erfragen, und da ich ein Gleiches auch gethan, wußte ich nun, daß der sogleich wieder zu mir Zurückkehrende der Kronprinz von Bayern sei. Dies konnte mich jedoch nicht mit seiner Art und Weise aussöhnen, so groß auch das Kompliment war, als er mir sagte, er hätte mich für Julie Zichy gehalten.«[5]

Platonisches Anhimmeln sieht anders aus. Nun war Ludwig keinesfalls der Einzige, der sich zum Gespött seiner Umgebung machte. Zar Alexander tanzte von einer Geliebten zur anderen, obwohl seine Frau, die Zarin Elisabeth, anwesend war, Friedrich Wilhelm III. von Preußen, dessen Frau Luise vor vier Jahren gestorben war, wurde wegen seiner öffentlichen Verliebtheit in Julie Zichy belächelt. Selbst Elise von Bernstorff berichtet von einem Flirt ihres Mannes mit einer schönen Italienerin.

Aber niemand trieb es offenbar so wild wie Ludwig, der sich, wie der Wiener Geheimdienst dokumentierte, sogar zu einem Duell mit Kronprinz Wilhelm von Oranien hinreißen ließ, was Fürst Wrede, der bayerische Verhandlungsführer beim Kongress, in letzter Minute verhindern konnte.[6] Sein Adjutant

Gumppenberg brachte es auf den Punkt, als er seiner Braut, die Hofdame bei Therese war, schrieb: »Nun meint er gar, alle Weiber und Hürchen hier seien in ihn verliebt und reißen sich um ihn. … Da möcht' einen der Schlag treffen, wegen solch eselhafter Lumpereien von Frau und Kind entfernt zu bleiben, sich nicht einmal hinsehen. Er gesteht es ja ganz klar und deutlich, er kann sich von dem lustigen Leben nicht trennen.«[7]

Wir wissen nicht, ob Therese Kenntnis von den Vorgängen in Wien hatte. Wahrscheinlich nicht, denn wer sollte ihr da von berichten? Die Toleranzschwelle, was das Liebesleben von Herrschern anbetraf, war damals ziemlich hoch, und es zu kommentieren, außer im privaten Bereich, hätte sich wohl niemand getraut aus Angst vor Konsequenzen.

Therese bekam aber bis ins Detail mit, was mit Frauen passierte, deren Männer sie nicht mehr haben wollten und die geschieden wurden. Da war ihre Schwägerin Charlotte in einer nicht vollzogenen Ehe mit dem Kronprinzen Wilhelm von Württemberg, die gerade zu der Zeit aufgelöst wurde.

Und ihre Schwester Charlotte stand auch kurz vor der Trennung von ihrem Mann Paul, mit dem sie fünf Kinder hatte. Therese, die ihrer Schwester sehr nahestand, hatte das Drama hautnah miterlebt, vor allem als Charlotte ihre Kinder zurücklassen musste. Besuchen durfte sie sie nicht, ob ihre Briefe an sie ankamen, bestimmte allein ihr geschiedener Mann. Im Archiv des Hauses Württemberg in Alshausen liegt der Abschiedsbrief, den Charlotte an ihre Kinder geschrieben hatte: »Lebt wohl, meine geliebten theuren Kinder, seyd lieb und gut, gedenkt mit Liebe eurer theuren Mutter, und macht Papa recht glücklich durch Euer Betragen, Euren Fleiß und Liebe. Schreibt mir oft liebe Kinderchen, denn Beweise eures Andenkens werden mich beglücken und erfreuen. So lebt wohl liebe Engel, der Himmel segne Euch und mache Euch glücklich, lieb, gut und brav; lebt wohl und gedenkt meiner, und glaubt an meine treue mütterliche Liebe und Zärtlichkeit. Charlotte«[8] Den Kummer Charlottes hat Therese mitgetragen.

Eine Scheidung bedeutete immer die Trennung der Frauen von den Kindern, die man, so wie Charlotte auch, erst wenn sie volljährig waren und selbst entscheiden konnten, wiedersah. Sie bewirkte auch ein Abgeschobenwerden auf irgendwelche Schlösser, abseits von allem, was man liebte.

Therese entdeckte bereits in diesen Tagen das Geheimnis, das ihr ein Zusammenleben mit Ludwig ermöglichen konnte: Dankbarkeit im Vergleich zum Schicksal anderer Frauen. Und so schrieb sie an Ludwig: »Wenn ich Dir schreibe, was ich mir denke, – ja in diesen letzten Tagen (beglückt durch die freundlichen Worte, welche Du selbst auf der Reise mir geschrieben) häufiger noch mir wiederhole, so wird mein lieber Ludwig lächeln, mir aber doch nicht zürnen. Es ist die Behauptung, daß ich glücklicher – vor vielen meines Geschlechtes – einen *selten lieben* Mann, – ja einen treuen Freund in Dir besitze.«[9]

Und so wird Therese nicht nur, weil Sanftmut ihrem Charakter entsprach, Konflikte mit Ludwig zu dem Thema vermieden und sich immer heiter gezeigt haben, sondern auch aus Klugheit. Schon Ludwigs Mutter hatte in ihrem Tagebuch notiert – ihr Mann galt auch als Frauenheld – :

Besiegt durch Sanftheit Zorn und Wuth
Trotzt jeder Noth mit stillem Muth
Sieht sie den Schwur der Treue brechen,
Wird sie doch nicht von ihm entweiht.
Sie weiß sich rühmlicher zu rächen
Indem sie Reuigen verzeiht.[10]

Immer dann allerdings, wenn sie vermuten konnte, dass Ludwig ihr untreu war, unterschrieb sie nicht, wie sonst, mit »inniger Liebe«, sondern mit »Deine treue Therese«[11], was bei Ludwig jedes Mal ein schlechtes Gewissen erzeugte. Leidenschaft war nicht mehr da, aber er verehrte sie wegen ihrer Tugendhaftigkeit – ein Ideal, das er selbst nicht erreichen konnte.

Sonett an meine Frau

Wie Engel sanft, von ewig gleicher Güte
Und Milde, ruhig wie des Himmels Bläue,
So ist dein Wesen, lauter Lieb und Treue,
Ein Bild der Tugend und der Anmuth Blüthe.

Es kennt nicht dein Herz die bittre Reue,
Das für das Edle einzig glüht und glühte,
Die Kindlichkeit in deiner Seele hüte,
Jedwelcher Tag erneute Wonne streue.

Gleich eines Baches sanftem Fließen,
Der Frühling lieblich, reizend schön umwunden,
Sich froh bewegt durch blumenvolle Wiesen.

So ist die heitre Folge deiner Stunden,
Die sich in Seelenfrieden mild ergießen,
Durch dein Gefühl dem Himmel schon verbunden.[12]

In Wien herrschte zu Beginn des Jahres 1815 eine zunehmend angespanntere Atmosphäre. Die Siegermächte konnten sich nicht über die Aufteilung der Gebiete einigen und so fürchtete der Diplomat Talleyrand in einem Gespräch mit Prinz Eugène: »Das Diner wird bald zu Ende sein und ich fürchte sehr, daß es zum Nachtisch Kanonenschüsse gibt.«[13] Die gab es, allerdings anders als erwartet, denn am 1. März 1815 landete Napoleon an der französischen Küste. »Die Ankündigung dieser Neuigkeit traf die Gesellschaft wie ein Blitz aus heiterem Himmel«, schrieb der Chronist Auguste de la Garde.[14]

Von alldem wusste Therese noch nichts, als sie Anfang März schrieb: »Freudiger kann ich den 1. März nicht beginnen als mit einer schriftlichen Unterhaltung mit meinem guten innig geliebten Ludwig.« Sie bedankte sich für seine Briefe, in denen er ihre Bitten wegen Unterstützung verschiedener Familien gewährt hatte. Dann erklärte sie ihm lang und breit, wie sie ein Kleid, das sie bekommen hatte, bezahlen würde. Das Thema Geld findet sich in nahezu jedem Brief Thereses. Immer ging es darum, dass sie gegenüber Ludwig, der keine Probleme damit hatte, Unmengen seines Geldes für den Ankauf von Kunstwerken oder die Unterstützung von Künstlern auszugeben, Rechenschaft ablegen musste. Auch diesmal hatte Ludwig nachgefragt. Also rechnete sie ihm im Detail vor, dass sie ja 500 Gulden zurückgelegt hatte. Falls das aber alles nicht reichen sollte, würde sie von ihrem Nadelgeld von März noch etwas dazulegen, ansonsten würde sie im April den Rest bezahlen. »Noch drei Monate und dann ist Deine Therese wieder schlanker Gestalt, es freut sich mit ihrem Ludwig ein kleines Kleeblatt, – ob ein L oder T es schließen wird, ach, daß ich es wissen könnte.«[15]

Drei Tage lang war sie überglücklich bei dem Gedanken, dass Ludwig nach Hause kommen wollte, auf dem Weg nach München. »Gottlob, Gottlob, ich möchte Dich dafür küssen, Du guter lieber Ludwig. – … Daß Du bei dieser Reise nach München über Salzburg gehst, dafür ein zweites Küßchen, wenn die Zahl Dir nicht schon zuviel geworden.«[16]

Am 10. April traf Ludwig in Salzburg ein, um einen Monat später nach München weiterzureisen, diesmal in den Krieg. Am 20. Mai zog er mit Wrede ins Hauptquartier nach Mannheim. Für seine Frau hinterließ er ein Gedicht, das sie kaum beruhigt haben wird:

Geliebte, scheide von dir jetzt fern,
Die Liebe leite mich als mein Stern,
Ich zieh in fremde Gefilde;
Fern von dem seligsten Lebensglück,
Der Heimath freundlicher Milde;
Entzückt mich nimmer dein Liebesblick,
Im Herzen doch lebet dein Bilde…

Die Stunde naht der Entscheidung voll,
Die Thräne bringet des Abschieds Hall,
Mich stürzt es fort ins Gefechte;
Und sollt'ich kehren zurück nicht mehr,
So denk, daß für das Gerechte
Ich fiel, für Vaterlands heilige Wehr,
Ohne daß der Feind sich erfrechte,
Und sterbend denk ich noch liebend dein,
Für ewig wird uns jenseits verein.[17]

Während Ludwig noch im Hauptquartier in Mannheim weilte, brachte Therese in Salzburg einen gesunden Sohn zur Welt, Otto, den späteren König von Griechenland. Ludwig war überglücklich, vor allem, weil es ein Sohn war. In der Benachrichtigung unterstrich er sieben Mal das Wort »Prinz«.[18] Erst am 18. Juni konnte Therese ihm persönlich schreiben. »Möge der neue kleine Liebling unserem Max – und beide ihrem *trefflichen* Vater – ähnlich werden.« Nachdem sie am 16. Tag nach der Entbindung ihr Zimmer verlassen durfte, »brachten mir Max und Mathilde an des kleinen Bruders Wiege die *schöne* Gabe, die Deine Güte mir bestimmte. – Empfange, guter lieber Ludwig, Deiner Therese *wärmsten* Dank dafür. Otto hat sehr hübsche runde Händchen, und Taufenbach behauptet, Du würdest gewiß wieder die Bemerkung machen, daß er diese von seinem Vater habe.«[19]

Thereses ältester Sohn Max, der später die Jahre seiner Kindheit in Salzburg als sehr glücklich bezeichnete, erzählt in seinen Memoiren von einem Brauch bei der Geburt von Geschwistern, den Therese eingeführt hatte: In der Wiege befanden sich kleine Geschenke für die Geschwister, die die Neugeborenen für sie mitgebracht haben sollten.[20]

Am selben Tag wurde Napoleon in der alles entscheidenden Schlacht bei Waterloo in Belgien geschlagen. Ludwig saß immer noch am Rhein, ebenso wie die bayerischen Truppen, was Therese aber nicht wusste. Sie hatte Angst um ihren Mann und wartete sehnsüchtig auf Briefe – »kommt zuweilen nur *ein* Wort von Deiner Hand, daß Dein Wohlseyn und folglich die Erfüllung meines innigsten Wunsches, meines *heißen* Gebetes für die Erhaltung Deines Lebens mir verkündet. Ich lese keine Zeitungen mehr – da ich mich diesem Geschäfte nicht ruhig genug widmen könnte, auch höre ich ja die *frohen* Nachrichten, die als *Teutsche* mich beglücken können, von Anderen oder lese sie in ihren Zügen.« Auf diese Weise hörte sie auch von »Wellingtons herrlichen Siegen und Du begreifst mit welchen Gefühlen. Doch Du fehlst mir um meine Freude rein und ungetrübt zu empfinden«. Ihr Schwager Wilhelm von Nassau war verwundet und Therese hoffte sehr, dass man ihrer Schwester Luise diese Nachricht schonend beibrachte.[21]

Dann endlich erhielt sie auch durch Ludwigs Brief die Bestätigung der »*herrlichen, herrlichen* Nachrichten des glänzenden Sieges«. »Viele flehen wohl mit mir zu dem Himmel um deine *Erhaltung*, doch niemand inniger, herzlicher, denn die das Glück ihres Lebens nur in dem deinen finden kann. Therese«[22]

Ihre Hoffnung aber, dass Ludwig nun nach Hause kommen würde, erfüllte sich erneut nicht. Bis Mitte Oktober war er Gast Ludwigs XVIII. in Paris. Und so blieben wieder nur seine Briefe. Er hatte ihr geschrieben, dass er fürchte, für die Bayern bliebe jetzt nichts mehr zu tun, »worüber *ich jubeln möchte.*« Sie forderte Ludwig auf, »daß er *oft* und besonders in Augenblicken der Gefahr seines Kleeblättchens denken möge«. Manchmal legte sie Stoffmuster bei, die Ludwig angefordert hatte, um bei einem Schneider in Paris etwas für sie oder Max machen zu lassen. Wie von allen seinen Reisen bedachte Ludwig seine Familie zu Hause mit kleinen Geschenken, vor allem die Kinder. Die Hüte für Max seien angekommen und sehr hübsch, »doch für das kleine Weibchen befand sich keiner dabei«.[23]

Auch ihren Geburtstag am 8. Juli feierte sie 1815 allein, glücklich über das Geschenk, das Ludwig ihr gemacht hatte – ein Porträt von sich, das Max ihr in seinem Namen überreichte:

»Ach, daß es zu dieser [Antwort] keiner Feder bedürfte, die den Dank, die innige Freude Deiner Therese nur schwach und unvollkommen auszudrücken vermag. Wenn Du Zeuge des Augenblicks gewesen wärest, in welchem ich aus unseres lieben Mänchens Händen eine allerliebst grüne Handtasche erhielt, diese, nicht ahnend, was sie enthielt, öffnete und nun das ähnlichste Bild von der Welt erblickend mit einem Schrei der Überraschung dem lieblichen Doppel tausend Küße gab (und dem fernen theuren Geber in ihm), da hätte es keiner Worte bedurft um von meinem Ludwig, so wie *ich es wünschte*, verstanden zu werden. Du hättest kein Angebinde mir bestimmen können, welches solche Freude in mir zu erregen vermocht. Wie ein Kind trage ich die Brieftasche mit mir herum.«[24]

Der Münchner Vertrag vom 14. April 1816 regelte den endgültigen Gebietsausgleich zwischen Österreich und Bayern, wie er schon angedacht war. Der Vertrag von Aachen 1818 verfügte dann auch zu Ludwigs großer Enttäuschung das Schicksal der rechtsrheinischen Pfalz zu Ungunsten Bayerns. Die ehemals wittelsbachische Kurpfalz mit Mannheim und Heidelberg blieb damit für Ludwig verloren.

Von Therese gibt es keine Äußerungen zu diesen politischen Vorgängen. Weder zum Wiener Kongress noch zu Ludwigs Traum von einer Rückgewinnung der Kurpfalz. Ihre Briefe beschränken sich auf die häuslichen Belange und ihre Sehnsucht nach ihm. Es gibt auch keine Äußerungen des Bedauerns, dass sie Salzburg nun verlassen musste, wo sie immerhin fünf Jahre lang gelebt hatte. Veränderungen des Wohnortes nahm sie mit Gleichmut, ja Gleichgültigkeit an, wohl wissend, dass es nicht in ihrer Macht stand, etwas zu ändern. Solange die vertrauten Personen weiterhin um sie waren, bekümmerte sie der Umzug in eine andere Residenz wenig. Und so zog sie bereits im Sommer 1816 mit ihrer Familie in die Residenz nach Aschaffenburg und von dort am 1. September in die Winterresidenz nach Würzburg. Hier wurde am 7. Oktober ihre Tochter Theodolinde geboren.

Leben in zwei Welten (1816 – 1825)

Große Politik versus Häuslichkeit

❦

Ludwig

> »Der Kronprinz ist eine geniale, vielleicht noch
> nicht in sich vollendete Erscheinung ... Unterdeß
> vermissen strenge Beurtheiler ... doch völlige
> Ideenklarheit, völlige Reife und Abrundung
> des Ganzen.«[1]

So schrieb am 1. Januar 1817 der preußische Botschafter von
Küster an den Fürsten von Hardenberg in Berlin. In München
fürchtete man die rastlosen Umtriebe des Kronprinzen und
versuchte ihn aus dem politischen Geschäft weitgehend heraus-
zuhalten. Zu verschieden waren die Meinungen zwischen dem
König, seinem führenden Minister Montgelas und dem Kronprinzen, was Verfassungsfragen, Kirchenpolitik und »teutsche
Gesinnung« anbetraf. Auch durch Ludwigs oftmals taktloses
und unbesonnenes Verhalten kam es immer wieder zu Spannungen zwischen Vater und Sohn, sodass Ludwigs Schwester
Charlotte, die österreichische Kaiserin Karoline Auguste, ihm
immer wieder raten musste, seine Frau Therese einzuschalten,
um die Wogen zu glätten.[2]

Wenn Therese gehofft hatte, dass sich ihr Leben mit Ludwig
in Bezug auf seine Anwesenheit nach dem Ende des Kongresses
in Wien ändern würde, so hatte sie sich getäuscht. Vielleicht
hatte sie ja sogar gehofft, in die Residenz in München einzuzie-
hen, in die Nähe der Königin Karoline, der Halbgeschwister
Ludwigs und ihrer Schwägerin Auguste von Leuchtenberg, mit
denen sie sich gut verstand und die ihr das Gefühl gaben, wie-

der Teil einer größeren Familie zu sein. Therese wurde von allen, auch vom König, sehr geschätzt, wie Ludwig anerkannte: »Was du beim Vater giltst, das weißt du, ob du aber auch überzeugt bist, wie sehr du hier geliebt wirst, weiß ich nicht.«[3]

Wenn das Kronprinzenpaar in dieser Zeit offiziell zusammen auftrat, wurden beide stürmisch gefeiert, wie im Januar 1817 – nach einer Krankheit des Kronprinzen – im Hoftheater: »Das Publikum empfing seinen Ludwig mit unbeschreiblichem Jubel, der Gefeierte und die schöne anmuthige Kronprinzessin nahmen die herzliche Huldigung mit Rührung und nicht ohne Thränen auf.«[4]

Trotzdem stand ein Daueraufenthalt des Kronprinzen in München nicht zur Debatte. Im Gegenteil, auch seine Reisen nach Italien wurden in München begrüßt und gefördert, denn die »Abwesenheit von der Hauptstadt schwächte seine Stellung«.[5]

Da es sich bei Ludwig um den zukünftigen bayerischen König handelte, finden sich in den Berichten der Gesandten zunehmend auch Einschätzungen über das Kronprinzenpaar. Die Bemerkungen über Therese erschöpfen sich zumeist in Äußerungen wie: Sie sei »eine sanfte, gute und liebenswürdige Prinzessin«.[6] Thereses Leben verlief weiter abseits der politischen Vorgänge. Ihre Rolle, zu der man sie erzogen und ausgebildet hatte, war die der treuen Ehefrau und Mutter möglichst vieler männlicher Nachkommen, die die Thronfolge sichern sollten. Und diese Rolle hat sie perfekt ausgefüllt. So war sie im Sommer 1816, als sie in Aschaffenburg einzog, mit 24 Jahren nach knapp sechs Ehejahren, bereits Mutter zweier Söhne, einer Tochter und im fünften Monat wieder schwanger. Allein in der Würzburger Zeit bis 1825 folgten dann im Zweijahresabstand, abgesehen von einer Fehlgeburt 1818 oder 1819, weitere drei Töchter und ein Sohn: 1816 Theodolinde (starb mit sechs Monaten), 1821 Luitpold, 1823 Adelgunde, 1825 Hildegard. 1826 nach der Thronbesteigung kamen noch Alexandra und 1828 Adalbert hinzu.

Ludwig dagegen mischte sich immer wieder in die politischen Geschehnisse in München ein. In den ersten Jahren seiner Würzburger Zeit waren es neben seiner persönlichen Abrechnung mit Minister Montgelas, dem er »unteutsches« Verhalten vorwarf und entscheidend zu seiner Entlassung beitrug, vor allem zwei Projekte, an denen der Kronprinz mehr oder weniger intensiv beteiligt war.

Das erste war ein Konkordat zwischen der Regierung in München und dem Papst in Rom, in dem es um die Neuordnung der Kirchenorganisation ging. Rom wollte die staatlichen Kirchenhoheitsrechte einschränken, wenigstens was die Besetzung der Bischofsstühle und Festlegung der Diözesangrenzen anbetraf. Ersteres behielt sich der König aber weiterhin vor, dafür war Bayern bereit, einige Härten der durch Montgelas durchgeführten Säkularisation zu mildern und einige der aufgelösten Klöster wieder zuzulassen, deren Mitglieder sich dem Unterricht der Jugend an Schulen und Universitäten, der Seelsorge und der Krankenpflege widmen sollten. Das führte zu großer Besorgnis bei den Protestanten, die fürchteten, dass durch das neue Konkordat die versprochene Religionsfreiheit eingeschränkt werden könnte. Der König aber beruhigte sie, dass weder Religionsfreiheit noch die bestehenden Rechte der Protestanten zur Diskussion stünden,[7] was ja die nachfolgende Verfassung von 1818, in der allen Religionsgruppen gleiche religiöse und bürgerliche Rechte zugestanden wurden, auch bestätigte. In der Praxis sah das dann aber anders aus, sodass bereits 1822 der preußische Gesandte Zastrow an König Friedrich Wilhelm III. schrieb: »Auch im Königreich Baiern fängt man an, das wachsende Übergewicht der katholischen Geistlichkeit wahrzunehmen.« Wenn auch die toleranten Gesinnungen des Königs das nur bedingt zulassen würden, sah man der Regentschaft Ludwigs schon jetzt mit Skepsis entgegen.[8]

Das zweite Projekt, über das sich Ludwig schon Jahre zuvor Gedanken gemacht und ein Memorandum verfasst hatte, betraf die Verfassung. An den eigentlichen Verhandlungen nahm er zwar nicht teil, da er nach Italien gereist war, aber sein Schreiben wurde verlesen. Am 26. Mai 1818 legten der König und Ludwig den Eid auf die Verfassung ab, die die Grundlage für die konstitutionelle Monarchie mit dem König als Staatsoberhaupt bildete. Seine Person galt als heilig und unverletzlich. Seine Regierung war allerdings, anders als zur Zeit absoluter Machtausübung des Herrschers, in entscheidenden Fragen abhängig von der Zustimmung der alle sechs Jahre neu gewählten, aus zwei Kammern bestehenden Ständeversammlung – unter anderem bei allen neuen Gesetzen oder Änderungen von bestehenden und allen Belangen der Steuergesetzgebung.

Therese

> »Wie herrlich schmeckte mir heute mein Frühstück, denn stand gleich der Stuhl (auf welchem Du diesem zuweilen beiwohnend) leer neben mir, konnte ich mich dennoch mit meinem guten theuren Ludwig unterhalten, denn vor mir lagen seine liebevollen Zeilen, ... «[9],

schrieb Therese im Januar 1821. Wieder einmal blieb sie hochschwanger mit den Kindern zurück, während Ludwig nach München reiste. Eine typische Situation ihres Ehelebens. Die einzige Verbindung zwischen ihnen waren die zahllosen Briefe, die Therese als »schriftliche Unterhaltung mit Dir«[10] bezeichnete.

Die Posttage, an denen zweimal pro Woche die Briefe abgeholt beziehungsweise ausgeliefert wurden, standen für Therese im Zentrum ihres Wochenplanes. Die Briefe wurden durchnummeriert, sodass fehlende Exemplare sofort festgestellt wurden und eine lückenlose Verbindung möglich war. Jeder Brief begann mit einem Dank für erhaltene Briefe oder einer Entschuldigung, warum sie einen Posttag hatte verstreichen lassen. »Ich werde das Schnupftuch mit einem mächtigen Knoten versehen um am nächsten Posttag besser zu bestehen«,[11] schrieb sie, wenn sie mal wieder eine Frage oder eine wichtige Mitteilung an Ludwig vergessen hatte. Der Tonfall der Briefe ist von beiden Seiten sehr humorvoll und liebevoll, wie das SchreibenThereses vom 17. Februar 1821 zeigt: »Auf die in Nr. 445 mir gesendeten 3 Küsse erwidere ich ebenso viele, – alle unseren Kindern geschickte habe ich treulich vertheilt.«[12]

Von Ludwig wissen wir, dass er jeden Tag, an dem er abwesend war, um fünf Uhr morgens mit dem Schreiben von Briefen begann. Die Briefe waren in der Regel, wenn sie von Italien kamen, eine Woche unterwegs, manchmal aber auch drei Wochen, was Therese, die sich um ihn sorgte, jedes Mal bedauerte und sie das Schlimmste befürchten ließ. Fast immer schickte Ludwig Aufträge, die Therese erledigen musste. Mal sollte sie Wielands Übersetzung der Briefe von Horaz senden, dann wieder Weilbacher Trinkwasser, auf das er auch in Italien nicht verzichten wollte. Therese schickte die Kisten und ihnen vorweg einen genauen Transportplan einschließlich der Uhrzeiten, wann die Pakete bei den einzelnen Poststationen abgingen.[13] Sie war seine Statthalterin, seine Vertraute, auf die er sich hundertprozentig verlassen konnte. Er wusste, dass sie seine Anweisungen wortgetreu weiterleitete, ohne eigenmächtig Änderungen vorzunehmen. Wie wichtig das war, kann man wohl nur ermessen, wenn man das Leben am Hofe durchschaut: ein Paradies für Intrigen und Spitzel. Es verwundert immer wieder, wie genau auch die ausländischen Botschafter informiert waren – über Spitzel, die sie bis in die Ankleidezimmer der Fürsten schleusten. Therese nahm Ludwigs Aufträge entgegen, gab sie an die genannten Personen weiter, schickte die Antworten zurück, leitete Bittgesuche weiter, kümmerte sich um die Kinder, die natürlich auch eigene Erzieher hatten, um die Familien – ihre und Ludwigs Eltern und Geschwister –, und brachte neuen Nachwuchs auf die Welt.

Entscheidungen traf Ludwig, auch aus der Entfernung, was oft mühsam für Therese war, denn die Antworten auf Fragen, auch die Kinder betreffend, waren tagelang unterwegs. Kleinere Entscheidungen überließ Ludwig ihr, so die Farbe einer neuen Kutsche, die er bestellt hatte. Mit Eifer machte Therese sich daran, erkundigte sich, welche Farben gerade in Mode waren, und entschied sich dann für Gelb, weil Rot ihrer Meinung nach zu schnell wieder unmodern werden würde.[14]

Unterbrochen wurde dieser Briefwechsel nur in den Zeiten kurz vor und in den neun Wochen nach der Geburt eines Kindes. Dann nämlich durfte Therese auf Befehl der Ärzte weder lesen noch schreiben. Um trotzdem Nachrichten zu erhalten, traf sie regelmäßig Vorkehrungen. Sie erinnerte ihn daran, dass ihre Hofdame ihr seine Briefe vorlesen werde. Und für den Fall, dass er etwas schrieb, das niemand außer ihr lesen dürfe, solle er die Briefe unter dem Datum mit dem Vermerk: »allein« kennzeichnen. Ganz Dringendes solle er auf ein Extrablatt schreiben und versiegeln, denn wenige Worte könne sie lesen.[15]

In ihren Briefen versorgten sie sich gegenseitig mit Informationen über das jeweilige Erleben, was nicht unterschiedlicher hätte sein können. Ludwig sandte Beschreibungen und Szenen von seinen Reisen, bei denen sie weniger die sachlichen Informationen interessierten, sondern seine Stimmung und seine gesundheitliche Verfassung: »Mit besonderem Interesse ward dieser Brief (No. 323) vorzugsweise von mir durchlesen. Nicht das Eigene der Lage oder Orte, an welchen Du mir schreibst, nein auch die Stimmung in welcher Du jene Zeilen zu Papier brachtest, gab diesen Briefen ein besonderes Interesse für mich. Er ist so herrlich wie Du selbst mein guter theurer Ludwig.«[16] Oder: »Meinem Ohr wird es *nie* ermüdend klingen von Deiner Gesundheit zu hören, Dir aber nicht angenehm seyn in jedem Brief davon zu schreiben. Mir genügen die wenigen Worte: ›Dein Mänlein befindet sich wohl.‹ Doch steht auch in manchen Briefen *nichts* dergleichen, werd' ich nicht ängstlich seyn – sondern denken, da Du nichts erwähnst, sey es ein gutes Zeichen. – Geht es nicht gut (was der Himmel verhüten wird), würdest Du es mir ja schreiben.«[17]

Ihre Briefe geben ein gutes Bild über ihren Alltag ab, an dem sie Ludwig teilnehmen ließ. Ihre Hauptbeschäftigung war die Fürsorge für ihre Kinder. Abwechslung brachten Spaziergänge oder Fahrten mit der Kutsche, im Winter vergnügte sie sich bei Schlittenfahrten, oft auch in großer Gesellschaft, und besuchte regelmäßig Theatervorstellungen.[18] Vor allem Opernaufführungen interessierten sie. In München wohnte sie einer Aufführung mit der berühmten Sopranistin Angelica Catalani (1780–1849) bei und schrieb danach begeistert an Ludwig, dass ihr endlich »der *große große* Genuß zu theil geworden ist Catalani zu hören«.[19] Leider konnte Therese diese Begeisterung nur bedingt mit Ludwig teilen. Durch seine Schwerhörigkeit war ihm der Genuss von Musikdarbietungen kaum möglich. Wenn Ludwigs Biografen also immer wieder betonen, dass Therese keine gleichwertige Partnerin für Ludwigs Kunstbegeisterung gewesen ist, so muss man andersherum auch sagen, dass Ludwig kein adäquater Partner für Thereses Musikbegeisterung war.

Eine weitere Leidenschaft Thereses war das Kartenspiel, zu dem sie in der Residenz in Würzburg regelmäßig kleine und große Gesellschaften einlud.[20] Ein Höhepunkt der Saison war jedes Jahr die Karnevalszeit von Mitte Januar bis Anfang März. Während sie in der Salzburger Zeit immer nach München gefahren war, um dort an den Festlichkeiten teilzunehmen, blieb sie ab 1816 oft in Würzburg, um die verschiedenen Bälle vor Ort zu besuchen beziehungsweise selbst solche zu veranstalten.[21] Sie trank gern Wein und beklagte sich bei Ludwig, wenn die Weinlese wieder einmal »äußerst spärlich« ausfiel wie im Herbst 1820. Sie hatte nur eine Fuhre bekommen. »Der Most ist köstlich«, schrieb sie, aber auch, dass sie wegen der Schwangerschaft leider nicht so viel trinken dürfe.[22] Die einzigen Reisen, die Therese, abgesehen von Fahrten nach München, allein unternahm, waren die zu ihren Eltern nach Hildburghausen. Aber egal, was sie vorhatte, sie brauchte in den allermeisten Fällen Ludwigs Einwilligung. »Doch ich harre

Deines Ausspruches mein lieber Herr Gebieter.«²³ So oder so ähnlich, durchaus humorvoll, akzeptierte sie ihre Abhängigkeit von seinem Votum. Wobei man sagen muss, dass es nicht einen einzigen Hinweis darauf gibt, dass Ludwig – vielleicht, weil er ein schlechtes Gewissen wegen seiner langen Italienfahrten hatte – Bitten seiner Frau wegen Besuchen in Hildburghausen oder Besuchen von Thereses Verwandten in Würzburg abgelehnt hätte. Als Thereses Mutter 1818 im Sterben lag, durfte sie monatelang bis nach ihrem Tod in Hildburghausen bleiben.

Trotzdem fühlte sich Therese oft sehr einsam. Und das vor allem, wenn Ludwig an den Familienfesten Weihnachten und Silvester abwesend war. »Schwer noch wird es mir mich an den Gedanken zu gewöhnen die erste Wechselstunde des Jahres fern von Dir, mein theurer Ludwig, zu begehen. – Zum erstenmale soll dann die Feder der Dolmetscher meiner Gefühle und süßen Wünsche für Dich werden, wo Du sonst in meinen Blicken lesend besser denn durch Worte mich verstanden«, schrieb sie ihm am 26. Dezember 1816 nach Italien hinterher. »Lies auch jetzt in meinem Herzen lieber Ludwig, was die Feder nur unvollkommen zu sagen vermag, den heißen, *heißen* Wunsch – Dich stets glücklich zu sehen.«²⁴

Umso wichtiger waren ihr die Besuche ihrer Brüder Georg und Eduard, ihrer Schwestern Charlotte und Luise. Ihr ältester Bruder Joseph und seine Frau Amalie, zu denen Therese eine besonders enge Beziehung hatte, kamen öfter für Wochen nach Würzburg »und welche Freude ward mir zu theil«.²⁵ Das waren die Wochen, die Therese liebte. Gemeinsame Ausflüge, Abende, die sie nur im engsten Kreise verbrachten. Besuche ihrer Schwiegereltern, mit denen sie sich sehr gut verstand, wie im Oktober 1820 bedurften dagegen größerer Vorbereitungen und vor allem Geheimhaltung im Vorfeld schon.

Ein großes Thema war für Therese das Gebot der christlichen Mildtätigkeit. Was sie selber nicht tun konnte, auch wegen ihrer begrenzten Mittel, gab sie an Ludwig weiter, immer mit einem etwas schlechten Gewissen: »Wissend wie sehr Du mit dergleichen bestürmt wirst, übernehme ich es ungern.« Trotzdem legte sie nahezu jedem Brief an ihn Anfragen und Bitten bei, die über sie an Ludwig gerichtet waren. Es ging um Pensionen, Spenden, Posten.[26] Auch an sie adressierte Bitten, ob sie der einen oder anderen mildtätigen Stiftung beitreten würde, legte sie Ludwig zur Entscheidung vor.[27]

Das Jahr 1817 ging als »Hungerjahr« in die Geschichte ein. Ursache hierfür waren einmal heftige Stürme auf der Sonne, die letztendlich dazu führten, dass die Sonne weniger Energie und Wärme abgab, sowie eine geologische Katastrophe, der Vulkanausbruch des Tambora in Indonesien im April 1815, der 60 Kubikkilometer Staub, Asche und Gestein bis in die Erdatmosphäre geschleudert und ein weiteres Absinken der Temperatur verursacht hatte. Drei Jahre lang dauerte die weltweite Klimakatastrophe mit Dauerregen und ausbleibenden Sommern. Da die Nahrungsmittelvorräte durch die vorangegangenen Kriege aufgebraucht waren, kam es zur Nahrungsknappheit und damit zu steigenden Preisen für Nahrungsmittel, die sich nur die Reichen leisten konnten. Im Juni/Juli erreichten die Brotpreise eine Rekordhöhe. Die Menschen glaubten an eine Strafe Gottes für ihre Sünden.

In den Briefen Thereses ist davon nicht die Rede. Zwar spendete sie regelmäßig für die Armen, aber die große Not der Masse gerade in diesen Jahren kam nicht bis in die Residenz.[28] Allerdings half sie, wo immer sie konnte, so auch 1821, als sie an Ludwig einen Bittbrief einer Familie weitergab, deren Sohn er aus der Taufe gehoben hatte, und der jetzt in Not geraten war: »Da die hiesigen Armen (ja auch aus der Ferne) in *Mengen* mich bestürmen – mich sozusagen ausziehen, weshalb ich bereits gezwungen war mir einen Vorschuß meines Nadelgeldes geben zu lassen, glaube ich es wagen zu dürfen, Dir dieses Brieflein zuzusenden.«[29] Kronprinz Ludwig ließ alle Jahre wieder zu den Erinnerungstagen an den Befreiungskrieg gegen Napoleon in der Residenz zu Würzburg Armenspeisungen vornehmen.[30] Therese besuchte Wohltätigkeitskonzerte, denen sie

nicht nur durch eine Spende, sondern vor allem durch ihr Erscheinen als Kronprinzessin die nötige Aufmerksamkeit ver-
schaffte und so zu mehr Einnahmen verhalf.[31] Für sie war es ein
Gebot der christlichen Nächstenliebe, über die Ursachen dieser
Not dachte sie allerdings nicht nach. So wie es im Plan Gottes
vorgesehen war, dass es Fürsten und Untertanen gab, gab es
eben auch Reiche und Arme, wobei die Ersteren die Pflicht hatten, sich um Letztere zu kümmern.

Da Therese meistens schwanger zurückblieb, wenn Ludwig
im Winter nach Italien zog, finden sich auch gehäuft Berichte
über ihren Zustand, über den Ludwig informiert werden wollte,
allerdings möglichst so, dass es seine heitere Stimmung in Italien nicht störte. Eine Geburt war selbst bei bester ärztlicher
Versorgung immer ein Risiko für die Frauen. Therese hatte bei
ihrer Mutter erlebt, wie sehr die häufigen Schwangerschaften
und Geburten ihren Körper geschwächt hatten. Sie wusste, dass
ihre Großmutter kurz nach der Geburt ihres letzten Kindes
gestorben war, ein Kindheitstrauma für ihre eigene Mutter.
Angst war der Begleiter vor jeder Geburt.[32]

Am 13. Mai 1819 konnte Therese ihm zum Beispiel nach Italien berichten: »Seit einigen Tagen scheint ein neues Leben sich
fühlbar mit verkünden zu wollen... Ich versprach mich zu
schonen und gewiß ich halte es, spricht doch schon jetzt der
kleine Mahner mir zum Herzen. – Wie vermöchte ich es dieser
Stimme zu widerstehen.«[33]

Gemeinsame Freuden und Pflichten

Kindererziehung

»Ich zähle darauf, ..., daß mein Thildchen sich
hübsch gerade halten und keine Gesichter mehr
schneiden wird«,

schrieb Therese im Februar 1825 aus München, wo sie mit Ludwig an der Karnevalssaison teilnahm, an die 12-jährige Mathilde. »Mit der Offenheit, auf welche ich einen so großen
Wert – und vor allem bei Euch, meinen Kindern – setze, sage
mir, wie es mit dem Fehler des Neckens geht. Erinnere Dich
immer des mir noch beim Abschied gegebenen Versprechens.
Dünkt es Dir, mein gutes Thildchen, daß ein Rückfall kommen könnte, so denke, wie würde es die Mutter freuen, wenn
sie bei ihrer Rückkehr keine Spur dieses Fehlers mehr vor-
fände.«[1]
   Ermahnungen und Lob kamen gleichermaßen von beiden
Elternteilen, die sich, was die Erziehung anbetraf, von den gleichen Prinzipien leiten ließen: Gehorsam, Offenheit und nicht
zu lebhaftes Benehmen, das bei Mädchen und Jungen gleichermaßen kritisiert wurde: »Tanze mäßig mein gutes Thildchen
und denke (wenn du allzu lebhaft wirst) der fernen Mutter.«[2]
Auch Ludwigs Briefe an seine Kinder zeigen, dass er an ihren
Freuden und Schmerzen Anteil nahm. Ebenfalls an die 12-jäh-
rige Mathilde schrieb er: »Mit Freude, liebe Mathilde, habe ich
von dem Mute gehört, mit welchem Du Dir den Stockzahn ausziehen ließest; es ist eine schmerzliche Sache, die ich aus vieler
Erfahrung kenne.«[3]

Entscheidungen aber traf fast immer der Vater, selbst wenn es nur darum ging, dass Mathilde und ihre Geschwister exotische Tiere besichtigen wollten: »Erlauben Sie, guter Vater, daß wir eine Abgottschlange sehen dürfen, die ein Mann zeigt, nebst einer ausgestopften Schlange, zwei Schildkröten, ein ausgestopftes Krokodil und 2 Paviane aus Südamerika.«[4] Natürlich erlaubte Ludwig solche Besichtigungen, die ja auch der ihm sehr wichtigen Bildung der Kinder dienten.

Erziehungsfragen bildeten einen ganz wesentlichen Bestandteil der Korrespondenz zwischen Therese und Ludwig, wobei Ludwig allein die Rahmenbedingungen auch für die Erzieher festlegte. Wichtig war ihm dabei eine religiöse und »teutsche Gesinnung«, außerdem sollte der Erzieher »Heiterkeit« und »Festigkeit« mitbringen.[5]

Der Einfluss Thereses darf aber nicht unterschätzt werden, denn sie gab ihre Beobachtungen über die Erzieher an den meist abwesenden Ludwig weiter, was die Grundlage für dessen Entscheidungen bildete. Was die Belange der Kinder anbetraf, war Therese für ihn eine kompetente Beraterin und aus Liebe zu ihren Kindern scheute sie sich auch nicht, in Personalfragen kritisch und unverblümt ihre Meinung zu sagen. Als zum Beispiel 1820 Max' Erzieher, der Regensburger Mönch Archibald Mac Iver, mit dem der Kronprinz überhaupt nicht zurechtkam, Therese fragte, ob sie glaube, er sei der Aufgabe gewachsen, verneinte sie das, woraufhin Mac Iver um seine Entlassung bat.[6] Auch der Erzieher Hauptmann von Hohenhausen bat um seine Entlassung, nachdem man ihm die Unzufriedenheit des Hofes mitgeteilt hatte. Der österreichische Gesandte berichtet, dass Therese dies bewirkt habe, weil er ihrer Meinung nach Max falsch behandelte.[7]

Entscheidungen über neue Erzieher aber traf Ludwig allein. So war Thereses erste Wahl für einen Nachfolger nicht Georg Oettl, aber sie fügte sich Ludwigs Entscheidung.[8] Über den neuen Erzieher berichtete sie schon kurz nach dessen Einstellung nach Italien: Sie erlaube sich zwar noch kein Urteil über ihn, wolle aber alles beobachten und berichten. »Er soll viel wissenschaftliche Bildung haben, doch noch wenig Schliff.« Aber sein »Benehmen und seine Offenheit« machten das wett. »Daß er ein *sehr* guter Religionslehrer – und als solches des Guten vieles wirken kann, ist entschieden.«[9]

Auch die Unterrichtsinhalte wurden von Therese genau beobachtet, mit den Erziehern besprochen und dann Ludwig zur Entscheidung vorgelegt. Manchmal nahm sie sogar an den Lateinstunden von Max teil oder nahm selbst Englischstunden bei Max' Lehrer.[10] Mathilde wurde zum Teil gemeinsam mit ihren Brüdern Max und Otto in Geschichte, Geografie, Grammatik und Physik unterrichtet.[11] Ein typischer Brief Thereses ist der vom 6. Dezember 1820, kurz vor der Entlassung Mac Ivers: »Da ich in Betreff unserer Kinder und folglich auch ihres Unterrichts ungern etwas bestimme ohne meines Ludwigs Ansicht und Meinung zu kennen, erscheint hier im Sinn des Wortes ein Fragebrief.« Es geht darum, ob Max und Mathilde täglich eine halbe Stunde Religionsunterricht oder jeden zweiten Tag eine ganze Stunde »genießen« sollen. Da Max viele Stunden hatte, zog Therese das Erstere vor. »Doch Deine Entscheidung sey mir Richtschnur.« Außerdem möchte Therese den Schreibunterricht auf nachmittags zwischen vier und fünf Uhr legen, weil die Kinder sonst morgens im Winter bei Licht lesen und schreiben müssten, was den Einsatz von teuren Kerzen bedeutet hätte.[12]

Therese kümmerte sich vor allem um die korrekte religiöse Erziehung ihrer Kinder im katholischen Glauben, wohl wissend, dass Ludwig und auch die anderen sie als Protestantin genau beobachteten. Zufrieden berichtete sie auch die kleinsten Details darüber an Ludwig, so als Oettl ihr mitteilte, dass er sehr zufrieden mit der Aufmerksamkeit der Kinder und ihrer Freude am Religionsunterricht sei. »Noch gestern sagte er mir, daß Max sich oft so ergriffen fühle, daß er unwillkürlich die Hände falte...«[13] Oettl hatte ihr einen neuen Plan wegen der Strukturierung des Religionsunterrichts vorgelegt, der Thereses

»*ganzen* Beifall« fand und den sie ihm daher in Abschrift beilegte.

Immer öfter fing Therese aber auch an, zumindest vorläufige
Entscheidungen selber zu treffen, bedingt durch die langen
Entscheidungswege zwischen Würzburg und Italien. Letztlich
aber galt, wie in allen anderen Belangen ihres Lebens, auch bei
der Kindererziehung: »Und nun entscheide theurer Ludwig
überzeugt seyend, daß Dein Ausspruch mir Gesetz.«[14]

Erziehung des Kronprinzen

> »Die ältesten Kinder haben es häufig nicht am Beß-
> ten, da bey ihrer Erziehung auch den trefflichsten
> Aeltern oft die nöthige Erfahrung noch fehlt«,

schrieb Thereses ältester Sohn Max Jahre später in seinen
Memoiren über seine Kindheit, wobei er vor allem seine Mutter
hart kritisierte, vielleicht, weil sie ihm am nächsten stand und er
sich gerade von ihr verraten fühlte. »Nicht froh war die Zeit
meiner Kindheit; meine Mutter glaubte anfangs, gewiß in bester
Absicht, vielleicht sogar nicht ohne innern Kampf, meinen
Erzieher nachdrucksam unterstützen zu müssen. Folge davon,
daß ich mit Bangen, die Furcht, welche er mir einflößte, auch
auf sie übertrug; mit Angst und Herzklopfen trat ich in ihr
Zimmer. Ein trüber Kontrast mit den Bildern meiner ersten
Erinnerungen, wo dieselbe mütterlich froh mit dem Erstgeborenen spielte.«[15] Max beschreibt mit diesen Worten eine Erfahrung, die viele Kronprinzen machten. Die ersten sechs Jahre
wurde er liebevoll durch Kinderfrau und Mutter erzogen und
dann kam der Übergang zu einem Erzieher, der oft aus Offi-
zierskreisen stammte und sich entsprechend verhielt.

Für Max war der Übergang ein Schock. Mac Iver war sehr
streng, auch körperliche Strafen, die Max ja gar nicht kannte,
wurden nun angewandt. »Einmal erinnere ich mich, genöthigt
worden zu seyn, stundenlang ohne ein Wort zu sprechen im

Zimmer auf und abzugehen. Bey großer Sommerhitze sollte ich, noch weiß ich nicht weßhalb, nicht trinken, so daß ein Diener aus Mitgefühl mir heimlich ein Glas Wasser reichte. So gereizt waren meine Nerven, daß ich oft Nachts schlaflos dalag, nur feurige Räder zu sehen glaubte … Die Folgen des Erzählten auf mein Gemüth konnten nicht ausbleiben: auf dem beßten Wege war ich, wie mein Hofmeister, nur statt ein großer, ein kleiner Hypochonder zu werden … Noch erinnerte ich mich der Äußerung *meiner Mutter* an eine Hofdame, einen Kinderverständigen müßte man befragen über meinen Zustand.«[16]

Statt Liebe habe man Furcht erzeugt, bestätigte auch Max' Erzieher Georg Oettl, später Bischof von Eichstätt. Max habe gelernt, dass man Einsicht vortäuschen könne, ohne sie zu fühlen, und dadurch Verzeihung erlangen könne.[17] In der Praxis griff aber auch Oettl zu »restriktiven Erziehungsmethoden«. Dem Prinzen sollten »die letzten Keime des Hochmuthes« durch »Demüthigung« ausgetrieben werden, was bei Max zu »Angst, Scham und Verlegenheit« führte.[18]

Therese gab Ludwig regelmäßig und ausführlich Auskunft über den Stand der Erziehung vor allem von Max: »Er lernt gut – macht sich viel Bewegung bei gutem und schlechtem Wetter, und scheint täglich herzlicher an seine neuen Lehrer anzuschließen«, schrieb sie im Dezember 1817, kurz nachdem Max mit sechs Jahren aus ihren Händen in die seines neuen Erziehers Mac Iver gekommen war. »Danach ist es seine höchste Wonne, mit mir spazieren gehen oder überhaupt oft bei mir seyn zu können, was dann auch mehr denn je geschieht, so bald seine Stunden beendet.«[19] Aus ihren Briefen spricht die große Zärtlichkeit, die sie für ihren Ältesten empfand, auch wenn Max diese Zeit ganz anders in Erinnerung hatte. Wechselnde Erzieher führten dazu, dass er keine feste Bezugsperson mehr hatte. Die Eltern sah er immer seltener, zum Vater hatte er hauptsächlich über Briefe Kontakt. Das alles führte zu einer von Max stark empfundenen Entfremdung. Zudem kam der große Erwartungs- und Leistungsdruck als zukünftiger Herrscher:

»Maximilian wurde zerrieben zwischen den Erziehern, die sich beim Königspaar profilieren wollten, und den Eltern, die des öfteren von ihrem Erstgeborenen enttäuscht wurden, da er den hohen Anforderungen nicht entsprechen konnte.«[20]

Therese versuchte, so gut es ging und sie informiert wurde, Max zu helfen, was mit der Entlassung Mac Ivers ja auch glückte. Sie erwähnte in ihren Briefen an Ludwig auch immer wieder den Fleiß ihres Sohnes und seine heitere Stimmung, um das Verhältnis zwischen Vater und Sohn zu entschärfen, denn Ludwig, der ja nicht vor Ort war, bekam ja auch die Berichte der Erzieher, die oft etwas ganz anderes erzählten als Therese.

Sie wäre wohl entsetzt gewesen, hätte sie die Aufzeichnungen ihres Ältesten über die Zeit von 1817 bis 1825 gelesen: »Auch diese Jahre verliefen nicht ohne einige Mißhelligkeiten mit meinen Aeltern. Da mein Vater manches nicht so ängstlich nahm wie meine gute Mutter, so wandte ich mich lieber an ihn, z. B. um Erlangung der Erlaubniß zu unschuldigen Vergnügungen, dieses wurde nun sehr übel genommen und so die Quelle oftigen Verdrußes, worauf ich noch später zurückkommen werde...« Max warf seiner »nur das Beßte wollenden Mutter« vor, dass sie aus Mangel an Erfahrung und »zu ängstlicher Gewissenhaftigkeit« »aus übertriebener, unrichtig angebrachter Sorgfalt« so manches Mal überreagiert hätte. Er musste lange eine »Schnürjacke mit einer eisernen Gabe« tragen und wurde vom Orthopäden Johann Georg Heine geknetet, »weil man mich für etwas verwachsen hielt. Keine geringe Qual für einen Knaben. Andererseits aber verkannte man, wenn ich wirklich leidend war. Auch geistig hatte ich viel zu dulden; in wirklich oft Unschuldigem wollte man ein Vergehen, in gar Vielem böse Absicht und fast in Allem eine Ungewandheit erblicken. Nachts im Bette klagte ich dem Herrn unter Tränen meine Noth.«[21]

Familienleben mit abwesendem Vater

> »Sämtliche Kinderleins sind wohl und Herr Max
> erfreut sich heute eines Abführmittelchens.«[22]

Ein abwesender Gatte und Vater wie Ludwig war gar nicht so
selten in der damaligen Zeit an Fürstenhöfen. Durch ihre Briefe
gelang es Therese aber, Ludwig am Familienleben teilnehmen
zu lassen und ihn bei seinen Kindern präsent zu halten. »Otto
kommt soeben an meinen Schreibtisch und sagt, ich solle Dir
viel Hübsches schreiben – Mathildchen küßt Deine Hände. –
Bey Trommel und Pfeifenlärm schreibe ich Dir heute, den die
kleinen Wesen um mich machen.«[23] Oder: Auch Mathilde und
Otto »entwickeln sich recht lieblich ...« Und: »Aller höchste
Wonne ist den Abend bei mir zuzubringen, wo ich dann allein
ihre Schritte beobachte und mit ihnen zum Kinde werdend die
muntersten Spiele hervorsuche.«[24]

Da waren die Geburtstagsfeiern der Kinder, zu denen im
mer viele Freunde eingeladen wurden.[25] Dann die Weihnachts-
feste, die Therese meistens alleine mit den Kindern feiern
musste, was ihr jedes Mal sehr schwerfiel. »Ach daß Du diesen
Abend mit uns feiern köntest! Doch nein – besser Du bist ferne
und bleibst es, bis wir wieder einer warmen Witterung uns erfreuen.«[26]

Geschenke für die Kinder, auch das, was von Ludwig persönlich kommen sollte, organisierte Therese. Dass es aber ein
Schenken mit Maßen sein sollte, darüber waren sich beide einig.
Zum ersten Weihnachtsfest in Würzburg 1816 bekam Max eine
neue Rüstung, die er oft abwechselnd mit der Kleidung eines
Schornsteinfegers trug, Mathilde eine Spielküche und Otto ein
neues Gewehr. Geschenke, die dem traditionellen Rollenver-
ständnis entsprachen, auch wenn Max wohl niemals ein Schorn-
steinfeger werden und Mathilde eine Küche allenfalls aus Versehen von innen sehen würde.[27] Ein Jahr später erhielt Mathilde
keinesfalls eine neue Küche, sondern »ihre ehemalige Küche in

erneuter Gestalt und etwas verkleinert, um ein kleines Zimmerchen (aus welchem man in diese gehen kann) anbringen zu können. In diesem befand sich auch eine schön gekleidete Puppe – in der Küche eine Köchin.« Außerdem gab es ein Kleid, genau wie für Otto, der dazu noch einen blechernen Wagen mit Pferden und einen kleinen Stall mit drei Pferden bekam. »Das Ganze war im jetzigen Eßsaal mit drei Bäumen aufgebaut. Heut jubelten die lieben Kleinen, sich gegenseitig stolz Besuche machend.«[28]

Die Geschenke für Therese suchte Ludwig persönlich aus und rührte sie damit meist zu Tränen. »Wie schön, wie froh ward ich am Weihnachtsabend durch Deine große Güte überrascht«, schrieb sie am 28. Dezember 1817. »In den Stunden, in welchen Du sonst mit mir vereint warst, die Freude unserer Kinder zu erfahren, dachte ich Deiner doppelt lebhaft, male es Dir dennoch selbst aus, wie es mich ergriffen überraschte, als Maxmänchen im Augenblick des Heraustretens Deine herzlichen Worte mir überreichte.« Ludwig hatte ihr ein Geldgeschenk gemacht. »Freude – die *innigste* bereitetest Du mir durch die Möglichkeit so Manchen glücklich zu machen, doch erhöht noch ward der Augenblick, in welchem sie mir wurde. – Siehst Du gleich die feuchten Augen gar nicht gern, muß ich dennoch sie Dir jetzt verraten, da sie besser denn meine Worte den innigen Dank meines Herzens auszudrücken vermögen.«[29] – Ludwig hatte den Brauch eingeführt, dass Therese seine Geschenke und seine Weihnachtsbriefe, die er vor der Reise besorgte beziehungsweise schrieb, durch ein Kind überreichen ließ. Geschenke vom Vater für die Kinder gab es auch als Mitbringsel, wenn Ludwig von seinen Reisen zurückkam. Auch hierfür lieferte Therese die Ideen und ließ meistens anschließend das Entsprechende besorgen. 1818 schlug sie für Max ein Lesebuch vor. »Vielleicht findest Du auch etwas, was das Lesen ihm erleichtern und angenehmer machen könnte. Ottomänchen sind Pferde, Peitschen und Bausteine das Liebste. Mathildchen würde Küchengeschirr, Hausrath, etwas zum Zusammenstellen oder ein kleines Haus mit Einrichtung Vergnügen machen.«[30]

Ein ganz wichtiges Thema war die Gesundheit der Kinder. Therese berichtete Ludwig über Kinderkrankheiten, das Ziehen eines Zahnes bei Max und das Plombieren eines Backenzahnes.[31] Manchmal folgten auch Berichte über eigene Beschwerden. »Ich folgte Dir im Geiste auf Deinen Wanderungen; in Wirklichkeit hätte ich es nicht vermocht, denn noch immer zwingt mich mein Fuß auf eine Chaise-longue…zu ruhen.« Der Hofarzt Diestelbaum hatte ihr mit Höllenstein, einem Arzneimittel gegen Verhornungen, »so manches nicht sehr angenehme halbe Stündchen bereitet«.[32]

Abends kamen die Kinder bei der Mutter zusammen, wo es immer sehr laut und fröhlich zuging, während Therese einen Brief an Ludwig schrieb und die Kinder ihre Kommentare an den Vater abgaben. »Mathildchen läßt sagen, daß sie gut bei Lichtenthaler lerne. Max ruft dazwischen, daß dieß nicht bescheiden sey – und Otto läßt verkünden, daß er gestern und heute ganz brav gewesen, gestern wie auch an diesem Morgen mit der Hauptwache gespielt habe. Alle drei sitzen lärmend und schreiend auf dem Sopha nicht weit von mir.«[33]

So wie Therese schon selbst als Kind begeistert Theater gespielt hatte, ließ sie auch ihre Kinder kleine Aufführungen machen, so zum Beispiel im Sommer 1824, als Ludwig aus Italien zurückkam und zu diesem Anlass Ritterspiele eingeübt und auf der Schlossbühne aufgeführt wurden.[34] Manchmal kamen auch von Ludwig selbst verfasste Theaterstücke zur Aufführung. Mathilde, die als Ludwigs Lieblingstochter galt, übernahm es dann, den sparsamen Vater um Zuschüsse zu bitten: »Die französische Komödie ist sehr lustig; ich kann beinah schon den 1ten Akt, der sehr angenehm ist… Lieber Vater, ich brauche ein Kleid zur Komödie, wie es im 16. Jahrhundert getragen wurde; darf Rottenhoff mir eins machen lassen? Max braucht ein Pilgerkleid, worum er auch bitten wird.«[35]

Manchmal spielte Therese Karten mit den Kindern: Hasard

»versteht sich ohne Geld« oder Kartenlotterie. Die Preise bestanden aus buntem Papier, Bleistiften und Bällen. Da sie die Kinder in dem Alter noch nicht das richtige Kartenspiel lehren wollte, versah sie alle Karten mit großen Zahlen. Therese fand das Spiel auch aus pädagogischen Gründen sehr nützlich, da es für Max »eine herrliche Uebung ist, kein Gesicht zu machen, wenn der Preis in andere Hände wandert. Nurliburli [Luitpold] sitzt, während wir spielen, in seinem Korbwagen dicht neben unserem Tisch.«[36]

Den Abschluss dieser Briefe aus dem Familienleben bildet der ewig gleiche Satz: »In treuer Liebe Deine Therese«.

Gemeinsame Zeit mit der und für die Familie

> »Im Bade Brückenau sah ich einen Lahmen seine Krücken wegwerfen und davongehen«,[37]

notierte Thereses ältester Sohn Maximilian über die Ereignisse im Sommer 1821. Prinz Alexander zu Hohenlohe-Waldenburg-Schillingsfürst (1794–1849) hatte seit einigen Jahren eine gewisse Berühmtheit als Wunderheiler durch Gebete erworben. »Taube hören, Blinde sehen, Lahme gehen – nicht durch Berührung, sondern vermittels kurzen Gebets auf Befehl und im Namen Jesu«, schrieb Ludwig begeistert an seinen Freund Graf Seinsheim und stellte dem Prinzen den Kaisersaal in Würzburg zur Verfügung. Anschließend lud er ihn nach Brückenau ein.[38]

Fester Bestandteil des Familienlebens, an dem auch Ludwig immer teilnahm, waren die jährlichen mehrwöchigen Kuraufenthalte während der Sommermonate im unterfränkischen Kurbad Brückenau, 80 Kilometer von Würzburg entfernt. Im Fürstenhof mit Blick auf den Kurpark verbrachte die Familie neben dem Trinken des Heilwassers vor allem Zeit miteinander – für Therese sehr kostbare Wochen.

In jenem Sommer 1821 waren auch 200 Kranke dort, die sich Heilung vom Wunderheiler erhofften. Ludwig ließ sich ebenso behandeln: »und neuen Schwung erhielt mein Ohr, Theresen fiel es auf…«, schrieb er an seine Schwester Charlotte nach Wien.[39] Ludwig ließ auch Therese, die zu der Zeit schwer an einer Unterleibserkrankung litt, zum Prinzen führen. Nach den Gebeten soll es ihr besser gegangen sein und der Prinz Hohenlohe feierte mit den Anwesenden einen Dankgottesdienst. Ludwig war überzeugt, dass Therese nun endlich zum katholischen Glauben übertreten würde. Diese Hoffnung erfüllte sich nicht, stattdessen schaltete sich der empörte König ein.[40] Das Aufsehen, das die Wunderheilungen, die nach den Berichten der Amtsärzte völlig wirkungslos waren, erregten und Ludwigs Rolle dabei waren inzwischen auch an den Höfen der Nachbarländer Thema. Sie machten Ludwig, den künftigen bayerischen König, zum Gespött. Der französische Gesandte kommentierte am 17. Dezember 1821: »Die vernünftigen Leute, die an die Zukunft denken, sind bestürzt über dieses neue Beispiel der Schwäche des Geistes und der Neigung zur Überspanntheit bei einem Prinzen, der einmal den Thron Bayerns einnehmen soll.«[41] Der König schickte Wrede nach Brückenau, um Hohenlohe zu entfernen und dem Kronprinzen seine Missbilligung mitzuteilen.[42] »Diese ganze Geschichte und insbesondere das Benehmen meines Sohnes« kosteten den König zehn Jahre seines Lebens, soll er gesagt haben.[43] Hohenlohe wurde nach Ungarn geschickt, wo er es bis zum Titularbischof brachte. Selbst Ludwig musste am Ende zugeben, dass er nicht besser hören würde, wenn auch einige meinten, »daß er etwas aufmerksamer geworden und sich nicht mehr wie sonst in das Ohr hineinsprechen lasse, wie derselbe solches auch gegenseitig gethan, wodurch jeder Mühe gehabt, ihn zu verstehen«.[44] Vielleicht war es aber einfach nur die Sehnsucht eines Menschen, der sein Leben lang unter seiner Schwerhörigkeit gelitten und auf ein Wunder gehofft hatte.

Ansonsten schloss ein Leben mit der und für die Familie für Therese Eltern und Geschwister beider Familien, ihrer eigenen und der Ludwigs ein. Da waren die Familienfeiern im Winter in

München bei ihren Schwiegereltern, die zu den schönsten Erinnerungen der ältesten Kinder Thereses gehörten. Besuche in Hildburghausen mit den Kindern waren eher selten, dort hielt sich Therese meistens allein auf.

Besonders bewegt hat Therese die Hochzeit ihres Onkels Georg, der 1817 endlich eine Braut gefunden hatte. Wie sehr sie auch sieben Jahre nach ihrer Hochzeit die enttäuschten Hoffnungen ihres Onkels belasteten, zeigt ihre begeisterte Reaktion auf seine Hochzeit mit Marie von Hessen-Kassel. Am 24. August 1817 schrieb sie ihm, dieser Hochzeitstag, »der das Glück Ihres Lebens gründen wird, wurde uns Allen zum frohen Feste. – Ich feierte ihn im herrlichen Bibich im frohen Verein mit beiden Schwestern.«[45]

Die Jahre 1816 bis 1825 standen aber auch im Zeichen von Krankheit und Tod. Am 12. April 1817 starb ihre kleine Tochter Theodolinde im Alter von sechs Monaten. In einem Brief bedankte sie sich für die mitfühlenden Worte ihres Onkels Georg: »Welch herrliche Gabe des Himmels Mitgefühle von Freundesherzen ist.« Zur Trauer blieb nicht viel Zeit, da Therese mit ihrem Mann und den Schwiegereltern nach Wien reisen musste, wo sie aber viel Trost im Gespräch mit ihrer Schwägerin Charlotte erhielt. »Sie kennen die Kaiserin, bester Oncle, und es bedarf daher keiner Versicherung, daß jede im traulichen Gespräche mit ihr verlebte Stunde zum lindernden Balsam für mich ward.«[46]

Am schlimmsten aber traf sie der Tod ihrer Mutter am 14. Mai 1818. Ludwig war in Italien, Therese besuchte ihre Mutter in Hildburghausen, um sie zu pflegen. An ihren Onkel schrieb sie nach dem Tod der Mutter: »*Ich habe keine Mutter* mehr!« Ihr fester Glaube an eine »Fügung, die von *oben* kam, wo der theuren Verklärten Lohn für ihre Tugenden – Ersatz für die Leiden dieses Lebens werden wird«, half ihr, den Verlust zu ertragen. »Noch aber vermag ich den süßen Namen *Mutter* nicht zu nennen noch zu schreiben ohne *heiße* bittere Thränen.« Sie war Zeuge der »fürchterlichen Leiden« der Mutter, die sie mehr als eigene Leiden schmerzten, aber sie war dankbar, dass sie im »Augenblicke *ewigen* Scheidens« ihre Hände gehalten hat. Therese wurde selber krank und musste sich auf Anraten der Ärzte in Brückenau erholen. Dort verlor sie auf einem Spaziergang ausgerechnet den Ring, den ihr die Mutter kurz vor ihrem Tod geschenkt hatte. Acht Tage lang ließ sie in Bad Brückenau in »Wald und Wiesen« danach suchen, half sogar selbst mit. Am neunten Tag »entdeckte ihn ein glückliches Auge… Heiße Thränen entströmten den meinigen.«[47]

Der Todestag ihrer Mutter, mit der ein Stück heile Kindheit starb, blieb zeit ihres Lebens ein Datum, an dem sie in die Kirche ging und das Abendmahl einnahm. Auch Ludwig schrieb ihr immer, wenn er abwesend war, an diesem Tag einen teilnehmenden Brief, was sie dankbar anerkannte. Erinnerungen an die Mutter konnte sie aber eher mit ihren Geschwistern und denen ihrer Mutter austauschen. 1819 besuchte sie ihre Tante Therese von Thurn und Taxis, die mit ihr am Totenbett der Mutter gewacht hatte. An ihren Onkel Georg, der ihr zum Jahrestag einen Brief hatte zukommen lassen, schrieb sie: »Wohl ist die Religion das beste Stärkungsmittel; reicht uns der Himmel den Becher der Linderung, reicht er in ihr uns den Stab – an dem *glaubend* das gebeugte Gemüth sich wieder aufrichten soll. – Ich will ihn *fassen* – auf daß er mich leite zu *allem Guten* – und *einst* dem Wiedersehen meiner Engelsmutter mich entgegenführe.«[48]

Nähe durch Ferne

Auszeiten vom Einerlei der Ehe

Lebens-Erfrischung
Bleibende Vereinigung erkaltet,
Weil sie jung ist, nur die Blüth' erfreut.
Blos alsdann die Liebe nicht veraltet,
Wenn der Trennung Schmerz sie uns erneut.
…
Drücket dich der Ehe stete Gleiche,
Stürzt das Traumschloß, das du dir gebaut,
O! dann flieh, damit die Last entweiche,
Mach' dein Weib dir wiederum zur Braut.
Will die Lust sich in dem Herzen legen,
Mußt du sie durch Trennung neu erregen,
Das Entbehrte ist in Reiz gehüllt…[1]

»Der Ehe stete Gleiche« drückte Ludwig eigentlich permanent, wenn man die Liste der potenziellen Geliebten ansieht, die der Autor Rudolf Reiser unter Bezug auf die Tagebücher und Memoiren des Architekten und Vertrauten Ludwigs Leo von Klenze aufstellt.[2] Allein für den Zeitraum von 1816 bis 1825 listet er acht Frauen auf. Das Liebesleben Ludwigs war also bereits lange vor dem Skandal um Lola Montez 1846 immer wieder Thema bei den Zeitgenossen, bis hinauf zu den Berichten der Gesandten. Der französische Gesandte Graf de la Garde berichtete am 15. Juni 1815 an seine Regierung in Paris: der Kronprinz habe einen despotischen Charakter, ein jähzorniges Tem-

perament, strenge Prinzipien, kombiniert mit einer mehr als
nur lockeren Moral.[3]

Sein Jähzorn, den Therese mehr als einmal zu spüren bekam,
machte es ihr, wie sie später notierte, in den ersten zwei Jahr-
zehnten ihrer Ehe kaum möglich, Ludwig direkt zur Rede zu
stellen, wobei man nicht sicher weiß, ob sie jedes Mal etwas von
seiner Suche nach Abwechslung außerhalb ihrer Ehe mitbekam.
Den Skandal 1817 um das Stieler-Bild der Maria von Rambaldi,
einer Gräfin aus italienischem Adel, mit der Ludwig ganz offen
im Englischen Garten geflirtet haben soll und die in München
als seine Mätresse galt,[4] hat sie sicherlich verfolgt, denn er
geschah in aller Öffentlichkeit. Ludwig hatte seinen bevorzug-
ten Maler Joseph Karl Stieler, der nicht nur Therese mehrfach,
sondern auch ihre Kinder und Mitglieder der übrigen bayerischen Königsfamilie gemalt hatte, 1817 beauftragt, neben
einem Bild von sich eines von der Gräfin anzufertigen. Um
ihre Identität zu verschleiern, malte Stieler sie als »betende
Madonna«, gekleidet in einen blauen Mantel, der züchtig alle
anderen Körperteile verdeckte, einschließlich der Haare, wie es
in einer zeitgenössischen Beschreibung heißt.[5] Das Bild gilt
heute als verschollen. Beide Bilder wurden in der Kunstausstellung der königlichen Akademie der Künste zu München von
1817 nebeneinander ausgestellt.

Und so blieben dann süffisante Kommentare von Besuchern
nicht aus, wie der folgende eines Journalisten, der in seinem
Bericht aus der Madonna Maria eine Maria Magdalena machte,
die in der katholischen Tradition gleichgesetzt wird mit einer
Sünderin, einer Prostituierten: »Eine Magdalena von Jos. Stieler. Die Geschichte des schönen Bildes würde den Aufschluß
zum Charakter desselben geben. Es ist ein Kopf voll Gra-
zie, Sanftmuth, Ergebung und Demut, doch mehr einer von
der Erde und ihren Rosen abgewendeten Magdalena, als einer
Maria gleichend.«[6] Um den Skandal einzudämmen, wurde das
Bild des Kronprinzen schließlich entfernt.[7]

Auch die Beziehung zur Münchner Opernsängerin Adelaide

Schiasetti geschah unter den Augen der Öffentlichkeit. Der Architekt Klenze schrieb, dass diese Beziehung »wegen ihrer Öffentlichkeit und unbegränzten Leidenschaftlichkeit großes Ärgerniß« hervorgerufen habe. Einmal sei er im Palais zusammen mit ihr zum Essen eingeladen gewesen: »Ich hätte vor Ärger und Scham in den Boden sinken mögen.«[8]

Ludwig sind in den Jahren zuvor und auch später immer wieder uneheliche Kinder zugeschrieben worden. Hundertprozentige Beweise gibt es nicht, und es ist auch nicht entscheidend. Wichtig ist im Zusammenhang mit der Biografie Thereses nur, inwieweit solche Gerüchte zu ihr gelangt sind, sie verletzt und gedemütigt haben.

Ob sie seine zahlreichen Gedichte getröstet haben, in denen er sie idealisierte? Half es, wenn er beispielsweise schrieb: »Das Ideal des Weibes, uns wollte der Himmel es zeigen, da gab gütig er Dich, schuf Dich zu unserem Glück«?[9]

Verzicht aus Liebe

> »Kehrst Du glücklich zurück – kann und
> wird Deine Therese die Tage nicht zählen,
> die Du wenn gleich in weiter Ferne doch so
> froh durchlebtest.«[10]

Nach seiner lebensbedrohlichen Lungenentzündung im Winter 1816/17 rieten die Ärzte dem Kronprinzen im darauffolgenden Winter dringend, die kalte Jahreszeit im für die Atemwege günstigeren Klima Italiens zu verbringen. Ludwig, der bereits bei seiner ersten Reise 1805 eine Begeisterung für das Land und seine Kultur entwickelt hatte, stimmte mit Freude zu. Therese fügte sich, weil sie Angst um sein Leben hatte.

»Mit der Landkarte in der Hand begleite ich Dich auf Deiner herrlich schönen Reise«, ließ sie Ludwig wissen. »Auch Maxmänchen mußte letzt darauf die Orte sehen, durch welche sein theurer Vater gegangen. Er sagte mir gestern, er hoffe Dir nun bald selber schreiben zu können, in welchem Brief er Dich dann um baldige Zurückkunft bitten würde.«[11]

Auch wenn die Reise auf ärztlichen Rat wegen Ludwigs angegriffener Gesundheit geschah, waren die Probleme verschwunden, sobald er italienischen Boden betrat, wie aus den Tagebucheinträgen von Dr. Johan Nepomuk Ringseis hervorgeht. Dann zählten nur noch Abenteuer, Besichtigung von griechischen und römischen Tempelruinen, katholischen Kirchen und das freie Leben mit den Künstlern und schönen Frauen in Rom, Neapel und auf Sizilien.

Immer wieder wies der Kronprinz seine Reisebegleiter an, »daß wir von dem Abenteuer des Tages nach München nichts vermelden sollten«, um die Kronprinzessin nicht zu beunruhigen. Da ging es zum Beispiel um eine Vesuvbesteigung im Dunkeln über »eine Fläche, wo die erst vor 8 Tagen ausgeworfene Lava noch glühend heiß war« und »bloß fußtief unter unseren Sohlen noch glühte«.[12] Der Kronprinz habe sich und seine Begleiter oft »durch seine Anordnungen nach eigenem Gutdünken … in große Schrecken und Gefahren« gebracht, beklagte sich Ringseis. Vor allem die Reise nach Sizilien, vor der man immer sein Testament machen solle, überforderte die Begleiter des Kronprinzen. Sie marschierten zum Teil im Dunkeln »kaum schuhbreit, mit Felsenstücken besät, über Abgründe führend, an Seitenwänden von Bergen hin, tief unter uns das Meer. Ein Fehltritt des Maulthiers, und wir liegen todtgeschmettert am Fuß der Felsenwand oder im Wasser.« Graf Sceverras habe ausgerufen: »O mein Gott, laß doch diese Reise eine Buße sein für alle Sünden meines Lebens.«[13]

Ende Januar 1818 zurück in Rom besuchte Ludwig zunächst den Papst, wo er ihm das folgenschwere Versprechen machte, im Falle seiner Thronbesteigung dafür zu sorgen, dass der Einfluss der katholischen Kirche in Bayern wieder gestärkt würde. Dann stürzte er sich in den Karneval und mischte sich im blauen Domino unter die Leute. An Therese schrieb Ludwig: »Hier äußert sich mein Wesen freier. Den Zwang der Fürstenwürde (gegen den ich aber nichts sagen will) nahm ich nach Rom nicht mit.«[14] In altdeutscher Tracht, dem Anzug der Burschenschaftler (altväterlicher Rock, Samtspenzer, Schillerkragen, lange schwarze Hosen und eine Mütze mit dem Landwehrkreuz), zogen Ludwig und seine Begleiter durch Rom, was nicht nur die Römer mit Verwunderung betrachteten. »Lustig ist es auch, daß, während in München zufolge königlichen Verbots kein Mensch altdeutsche oder sogenannte deutsche Kleider anzulegen wagt, des Königs leibhaftiger Sohn sich hier in Rom beständig öffentlich in dieser von den deutschen Regierungen für *schwärmerisch* und *revolutionär* angesehenen Tracht sehen läßt«, schrieb der dänische Gesandte in Rom.[15]

Jedes Jahr wanderten aus Deutschland zahlreiche Dichter, Künstler und Frauen nach Rom, wo sie eine in sich geschlossene Gesellschaft bildeten, die sich abends zum fröhlichen Beisammensein in den Tavernen traf.[16] Die Künstler nahmen den bayerischen Kronprinzen begeistert auf, nicht nur wegen seines Interesses für die Kunst, sondern vor allem auch, weil sie in ihm einen Förderer und Käufer ihrer Bilder fanden.

In der Neuen Pinakothek in München befindet sich das Bild einer jungen Römerin, Angelina Magatti, das Ludwig 1818 von Friedrich Wilhelm von Schadow (1788–1862) malen ließ. Der Architekt Klenze, der Ende Februar zur Reisegruppe in Rom stieß, war entsetzt über Ludwigs Beziehung zu der jungen Italienerin: »Diese neue römische Geliebte war ein verworfenes Geschöpf und aus einem öffentlichen Hause, glaube ich.«[17] Der Architekt Klenze ist einer der Zeitzeugen, die Ludwig über Jahrzehnte begleiteten und sehr intime Einblicke in sein Leben erhielten. Seinen Memoiren vorweg stellte Klenze daher die Verfügung: »Diese Memorabilien dürfen nur von meinen Erben gelesen werden, welche das Lebensalter von 30 Jahren zurückgelegt haben. Es darf in keinem Falle öffentlicher Gebrauch davon gemacht werden, solange ich, meine Kinder, der König Ludwig und irgendeines seiner Kinder noch am Leben sind.«[18] Und das hatte seinen Grund, denn gerade die Beziehungen zu

Frauen, die Klenze beschreibt, sollten nicht zu Lebzeiten Ludwigs oder seiner Familie öffentlich werden. Die Leidenschaft für andere Frauen, wieweit auch immer sie gegangen sein mag, hinderte Ludwig nicht daran, an jedem Posttag, mittwochs und samstags, liebevolle Briefe an seine Frau in Würzburg zu schicken, denen er manchmal selbst gepflückte Blumen beifügte. So bedankte Therese sich am 7. Februar 1818 für zwei Briefe. »Lieblich dufteten mir die bei Puzzuolo gepflückten Veilchen bei Eröffnung des Einen entgegen, gewiß wird Max dasseine sorgsam bewachen – so auch dessen Mütterlein das seine.«[19] Therese, die zu dieser Zeit mit Max in Hildburghausen weilte, schickte ihm ihrerseits zwei Veilchen aus dem Hofgarten zurück.[20]

Manchmal sandte Ludwig auch exotisches Obst, wie Pomeranzen, »welche ein sehr artiger Ehemann für mich bestellte«, schrieb Therese. Sie »werden auf Dein Wohl verzehrt werden«. Ebenso ließ er ihr Flaschen mit Wein zukommen, die sie aber lieber zusammen mit ihm bei seiner Rückkehr trinken möchte.[21]

Therese bemühte sich stets, heitere Briefe nach Italien zu schicken, so wie er das von ihr verlangte. Aber als sie von seinen Plänen erfuhr, nach Griechenland überzusetzen, konnte sie doch ihre Tränen bei der Nachricht nicht verbergen und der anschließende Brief gehört zu den wenigen, in denen sie ihre tatsächliche Stimmung mitteilt. »Du bist *wohl* und *heiter* mein Ludwig – an dieß stets mich erinernd, suche ich den schmerzlichen Eindruck zu verscheuchen, den die erste Kunde Deines neuen Reiseplanes auf mich machte ... Warum sollte ich verhehlen, was Du selbst Dir ausmahltest daß nemlich im ersten Augenblicke ein dickes Thränlein mir im Auge glänzte; darum schreibe ich Dir erst heute, auf daß keines meiner Worte die Freude störe, mit der Du gewiß schon jetzt der schönen Reise gedenkst.« Dass sie traurig war, weil er sich noch weiter von ihr entfernte, das würde sie vergessen, weil »das *herrliche* Land, dem Du jetzt entgegeneilst, wohlthätiger auf Deinen Körper werden wird, denn die Luft Deines Studierzimmers« und er glücklich sein würde. »Fest steht mein Vertrauen, daß Du nicht ohne Noth einer Gefahr Dich aussetzen wirst, der Du entgehen könntest. So reise denn froh und glücklich dem schönen Lande zu, in welchem meine treuen heißen Wünsche Dich umschweben werden.«[22]

Aus der Reise nach Griechenland wurde dann nichts mehr, weil Ludwig zur Verkündung der Verfassung nach München zurückgerufen wurde. Die Künstler gaben ihm ein Abschiedsfest. Nach der Tafel war Tanz, besonders eine Signora verdrehte den anwesenden Herren den Kopf: »Am besten gewahrte man in den Augen des Kronprinzen, die beständig auf die kleine schöne Frau geheftet waren, mit der er augenscheinlich am liebsten tanzte, ein allergnädigstes Feuer, vor dem ihrem Mann hätte bange werden können, im Falle er nicht (wie ich hoffe) starken Glauben in die Tugend seiner Frau setzte.«[23] Mit Wehmut nahm Ludwig Abschied von Rom und seinem freien ungebundenen Leben, denn: »Wer einmal im Himmel war, für den ist die Erde nichts mehr, und den Bewohnern des Paradieses behagt es anderswo nicht.«[24]

Zur Heiterkeit verpflichtet

> »Wenn Du kommst theuer Ludwig, sollst und wirst Du mich heiter finden – ich verspreche es Dir.«[25]

Dies schrieb Therese am 13. Mai 1819, am ersten Jahrestag des Todes ihrer Mutter, an ihren Mann, den sie in den nächsten Tagen, aus München kommend, in Würzburg erwartete. Am nächsten wollte sie das »Heilige Abendmahl« einnehmen. »*Gewiß* diese Handlung wird das beste Stärkungsmittel mir seyn.«

Ludwig, der auch in den folgenden Jahren nahezu jedes Jahr für einige Monate dem trüben Wetter in München entfloh und der Sonne Italiens entgegenreiste, verlangte von den Menschen seiner Umgebung, dass sie für ihn zu Hause heitere Stimmung verbreiteten. Therese und die Kinder litten unter der depressiven Stimmung Ludwigs, ausgelöst sicherlich auch durch seine häufigen Krankheiten, seine Schwerhörigkeit und sein Unvermögen, sich ohne Stottern zu äußern. Daher hielt Therese es, wie so vieles, für ihre Pflicht, ihrem Mann heiter zu begegnen. Nicht umsonst kommt das Wort »heiter«, verbunden mit guten Wünschen an ihren Mann, in jedem der Briefe Thereses vor.[26]

»In *heiterer* Stimmung so hoffe ich wird dieser Brief Dich treffen, da Du nun an dem Orte Deines Wunsches. – Du reist behaglich im wärmeren Klima, Dich *fühlend* hör ich ein Loblied auf dieses Dich anstimmen – wünschte mir ein Vöglein zu seyn – einen Augenblick aus heiterm Auge Dich sehen zu könen. Möge nichts dieses trüben und *alle* Wünsche die Dir gefolgt, in Erfüllung gehen.«[27]

An Silvester 1820 schickte sie ihm ein Wunschkärtchen: Eine schöne Frau schwebt über einem See, in der Hand hält sie ein Spruchband mit den Worten »Des höchsten Glücks«. Darüber steht der Wunsch: »Stets heiter soll Dein Leben seyn.« Und auf der Rückseite: »Wünsche eines treu Dich liebenden Herzens Therese«.[28]

Tränen waren nur erlaubt, wenn es sich um Freudentränen handelte. Ludwigs schöne Worte rührten Therese oft zu Tränen. »Mit einer dankbaren Thräne im Auge durchlas ich, was mein trefflich theurer Ludwig mir schrieb. – Solche Thränen von der Freude entlockt, sind wohl erlaubt – nicht wahr, mein Ludwig.«[29] Besonders absurd war das, wenn es Therese schlecht ging. So Anfang 1818, als sie ihm von der Krankheit der Mutter berichtete, die am Ende in den Tod führen sollte. Sie hoffe, schrieb sie dann, dass ihr Brief rund um die Ereignisse am Sterbebett Ludwigs heitere Stimmung nicht stören werde.[30]

Wenn sie ihm in jedem Brief Heiterkeit wünschte und dass er fröhlich gestimmt zurückkommen möge, dann tat sie das sicher auch im eigenen Interesse und in dem ihrer Kinder, denn einerseits litten sie alle unter der monatelangen Abwesenheit des Vaters, der zu einem Fremden wurde, den die Kleineren kaum mehr erkannten. Andererseits fürchtete die ganze Familie seine Stimmungen, die oft in jähzornigen Ausbrüchen endeten. Und so sehr Therese auch Sehnsucht hatte, für ihre persönliche Entwicklung war die Abwesenheit Ludwigs eine Chance zu einem freieren Leben, als sie es mit ihm gehabt hätte.

Während Therese sich also auf ihre Weise mit den Gegebenheiten arrangierte, hatten die Kinder, vor allem Max, Probleme mit dem Heiterkeitsgebot des Vaters. In seinen tagebuchähnlichen Aufzeichnungen sagt er über diese Zeit: »Stets mußte ich ein heiteres Gesicht machen, wenn es mir gar nicht ums Herz war und seyn mußte, auf den ungegründeten Verdacht hin, daß ich ein Gesicht mache, hart angelassen worden, wo ich schon erwachsen.« Dadurch sei er unsicher und unnatürlich geworden. Diese Diskrepanz zwischen seinen wahren Gefühlen und denen, die er zeigen durfte, führten zu quälenden Kopfschmerzen.[31]

Dem Wiedersehen nach vielen Monaten kam immer eine besondere Bedeutung zu, der Therese oft mit Angst entgegenblickte. Vor allem, weil sie manches nicht beeinflussen konnte, so beispielsweise als sie im Mai 1821 wegen starker Zahnschmerzen und einer geschwollenen Backe ihm nicht entgegenlaufen konnte.[32] Ihre Briefe, die sie kurz vor der jeweiligen Ankunft an Ludwig schrieb, enthalten alle das Versprechen, dass sie »heiter« sein würde, »auf daß nichts – ja nicht das kleinste Wölkchen, die Freude des Wiedersehens störe«.[33]

Marianna Florenzi –
eine ernst zu nehmende Konkurrentin

>»Die Kronprinzessin, die seine Gefahr noch nicht
> ganz kennt, verläßt ihn Tag und Nacht nicht einen
> Augenblick und stehet viel bei ihm aus, da er sich
> durchaus keiner ärztlichen Vorschrift unterwerfen
> will«,

schrieb der preußische Gesandte im Frühjahr 1820 an seine
Regierung in Berlin. Im Winter 1819/20 erkrankte der Kronprinz erneut schwer an einer Lungenentzündung. Man befürchtete das Schlimmste, rechnete sogar mit seinem Tod. »Die
Krankheit des Kronprinzen von Bayern scheint einen ernsthaf-
teren Charakter anzunehmen und die Ärzte sollen erklärt
haben, wie bei den organischen Fehlern seiner Brust derselbe
als verloren anzusehen und eine völlige Wiederherstellung unmöglich wäre; jedoch würde es von seiner Lebensart abhängen,
wie lange er sich noch erhalten könne.«[34]

Ludwig überlebte, aber die Angst vor einer neuen Erkran-
kung im kommenden Winter wuchs, sodass die Ärzte dem
König rieten, Ludwig erneut nach Italien zu schicken, weil das
Klima für seine Lunge besser sei. Und so verabschiedete sich
Therese im Oktober 1820 erneut für acht Monate von ihm,
wohl wissend, dass es keine andere Wahl gab: »Während diese
[die Kinder] im Nebenzimmer toben, … eile ich mein erstes
Briefchen an Dich zu schreiben, denkend, daß viele, *sehr* viele
noch ihm folgen werden, bis wir uns wiedersehen.«[35] Da der
Winter aber sehr hart wurde, fügte sie in einem der späteren
Schreiben an: »Und so muß ich – Dich wahrhaftig liebend –
dem Himmel danken, daß Du ferne bist.«[36]

Sie war wieder schwanger, aber ihre Gesundheit – auch die
Nerven – sei gut, versicherte sie ihm Anfang November, »doch
ward ich schon unwahrscheinlich rund«.[37] Sie plante bereits für
die Zeit nach der Geburt, freute sich über die Zusage ihres

Schwagers Wilhelm von Nassau, der bereit war, die Patenschaft
zu übernehmen, falls es ein Junge würde. »Daß ein kleiner Luitpold erscheinen möge, wünscht er mit Dir.«[38]

Was ihr wie immer mehr Sorgen machte, war die Gesundheit
Ludwigs. Selbst wenn Ludwig die Besorgnis seiner Frau unangenehm gewesen wäre, ließ er sich das in seinen Briefen nie
anmerken. Er gab, wie gewünscht, in jedem Brief meist sehr
humorvoll Auskunft über seinen Zustand. »Ich bin sowas von
der Art, was man einen Gewohnheitshammel zu nennen pflegt,
und hier ist es mir zur zweyten Natur geworden, von Morgens
bis Abends, im Schreiben und Lesen, im Sitzen, Gehen und Liegen, im Essen und Trinken an meine Gesundheit zu denken; so
bin ich es nun gewöhnt, und werde so bleiben auch im Carne-
val, selbst in dem eigentlichen, … in welchem die Maskeraden
sind. Was Du unter Deinem Herzen trägst ist ein Grund mehr
dem meinigen, auf mein Befinden wachsam zu seyn, mein
Leben zu erhalten.«[39]

In diesen Wochen gingen sehr zärtliche Briefe hin und her,
wie die Zeilen zum Jahreswechsel zeigen: »Recht Schmerzli-
ches müßte dieser Gedanke für mich haben, könnte ich nicht
mit der besten Ueberzeugung ihm begegnen, daß wir in der
Scheidestunde des Jahres – im Geiste gewiß uns nahe- und uns
verstehen, kann gleich kein Wort – kein Händedruck zum Dolmetscher unserer Gefühle werden«, schrieb Therese. »Unnöthig
wäre es die Wünsche Dir zu nenen, mit denen ich Dein gedenk-
en werde, deutlich wirst aus der Ferne Du sie in meinem Herzen lesen. O daß der Allgütige allen Erfüllung gebe.«[40] Und
Ludwig antwortete aus Rom: »Mein erster Federzug in diesem
Jahre ist an Dich, liebes, treffliches Weib. In derselben Minute
dachten wir dies Nacht aneinander, die kleine geladene Gesellschaft des Jahres Übergang zu feyern stieß mit mir an, da ich
Dich hoch leben ließ.« Er hatte Thereses Brief bekommen und
schickte ihr zum Dank ein Röschen, das er ihr gepflückt hatte –
»Im neuen wie im alten Jahr in Liebe Dein Ludwig«.[41] Therese
war, wie in jedem Jahr Anfang Januar, zur Karnevalssaison nach

München gereist, nahm manchmal bis drei Uhr nachts an Bällen teil, um dann bis elf Uhr morgens zu schlafen. »Du siehst, ich habe nicht zu kurz geruht.«[42] Sie machte Schlittenfahrten, auch wenn sie inzwischen »sehr sehr stark« geworden war. Sie erzählte Ludwig, dass ihre achtjährige Tochter Mathilde ihrem kleinen Hasen anvertraut hatte, die Mutter müsse dringend ein Abführmittel einnehmen, da sie so einen »starken Leib« habe.[43]

In Italien begann der Karneval erst später, vorher aber wurde Thereses größte Sorge wahr: Der Kronprinz hatte einen Unfall. Er war am 21. Januar alleine mit Montesquieus Werk »Von der Decadence des römischen Empires« in der Hand am Tiber entlanggewandert und hatte sich dann zum Lesen auf einen Baumstumpf gesetzt. Da er schwerhörig war, überhörte er das Herannahen eines Stiers, der von einem Reiter gejagt wurde. Die Hörner verfehlten den Kronprinzen zwar, aber mit der Stirn traf er Ludwig am Oberarm und warf ihn zu Boden. Ludwig konnte sich auf einen nahe gelegenen Hügel retten und einen vorbeikommenden Bauern bitten, seinen Wagen holen zu lassen. Ringseis renkte den Arm wieder ein, während der Kronprinz vor Schmerzen schrie, und verordnete Ruhe.[44]

Ludwig hatte nun die schwere Aufgabe, Therese möglichst schonend von dem Unfall zu erzählen, wohl wissend, dass es nicht lange dauern würde, bis alle Zeitungen davon berichteten: »Mit Brust und Lunge geht es fortwährend vortrefflich, das ist das erfreuliche; dieses gewonnen und man fügt sich leicht in einen kleinen Unfall, wie mir vorgestern Nachmittag wiederfahren ist, welcher aber in der Hauptsache schon gut gemacht wurde und noch einige Tage Geduld erfordert, mein linker Arm nehmlich kam aus dem Gelenke, zum Glück aber brach ich nichts, noch wurde ich verwundet, in dem mich ein Ochse umwarf. Ringseis brachte in äußerst kurzer Zeit und mit vieler Geschicklichkeit den Arm wieder ins Gelenke.« Um die Situation zu entschärfen, erwähnte Ludwig, dass man den Ochsen geschlachtet habe und ihn als Ochsenbrühe und »boeuf à la

mode« [Rinderschmorbraten] verspeist habe. » Wenn du diesen
Brief wirst bekommen haben, bin ich geheilt, also lieb Therese,
keine Angst, es wäre moutarde après le diner [frz. Sprichwort:
Senf nach dem Abendessen = nutzlose Aufregung über bereits
Geschehenes], der Braten würde bereits verdaut seyn, wenn
Dir die Augen vor Sorge und Bekümmerniß tränen.« »Die Wirkung, die es auf Dich mein gutes Weib, haben mögte«, war sein
erster Gedanke. Er müsse noch viel Geduld haben und sei »nun
buchstäblich in Rom *zu Hause*… Und nun noch einen Kuß dir
geliebte Therese. Und *auf den Mund*.«[45]

Therese bedankte sich postwendend dafür, dass er sie persönlich über seinen Unfall informiert hatte. »Was ich so oft Dich
versichert, daß dergleichen aus Deinem Mund oder von Deiner
Hand zu erfahren, mich *nicht* erschreckt, hat sich hier bewährt.
Herzlich aber bedaure ich Dich mein armes lebhaftes Mänlein, da sich einige Tage *ruhig* zu verhalten, eine schwere Probe
der Geduld Dir seyn wird.« Sie vermutete, dass er bereits ein
Gedicht auf den Vorfall gemacht hatte. »Nun zu etwas Anderem…«[46]

Es ging um die Taufe ihres noch ungeborenen Kindes, die sie
ganz offenbar mehr beschäftigte als der Unfall ihres Mannes,
was allerdings wohl daran lag, dass Ludwig ganz bewusst unter-
trieben hatte. Sie hatte Angst, dass auch das neugeborene Kind
wie ihre Tochter Theodolinde sterben könnte. Der Kinderfrau
Gräfin von Tauffenbach war »bange« wegen der Kälte in der
Kirche, da die Taufkleidung ja nicht so warm sei. Auch die Bürger, hatte Therese gehört, ließen ihre Kinder bei Kälte nicht in
der Kirche taufen. Theodolinde sei – so Tauffenbach – während
der Taufe ganz blau vor Kälte gewesen. »Wenn ein Ausschlag
im Kinde verborgen (was man oft nicht ahnt), sey es leicht um
dessen Leben geschehen. Ich habe nun alle treulich beruhigt –
nun entscheide theurer Ludwig überzeugt seyend, daß Dein
Ausspruch mir Gesetz.«[47]

Therese konnte wegen ihrer fortgeschrittenen Schwangerschaft nicht mehr lange am Schreibtisch sitzen, zum Glück

waren ihre Brüder Fritz und Josef und ihre Schwägerin Amalie zu Besuch. Das Schreiben übernahm Josef. »Seine dicke Schwester streckt sich dan der Länge nach aufs Sopha und diktiert dem gefälligen Bruder in die Feder.« Eigentlich sollten sie längst abgereist sein, aber in Hildburghausen grassierte Scharlach und Thereses Vater wollte den Erbprinzen keiner Gefahr aussetzen. Therese freute sich darüber und Amalie und Josef hatten Freude am Tanzen, was den Bällen »viel Leben gibt«. Therese aber gab nach eigenen Worten »selbst als Zuschauerin eine schlechte Figur« ab.[48] Große Gesellschaften waren für sie »zum Herumspringen« zu ungesund. Die Geschwister lebten ansonsten eher zurückgezogen, fühlten sich wohler unter sich, daher verzichtete Therese auch auf eine große Tafel mit Einladungen.[49] Umso trauriger war sie, als die Geschwister abfuhren. »Still wird es hier nun werden. Ihr Hiersein hat frohe Tage mir bereitet. – Mich stets zum Gehen aufzumuntern und vom Schreiben abzuhalten, vertrat Josefens treulich meines Ludwigs Stelle.«[50]

Zu dieser Zeit hatte sich der Kronprinz mit seinen Begleitern in den italienischen Karneval gestürzt, wo es zu einer schicksalhaften Begegnung zwischen Ludwig und der 18-jährigen Marianna Marchesa di Florenzi kam. Im Gedränge des Umzuges stand der Wagen des Kronprinzen auf einmal neben dem des Ehepaares di Florenzi, wie Ringseis berichtete. »Die Marchesa ist unter den Schönen eine der Schönsten, ganz im römischen Styl.«[51]

Bei einem Empfang in Rom wurde die Marchesa dem Kronprinzen vorgestellt.[52] In den folgenden Tagen trafen sich die beiden häufig in verschiedenen Salons, Ludwig schien sehr verliebt in die verheiratete junge Frau zu sein, stellten alle fest. An Therese schrieb er über den Beginn des Karnevals, dass er zunächst in der Kirche eine fürchterlich lange Predigt gehört habe, neben ihm habe zudem eine sehr redselige Nonne gestanden.[53] Er habe auch schon viermal an Maskenfesten teilgenommen, aber auch das »machte ich auf eine Art mit, daß sogar Du am

Ende der 9 Monate ohne Gefahr zu leiden an meiner Stelle hättest seyn können«.[54]

Therese in Würzburg bereitete sich indes auf die Geburt vor: »Wenn diese Zeilen in die Hände meines Ludwig gelangen, ist hoffentlich das böse Stündlein überstanden und wir freuen uns eines vierblättrigen Kleeblattes.« Sie wollte das Abendmahl in der Kirche nehmen und freute sich darüber, dass Ludwig wieder gesund war und am Karneval teilnehmen konnte.[55] Vier Tage später berichtete sie ihm von den leichten Wehen, die sie hatte, »welche das Herannahen des ernsten Stündleins verkünden«, hatte aber doch den Wunsch, ihm zu schreiben. Sie versicherte ihm aber, sie habe vorher noch den Arzt gefragt, um keinen »Verweis von Dir meinem gestrengen Mänlein zu erhalten. Bringe Dir dann dieß Blatte noch ein Wörtchen inniger treuer Liebe.«[56]

Am 12. März wurde Luitpold geboren. Überglücklich schrieb Ludwig aus Rom: »Therese! Trefliches geliebtes Weib! Nun mit einem neuen *starken* Band mit mir vereint, … ich Vater dreyer Söhne, so sehr auch gewünscht und erwartet, dennoch wie ich die verhängnißvolle Stafette in der Hand hielt, wie war's mir da! Ob mein Herz schlug, das weiß ich nicht, ich war zu ergriffen um solches zu bemerken, daß ich zitterte, spürte ich.« Als er endlich die Nachricht gelesen habe, sei er Gumppenberg und Seinsheim um den Hals gefallen. Ihm sei ein Stein vom Herzen gefallen, denn man könne ja nie wissen, was passiert und »es giebt nur eine Therese für mich, Seele und Körper«. Mit einem 83er [1783] Rüdesheim habe er auf auf ihr und Luitpolds Wohl angestoßen, hatte den Wein extra für diesen Tag aufgehoben. Das Geschenk für sie würde er ihr persönlich mitbringen.[57] Schon vier Tage später der nächste Brief: »Liebes süßes Weibchen«. Er wollte wissen, welche Haarfarbe Luitpold habe oder wem er gleiche. Er schickte ihr ein Kraut, das in Bayern als Unkraut galt, von römischen Wöchnerinnen aber zum Riechen und Händeeinreiben benutzt wurde, auch wenn es übel roch. Ludwig umarme alle, »aber vor allem Dich *meine* Therese. In

Liebe zu Dir Ludwig«.[58] Die Briefe aus dieser Zeit sind voll
Sehnsucht, Freude und Stolz auf seine Frau: »Wie heimisch ich
gleich in Rom bin, verlange ich nach Dir, liebes gutes schönes
Weib, wie du es dir gewiß nicht vorstellst.«[59] Er werde Rom am
31. April verlassen, am 10. Mai in München sein, und am 17. Mai
in Würzburg: »Schlank warst Du als ich Dich verlassen, schlank
finde ich Dich wieder, aber mit einem neuen Zeugen unserer
Liebe … Und nun, magst du dich gleich sträuben … Es hilft und
hilft nicht, einen Kuß auf Deine zahrten Lippen (daß Du ja Dich
nicht sträubst) von Deinem Ludwig«.[60]

Manches in Ludwigs Briefen wirkt allerdings auf den Leser
absurd, wenn er zum Beispiel in seinem Brief an »mein herrliches Weib« den Bericht der Oberhofmeisterin Frau von Redwitz kommentiert über den Mut, mit dem sie sich bei der Entbindung benommen habe. »Ich bin dieses von dir gewöhnt«,
schrieb er, obwohl er bei den Geburten immer abwesend war.
Ludwig verglich den Schmerz bei der Entbindung mit dem, den
er beim Unfall mit dem Stier erlitten hatte.[61] »›Felice lei‹, glücklich sie, nämlich du, erwiderte mir eine Römische Fürstin, als
ich ihr von der Schnelligkeit deiner Niederkunft sprach, denn
auch hier hörte ich nicht, daß solches gewöhnlich sey. Vierzig
Tag ist hier die Regel…, daß das Wochenbett zu dauern habe,
also nur 2 Tage länger als bey uns.«[62]

Abgesehen davon müssen die Briefe bei Therese den Eindruck erweckt haben, als ob ihr Mann von einer Kirche in die
nächste, von einem Papstgottesdienst zum anderen wanderte,
mit seinen Begleitern Sonnenauf- und -untergänge oder den
Mond betrachtete und sich dabei Therese herbeiwünschte.
Wenn er Frauen beschrieb, dann waren es entweder Jungfrauen,
die an der Messe beteiligt waren und Nonnen werden wollten,
oder Kinder und alte Frauen, denen er Almosen gab.[63]

Therese durfte selbst erst am 3. April wieder schreiben »und
an wen müßte ich lieber diese [Zeilen] richten denn an Dich
mein Ludwig – den *geliebten* Vater eines *vierblättrigen* Kleeblattes. Wie *innig* der Ausdruck Deiner Freude mich begleitet –

hat Redwitz Dir gesagt,... Es war dieser Brief der erste den ich *selbst* laß – und mit welchen Gefühlen. – In alter treuer Liebe Deine Therese«.[64] Sehr humorvoll schreibt sie über sich und die Kinder. »Das kleinste Mänlein gleicht Dir (wenn mein großes Mänlein mit einem ernsten Gedanken beschäftigt, jenes aber etwas ungnädig ist) bei Zusammenziehen der Augenbrauen. Innig treu Dich liebend mein theures Mänlein Deine Therese«.[65] Das ganze Mutterglück spricht aus den Briefen dieser Zeit, wenn sie schreibt: »Ihr Männer behauptet, kleine Kinder unmöglich schön finden zu können, daher wirst Du es belächeln, wenn ich Dir versichere, daß unser kleiner Luitpold ein recht hübsches Gesichtchen hat.« Sie stillte nicht, sondern schaute zu, wenn Luitpold von einer Amme gestillt wurde und es sich »trefflich schmecken« ließ. »Wie wir Mütter oft ganze Gespräche mit dergleichen Mänlein zu führen verstehen, beglückt wenn ein Lächeln zur Antwort uns wird, habe ich ihm verkündet, daß ich von seinem guten Appetit dem Vater schreiben werde. – Wie freue ich mich des Augenblicks, wo ich zu ihm Dich führen kann.«[66]

Ludwig kannte die Abläufe nach der Geburt ziemlich genau, denn er gratulierte ihr zu ihrem ersten Kirchgang nach der Geburt. »Meinen Glückwunsch dazu, treffliches Weib, an das ich, je länger ich abwesend bin, desto mehr denke.«[67] Für Therese bedeutete der erste Kirchgang aber auch, dass sie zum ersten Mal nach Wochen wieder das Haus verlassen durfte. »Freundlich schien die Sonne aus wolkenlosem Himmel. Als ich zum letztenmale ausfuhr, war kein Blüthchen zu sehen, und nun Wiesen und Bäume in den Farben der Hoffnung gekleidet. Ich hätte jauchzen mögen. Gewiß begreifst Du dieß und fühlst es mir nach.«[68]

»Heute in einem Monat liege ich in Deinen Armen, liebes gutes Weib, wenn (wie ich allen Grund zu glauben habe) ich bleibe wie ich bin, frisch und gesund.« Er habe sich auch, wie Therese es gewünscht habe, warm angezogen, weil es in der Kirche immer kalt sei. »Seitdem ich äußerst selten Ermahnun-

gen bekomme, (seit ich hier bin) schone ich mich recht, damit
will ich aber nicht sagen, daß Gesundheits-Ermahnungen vor
einem Jahre mir sehr heilsam, ja *nöthig waren*, ich sehe es ein,
und das herrliche Herz aus dem sie flossen, erkenne ich, schätze
und liebe es innig.«[69] Diese Stelle »die von Herzen kommend –
auch zum Herzen gehen mußte, lockte gar Thränen mir ins
Auge«, schrieb Therese als Antwort.[70]

Ludwig hatte Max' Bild herumgezeigt und dabei auch gesagt,
wie sehr er Therese gleiche, und eine »junge hübsche Fürstin«
sagte ihm in Gegenwart anderer, »wie schön muß die Mutter
seyn, und – sie hat recht«. Doch Ludwig sagte ihnen, dass die
»Güte« »dieser Mutter meiner 4 Kinder ihre Schönheit noch
übertrifft. Ein gutes, schönes, liebenswürdiges Weib, das ist ein
Schatz.«[71] Trotz dieser schönen Worte traf sich Ludwig weiterhin mit Marianna, die nach seiner Abreise Ende April sofort
einen Brief schickte, in dem sie sich für die »Ehre seiner Gesellschaft« bedankte. Außerdem bat sie auch in den folgenden Briefen immer wieder darum, dass Ludwig für ihren Mann ein Wort
bei Kardinal Consalvi in Rom einlegen möge, ihm das staatliche
Monopol für Salz und Tabak für Perugia zu übertragen.[72]

Am 31. Oktober 1821 teilte Mariannas Mann dem Kronprinzen mit, dass seine Frau und er einen Sohn bekommen hätten,
den sie ihm zu Ehren Ludovico nannten. Ludwig hatte versprochen, die Patenschaft zu übernehmen; da er aber nicht persönlich erscheinen konnte, schickte er einen Vertreter und Marianna einen Brief, in dem er seine Freude darüber mitteilte, dass
es ihr und dem Kind gut ging.[73] Von Anfang an gab es Gerüchte,
dass Ludovico das Kind Ludwigs sei, auch Marianna deutete
in ihren Briefen an, ihr Sohn sei ein halber Bayer.[74] Zwischen
dem ersten Treffen im Februar 1821 und der Geburt Ludovicos
lagen genau acht Monate. Wenn man aber bedenkt, dass Ludwig und Marianna beim Karneval 1821 immer unter Beobachtung waren, ist es eher unwahrscheinlich, dass ihr Verhältnis zu
dem Zeitpunkt bereits so intim gewesen sein soll.

Therese hatte beinahe parallel zum Brief des Marcheses am

12. Oktober zum Hochzeitstag den folgenden Brief von ihrem Mann erhalten, der abwesend in München gewesen war: »Dir geliebtes, vielgeliebtes Weib, heute zu schreiben, an diesem Tag, an dem sich das 11. Jahr unserer Ehe vollendet, das 12. beginnt ... Die Ehen sind im Himmel geschlossen, so sagt man, unsere ist es ... Wie zähle ich nicht schon die Tage bis ich wieder bey Dir seyn werde, wie verlange ich nicht schon nach diesem Augenblick. Was er an seiner Therese besitzt, weiß Dein Ludwig«[75]

Und trotzdem ließ ihn die Marchesa nicht los: »Heute vor 6 Jahren hat sich meine starke Liebe zu dir, Frau ohne gleichen, bestätigt«, schrieb Ludwig 1829 rückblickend über das Wiedersehen mit Marianna Ende Oktober 1823.[76] Zu Beginn auch dieser Italienreise stand eine Krankheit des Kronprinzen: eine Gelbsucht, die Ludwig Ende September 1823 befallen hatte. Auf Anraten der Ärzte reiste er bereits drei Wochen später Richtung Süden. Sieben Monate Trennung standen Therese bevor, aber sie fügte sich, wie die Jahre zuvor, weil sie um sein Leben fürchtete. Diesmal war sie wenigstens nicht schwanger, als er sie verließ, ihre kleine Tochter Adelgunde, das sechste Kind (abgesehen von einer Fehlgeburt), war sieben Monate alt.

Für eine Nacht machte Ludwig Station in Perugia, wo Marianna mit ihrem Mann lebte, um seinen Patensohn kennenzulernen. Der Architekt Klenze notierte in sein Notizbuch: »Augenscheinlich wuchs aber diese Liebe täglich bis zu einem wahrhaft erschreckenden Grade und absorbirte für den Augenblick jedes andere Gefühl, jeden Pulsschlag und Athemzug.«[77] Die Weiterfahrt nach Rom in Ludwigs Kutsche empfand Klenze als sehr anstrengend. »Alles, was die großen Liebeshelden je über Gefühle gedacht und gedichtet haben, ist frostig und trocken gegen das, was ich nun hören mußte ... Ein unversiegbarer Strom erotischer Hyperbeln.«[78]

Um ihren Mann in Sicherheit zu wiegen, bat Marianna Ludwig, die Briefe, in denen er von seiner Liebe zu ihr sprach, an einen gewissen Giovanni Genuini zu adressieren. Nur die unverfänglichen, die sie auch ihrem Mann zeigen könne, dürfe er direkt an sie schicken.[79] Sie nahm auch seinen Vorschlag, sich zu duzen, an. »Dies passt am besten zu der Liebe … Ich liebe dich mit Leidenschaft und Hingabe und hoffe, dass du mich immer so liebst, wie ich es tue. … Ich bin nie so glücklich, wie wenn ich dir schreibe und an dich denke, mein süßer Lodovico.«[80] Ab diesem Zeitpunkt unterschreibt sie ihre Briefe immer mit »la tua Mariannina«.[81]

Wer aber war nun diese Frau? Über ihre Schönheit waren und sind sich alle einig, wie auch die zahlreichen Abbildungen zeigen, die allein Ludwig von ihr anfertigen ließ. Das berühmteste, das sich heute in der Schönheitsgalerie auf Schloss Nymphenburg befindet, malte Stieler 1831 bei ihrem Besuch in München. In den meisten deutschen Quellen wird sie auf die Geliebte Ludwigs reduziert. Dabei gilt sie als »die gebildetste Frau Italiens« jener Zeit, eine Philosophin von Rang.[82] 1819, mit 17, wurde sie an den 42-jährigen Marchese Ettore Florenzi verheiratet und lebte 1821 mit ihrem Mann und ihrer Tochter Carlotta auf dem hochverschuldeten Besitz der Familie Florenzi bei Perugia zwischen Florenz und Rom. Ludwig und Marianna schrieben sich 47 Jahre lang fast täglich Briefe, besuchten sich über 20 Mal, manchmal blieb Ludwig wochenlang in Perugia.[83]

Auf Ludwigs Befehl lebte von 1823 bis 1825 der Maler Theobald Rehbenitz aus der Gruppe der Nazarener in Perugia, um Marianna Deutsch beizubringen. Schon nach zwei Jahren konnte sie die Werke deutscher Philosophen übersetzen. Nun hatte Marianna bei ihren ersten Begegnungen mit Ludwig natürlich noch nicht diese Dimensionen des Denkens erreicht, aber in ihr hatte Ludwig, der von allen Lehrern als außergewöhnlich intelligent beschrieben wurde, und der bei seinen Aufenthalten in Perugia Horaz aus dem Griechischen übersetzte, eine Gesprächspartnerin gefunden, die bei seinen geistigen Höhenflügen mithalten konnte. Etwas, was Therese mit ihrer geringeren Bildung und ihren andersartigen Interessen nie leisten konnte. Das muss man bei aller Leidenschaft, die sich zwischen Ludwig und Marianna in den ersten Jahren auch abgespielt hat, bedenken. Ludwig jedenfalls war bei seiner Reise 1823/24 so verliebt, dass er an seine Schwester schrieb: »Wenn du deinen Bruder sehen könntest, hüpfend, singend, mit der Flöte spielend, würdest du nicht glauben einen Familienvater von 37 Jahren zu sehen, sondern einen 17-Jährigen.«[84]

Seinen Begleitern machte die Verliebtheit des Kronprinzen große Sorgen. Als Ringseis eine entsprechende Bemerkung machte, fiel er bei Ludwig in Ungnade.[85] Zurück in Rom verbrachte Ludwig sehr viel Zeit mit Marianna, vor allem, nachdem ihr Mann nach Perugia zurückgefahren war. Ringseis notierte, dass man schon bald in Rom »an der feurigen Huldigung des hohen Herrn [Ludwig]« Anstoß nahm. Besonders »unerträglich« fanden es die Römer, dass der Kronprinz am Gründonnerstag, »nachdem er in öffentlicher Kirche die heiligen Sakramente empfangen hatte, ebenso öffentlich mit der Marchesa auf dem Corso spazieren fuhr«. Für ihn aber ist es bezeichnend, daß er ganz vergnügt und treuherzig meinte: »Jetzt endlich werden die Römer doch die Ueberzeugung haben, daß mein Verhältniß zur Marchesa ein reines und unschuldiges ist, weil ich an diesem heiligen Tag nach Empfang der Kommunion mich Allen mit ihr gezeigt habe.«[86]

Die Römer und vor allem Ludwigs Begleiter waren einhellig keinesfalls beruhigt. Laut Klenze sollte Ludwigs Hofmarschall Gumppenberg für Ludwig sogar ein Gutachten einer katholischen Instanz besorgen, mit dem Inhalt, dass für ihn als zukünftigen Regenten das sechste Gebot nicht gelte. Die Antwort des Jesuiten, den man fragte, lautete, dass schon »die tausendfachen Präliminarien und Zwischenakte vor der allerletzten Handlung ehelicher Vertraulichkeit außerhalb dieser Grenzen lägen«.[87] Ringseis berichtete, dass der Prinz in »leidenschaftlichem Schmerz« gerufen habe: »Wenn es Sünde ist, so muß ich es lassen, aber es ist mein Tod!«[88]

Ludwig teilte Marianna daraufhin mit, dass er sie nicht mehr lieben könne. Ihre Antwort: »Dass du dich zwingen willst, mich nicht mehr zu lieben, schmerzt mich so sehr, dass ich den

Verstand verliere, wenn ich daran denke. Du konntest nicht grausamer zu mir sein, als damit.«[89]

Seine Begleiter fürchteten nun, dass die »reizbare Konstitution« des Kronprinzen seine Gesundheit angreifen könnte und »es fand sich Jemand, der einen anderen Geistlichen aufsuchte, einen Schweizer und Ordensmann von hohem Rang«. »Wenn die Sache so liegt, wie Ihr berichtet«, erwiderte dieser, »dann ist sie ja harmlos ... eheliche Treue sei nur eine Sache des Fleisches.« Er »halte im Allgemeinen eine Indulgenz [Nachsicht] in dieser Beziehung für schwache Menschen und Weltkinder nöthig«.[90] Ringseis hatte von der neuen Anfrage nichts gewusst, war verwundert, als der Kronprinz eines Tages »wie ausgewechselt bei Tisch erschien, strahlend und prickelnd vor Freude, bis mir nach Tisch durch Baron Gumppenberg das Räthsel gelöst wurde«.[91]

An seine Frau Therese schrieb Ludwig in diesen Wochen gewohnt liebevolle Briefe, die sie mit Sorgen um seine Gesundheit und Informationen über die Kinder erwiderte. Auch der folgende von Ende April lässt in keiner Weise ahnen, welches »Drama« sich zur selben Zeit in Rom um die eheliche Treue Ludwigs abgespielt hatte: »Guten Morgen, liebe Therese, und ihn so schön und mild wie diesen, wünsche ich Dir, der ich eben (kaum ¾ 6) von des Hauses Terrasse komm, wo ich einige Minuten lang gewesen, der reichen, weiten prachtvollen Aussicht, der des in den frischen Strahlen der Sonne ewig einzigen Roms mich erfeuend.« Er habe zugenommen, aber dick dürfe sie sich ihn nicht vorstellen. Er erzähle ihr das alles, weil er wisse, dass sein »mich so innig liebendes Weib« solche Nachrichten mehr schätze als »der herrlichsten Kunstwerke blühendste Beschreibung ... darum Dir, geliebtes Weib nun einen Kuß und die Versicherung der Fortwährung meiner blühenden Gesundheit«.[92]

Mitte Mai verließ Ludwig Rom, um nach München zurückzukehren. Als er unterwegs erfuhr, dass Marianna an einer Unterleibserkrankung litt, machte er einen Abstecher nach

Perugia, um Marianna durch seinen Leibarzt Ringseis pflegen zu lassen. In seinen Briefen an Therese, die zu dieser Zeit
in Hildburghausen bei ihrem Vater weilte, erwähnte Ludwig
die Marchesa mit keinem Wort. Er beschreibt ihr den Landsitz
des Marchese Florenzi, fünf Meilen von Perugia entfernt, und
schwärmt von der guten Luft. »Gesund, herrlich ist die Luft auf
dieser Höhe, obgleich im trefflichsten Zustande diese ganze
Zeit … Lunge und Brust … kann dieses Luftbad sie nur noch
mehr stärken … Mein Befinden ist auch hier, wie Du, liebes,
liebendes Weib, mir für immer wünschen würdest.« Wie in
Brückenau, nur noch ruhiger und stiller, sei das Leben, das die
Marcheses hier führten. »Schreibe ich Dir nicht so oft wie aus
Städten, befremde Dichs nicht, das einfache Landleben bietet
wenigen Stoff an, und daß er Dich liebt, dieses weiß Therese
von Ihrem Ludwig.«[93]

Die Briefe an seine Frau unterschrieb er mit »Dich diesseits
und jenseits der Alpen, Dich überall liebenden Ludwig« und
»Dein sehr Dich liebend und liebender Ludwig«.[94] Keine Spur
von schlechtem Gewissen ist zu finden, das »Gutachten« des
katholischen Priesters hatte ihn ja freigesprochen.

Das Verhalten des Kronprinzen war allerdings doch bis nach
München gedrungen und Klenze wurde vorweg nach Hause
geschickt, um die Wogen zu glätten. »Ich suchte so viel es thun-
lich und schicklich war, eine Entschuldigung in dem lebhaften
Gemüthe, der dichterischen Tendenz und Seelendisposition des
Fürsten [Ludwig] hervorzustellen, aber ohne großen Erfolg,
namentlich bei der trefflichen, höchst tugendhaft gesinnten
Kronprinzeßin«, notierte sich Klenze.[95]

Auch nach Ludwigs Rückkehr gingen fast täglich Briefe
zwischen Perugia und München hin und her. Ludwig interessierte es, ob die Marchesa wieder mit ihrem Mann intim oder
ob sie nach ihrer Krankheit noch »Witwe« sei. Ihre Antwort:
»Ich habe einen Ehemann … und er hat die selben Bedürfnisse
und Wünsche wie alle anderen. Bisher ist es aber nur einmal
geschehen und das mit größter Vorsicht. … Ich konnte dies

nach so langer Zeit nicht ablehnen. Du kannst mir jedoch auch glauben, wenn ich dir sage, dass ich Bedauern empfand, als ich hörte, dass du erneut Vater wirst.«[96] Therese war seit September 1824 wieder schwanger mit ihrer Tochter Hildegard, die am 10. Juni 1825 zur Welt kommen sollte.

Königin Therese (1825 – 1834)

Das Jahr 1825

Der König ist tot – es lebe der König!

> »Es ist doch etwas schöner, um sozusagen nur ein
> Wort auszusprechen zu haben, damit geschieht, was
> wir Jahre und Jahre lang vergeblich für nützlich ge-
> halten haben.«[1]

Das schrieb der neue König Ludwig I. zehn Tage nach dem Tod
seines Vaters an seine Frau, die neue Königin Therese. An seinem Namenstag, dem 12. Oktober, war König Maximilian I.
Joseph noch zusammen mit seiner Familie auf einem Ball gewesen, den der russische Gesandte Woronzow ihm zu Ehren gegeben hatte. Er hatte bis 22 Uhr am Spieltisch gesessen und sich
dann, müde geworden, ohne seine Familie in die Residenz
zurückbegeben. Sein Kammerdiener hatte ihn am nächsten
Morgen tot in seinem Bett gefunden. Laut Gutachten der Ärzte
war er an einem »Schlagfluss« zwischen 23 Uhr und Mitternacht gestorben.[2]

Das Kronprinzenpaar hielt sich zu diesem Zeitpunkt mit den
Kindern in Brückenau auf. Nachdem sie die Nachricht durch
einen Boten erhalten hatten, fuhren sie nach Würzburg zurück,
von wo aus sich Ludwig zwei Tage später auf den Weg nach
München machte. Therese blieb mit den Kindern zunächst
zurück, ihre Gedanken aber waren bei ihrem Mann. »Gestern
gegen Abend um die Zeit, in welcher ich Dein Eintreffen in dem
verwaisten Vaterhaus – Du *armer lieber* Ludwig – vermuthen
konnte, sank ich betend auf meine Knie nieder, des Himmels
Segen für Dich erflehend. Er wird – mein heißes Gebet erhö-

rend – Dich *väterlich* geleitet haben, Dir Kraft verliehen in dem *schweren* Kampf.«[3]

Trotz ihres Gottvertrauens spricht die Angst über die neue, unbekannte Zukunft aus ihren Briefen in dieser Zeit. Ludwig in München wusste von der Sorge seiner Frau um ihn und seine Gesundheit und es spricht für ihn, dass er diese Sorge trotz aller neuen Pflichten sehr ernst nahm. Alle zwei, drei Tage schrieb er ihr beruhigende Nachrichten: »Vor allem von dem, was meiner vielgeliebten Therese das wichtigste, nehmlich, daß ich mich fortwährend gut befinde und daß mein Sinn aufgerichtet ist.«[4] Er beschrieb ihr seine Ankunft in München, als Auguste weinend zu ihm gekommen sei, und zeigte sich verwundert, dass sein Vater viel beliebter gewesen war, als er vermutet hatte.[5] Er teilte ihr mit, wie viele neue Diener er nun habe, die alle in Uniform zum Dienst bei ihm erschienen. Er hatte bereits die für die Familie vorgesehene Wohnung in der Residenz besichtigt und versprach, ihr entgegenzufahren, wenn sie nach München komme. Vor allem aber berichtete er über die Freude, die es ihm mache, endlich selbst bestimmen zu können – etwas, das er nur ihr erzählen konnte. »Ich bin schon ganz drinnen in der neuen Art zu seyn, lebe völlig im Geschäfte. Zu thun giebt's die Fülle und die Fülle; eine Stärke fühle ich in mir, die ich nicht vermuthet, der Ruf, welcher mir vorausging, bahnt mir den Weg.«[6]

Therese, die seine schwierige Beziehung zur Stiefmutter kannte, freute sich vor allem über sein »kindlich« Benehmen gegenüber der Königinwitwe. Karoline hatte ihr davon berichtet und sich gewünscht, dass Therese nach ihrer Ankunft sofort zu ihr nach Nymphenburg fahren solle, falls Ludwig einverstanden sei. Nach dem Wiedersehen mit der Königin würde Ludwig auch mit ihren Nerven zufrieden sein. »Doch wo Du (mein mänlicher Ludwig) selbst geweint hast, da vergönne auch mir die Thränen.«[7]

Was Ludwig seiner Frau allerdings nicht schrieb, waren die Nachrichten, die er aus Colombella bekam. Die »Gazetta di Roma« hatte am 26. Oktober 1825 die Nachricht vom Tod König Maximilians I. Joseph und der Thronbesteigung Ludwigs I. gebracht. Noch am selben Tag teilte Marianna Ludwig ihre große Sorge mit, dass er nun keine Zeit mehr für sie haben könnte.[8] Ludwig schrieb postwendend gleich drei beruhigende Briefe, in denen er ihr versicherte, dass sein neuer Status nichts ändern würde, weder sein Verhalten noch seine Gefühle ihr gegenüber. Er beteuerte, dass er sie sogar jeden Tag mehr lieben würde.[9]

Therese freute sich zur selben Zeit über Briefe ihres Vaters und der Brüder aus Hildburghausen, Briefe, die keine Glückwünsche enthielten, sondern Anteilnahme wegen des Todes ihres Schwiegervaters, was ihrer Stimmung entsprach.[10] Bei Therese überwogen, im Gegensatz zu ihrem Mann, Trauer, Unsicherheit und Angst über die neue Situation.

Wir wissen nicht, ob sie auf die Formalien, die es als Königin zu beachten galt, ausreichend vorbereitet war. Zum Glück gab es dafür ihren Oberhofmeister Pocci und die Erzieher der Kinder, mit denen sie strittige Fragen durchsprechen konnte. So zum Beispiel die nach dem Kronprinzentitel für Max. Sie hatte, wie sie Ludwig schrieb, mit seinem Erzieher Oettl überlegt, ob der Titel »Kronprinz«, wenn er diesen jetzt schon bekäme, ihm nicht den Kopf verdrehen könnte. Therese meinte allerdings, dass man das in München wohl nicht verhindern könne. Wenn die nähere Umgebung nun aber den Titel nicht benutzte, »als gehöre ihm dieß nicht«, könnte das mehr schaden. Außerdem müsse man sich darüber wohl keine Gedanken machen, denn Max ginge ganz natürlich und nicht überheblich mit seiner neuen Würde um.[11]

Auch die Frage der Reiseroute, die Therese mit den Kindern nehmen sollte, beschäftigte sie viele Stunden lang. Ludwig hatte zwar bestimmt, dass sie am 31. Oktober in München ankommen solle, aber alle anderen Details der Fahrt – den Weg, den Decknamen, unter dem sie reisen würde, die Wahl der Wagen und die Zusammenstellung der Wagenbesatzung – hatte er ihr überlassen. Das war Chance und gleichzeitig Herausforderung für Therese.[12]

Und dann war da die Frage der Teilnahme am Trauergottesdienst für den verstorbenen König. Sie wusste nicht, ob sie dort anwesend sein durfte und wenn ja, in welcher Rolle: noch als trauernde Kronprinzessin oder schon als Königin, mit den Kindern oder ohne sie. Da Therese das nicht alleine – auch der Oberhofmeister war offenbar überfordert – lösen konnte, spielte sie »für die Welt« zwei Tage lang die Kranke und vermied so einen Formfehler.[13]

Selbst ihre Verabschiedung aus Würzburg, wo sie immerhin zehn Jahre lang gelebt und Hof gehalten hatte, wurde zum Problem: Ein großer Rahmen mit einem Ball oder Konzert war wegen der Hoftrauer nicht möglich. Therese war verunsichert, weil sie auch zu diesem Punkt keine Entscheidung von Ludwig vorliegen hatte, »folglich ich mich nun selbst bestimmen muß«. Nach langem Überlegen gab sie ihrem Oberhofmeister Pocci den Auftrag, für den 25. Oktober zum Abschied einen Empfang in Trauerkleidung zu organisieren.[14]

Entspannen konnte sie nur, wenn die Kinder um sie herum waren. Und so berichtete sie denn auch, wie der vierjährige Luitpold sie immer wieder zum Lachen brachte, wenn er versuchte, die neue Situation für sich zu verstehen: »Als er dieser Tage von Dir als dem Könige sprechen hörte, sagte er: ›Also ist der Vater nun mein Großvater geworden‹; gestern – ganz unerwartet – nachdem er mit mir gefahren, äußerte der Kleine: ›Ist's wahr, wenn der Großvater nicht so *gut* gewesen wäre, würde man nicht für ihn trauern, wenn er bös gewesen wäre, gar nicht.‹ – In seinem kindlichen Sinn setzte er dann noch hinzu: ›Wie mein Hänfling gestorben ist, war ich auch sehr traurig.‹«[15]

Im gleichen Brief teilte sie Ludwig eine für sie in dieser Situation sehr bedeutende Nachricht mit: »Nun noch die Versicherung, daß seit gestern ich *ganz sicher* weiß, daß ich nicht guter Hoffnung bin.«[16] Ihre Erleichterung darüber kann man angesichts der auf sie zukommenden Veränderungen gut nachempfinden. Allerdings konnte sie da noch nicht wissen, dass sie keine fünf Wochen später bereits erneut schwanger werden würde.

Bei aller Unsicherheit über ihre neue Rolle als Königin, was Formfragen anbetraf, war sie in einem Punkt ganz klar. Schon am 19. Oktober 1825 hatte sie Ludwig nach München geschrieben: »Pflicht wird es mir, mich zu vergessen – stets meinen Gefühlen zu gebieten, auf daß – wenn die nun auferlegte Bürde schwer Dir wird – Kraft und Heiterkeit bei mir wiederkehren. Dieß gelobe ich Dir mein Ludwig in dieser ernst feierlichen Stunde.«[17]

Erwartungen, erste Enttäuschungen und höfischer Pomp

»Gleich, unverweilt, heute noch, unverzüglich, schleunig, keine Zeit zu verlieren«,[18]

notierte Ludwig auf ein ihm wichtiges Aktenstück, das schnell erledigt werden sollte – ein Kennzeichen seiner Reformen, die er mit großer Ungeduld umsetzen wollte. Die Euphorie der ersten Tage war bei Ludwig schnell verflogen, Alltag eingekehrt. Um die ersten Handlungen des neuen Königs zu verstehen und auch die Erwartungen und Reaktionen seiner Untertanen und der ausländischen Regierungen, empfiehlt es sich, einen Blick auf einige Aspekte der Regierung seines Vaters zu werfen, die der preußische Gesandte Johann Emanuel von Küster in einem Brief an seinen König Friedrich Wilhelm III. in Berlin sehr schön kennzeichnet: »Unter der vorigen Regierung waren alle, die dem Hofe oder der Verwaltung angehörten, durch die extreme grenzenlose Gutmütigkeit des Königs verdorben.« Die Minister hätten gemacht, was sie wollten und was sie konnten. Der König habe alles unterschrieben, was sie ihm vorlegten, ohne es zu prüfen, und das vor allem bei eiligen Angelegenheiten. Die Entscheidungen über die Königsfamilie, den Hof, das

Theater, die Pensionen und Bitten um Unterstützung, also alles, was der König unmittelbar entschied, wurden normalerweise nach den Wünschen der Königin Karoline in ihrem Appartement vorgenommen, in das der König, um sich zu bewegen, 100 Mal am Tag ging. Die Königin wiederum habe sich von den Damen ihrer Umgebung beeinflussen lassen. Ludwig habe in den Papieren seines Vaters eine Liste mit 1300 Namen gefunden, die sein Vater allein im letzten Jahr aus seiner Kasse mit Pensionen, Gratifikationen und anderen Unterstützungen unterstützt hat. So war ein Defizit im Haushalt von mehreren Millionen entstanden.[19]

Wenn Ludwig, der den maroden Finanzzustand des Staates schon während seiner Kronprinzenzeit erkannt hatte, sich wunderte, dass die Menschen seinem Vater »mehr Dankbarkeit als vermutet« entgegengebracht hatten,[20] so bezog sich das nur auf die Hauptstadt München, wo viele Menschen in den Genuss der persönlichen Zuwendungen des Königs kamen. Aber »die Mehrheit im Lande seufzt nach einer Veränderung im Staat«, wie der preußische Gesandte berichtete.[21] Therese war sicher, dass die Bayern ihren Mann lieben würden. »Man liebt Dich hier wahrhaft, mit jedem Tage überzeuge ich mich mehr hiervon«, schrieb sie ihm noch aus Würzburg. Auch sie vertraute dem neuen »Vater«, dem Landesvater, der für seine Untertanen sorgte.[22]

Ludwig begann seine Regierung mit der Neuordnung und Einsparungen auf allen Gebieten der Verwaltung. Für die Minister ganz ungewöhnlich aber war, dass der neue König sich um jedes Detail selbst kümmerte und seine Beschlüsse oft fasste, ohne einen von ihnen vorher zu konsultieren oder zu fragen und ohne sich an die vorgeschriebenen Dienstwege zu halten.[23] Auch privat sparte er, was bei den Betroffenen nicht gut ankam. So ließ er die Anzüge seines Vaters nicht, wie üblich, an die Diener verteilen, sondern öffentlich versteigern.[24] Dass ein neuer Anfang gemacht wurde, zeigte sich äußerlich zudem daran, dass Ludwig den Namen »Baiern« in »Bayern« änderte. Die Hek-

tik, die er an den Tag legte, wurde ihm bald allgemein übel
genommen, wie von Küster berichtet: »Es entstand eine allgemeine Betroffenheit, als man mit ansehen musste, als die
sterbliche Hülle des verehrten Königs unter der Erde war, der
neue König bereits seine Intention zu erkennen gab, überall fast
das Gegenteil von dem, was der alte Monarch gemacht hatte
zu tun und die Grundfeste seines Gebäudes zum Einsturz zu
bringen.«[25]

Eine Gruppe seiner Untertanen sah mit besonderer Sorge auf
seinen Regierungsantritt: die 1,2 Millionen Menschen starke
protestantische Bevölkerung Bayerns – eine Minderheit bei
etwa 2,8 Millionen Katholiken im Land –, die befürchtete, er
könne ihnen die Rechte wegnehmen, die ihnen die Verfassung
garantierte.[26]

Auch die meisten ausländischen Gesandten, allen voran der
österreichische, betrachteten den neuen König mit abwarten-
dem Misstrauen. Graf Clam-Martinic berichtete dem Außenminister Metternich, der die liberalen Ideen Ludwigs schon
in dessen Kronprinzenzeit bekämpft hatte: »Er trägt alle Ele-
mente eines Autokraten neben allen Träumen und idealen Ge-
bilden des Liberalismus in sich... Er will Bayern glücklich
machen. Das ist gewiß sein heißer, frommer Wunsch.«[27]

Auch am Hofe gab es Änderungen. Ludwig ließ das Hof-
zeremoniell vereinfachen, legte aber größten Wert auf die exakte
Einhaltung der Etikette. Schon bei den ersten Festen bei Hofe –
der erste große Empfang des neuen Königspaares fand am
7. März 1826 statt – wurde von den Gästen eine »bisher ungewohnte Pracht« festgestellt.[28] Daran musste sich auch Therese
erst gewöhnen, die das Repräsentieren bislang nur im kleinen
Rahmen als Kronprinzessin geübt hatte und auf die neue Situation mit vermehrter Ängstlichkeit reagierte.

Auch katholische religiöse Feste wurden nun mit großem
Pomp gefeiert. Ludwig hatte sich das Zeremoniell der anderen
katholischen Höfe angeeignet, vor allem das von Wien, und
führte es in München ein. Gründonnerstags zelebrierte er

zusammen mit dem Hofbischof und den Prinzen die Fußwa-
schung an ausgesuchten Armen, wobei der König persönlich
ihnen die Füße abtrocknete. Am Ostermontag 1826, als das
neue Königspaar zum ersten Mal im Theater erschien, wurde es
»mit Beifallsstürmen empfangen«, wie der preußische Gesandte
nach Berlin berichtete.[29]

Leben im Fokus der Öffentlichkeit
(1826–1834)

❧❦❧

Ein Despot auf dem Thron:
Herrschaftsverständnis in Theorie und Praxis

»Du kennst mich zu gut, um zu wissen, daß es nicht
die *Krone* ist, an welcher mein Herz gehangen«,

schrieb Therese an ihren Sohn Otto nach dem Verlust der Krone
1848 und fuhr fort: »*doch über allen Ausdruck teuer* war mir
der Name *Landesmutter, wonnig* das Gefühl, *Mutter* eines Volkes zu sein, mit dem mein ganzes Herz verwachsen ist.«[1] Für sie
war Ludwig der Landesvater, das Volk seine Kinder. Daraus
folgte das, was sie auch von ihren Kindern erwartete und immer
wieder formulierte: kindliches Verhalten, das hieß Gehorsam
und Vertrauen in die Eltern, die schon wussten, was das Beste
für ihre Kinder war.

Auch Ludwigs Herrscherverständnis war im Prinzip ähnlich,
allerdings verwendete er dafür andere Ausdrücke, wie er zu
Beginn seines Regierungsantritts formulierte: »Seit hundert
Jahren hat dieses Land keinen Herrn und Meister mehr gehabt.
Vor mir war der Souverän nichts; der Hof, die Intriganten, die
Mätressen, jeder verschwendete, wie es ihm passte. Ich will der
Herr sein und zeigen, daß ich es sein muß. Gott weiß, daß das
nicht allein zu meinem Vorteil geschieht.«[2]

Aber es war keine Herrschaft mehr wie zu Zeiten des Absolutismus, wo der König seine Macht direkt von Gott ableitete
und auch nur diesem verantwortlich war. Auch wenn die Ver-

fassung vom 26. Mai 1818 die Person des Königs im Paragrafen 1 immer noch als unantastbar, als »heilig« beschrieb. Ansonsten legte die Verfassung den König als »Oberhaupt des Staates« fest, der seine Herrschaft »unter den von Ihm gegebenen in der gegenwärtigen Verfassungs-Urkunde festgesetzten Bestimmungen« ausübte. Während seiner Regierungszeit legte Ludwig immer den größten Wert darauf, dass er rein formal die Verfassung einhielt.

In der Praxis sah manches anders aus. Karl B. Murr nennt sein Buch über Ludwig I. »Königtum der Widersprüche« – ein sehr treffender Titel. So zerrissen, wie er in seinem Inneren war, so widersprüchlich waren auch seine Handlungen persönlicher und offizieller Art, was seine Umgebung oft zur Verzweiflung brachte. Er versuchte die in der Verfassung vorgeschriebene Beteiligung der Stände bei neuen Gesetzen zu umgehen, in dem er über »Verordnungen« regierte. Da es nicht bindend geregelt war, wann ein Gesetz erlassen werden musste, konnte Ludwig durch solche Verordnungen »neue rechtliche Grundlagen« schaffen, ohne dass die Kammern beteiligt waren.[3] Ludwig regelte alles selbst: von Staatsangelegenheiten im In- und Ausland bis hin zum Festsetzen der Bierpreise oder der Auswahl der Kostüme im Hof- und Nationaltheater. »In der Regel las er vorab die neu aufzuführenden Stücke und strich verbindlich ihm bedenklich erscheinende Passagen.«[4]

»Ich brauche gar keine Minister. Ich bin mein eigener Minister. Die Minister sind meine Schreiber«, sagte Ludwig[5] und das war kein Spruch, sondern eine klare Ansage mit Folgen. Die Minister waren für Ludwig nur ausführende Organe. Ansonsten mussten sie mit Entlassung rechnen. Natürlich war auch ein König Ludwig auf eine funktionierende Verwaltung, auf kompetente Sacharbeiter und auf die Ständevertretung angewiesen, um ein Land wie Bayern regieren zu können. Trotzdem versuchte er den Einfluss anderer so gering wie möglich zu halten, und wenn es dadurch war, dass er die einzelnen Gremien gegeneinander ausspielte und so neutralisierte.

Therese war an Ludwigs Regierungsgeschäften selbstverständlich nicht direkt beteiligt, jedoch traf sie Kritik am König und Hohn über ihn nicht nur indirekt, denn seine schlechte Stimmung, seine Depressionen musste sie aushalten.

Und Kritik gab es von Anfang an, Kritik, die sich nicht nur auf seine Regierung, sondern auch auf sein Privatleben bezog. Der Verstoß gegen alle moralischen Regeln einerseits und öffentlich demonstrierte Frömmigkeit andererseits stießen im katholischen Bayern auf Unverständnis. Die Kritik daran wurde zunehmend auch auf alle Staatshandlungen Ludwigs übertragen, die ja durchaus viele positive Änderungen im Vergleich zur Regierung seines Vaters brachten. In fataler Weise wurden privates und öffentliches Leben vermischt und waren »Gegenstand von Satiren, die seine Person und seine Regierung ins Lächerliche ziehen«.[6]

Die unehelichen Kinder seines Vaters, von denen jeder wusste, waren nie Gegenstand öffentlicher Diskussionen gewesen, sondern wurden »im Stillen erzogen«.[7] Und da lag wohl der entscheidende Unterschied: Ludwigs hemmungsloses Auftreten mit den Künstlern in Rom in Weinkneipen, seine in aller Öffentlichkeit stattfindende Werbung um Marianna in Italien, das alles konnte man dem Kronprinzen als »Privatleben« noch zugestehen, der König von Bayern musste sich an die von der Gesellschaft vorgegebenen Regeln halten. Ludwig vergaß zu oft, dass er kein von Gott eingesetzter König war, so wie die absolutistischen Herrscher vor der Revolution in Frankreich.

Er muss sich dieser Kritik sehr bewusst gewesen sein, auch wenn er offenbar nicht verstand, warum man sein Verhalten kritisierte. Wie sein unten stehendes Gedicht zeigt, fühlte er sich verkannt, wie schon früher oft und wie noch so oft in den kommenden Jahren. Das verstärkte sein Misstrauen gegenüber anderen Menschen und im Grunde auch sein despotisches Verhalten. Vertrauen hatte er nur in sich und seine Frau, die zwar die politischen Vorgänge nicht durchschaute und ihm daher auch keine Beraterin sein konnte, falls er das überhaupt zugelassen hätte, bei der er aber immer sicher sein konnte, dass sie bedingungslos zu ihm halten würde. Was sie aus Liebe, Pflichtgefühl, aber auch aus Angst vor seinen Wutausbrüchen auch tat. Selbst ihre eigene Meinung traute sich Therese, wenn überhaupt, nur schriftlich auszudrücken. Denn Ludwig wurde nicht nur mit Worten ausfällig, sondern auch handgreiflich, wenn sie sich seinen Wünschen widersetzte.

An meine Frau im Jahre 1828
Du verkennst mich nicht, obgleich mich die Menge
*   verkennt,*
Unerreichbares Weib, trefflichstes, welches gelebt!
Und so trage ich leicht das Schicksal, das mich getroffen.
Scheint uns die Sonne, dann wird anderes Licht nicht
*   vermißt.*
Nicht die Zahl der Stimmen bestimmt den Werth, nur die
*   Güte;*
Da du, Beste, für mich, schmerzen Verläumdungen nicht.
Herrlich im leuchtenden Glanze, erregst du stäte
*   Bewunderung.*
Hätte ich nicht andere geliebt, liebte ich dich nicht so
*   sehr,*
Würde nicht kennen die Fülle der Schönheit, des edelsten
*   Herzens:*
Ideal bist du immerfort deines Geschlechts.
Du Seelvolle, du zwingst die Seele, dich hehr zu
*   verehren.*
Und mein Wesen, es ist innigst mit Deinem verwebt.
Wird der Wipfel der Eiche vom Winde auch zuweilen
*   beweget*
Wurzelt sie doch fest ewig die Liebe für dich.[8]

Er verehrte sie als Idealbild aller Tugenden, was ihm aber auch ständig seine eigene Unvollkommenheit vor Augen führte. Ein Ideal aber kann man nicht leidenschaftlich lieben und das war im Grunde die Tragik in Thereses Leben. Der Satz: »Hätte ich nicht andere geliebt, liebte ich dich nicht so«, wird sie nicht beruhigt haben. Vor allem, weil auch dieses Gedicht veröffentlich wurde. Er tat damit allen kund, wie sehr er seine Frau schätzte, gleichzeitig aber auch, dass er sie betrogen hatte. Was herauskam, war allgemeines Mitleid für die Königin und Unverständnis und Verachtung für den König.

Marianna und kein Ende

1826/27 Eine Reise als öffentlicher Skandal

> »Wiewohl seit der Thronbesteigung des jetzigen Königs von Bayern kaum ein halbes Jahr verflossen ist, so ist es doch nur zu bemerkbar, daß nicht bloß in der Hauptstadt, sondern auch im Lande die anfänglichen Hoffnungen und Liebe zu ihm abgenommen haben«,

schrieb der preußische Gesandte von Küster Anfang Mai 1826 nach Berlin. Seine Ausführungen verschlüsselte er, wie immer bei kritischen Äußerungen, durch einen Zahlencode, falls sein Brief in die falschen Hände geraten sollte. Die von König Ludwig vorgenommenen zahlreichen Einsparungen, Entlassungen, Versetzungen und andere Neuerungen hätten die im Staatsdienst und bei Hofe Beschäftigten und deren Familien schwer getroffen, die Abgaben aber hätten sich nicht verringert, obwohl das ja ein Ziel der Sparmaßnahmen hätte sein sollen. »Verarmung und Mutlosigkeit nehmen zu«, teilte von Küster seinem Herrscher mit und fügte hinzu: »Während jedoch ›Einsparung‹ das große Tageswort ist«, waren Kunst und Bauwesen davon ausgenommen. Die Bauvorhaben, die König Ludwig, der angetreten war um aus München ein zweites Athen mit großartigen Bauwerken zu machen, plante, würden Millionen kosten. Um das teilweise aus seiner Zivilliste finanzieren zu können, hatte Ludwig viele wohltätige Ausgaben, die König Maximilian aus seiner Zivilliste, dem jährlichen Betrag, der einem König für seinen Haushalt und seine Privatausgaben aus der Staatskasse gewährt wurde, bezahlt hatte, zusammengestrichen. Außerdem sollte die Stadt einen Anteil von 900 000 Gulden für die Baukosten übernehmen. Da das nicht zu finanzieren war, wurden die Preise für Fleisch und Bier erhöht, was die arme Bevölkerung am meisten traf und dementsprechend zu Klagen und Beschwerden führte.[9]

In diese kritische Situation platzte die Nachricht vom Entschluss des Königs, »eine Lustreise nach Italien zu machen«,[10] für die es, wie der französische Gesandte nach Paris meldete, »keinen rationalen Anlass« gab. Daher »erhebt sich nicht eine Stimme, die ihr die Zustimmung gibt.«[11] Im Gegenteil. Die Minister waren geschockt, ebenso die ausländischen Regierungen, von ihren Gesandten informiert. Die Reise habe einen »ungeheuren Eindruck und Unzufriedenheit in der Öffentlichkeit verursacht«, bemerkte der preußische Gesandte von Küster.[12] Offiziell wurde als Grund der Reise die schlechte Gesundheit des Königs, verursacht durch das schlechte Klima in München, angegeben. Außerdem brauche er Erholung, nachdem er mit so viel Ausdauer in den ersten Monaten seiner Regentschaft gearbeitet habe.[13]

Die Gerüchteküche in München aber wusste es besser. In aller Öffentlichkeit wurde darüber diskutiert, dass der eigentliche Grund für die Reise des Königs seine »alte Liebschaft« für die Marchesa Florenzi sei.[14] In einem Punkt irrten sich alle. Die Reise war keineswegs so plötzlich entschieden worden, wie alle dachten. Im Gegenteil: Ludwig hatte schon im Januar 1826 Marianna sein Kommen für Mitte Mai angekündigt und ihr geschrieben: »Du wirst der einzige Grund meiner Reise sein.«[15] Als Antwort kam von Marianna ein Brief mit der Bitte um finanzielle Unterstützung für die dringend nötigen Reparaturen des Hauses in Colombella, damit es für Ludwigs Besuch auch standesgemäß sei.[16] Ludwig versprach zu zahlen, verlangte aber, dass alles nach seinen Wünschen renoviert wurde.

Zum Beispiel wollte er einen Durchgang zwischen seinem Gästezimmer und den Räumen Mariannas eingebaut haben. Seine Frage, ob ihr Mann Ettore eifersüchtig wäre und ihre Intimitäten verhindern würde, verneinte sie und beteuerte: »Wenn er zu mir von dir spricht, spricht er wie von einem Gott, weil er überzeugt ist, du liebst mich aufrichtig; er vertraut dir und mir und ist sehr erfreut, dass ein Teil deines Herzens für mich sorgt.«[17] In der Geschichte kennen wir so manchen ähnlichen Fall, wo ein Ehemann seine wesentlich jüngere Frau einsetzte, um selber Karriere zu machen, so wie es in diesem Fall ganz offensichtlich der Marchese di Florenzi tat. Ob Marianna Ludwig wirklich liebte, lässt sich kaum sagen, aber sie profitierte von ihm, weil er sie förderte und sie und ihren Mann finanziell unterstützte.

Da der Einfluss Ludwigs beim Papst nicht ausgereicht hatte, um ihm eine Stellung am päpstlichen Hof zu verschaffen, benutzte Ludwig seine neue Stellung als König, um den Marchese als Kämmerer im bayerischen Staat unterzubringen. Direkt nach der Abreise erschien dann auch im Regierungsblatt eine entsprechende Verordnung.[18] Das erzeugte neue Gerüchte in München. Es hieß sogar, die Marchesa würde nach München ziehen, um sich in Bayern einzukaufen.[19]

Wenn diese Gerüchte auch kaum eine Grundlage hatten, zeigten sie doch, wie viel Aufsehen die Reise machte. Auch Therese wusste natürlich, dass er zu Marianna nach Colombella fuhr. »Die Königin ist davon schmerzlich berührt«, schrieb der Gesandte Alleye de Cyprey nach Paris[20] und sein preußischer Kollege berichtete nach Berlin, dass Ludwig wegen der Reise »selbst mit der Königin, seiner Gemahlin, welche als eine der edelsten Frauen von reiner Tugend, Güte, Sanftheit und einnehmender Würde hier allgemein verehrt wird, Zwist und Erörterungen gehabt habe«.[21]

Therese wusste seit der letzten Italienreise 1824 von Ludwigs Beziehung zu Marianna. Und doch war es diesmal noch schlimmer. Die Reisen des Kronprinzen Ludwig nach Italien und seine Beziehungen zu anderen Frauen waren für die Öffentlich-

keit kaum ein Thema gewesen. Nun sah es anders aus. Eine
monatelange Abwesenheit des Königs, der auch noch den Anspruch hatte, alles allein zu bestimmen, bedeutete, dass Entscheidungen in Italien angefragt werden mussten. Das war an
sich schon problematisch, aber ein König im katholischen Bayern, der einerseits öffentlich seine Frömmigkeit und Treue zur
Kirche demonstrierte, dann aber seine im sechsten Monat
schwangere Frau zu Hause ließ, um sich mit seiner langjährigen
Geliebten zu amüsieren, war ein Skandal. In späteren Jahren
flüchtete Therese zu ihrem Vater nach Hildburghausen oder
Altenburg, jetzt – hochschwanger – musste sie in München aus-
harren und das Mitleid in den Gesichtern um sich herum ertragen, in dem Wissen, dass alle Bescheid wussten.

Was aber auch immer zwischen Therese und Ludwig vor seiner Abreise vorgefallen war, was auch immer er ihr erzählt hatte
über die Natur seiner Beziehung zu Marianna, in ihren Briefen
an ihn nach Colombella findet sich kein Wort des Vorwurfes,
im Gegenteil, sie sind erstaunlich zärtlich. So schrieb sie am
13. Mai nach Colombella an den »Vater der Mäusegesellschaft«,
bedankte sich für einen Brief »ihres Mänleins« und schickte
Grüße seiner Stiefmutter und seiner Geschwister und »Kunde
von ihrem dicken Ich«, also von ihrer Schwangerschaft. Es gehe
ihr gut, sie schone sich. »Kleine Unannehmlichkeiten weichen
(wie Du dies kennst) mit einem halben Stündchen Schlaf … Nun
lebe wohl und kehre *gesund* und *heiter* zu mir zurück. In treuer
Liebe Deine Therese«[22] Nur das kleine Wort »treu«, das sie
auch später immer einfügte, wenn er unterwegs war und sie sich
Sorgen um seine Treue machte, spricht von ihrem Kummer. In
einem Nachtrag fügte sie, vielleicht ganz bewusst, die Nachricht hinzu, dass soeben die drei ältesten Kinder (Max, Mathilde
und Otto) von der Beichte zu ihr gekommen waren. Es war
Ottos erste Beichte gewesen, die ihn ganz ergriffen hatte. Sie
hatte ihm ein Kruzifix geschenkt, wie den anderen früher auch.
Und noch einmal folgte der Nachsatz »mit treuer Liebe«.

Auch in den weiteren Briefen versorgte Therese, die von sich als der »Mäusekönigin« und von den Kindern als »Mäusegesellschaft« spricht, ihren Ludwig, ihr »Herzensmänlein«,[23] mit Nachrichten von zu Hause. Sie berichtete vom Zahnarzt, der Max und Mathilde einige Zähne gezogen hatte, von der knapp einjährigen Hildegard, der es, wie den anderen, gut gehe, »die aber doch nicht so ausgelassen lustig – seitdem sie dem Vater sich nicht gegenüber sieht«. Dann beschäftigte sie sich mit dem Planen des Familienurlaubs in Brückenau, wer welche Zimmer bekommen sollte, dem Einbau eines neuen Ofens. Sie war dankbar, dass ihre Schwester Charlotte mitkommen durfte.[24]

Ludwig war unterdessen um zwei Uhr nachts in Perugia angekommen, wo ihn das Ehepaar Florenzi empfing. Er übergab dem Marquese den Kämmererschlüssel als Symbol der neuen Würde im bayerischen Staatsdienst, verlangte dann aber, dass für die Fahrt nach Colombella Marianna in seine Kutsche stieg.[25] Bis zum 12. Juni blieb Ludwig in Colombella, danach machte er sich auf den Weg nach Florenz, wohin ihn die Florenzis begleiteten, Marianna wieder in Ludwigs Kutsche, der Marchese fuhr in einer weiteren hinterher.

Aber auch hier zeigte sich, dass ein König stärker unter Beobachtung steht als ein Kronprinz. Was die Jahre zuvor noch ohne Gerede vonstattenging, entwickelte sich nun auch in Italien zum Skandal. Das war dem Marchese, der ja als betrogener Ehemann dastand, sehr unangenehm.[26]

Kaum in München zurück, plante Ludwig die nächste Italienreise für den kommenden Mai 1827. In München erregte auch diese Reise wieder großes Aufsehen. Vor allem, weil Therese, diesmal nicht schwanger – ihre jüngste Tochter Alexandra war gerade acht Monate alt –, beschlossen hatte, ebenfalls abzureisen. »Die Reise der Königin nach Altenburg wurde erst vor einigen Tagen entschieden. Der König wollte, dass sie in München auf seine Rückkehr wartet«, berichtete der französische Gesandte. »Die Königin, versichert man, hat erklärt, sie schäme sich in der Hauptstadt zu bleiben, wenn das Motiv der Reise des Königs nach Italien für niemanden ein Geheimnis sei, und dass sie wenigstens davon profitieren möchte, um ihren Vater zu besuchen.«[27]

Auch der preußische Gesandte berichtete von einer heftigen Auseinandersetzung zwischen dem Königspaar, an deren Ende der König aber die Reise nach Altenburg genehmigte, die er zunächst »wegen der Kosten abgelehnt hatte«.[28]

Trotzdem findet man auch diesmal in Thereses Briefen kein Wort des Vorwurfs. Sie erzählte ihrem »Herzensmännchen« darin von ihren Erlebnissen auf der Fahrt zum Geburtstag ihres Vaters in dessen neue Residenz nach Altenburg.[29] Dort nahm Therese ganz selbstverständlich auch an den offiziellen Veranstaltungen teil, wie zum Beispiel am großen Mittagessen der Stände, die seit zwei Monaten getagt hatten. Man sagte ihrem Vater »herzliche Worte«, bei denen »dicke Thränen über seine Wangen« rollten, was nicht nur Therese sehr berührte.[30] Eine inhaltliche Auseinandersetzung mit den beim Ständetag besprochenen politischen Themen gibt es aber auch hier nicht. Therese filterte für sich allein die emotionalen Momente heraus.

Ende Mai verließ sie Altenburg, wo sie »viele frohe Augenblicke« verlebt hatte, »die ich *Deiner* Liebe danke. Kalt erscheinen mir diese Worte, im Vergleich mit dem, was ich empfinde.«[31] Dankbarkeit für jedes Zeichen seiner Zuneigung, das ist der rote Faden, der sich durch Thereses Leben zieht, dankbar auch da noch, wo sie traurig und wütend war. Denn man darf natürlich nicht vergessen, dass Ludwig ihre Reise nach Altenburg hätte verbieten können – als Ehemann und als König, der Reisen außerhalb Bayerns bei allen Familienmitgliedern erlauben musste. Therese war bei ihrer Rückkehr glücklich, wieder bei ihren Kindern zu sein, auch wenn die einjährige Hildegard sie kaum noch erkannte. »Die Mutter von der Wand schien ihr bekannter denn die in Wirklichkeit vor ihr stehende.«[32]

Ludwig dagegen verlebte zur selben Zeit keine erholsamen Wochen in Colombella, wo er am 8. Mai angekommen war. Schuld daran war Gasparino Cesarei, ein verarmter junger Graf aus Perugia, der – in italienischen Adelsfamilien nicht unüblich – engagiert worden war, um die Hausdame zu gesellschaftlichen Anlässen in Abwesenheit des Hausherrn zu begleiten. Wahrscheinlich hatte ihn aber der Marchese angestellt, um seine Frau zu überwachen und weiteren üblen Nachreden zuvorzukommen. Ludwig befürchtete dagegen eher eine Liebesbeziehung zwischen den beiden und reagierte mit heftiger Eifersucht.[33]

Aus München schrieb Therese: »Ich zähle darauf, daß diese Zeilen Dich noch zu Colombella treffen und greife dennoch freudig zur Feder.« Nur das kleine Wort »dennoch« zeigt, was in ihr vorgehen musste, ihren Mann bei seiner Geliebten wissend. Ihr eigenes Bild von Stieler war im Steindruck erschienen, sodass sie ihm nun einen Druck »für Deine Hauswirthin« schicken konnte, »da, wie Du mir geschrieben, sie mein Bild zu haben wünscht«. Falls er schon abgereist sei, könne »Deine Hauswirthin« das Paket ja öffnen. »Ich freue mich für Dich, daß Du doch 2 Wochen noch der Dich erquickenden Landluft genießest.«[34]

Marianna als »Hauswirthin«? Hatte Ludwig ihr erzählt, er wohne nur dort? Die Idee mit dem Bild der Königin kam von der Gouvernante der Kinder, Ghita Comencini, die zur Beruhigung der Gemüter und um bei Besuchern keinen Verdacht aufkommen zu lassen, empfohlen hatte, neben dem Bild des Königs auf der Kommode im Salon auch ein Bild der Königin Therese aufzustellen.[35]

Ludwig hatte aber ganz andere Sorgen. Am 18. Juni, als alles schon für die Abreise nach München bereitstand, überraschte Mariannas Ehemann sie und Ludwig in flagranti in ihren Gemächern. Er traute sich aber nicht, Ludwig seinen Zorn zu zeigen, und ließ seine Wut später an seiner Frau aus.[36]

Diese unerfreuliche Situation und seine Angst, was nach seiner Abreise mit Marianna passieren würde, zerrten an Ludwigs Nerven, sodass er keineswegs heiter und froh zu seiner Familie zurückkehrte, sondern so erschöpft, dass Therese über sein

Aussehen und die vielen grauen Haare erschrak.[37] Von München aus drängte Ludwig Marianna, sich scheiden zu lassen, was sie aber auf gar keinen Fall wollte. »Mein liebster Freund, ich werde mich nie von Ettore trennen. Nie und nimmer.« Solange sie eine Marchesa di Florenzi sei, hätte die Öffentlichkeit immer nur als Freundin des Königs von Bayern über sie gesprochen, aber als geschiedene Frau gelte sie sofort als Geliebte, ihr Ruf wäre dahin. Sie empfahl Ludwig, sich mit ihrem Mann Ettore zu versöhnen, das käme allen zugute, besonders ihrer Beziehung.[38] Das tat Ludwig dann auch und schrieb ihm aus Brückenau, wo er sich von seiner Italienreise erholte.

Am 10. Oktober 1827 brachte Ettore Florenzi seine beiden Kinder Ludovico und Carlotta zur Ausbildung nach München. Er erwartete natürlich, dass der König ihn empfing. Als der Marchese aber um eine Audienz bat, lehnte Ludwig das ab. Dafür reagierte Königin Therese großzügig, was sie wohl nicht getan hätte, wenn Marianna dabei gewesen wäre, wie sich 1831 zeigen sollte, und lud ihn in die Residenz ein, um diese Unhöflichkeit wiedergutzumachen oder um sich ein Bild von dem Mann zu machen, der zuließ, dass er wegen der Beziehung seiner Frau zu ihrem Mann zum Gespött wurde. Das war ein sehr mutiger Affront gegen Ludwig. Ob er sich getraut hat, sie zurechtzuweisen, mag bezweifelt werden.[39]

Ein König kämpft um seine »Geistesruhe«

> Der König »betrachtet die Königswürde wie eine Maske, die er nach seinem Gutdünken absetzen kann«,

schrieb Anfang Februar 1829 Graf Rumigny, der französische Gesandte, nach Paris. Ludwig glaube, er könne König sein und dann ohne Überleitung in den privaten Zustand zurückkehren, um die ganze Freiheit, die dieser Zustand erlaube, zu genießen. »Als König ist er streng und anspruchsvoll; allerdings, wenn

er aufhört das zu sein, nimmt er wieder all die alten Gewohn-
heiten an, ... die sich kaum mit dem Anspruch der guten Sitten
vereinbaren lassen«.[40] Die Kritik bezog sich auf den Plan des
Königs, erneut zu seiner Geliebten nach Italien zu fahren.

Das Jahr 1828 war zu Thereses Freude ohne Reise nach Italien vergangen. Sie hatte am 26. August ihren Sohn Adalbert
zur Welt gebracht, das letzte Kind des Königspaares. Dass Ludwig und Marianna weiterhin im Briefkontakt standen, wird sie
geahnt haben, aber wie brisant der war, das hätte sie wohl in
ihren schlimmsten Träumen nicht vermutet, denn Ludwig war
dabei, sich ein ungestörtes Zusammensein mit Marianna zu er-
kaufen.

Die Schulden des Marchese beliefen sich mittlerweise auf
300 000 Scudi. Marianna schickte flehende Briefe nach München, sie in diesem Unglück nicht alleine zu lassen. Ludwig war
bereit, die Schulden zu bezahlen, aber nur unter der Bedingung,
dass er – ungestört durch den Marchese – Marianna bei sich
haben könne, wann immer er wolle.[41] Auf dieses Ansinnen
reagierte Marianna sehr heftig. Sie fühlte sich beleidigt und verletzt,[42] schlug aber vor, dass sie mit ihrem Mann darüber sprechen wolle. Allerdings dürfe das »Geschenk« von Ludwig nicht
ihre Ehrbarkeit und die Würde ihres Mannes beeinträchtigen.
Darauf ging Ludwig ein, wohl wissend, dass es hier mehr darum
ging, das Gesicht zu wahren. Die Fakten sprachen für sich.

Anfang Februar 1829 machte sich Ludwig wieder unter großer Aufregung der Öffentlichkeit in München auf den Weg
nach Rom. Aber diesmal war es anders als sonst, zumindest am
Anfang, da Ludwig viele gute Vorsätze mit auf die Reise nahm.
Er hatte sich offenbar mit Therese darüber verständigt, dass er
die Florenzis nicht treffen würde. Und so schrieb Therese, die
seinen ersten Brief aus Innsbruck bekommen hatte, ihm fröhlich hinterher: »Ich denke mein gutes Mänlein wird durch die
Schneckenpost in sanftem Schlaf gewiegt, das Unangenehme
der Reise minder empfunden haben ... Herzsöhnchen [Adal-
bert] ist lieb und freundlich und hat schon manches Küßchen

des Vaters auf die Bäckleins gedrückt erhalten.«⁴³ Sie erzählte ihm, dass der Steinabdruck von Ludwig jetzt über Adalberts Wickeltisch hing. Das Kind habe es sogleich bemerkt und mit »Händen und Füßchen strampelnd auf seine Art begrüßt«.⁴⁴

Am 16. Februar kam Ludwig nach durchfahrener Nacht in seiner Villa Malta in Rom an und schrieb die ersten Zeilen an seine Frau: »An Dich, Vielgeliebte«. Sie solle »unsere Lieben Groß und Klein« von ihm küssen, auch Adalbert solle sie von ihm erzählen, damit er den Vater nicht vergesse. Er berichtete ihr von seiner Fahrt über die schneebedeckten Berge und versicherte, dass er an seine Gesundheit denken werde. »*Dich*, die Kinder, das Bild lebhaft vor Augen habend, Therese mehr und mehr noch liebender Ludwig«.⁴⁵

Zwei Tage später beschrieb er ihr sein Lebensgefühl in Rom mit den Worten: »In München arbeite ich, in Rom lebe ich.« Und dann kamen wieder diese Zeilen, die Therese jedes Mal Freudentränen in die Augen trieben und sie den Kummer vergessen ließen, diesmal verbunden mit der Hoffnung, dass er sein Versprechen, Marianna nicht zu sehen, halten würde: »Es wäre zu viel Wonne, dachte ich, in Rom von den Armen meiner vielgeliebten reizerfüllten Therese von den schönsten Armen umfangen zu ruhen, was bliebe mir daheim, wenn auch dieser Genuß hier mir wäre … An sein Herz drückt Dich, innig Geliebte, dein Ludwig.«⁴⁶

Den Karneval feierten beide in diesem Jahr, wenn auch getrennt – Therese endlich einmal nicht schwanger. Sie genoss es, die halbe Nacht durchzutanzen, am letzten Tag des Karnevals sogar bis vier Uhr.⁴⁷ Der sparsame Ludwig hatte zwar die Anzahl der Hofbälle, die der Hof veranstalten durfte und die finanziert wurden, festgelegt, aber alles Weitere lag in den Händen von Therese und ihren Helfern. Bei allen Berichten, die sie Ludwig schrieb, achtete sie auf sein Gebot der Heiterkeit: »Mögen meine Briefe Dir stets Freude verkünden, Du auch in meiner Nähe stets heiteren Sinnes seyn. Deine treu Dich liebende Therese.«⁴⁸

Als Therese dies in München zu Papier brachte, hatte Ludwig bereits, wie versprochen, dem Ehepaar Florenzi mitgeteilt, dass er Ruhe brauche und auf die Freude verzichten würde, sie wiederzusehen. Eine wütende Antwort kam von Marianna zurück: »Wenn du dir deine Ruhe wünschst, dann wünschen Ettore und ich es auch.«[49] Ludwig aber schrieb postwendend an seine Frau, an »Dich, Du *Herrliche,* zu schreiben, an die ich so lebhaft denke«.[50] Er begann mit der Beschreibung des Karnevalszuges, benutzte die vertrauten Bilder der »Mäusekönigin«, wenn er von ihr redete, des »Petergesichtes«, wenn er von sich selbst sprach. Und dann kam die Meldung, auf die Therese so sehnsüchtig gewartet hatte: »Es wird Dich freuen, weil Du ununterbrochene Geistesruhe mir so sehr wünschst, wenn ich Dir mittheile, was Du jedoch schwerlich von mir wirst vermuthet haben, und mir, ich leugne es nicht, lange schweren innerlichen Kampf gekostet, daß ich nehmlich gestern der Marchesa Florenzi schriftlich erklärt habe, daß es mein *entschiedener* [dreifach unterstrichen] Wunsch, sie möchte während meines dießmaligen Aufenthalts nicht nach Rom kommen. Ob sie und ihr Gemahl dennoch kommen, das bin ich begierig zu sehen.« Er hoffe, dass er diesmal mit »weniger angegriffenen Nerven aus der Gegend wegreisen« werde. »Trefflich ist die Witterung, trefflich die Gesundheit Deines bey Tag und Nacht an Dich liebend denkenden Ludwig.«[51] Seinem Brief fügte er eine Rose aus seinem Garten bei.

Nun kann man natürlich rätseln, was mit dem Wort »Geistesruhe« gemeint war. Es ist mehr als wahrscheinlich, dass Ludwig seiner Frau nicht die ganze Wahrheit über seine Beziehung zu Marianna gesagt, sondern wieder einmal von seinem poetischen Gemüt gesprochen hatte, für das er, wie schon sein Vorbild Goethe, schöne Frauen als Anregung benötigte. Als Ludwig nach seiner letzten Reise völlig erschöpft, mit grauen Haaren nach München zurückgekehrt war, musste er Therese eine Erklärung abgeben, denn er war ja zur Erholung nach Italien gereist. So wurde das Eifersuchtsdrama in Colombella umgedichtet in eine Geschichte mit einem Ehepaar Florenzi, das ihm keine Ruhe zum Dichten ließ, und mündete in das Versprechen an Therese, das Ehepaar zu meiden.

Therese bedankte sich für die Rose, war sehr stolz auf ihren Mann, dass er standhaft geblieben war. »Daß es Dir Kampf gekostet der Marchesa den Wunsch auszusprechen, während Deiner Anwesenheit nicht nach Rom zu kommen, begreife ich; daß Du aber nur auf *diese* Weise Geistesruhe Dir erhalten kannst – war und *bin* ich fest überzeugt. Mein Mänlein ist ein Mann, dieß hat sich neuerdings und aufs herrlichste bewährt. Es drückt Dich aus *treuem* Herz deine Therese. … Die Rose aus Deinem Garten erfrischte ich sogleich in einem Glase Wasser – die Blätter (die so wie die Rose ziemlich frisch ankamen) vertheilt ich an die Kinder.«[52]

Ludwig, inzwischen nach Neapel weitergefahren, steigerte sich in einen Liebesrausch zu seiner Frau hinein. Ungewohnt leidenschaftlich werden seine nächsten Briefe: »Um 7 Uhr Morgens von Rom wegfahren und dabey mit solch lebhafter inniger Liebe an Dich, Du Einzige, denkend, wie Du's Dir wohl nicht vorstellen wirst, öfter mag's den Anschein des Gegentheils haben und doch Liebe ist's. Du, Unübertreffliche, mit einer Stärke der Gefühle, wie, ich wiederhole es Dir, wohl nicht vermuthen wirst. Deine Seele, Dein Körper gefallen mir sehr, mich hierwissend gefallen sie mir. Schmerzlich ist mir die Erinnerung, daran Dir weh gethan zu haben. Du, Gute, Du kennst mich, andere verkennen mich. Närrisches Mänlein nennst Du mich, ein eigens Mänchen das bin ich wohl. … Dein Dich zärtlich liebender Ludwig«.[53] Schon einen Tag später folgte der nächste Brief, der mit dem Satz endete: »Küsse unsere Kinder und in Gedanken küsst und küsst und küsst Dich Dein Ludwig.«[54]

Therese war zu Tränen gerührt und bedankte sich für seine lieben Worte. »Wie klingen sie in meinem Herzen wider. Der Gedanke von Dir geliebt und gekannt zu seyn wie wohlthuend. Ja stärkend zu allem Guten ist er mir nicht. Meine Aeuglein sind

naß. Du weißt, ich kann dieß nicht unterdrücken und dergleichen Thränen erlaubt mein Ludwig schon.«[55]

In Neapel hatte Ludwig noch eine geheime Mission. Seine
Briefe darüber sandte er per Kurier nach München, denn das
Ergebnis seiner Gespräche sei nur für Thereses Ohren bestimmt,
»auf wen auf Erden könnte ich auch mit Recht größeres Vertrauen haben, als auf die, die Du mit so vielen Tugenden auch
die so wichtiges Eigenschaft des Schweigens vereinigt.« Es ging
um die angedachte Doppelhochzeit von Max und Mathilde mit
den Kindern des Königspaares von Neapel.[56]

Wenn man sich die Frage stellt, was genau der König an seiner Frau schätzte, so findet sich in diesem vertraulichen Brief
eine Antwort darauf. Für Ludwig, dem alle ein unglaubliches
Misstrauen gegenüber anderen bescheinigten, sicherlich durch
seine Schwerhörigkeit ausgelöst, gab es nur einen Menschen,
dem er bedingungslos vertraute – und das war Therese.

Wenn sie aber nun gedacht hatte, das Marianna-Thema sei
für diese Reise erledigt, so hatte sie unterschätzt, welche Bedeutung Ludwig als Geldgeber für das Ehepaar Florenzi hatte.
Der Marchese jedenfalls hatte Ludwig auf seinen Brief geschrieben, dass sie seinen Wunsch nach Ruhe respektierten und nicht
nach Rom kommen würden, es würde sie aber sehr schmerzen.
Daraufhin antwortete Ludwig, er würde es ihrer Entscheidung
überlassen. Die Marchesa versicherte ihm, sie würden »alles
vermeiden was meine Ruhe stören könnte«. Dieses ganze Hin
und Her schilderte Ludwig ausführlichst seiner Frau und beendete seinen Brief mit den Worten: »Und Du, vielgeliebtes Weib
kannst überzeugt seyn, daß ich die Nerven nicht werde angreifen lassen, Dir, Bayern, unseren Kindern, mir selbst bin ich
es schuldig. Den Ankunftstag des florenz. Ehepaares weiß ich
noch nicht.«[57]

Alle zwei bis vier Tage schrieb er Therese, damit sie sich keine
Sorgen machte. Die Nachricht, die Therese trotz aller Beteuerungen Ludwigs gefürchtet hatte, kam mit dem Brief vom
11. März 1829: »Das florenzische Ehepaar ist hier, *Du kannst*

ruhig wegen meiner Nerven seyn, denn Herr Marcheso benimmt sich ganz anders, überdieß bin ich glücklicherweise leidenschaftsfrei.«[58] Er erzählte ihr von den kleinen gesellschaftlichen Festen, an denen er teilnahm. Er regte sich über eine Gesangsaufführung auf, bei der anschließend getanzt wurde, und das mitten in der Fastenzeit. Auch die Marchesa war anwesend, wollte mit ihm tanzen, aber »ich that es nicht. In der Faste tanze ich nicht, äußerte ich«.[59] Ob Therese das beruhigte? Vielleicht eher Sätze wie der folgende: »Du mein liebes und lieber gewordenes, mehr und mehr auch körperlich mir gefallen habendes Weib«.[60] Schon einen Tag später verkündete er, dass es ihm gut gehe und nichts seine Nerven angreife und so ganz nebenbei, dass die Marchesa wieder »Teutschen-Sprachunterricht« bei ihm nehme, damit er ihre Aussprache verbessern könne. Vor dem Frühstück mache er Spaziergänge, tagsüber unterrichte er die Marchesa in der deutschen Aussprache, sie korrigiere seine italienische. Abends gegen 8 Uhr führe er wieder zu ihr, allerdings sei er schon gegen 1/10 Uhr im Bett, früher als in München. Inzwischen sei auch ihr Bild angekommen, »meines treuen Weibchens, für mich die reizendste ihres ganzen Geschlechtes. Aehnlich ist das Bildniß, gleichend…Als ich den Deckel aufschlug, machte es mir den Eindruck, Therese ist schöner.«[61]

Zu der Zeit, als Ludwig in Italien war, erschienen auch seine Gedichte im Druck. Er fragte seine Frau, ob sie sich noch an das Gedicht »Du« erinnerte, das er während der Brautzeit 1809 für sie verfasst hatte, und fügte hinzu: »Für meine liebe Braut Therese, die ich in 19,5 Jahren tausendmal (doch dieß ist zu wenig gesagt) lieber habe als im ersten unserer Ehe, mit diesem nie abnehmendem Gefühl. Dein Ludwig.«[62]

Ludwig musste davon ausgehen, dass auch Therese in München den Gedichtband las und auf viele Gedichte stoßen würde, in denen er die leidenschaftliche Liebe zu anderen Frauen besang. Würde sie glauben können, das sei alles nur Phantasie?

Die Briefe Ludwigs aus diesen Wochen jedenfalls klingen wie der verzweifelte Versuch, gegen die tägliche Versuchung das Bild seiner Frau aus der ersten Zeit ihrer Verliebtheit aufzubauen. Viele Briefe erwähnen die Marchesa mit keinem Wort. Stattdessen beschrieb Ludwig seiner Frau ausführlich die Wahl des neuen Papstes, Pius VII.[63] Besonders detailliert schilderte er auch den Antrittsbesuch beim Papst und seine Freude über die Geschenke Pius' VII.: einige etruskische Altertümer, die man im antiken Taspinium ausgegraben hatte.[64]

Am 21. April reisten die Florenzis ab und Ludwig behauptete: »Beyden muß ich das erfreuliche Zeugniß geben, daß sie gewissenhaft ununterbrochen ihr Versprechen erfüllt haben.«[65]

1830/31 Vertrauen und Eifersucht

> »Die Sonne ist im Untergehen begriffen,
> aber die Liebe zu seiner Therese wird nie
> untergehen im ganzen Leben Deines Ludwig.«[66]

Es sind solche und ähnliche Worte, die Therese immer und immer wieder von Ludwig zu lesen bekam; es sind solche Aussagen, die sie immer wieder Hoffnung schöpfen ließen, dass er keine neuen Beziehungen zu anderen Frauen aufnehmen würde. »Innig freute mich sein Inhalt – seine Herzlichkeit. Du bist doch ein *herzlich* Mänlein, mein Ludwig.«[67] Umso grausamer war jedes Mal aufs Neue die Enttäuschung.

Im Oktober 1829 lag Ludwig mit einer Flechtenkrankheit in seinem Zimmer in der Residenz in München, musste sich regelmäßig schröpfen lassen und war auf sein »Ruhebett gebannt«, »aber die Geduld wird mich nicht verlassen, ich weiß mich zu beschäftigen und heiter ist mein Sinn«. Das jedenfalls schrieb Ludwig an seinen ältesten Sohn Max, der in Göttingen mit dem Studium angefangen hatte.[68]

Erst fünf Monate später durfte Ludwig sein Ruhebett verlassen, um sich auf ärztlichen Rat zu einer Badekur nach Ischia zu begeben, was er – mit einem Umweg über Colombella – auch tat.[69] Am 17. März 1830 schrieb ihm Therese einen ersten Brief nach Ischia, dessen Wortlaut vermuten lässt, dass sie keine Ahnung von seiner Begegnung mit den Marcheses hatte. »Guten Morgen, mein liebes Mänlein. Wann wird dieser Morgengruß Deiner Therese wohl zu Dir gelangen. Als ich das Rollen Deines Reisewagens vernahm, richtete ich kniend mich im Bette auf, ein innig Flehen zum Vater im Himmel sendend, daß er schützend über Deinem theuren Haupte wache – gestärkt und genesen Dich in unsere Mitte zurückleiten möge.«[70] Auch Ludwig schickte zärtliche Briefe, denen er selbstgepflückte Blumen beilegte, die Therese wie einen Schatz hütete.[71]

Wusste sie, dass auch die Florenzis auf Ischia angekommen waren? Sie freute sich, dass er von seiner Flechtenkrankheit geheilt war, wenngleich er ihr in seinem Brief auch mitteilte, dass er auf dem Rückweg in Colombella vorbeifahren würde.[72] Dorthin adressierte Therese dann ihren Antwortbrief, in dem sie Verständnis signalisierte: »Der Himmel gebe, daß Du wohl und heiter in Colombella angelangt und Deinen heiteren Sinn Dir daselbst erhältst. Sicher ist es gut, ja nothwendig, daß Du nach Gebrauch des Bades nicht in den Wust der Geschäfte zurückkehrst – sondern Dir noch Ruhe gönnst.«[73]

Ludwig beruhigte sie. Im letzten Jahr habe ihm der »aufreibende« »Kampf der Geister mit der Sinnlichkeit« »eng zugesetzt«, obwohl die Geister siegreich gewesen seien. So habe sie ihn, wie sie gesagt habe, heimkommen sehen. »Diesmal wenigstens wirst Du's nicht finden. Gott habe ich zu danken, daß es dießmal auch nicht einmal in mir kämpft obschon die Marchesa noch schöner geworden ist. … Wie beschäftigte sich aber mit Dir, Du reizendes Weib, meine Einbildungskraft. Gegenwärtig ist mir, und wird mir bleiben, wie an meinem letzten Tag vor meiner Abreise von München wir vor einander standen mit den Armen uns umschlingend. Körper an Körper, Mund an Mund gedrückt, wie wohl that's mir; daß solche Augenblicke so selten, so gar selten nur kommen, dachte ich da.«[74]

Den ganzen Monat Mai blieb Ludwig in Colombella. Die Briefe zwischen ihm und Therese befassten sich hauptsächlich mit Familiennachrichten. Therese erzählte ihm von ihrer Molkekur, die sie zusammen mit Mathilde, Luitpold und den drei jüngsten Kindern machte, weil das so gesund sein sollte. Bei schönem Wetter machte sie Ausflüge mit den Kindern oder mit anderen Familienmitgliedern. Da ihre Vorleserin krank war und sie so abends niemanden zum Unterhalten hatte, engagierte sie kurzerhand den Kunsthistoriker Ludwig von Schorn (1793–1842) für Vorlesungen über Kunstgeschichte. »Das schont die Aeuglein, weil ich ohne zu lesen oder etwas der Art wirklich nicht bestehen kann. Mit Ungeduld erwarte ich nun stets die Abendstunden.« Im Grunde aber war es ein rührender Versuch, Ludwigs Interessen zu teilen und besser zu verstehen. Außerdem besuchte Therese Wohltätigkeitsvorstellungen, zum Beispiel Konzerte oder Bälle. Ihren Sendungen an Ludwig legte sie häufig liebevoll ausgesuchte Geschenke bei, wie zum Beispiel Hemdknöpfe, mit denen er aber nichts anzufangen wusste. »Sollte ich versäumt haben, der Hemdknöpfe Bestimmung Dir zu nennen? Schmücke Dich damit, mein Männchen, wenn sie nehmlich Deinen Beifall haben.«[75]

Therese, die sich auf ein Wiedersehen freute, schickte am 26. Mai ihren letzten Brief nach Colombella, den sie im Zimmer neben den spielenden Kindern schrieb. »Ich höre die kleine Welt – Wittelsbacher Lebhaftigkeit kann selbst durch Marmor sich bemerkbar machen. Deine den edelsten der Wittelsbacher treu liebende Therese.«[76]

Mit dem Brief, den Ludwig ihr vor seiner Abreise schickte, um Vorwürfe wegen seines langen Ausbleibens vorzubeugen, hatte sie aber wohl nicht gerechnet und es ist kein Wunder, dass sie seiner Rückkehr mit einer Mischung aus Freude und Furcht entgegensah. Er wollte sie auf einige Dinge aufmerksam machen, »ehe ich mündlich meine Zährtlichkeit Dir werde ausgedrückt haben … meine Gesundheit ist dergestalt gut, daß mir deren Fortdauer zu wünschen und heiter meine Stimmung, immer Heiterkeit, genieße ich. Dir ist bekannt, welchen mächtigen Einfluß meine Seele auf meine Stimmung ausübt«, schrieb Ludwig weiter. »Wegen *Dir* und wegen *mir* störe meine Stimmung nicht, darum vermeide, daß ich Dich trübe finde... Ich möchte Dich nicht wieder finden wie in Berchtesgaden..., wenn ich länger spazieren gegangen, als Du erwartetest; daß ist einer der empfindlichsten Punkte, die ich habe; es wird eine mich durchdringende Mißstimmung, ja Entfremdung in mir bewirkt, die bleibt, bis nicht deren Beweggrund wegfällt. Öfter, geliebtes Weib, habe ich mit Dir gesprochen, *da es mir so viel daran gelegen ist, herzlich mit Dir zu seyn,* es liegt in deiner Hand.« Er werde nun einmal nicht anders werden, als er sei. So, wie sie gerne auf Einladungen gehe, so sei er gerne in dieser schönen italienischen Gegend, »in der manche hübsche Gebirge verliefen, in denen Nachtigallen entzückend singen, was wir in Nymphenburg sehr genossen«, was man aber in München entbehren müsse. Hier würde er nicht von den Leuten angesprochen und nur selten um Almosen angebettelt werden. Er sandte zum Schluss Küsse an alle Kinder. »Dich aber, die reizende Therese, wird mit Küßen bedecken Dein Dich liebender Ludwig.«[77]

Therese auf der Flucht

> »Sein Privatleben schadet ihm unendlich. Nicht nur, dass er sich seinen Ministern gegenüber ungnädig benimmt, sondern man ist allgemein betrübt über sein Benehmen als Mann«,

meldete der französische Graf Rumigny nach Paris. »Er trifft schlechte compagnie und Frauen; seinen Rang ignorierend verbringt er oft Stunden am Tag mit Schauspielerinnen und manchmal Schlimmeren.«[78]

1829 fand, wie fast jedes Jahr, in München eine Kunstausstellung statt. Darunter befand sich diesmal auch ein Bild Thereses im vollen Ornat von Stieler und eine Büste, die der Bildhauer Johann Baptist Stiglmaier angefertigt hatte. Für die Besucher interessanter aber waren die ersten Exponate einer »Sammlung von nationalen Schönheiten«, »an welchen die Nachwelt erkennen kann, wie sich der Charakter weiblicher Schönheit zu unsrer Zeit in Bayern ausgesprochen hat«.[79] Es waren die Porträts, die Stieler im Auftrag von König Ludwig angefertigt hatte und die heute im Schloss Nymphenburg ausgestellt sind. Unter ihnen befand sich auch ein Porträt der Marchesa Florenzi, für das Ludwig Stieler 1827 nach Perugia geschickt hatte, um es zu malen.[80]

Hat Therese diese Ausstellung besucht? Wir wissen es nicht. Wenn Ludwig sie nicht gezwungen hat, dann bestimmt nicht. Sie schämte sich, vor der Öffentlichkeit als betrogene Ehefrau aufzutreten, die nahezu jährlichen Reisen nach Italien waren eine ständige psychische Belastung für sie. Schlimmer zu ertragen waren aber die parallel laufenden Beziehungen ihres Mannes zu Schauspielerinnen und Sängerinnen. Da war die Schauspielerin Denger vom Nationaltheater, die sogar einmal bei Therese erschien, weil sie »*Dir* ihren untertänigsten Dank für die so erfreuliche Anstellung nicht persönlich hatte aussprechen können«. Bei dieser Gelegenheit wollte sie von Ludwig die Erlaubnis, sechs oder acht Wochen im Sommer eine Kunstreise zur Ausbildung ihres Talentes machen zu dürfen. Therese sagte ihr, sie müsse Ludwig selbst schreiben und den Brief durch ihre Behörde zu Ludwig schicken. Etwas süffisant fragte sie dann: »Nicht wahr, dieß ist der echt vorgeschriebene Weg?«[81]

Ebenfalls 1830 informierte sie Ludwig, dass Madame Catharina Sigl-Vespermann, die allgemein als Ludwigs Mätresse galt, nicht singen könne, weil sie eine Frühgeburt im sechsten Monat hatte. Und ihre Angst, dass es sich dabei um Ludwigs Kind handelte, kam in ihren nächsten Zeilen zum Ausdruck: »Karl [Bruder Ludwigs] sah ich die ersten Tage nach dem Ereignis nicht, als ich ihn sprach, that er sehr geheimnisvoll. Wie findest Du

das? Da in einem der Blätter von Mme Vespermanns Unwohl-
seyn die Rede ist, glaubte ich – würde es Dir lieb seyn, die Sache
erklärt zu wissen.« Warum kümmerte sie sich um das Unwohlsein von Schauspielerinnen? Es sei denn, sie wollte Ludwig auf
den Zahn fühlen.[82] Auch Ende Mai erwähnte sie erneut Catharina Vespermann, die sich in einem Kurbad erholte.[83]

Am 26. Juni 1831 kündigte der preußische Gesandte von
Küster an, dass man in München die »Favoritin des Königs«
erwartete, die Marchesa Florenzi, die ihre beiden Kinder besuchen wollte. Marianna freute sich, die Königin endlich kennenzulernen. Das aber kam für Therese überhaupt nicht infrage. Sie
weigerte sich, Marianna zu empfangen, und reiste stattdessen
unter dem Namen einer Gräfin von Wittelsbach mit ihrem Sohn
Otto ab.

Diesmal blieb Ludwig alleine mit der Mehrzahl der Kinder in
München zurück, eine für ihn ungewohnte Situation. »Geliebte
Therese«, schrieb er ihr noch am Tag der Abreise hinterher, »so
wehe wie dieser Abschied von Dir that mir keiner …, ja nicht zu
vergleichen ist, was ich bey diesem fühlte, mit dem, was ich bey
allen früheren empfand und doch ist es das erstemal, daß die
Marchesa anwesend war. Du benahmest Dich aber auch so gar
liebreich gegen mich. Deine Herzensgüte, Deine in allem so
außerordentliche Gewissenhaftigkeit verbunden mit Deinen
körperlichen Reizen müssen fesseln.« Als sie abfuhr, so Ludwig weiter, weinte Luitpold bitterlich, wollte es vor dem Vater
unterdrücken, aber er sagte, das müsse er nicht, er würde ja auch
weinen. Adalbert wollte, dass die Mutter zurückkam, »meine
Augen wurden feucht«. Auch zu Mathilde ging Ludwig, um sie
zu beruhigen. »Ich war als Du schiedst sehr wehmütig gestimmt,
daß ich Dich oft mürrisch, barsch behandelt, Dir vieles Deines
Lebens verdorben habe.«[84]

So einen Brief mit dem offensichtlichen Ziel, ihr ein schlech-
tes Gewissen zu machen, weil sie die Kinder alleine ließ, hätte
Therese niemals geschrieben. Und in diesem Fall war Ludwigs
Verhalten ja die Ursache ihrer Abreise. Aus seinem Schreiben

sprach aber auch ein schlechtes Gewissen, das dazu führte, dass er sich in den nächsten Wochen geradezu rührend um die Kinder kümmerte, obwohl die Marchesa anwesend war. Er führte das traditionelle Familienfrühstück weiter, bei dem alle an Therese dachten, und machte mit den Kindern Ausflüge nach Schloss Nymphenburg und in die Umgebung. So wie Therese normalerweise, schrieb nun er an sein »unübertreffliches Weib«, wer in welchem Wagen gesessen hatte.[85]

Therese reiste derweil mit Otto über Hildburghausen nach Altenburg, wo sie ihre Geschwister und den Vater besuchte. »Man findet mein Aussehen wieder um *Vieles* besser denn im September 30; auch befinde ich mich *sehr* wohl. Deine treu Dich liebende Therese«, ließ sie ihren Mann wissen.[86] Von da ging es weiter nach Berlin, wo ihr Vetter Karl, der jüngste Sohn ihrer Tante Friederike (1778–1841), sie und alle Verwandten auf sein Landgut einlud. Auch ihren Sohn Max, der mittlerweile in Berlin studierte, traf sie dort nach neun Monaten wieder und fand ihn sehr verändert. Er spreche »geläufiger« als sonst, allerdings mit einem preußischen Akzent. »Letztgenanntes wird im Vaterlande bald wieder verschwinden – doch das geläufigere Sprechen ist immer Gewinn.«[87]

Danach ging es weiter nach Bad Doberan zum Kuraufenthalt. In ihren Briefen findet sich, wie immer, kein Wort des Vorwurfs. Sie schreibt an »mein gutes Mänlein«.[88] Küsse schickte sie allerdings nur für die Kinder und unterschrieb auch immer mit besonderer Betonung des Wortes »treu«: »Von Deiner treuen Therese« oder »Ewig Deine treu Dich liebende Therese«.[89]

Ludwig versuchte zur selben Zeit in München die allgemeine Aufmerksamkeit wegen des Besuches der Marchesa unter Kontrolle zu halten. Man machte ihr den Hof und es soll sogar wegen ihr zu einem Duell gekommen sein. Ludwig gab Marianna daraufhin Verhaltensvorschriften in Bezug auf ihre Kleidung und ihr kokettes Verhalten. Dies sei nicht Italien und er müsse auch auf sein Ansehen achten, eine Einsicht, die etwas

spät kam.⁹⁰ Während dieses Aufenthaltes wurde Marianna ein
weiteres Mal von Stieler gemalt, das Bild hängt heute in der
Schönheitsgalerie. Therese kündigte Ludwig ihre Rückreise für
den 28. Juli an. Sie wäre gerne früher gekommen, aber »einer
gewissen Ursache willen [Periode] darf ich vom 23ten bis 27ten
nicht reisen (mein Mänlein *versteht* mich wohl und Oettl darf
es nicht verstehen) und so besteige ich denn am 28ten den Reisewagen. Du wirst gewiß mit der Mäusekönigin zufrieden
seyn.«⁹¹ Dieser doch sehr vertraute Brief an Ludwig ließ ihn
vielleicht hoffen, dass sie auch in einem anderen Punkte nach-
giebig sein würde, aber da hatten er und Marianna sich getäuscht.

Die Königin kehrte zwar ein paar Tage vor der Abfahrt der
Florenzis zurück, vermied aber, sie zu empfangen. Bei einem
offiziellen Besuch im Erziehungsinstitut Manger, in dem die
Tochter der Florenzis erzogen wurde, weigerte Therese sich
sogar, trotz der ausdrücklichen Aufforderung Ludwigs, sich
Carlotta zu nähern. Als Marianna dies erfuhr, fühlte sie sich
beleidigt und beschleunigte ihre Abreise aus München.⁹²

Zwischen Repräsentation und Familienleben

> »Glückliche Königin!
> Siehe! Es preist Dich in festlicher Stunde
> Heute der Bayer mit fröhlichem Munde,
> Himmelan hebet sich Jubelschall,
> Freude tönt überall!«

So heißt es in einer Cantate zum Namenstag der Königin Therese, deren Namenspatronin Teresa von Ávila (1515–1582)
war, am 15. Oktober 1833. Im katholischen Bayern war der
Namenstag eines Menschen mindestens genauso wichtig wie
der Geburtstag und die Namenstage des Königspaares waren
auch Festtage für das Volk.⁹³

Erhalte die Königin, gütiger Gott!
Erhöre der Herzen inbrünnstiges Fleh'n,
Beschütze die Edle, wenn Unheil Ihr droht,
Daß lange die Mutter die Kinder noch seh'n.

Der Fokus in Thereses Leben war die Familie, in ihrer Mutter-
rolle ging sie auf, nicht nur in Bezug auf ihre Kinder, sondern
auch auf die Menschen im Königreich Bayern, das, wie sie
immer wieder betonte, für sie zu einer zweiten Heimat geworden war.

Als Landesmutter hatte sie ein offenes Ohr und eine offene
Geldbörse für alle, die bei ihr um Unterstützung baten. Wenn
es um Pensionen oder ähnliche Vergünstigungen ging, leitete sie
die Bitten an Ludwig weiter. Ob Witwen mit mehreren Kindern, ehemalige Angestellte oder Soldaten, kein Brief an ihn
ohne beigefügte Bittgesuche. Häufig besuchte sie Wohltätigkeitskonzerte oder andere Veranstaltungen, deren Erlös einem
guten Zweck zukam. Da ging es um die Mutter eines verstorbenen Sängers, für die der Kinderkranz sammelte, oder um Bau-
arbeiter, die auf einer Baustelle ums Leben gekommen waren.
Für Letztere sollte im April 1830 ein Konzert gegeben werden.
»Dieser Tage mußte ich mich entscheiden, ohne vorher Deine
Einwilligung erhalten zu können«, schrieb Therese an Ludwig,
der mal wieder in Italien war. Ihr Oberhofmeister, mit dem sie
sich beraten hatte, war der Meinung gewesen, der König hätte
für das Konzert sicherlich das Schauspielhaus zur Verfügung
gestellt. Daraufhin beschloss Therese, dass sie es genauso
machen würde, »überzeugt hier in Deinem Sinn … zu handeln«.
Das Konzert werde bereits am übernächsten Tag im Schauspielhaus stattfinden, um »den Eifer und das Mitleid, welches jetzt
so rege, nicht erkalten zu lassen … Ich werde 100 fl geben (mehr
vermag ich leider nicht, sintemal die Armen mich wahrhaft ausziehen).« Am Ende setzte sie doch das Doppelte ein.[94]

An Ludwig gerichtet folgte dann meist die Frage, mit wie
viel Gulden Ludwig sich beteiligen wolle.[95] Da dieser sich eben-

falls dem christlichen Mildtätigkeitsgebot verpflichtet fühlte, stimmte er Thereses Vorschlägen immer zu. Er selbst übernahm zahllose Protektorate und unterstützte sie mit Mitteln aus seiner Kabinettskasse beziehungsweise seiner Zivilliste.

Dass Therese immer versuchte, ihren Mann einzubinden, auch wenn dieser abwesend war, hatte noch ein anderes Ziel. Man könnte sie als seine PR-Managerin bezeichnen, denn Ludwig hatte durch seine teuren Reisen und seine Bauwerke, mit denen er München überzog, ein großes Imageproblem. So zog sie ihn in ihre Projekte hinein und war glücklich, wenn sie auch darüber hinaus hörte, dass Ludwig viele Bitten erhört und Menschen glücklich gemacht hatte. »Mir war, als ob mein Körper sich höher höbe vor Freude. Ich weiß (o wüssten es doch recht Viele mit mir), daß es Deinem Herzen so heiß ist, Freude zu bereiten, so that jene Kunde mir unendlich wohl.«[96]

Therese nutzte ihre Stellung als Königin auch, um durch die Übernahme von Protektoraten andere zum Spenden zu veranlassen. So zum Beispiel bezüglich der Kinderpoliklinik in München, die 1818 vom Armenarzt Franz Xaver Reiner (1790–1837) zunächst in seiner Privatwohnung errichtet worden war. Als die Patientenzahlen stiegen, die Spenden aber abnahmen, sprang Prinz Karl – Ludwigs Bruder – ein und bezahlte die Schulden. Der Magistrat gab einen jährlichen Zuschuss und um die Finanzen sicherzustellen sowie neue Mitglieder für den Trägerverein zu werben, übernahm Königin Therese 1829 das Protektorat.

Der Theresienorden dagegen, den sie am 12. Dezember 1827 stiftete, sollte eine andere Zielgruppe unterstützen: unverheiratete, aus bayerischem Adel stammende Frauen ohne Vermögen. Zwölf Frauen konnten nach einer entsprechenden Bewerbung gleichzeitig unterstützt werden, sechs mit jährlich 300 Gulden, sechs mit 100 Gulden. Die Königin als Großmeisterin des Ordens, dessen Motto »Unser Leben sey Glaube an das Ewige« lautete, konnte die Aufnahme aber auch als Auszeichnung verleihen. So waren zum Beispiel sehr viele ihrer Hofdamen als sogenannte »Ehrendamen« Mitglied, mussten aber für ihre Aufnahme zahlen. Auch die Ehefrauen von ausländischen Fürsten konnten in den Orden aufgenommen werden.

Politische Themen erwähnte Therese in den Briefen an ihren Mann nur ganz selten. Auch da, wo sie sich scheinbar damit befasst oder sich einmischt, geht es immer nur um Vermittlung im persönlichen Umfeld oder Gefühle in Bezug auf politische Vorgänge, was die beiden folgenden Beispiele demonstrieren: Am 30. März 1830 starb Ludwig I., der Großherzog von Baden. Therese wusste natürlich, welche Hoffnungen ihr Mann daran knüpfte, nämlich die Rückgewinnung seiner Heimat. »In welche Bewegung – Aufregung wird sie Dein Inneres versetzen. Seitdem ich an Deiner Seite, mein Ludwig, ans jenseitige Ufer des Rheins geblickt, fühle ich lebhafter denn je jede Deiner Empfindungen Dir nach. Ich *fühle, daß ich Ludwigs Frau – Bayerns Königin bin.* Kaum will dies letztere Wort mir aus der Feder, und doch liegt, wie ich es *fühle – meine*, nichts Anmaßendes darin. *Du* und nur *Du* wirst mich verstehen, Andere könnten es mißdeuten. Der Himmel stehe Deinem guten Rechte bei. Du wirst besonnen und schonend es Dir zu wahren wissen.«[97]

Ein anderes Mal, im April 1830, wollte sie im Konflikt zwischen Ludwig und seinem Bruder Karl vermitteln. Zwischen beiden war es immer wieder auf den Ständeversammlungen zu Reibereien gekommen, weil Karl eine andere Meinung vertreten und Ludwig Widerspruch nicht geduldet hatte. Therese gedachte daher den Reichsrat Graf Waldbott von Bassenheim einzuspannen, der mit Karl reden sollte, damit er einlenke. »Laß mich mein Gefühl aussprechen – nützt es nichts, so kann es doch wahrhaftig (gerade weil dieß in dem Kopf einer Frau entstanden) auch nicht schaden. – Läßt Du es mich ohne Zwang sprechen, wie die *Gelegenheit* und das Herz es mir eingibt, würde ich ungefähr folgendermaßen mich ausdrücken: ›Herrlich, Graf, wäre es, wenn es Ihnen gelänge, dem Bruder den *Bruder* zu gewinnen – wenigstens dazu beizutragen, daß Carl sich ihm nicht wieder feindlich gegenüberstelle. Gelänge Ihnen dieß (wofür Gott Sie segnen möge), dann sey mir die Freude vorbehalten, dem Könige … den Mann zu nennen, dem er diese glückliche Veränderung verdankt.‹« Ludwig solle ihr durch den Kurier mitteilen, ob er ihr freie Bahn ließe, »diese in meinem Kopf entsprungenen Ideen« dem Basserstein mitzuteilen.[98] – Ludwig ignorierte das Angebot.

Mildtätigkeit auf der einen Seite, höfischer Glanz auf der anderen. Letzterer zeigte sich auf den Hofbällen. Besonders beliebt waren dort sogenannte Quadrillen, ein Gesellschaftstanz, in dem sich die Tänzer paarweise gegenüberstanden. Da war zum Beispiel der Hofball vom Februar 1827. Ludwig zu Ehren wurde in malerischen Trachten Italiens das dortige Leben im Karneval lebendig. Die Königin erschien »zur Verherrlichung des Abends« mit Auguste von Leuchtenberg und anderen Mitgliedern des Hofes im Kostüm der Personen aus Walther Scotts »Ivanhoe«. An den Kostümbällen zur Karnevalszeit nahm das Königspaar oft mit den Kindern teil.[99]

Ludwig, der, wenn er privat in Italien unterwegs war, zum Leidwesen seiner Begleiter auch schon mal in Hütten oder Zelten schlief und in einfachen Kneipen speiste, benutzte die höfischen Feste wie die Herrscher des Absolutismus zur Zerstreuung gegen die Langeweile bei Hofe, aber auch zur Demonstration des Herrscherglanzes. Das belegen auch die vielen Beispiele, in denen Ludwig auf der Einhaltung der die Rangordnung bei Hofe festlegenden Rituale und Formalien beharrte.[100] Allerdings hatten auch die Bewohner der Hauptstadt etwas davon: An der Herstellung der Kostüme und der Ausrichtung der Feste verdienten auch die Handwerker und Gewerbetreibenden, die Einnahmen aus den Eintrittsgeldern wurden an die Armen verteilt.[101] Alles, was das Königspaar machte, geschah unter den Augen der Öffentlichkeit: Vergnügungen, wie Bälle, vor allem in der Faschingszeit, und Schlittenfahrten waren zwar einerseits Vergnügen, aber da sie unter der Beobachtung von Volk und Adel und ausländischen Gesandten stattfanden, andererseits auch Repräsentation, wo Formen gewahrt wer-

den mussten, die Ludwig zwar für andere verbindlich fest-
schrieb, für sich selber aber nach Gutdünken außer Kraft setzte.
»Überhaupt scheint der König ein großes Vergnügen an allen
Karnevalsfesten zu haben«, schrieb der französische Gesandte.
»Man ... weiß, dass er zweimal den Hofball verlassen hat, um
verkleidet in einer Pferdedroschke zur Frohsinnhalle zu fahren,
wo sich das Kleinbürgertum versammelt und nicht empfehlens-
werte Personen herumschleichen.«[102]

Therese hingegen fand das größte Vergnügen im täglichen
Leben mit ihren sieben Kindern, zwischen 2 und 17, die noch
zu Hause lebten. Max studierte seit einem halben Jahr an der
Universität in Göttingen. Ihr Tag fing morgens mit den »Kleinen« an, womit sie Adalbert (2), Alexandra (Xandi, 4), Hildegard (Mäuschen, 5) und Adelgunde (Duni, 7) meinte. Sie
»wohnten« regelmäßig ihrem Frühstück bei. »Adalbert ist sehr
lieb und weit folgsamer geworden. Xandi unendlich zärtlich –
auch Duni und Mäuschen. Alle Augenblicke umarmen sie mich
zärtlich.«[103]

Am Tage beschäftigte sie sich intensiv mit dem Unterricht
der älteren Kinder. Ludwig hatte erlaubt, dass Mathilde Kunstgeschichte lernte. Professor Thierse hatte den Auftrag abgelehnt, weil er so viel zu tun hatte. Er empfahl stattdessen Professor Schorn von der Münchner Universität. Therese war
sicher, dass Ludwig einverstanden wäre, aber seine Zustimmung einzuholen hätte zu viel Zeit gekostet, also entschied sie
selbst.[104] Das Gleiche galt für die Französischstunden von Luitpold, für die sie einen Mann namens Pinchelle eingestellt hatte,
der auch Otto und Mathilde unterrichten sollte. »Ich entscheide
so ungerne ohne Dich«, entschuldigte sie sich.[105] Und trotzdem
nahm sie die Dinge selbst in die Hand, zunehmend und immer
sicherer. Ludwig ließ sie gewähren und genehmigte im Nach-
hinein eigentlich alles, was sie verfügt hatte. Sie nahm auch öfter
am Unterricht der Kinder teil, unter anderem einer Latein-
stunde bei Luitpold, um besser mit dem Lehrer Ehrhard, der
Kritik an seinem Vorgänger geübt hatte, über die Methoden

und die Resultate reden zu können.[106] Sie sprach von einem
»Krieg der Erzieher« untereinander, den sie inzwischen besser
durchschaute. Ihr Ziel war es, wenigstens bei den jüngeren Kindern die Fehler der Vergangenheit zu vermeiden.[107] Abends
war Therese beim Zubettgehen der Kleinen anwesend, »unzählige Küsse von zärtlichen Mündchen – im Bette stehend – bekommend, trug sie [Hildegard] mir auch deren für den lieben
Vater auf, und daß sie ihm danke für die Geschenke, so fern an
ihrem Namenstage … von ihm bekommen werde. Das heißt
doch voraussichtig seyn.«[108]

Für die Geburtstags- und Namenstagsfeiern der Kinder
dachte sich Therese immer etwas Besonderes aus. Am Morgen
gab es das traditionelle Familienfrühstück. Dann folgten Fahrten in die Umgebung, abends dann ein »Kinderkranz«, den sie
schon einige Male im großen Saal abgehalten hatten, wie an Hildegards Namenstag. »Mäuschen hatte flehentlich darum gebeten.« Therese wollte es dem Namenstagskind nicht abschlagen.[109] Die Osterbescherung hingegen fand traditionell im
Schloss Nymphenburg statt, wohin alle mit der Kutsche fuhren.

Mit den Größeren begab sich Therese öfter abends ins Theater, wie an Dunis siebentem Geburtstag, als sie mit Mathilde,
Otto, Luitpold, Adelgunde und Hildegard nach Nymphenburg
fuhr und sich das Stück »Allegorie auf die in verflossenen Jahren im Institut grassierenden Scharlachfieber« ansahen.[110] Aber
auch Vorstellungen eines Taschenspielers gehörten zur Freizeitgestaltung.[111] Theaterstücke für Kinder gab es offenbar noch
nicht, daher kam es immer wieder zu kleinen Pannen, wie bei
Luitpolds erstem Theaterbesuch – im Alter von neun Jahren –
mit Therese in ihrer Loge. Es gab Ernst von Houwalds »Fluch
und Segen«, ein Drama in zwei Akten: »Des Menschen Sünde
ist allein sein Fluch, sey Du nur rein und frei von aller Schuld,
dann bringt Dir Menschenfleisch doch Gottes Segen!« – Am
Ende weinte Luitpold.[112]

Bei allen Ausgaben für die Kinder achtete Therese darauf,
dass sie das Sparsamkeitsgebot, das Ludwig seiner Familie auf-

erlegt hatte, einhielt. Als sie ihm von einem Ausflug mit Mittagessen nach einer »hübschen« Gegend, den Otto – fast 15-jährig – mit Freunden machen wollte, erzählte, fügte sie hinzu, »versteht sich auf meine Rechnung, weil ich Dich nicht betrügen könnte«.[113] Wenn sie über ihre Kinder berichtete, geschah das immer mit sehr viel Liebe, Verständnis und Humor, selbst wenn sie Ludwig von Krankheiten berichtet. So beispielsweise als es einmal um die Wasserblattern ging: Wenn ein Kind sie bekam, wurden sie alle nacheinander krank, und alle, die gesund waren, wurden am Genesungsprozess beteiligt, was Therese mit großem pädagogischen Geschick managte. Als Adelgunde einmal im Bett bleiben musste und wegen Fiebers noch ein Abführmittel in Form einer »Chocolate« bekam, schrieb Therese: »Auf daß sie es nicht bemerkt, trinken ihre Schwesterleins dasselbe Frühstück.«[114]

Größere Sorgen machte ihr die Schwerhörigkeit Ottos, der genau wie sein Vater daran litt. Therese versuchte durch verschiedene Methoden und Mittel Abhilfe zu schaffen. Weitgehend ohne Erfolg.

Alle anderthalb bis zwei Jahre besuchte Therese ihren Vater und ihre Geschwister in Altenburg. So sehr sie sich aber über das Wiedersehen mit der Familie freute, so sehr vermisste sie dann doch ihre Kinder. Am 24. April 1829 notierte sie beispielsweise anlässlich von Adalberts sechstem Monatsfest: »Ich trank ganz für mich allein Chocolate – und dachte mit Sehnsucht des lieben kleinen Mänchens.« Luitpold hatte ihr geschrieben und bekannt, daß er »unfleißig« war. Hildegard hatte Mathilde »das komischste Gemisch dictiert – unter Anderem daß sie sich über meine Abreise todtgeweint«. Und Adelgunde schließlich hatte die von Mathilde mit Bleistift gemachten Züge übermalt.[115] Thereses Abwesenheit von ihren Kindern beschränkte sich auf wenige Wochen im Jahr, Ludwig dagegen war auch für seine jüngeren Kinder vor allem ein abwesender Vater, der sich schriftlich zu Wort meldete, Disziplin, Gehorsam und Fleiß erwartete und dafür Lob und Tadel aussprach. Die ankommen-

den Briefe des Familienvaters zelebrierte Therese wie einen
Festtag. Sie wurden gemeinsam vorgelesen und dann verlost.
Schickte Ludwig exotisches Obst, durften alle probieren.[116]
Manchmal lag sie morgens noch im Bett, alle Kinder um sich,
die den Nachrichten vom Vater lauschten oder jubelten über
den Korb mit Geschenken: Muscheln für Luitpold, Wein für
Therese, den sie dann mit ihren Damen trank, und Datteln für
alle. »So frische Datteln aß ich nie«, schrieb sie Ludwig Ende
April 1830. Sie hatte den Kern herausgenommen und auch Hil-
degard und Alexandra etwas davon gegeben.[117]

Therese war überzeugt, dass auch Kleinigkeiten »Interesse
für Dich, den väterlich Sorgenden haben. Dieß dem jugend-
lichen Gemüthe tief einzuprägen, Liebe und Dankbarkeit zu
nähren, ist meines Herzens süße Pflicht.«[118] Damit hatte sie
wohl recht, wie Ludwigs Antwortbrief zeigt: Er hatte die Briefe
der Kinder bekommen, die Therese beigefügt hatte, und vermerkt: Bei der Lektüre von Max Brief sei ihm »eine Thräne« in
sein Auge gestiegen.[119]

Das älteste Kleeblatt

Kronprinz Max

> »Die schwerste und wichtigste aller Bildungen ist
> die des künftigen Regenten«,

hatte Johann Michael Sailer, einer der Lehrer Ludwigs I., einmal
geschrieben.[120] 1825, als sein Vater den Thron bestieg, wurde
aus dem 14-jährigen Maximilian der neue Kronprinz, was sein
Leben, wie er selbst schrieb, zunächst wenig veränderte. »Mein
Vater ergriff mit Thatkraft die Zügel der Regierung. Eine
gewisse heilsame Scheu und Ehrfurcht umgab damals den
König; als eines Tages mein Vater in unser Eßzimmer eintrat,
und alles in Schweigen verharrte, entfernte er sich mit den Worten: ›Ich sehe, wo der König weilt, da schmeckt das Essen

nicht.‹ ... Das Leben von uns Kindern blieb dasselbe.« Einziger Unterschied für Max: Er bekam seitdem viele Bittschriften, was ihn sehr erfreute. Außerdem wurde sein Monatsgeld von 4 auf 40 Gulden erhöht, »reicher als Krösus dünkte ich mich«.[121]

An seinem 17. Geburtstag bekam Max seinen eigenen Hofstaat mit Oberst Franz Graf von Paumgarten (1787–1852) an der Spitze, mit dem er sich aber nicht gut verstand.[122] »Freye Bewegung wurde gar nicht zugegeben; von meinen Zimmern durfte ich nicht allein bis zu den nahe gelegenen meiner Mutter mich begeben. Je mehr Beschränkung der Freiheit, desto mächtiger natürlich das Verlangen danach. Mein sehnlicher Wunsch war es einmal, freilich allein oder mit einem guten Bekannten nachts auszugehen und bey einem Conditor Gefrorenes zu verzehren; weiter erstreckte sich damals mein Begehren nicht.« Obwohl Max mit allen möglichen Tricks versuchte, sich davonzuschleichen, gelang es ihm nicht. Nur »Verdruß ... und verschärfte Ueberwachung waren die Folge«.[123]

Auch wenn Max hier keine Namen nennt, zwischen den Zeilen verbirgt sich, wie so oft, die Kritik an der Überängstlichkeit seiner Mutter. Mit seinem Vater verstand sich Max überhaupt nicht, aber immerhin ließ der ihm mehr Freiheiten als Therese.[124] Auf der anderen Seite hatte Therese mehr Verständnis für ihren Sohn, wenn der mit den strengen Methoden seiner Erzieher nicht zurechtkam, und versuchte zu helfen. »Der gute große Gott leite nun alles zu einem erfreulichen Ziele, ihm wollen wir vertrauen. Er lasse Freude an Max uns erleben.«[125] Dieser Stoßseufzer von Therese zeigt, dass auch sie es nicht ganz einfach hatte, mit der Situation umzugehen.

1829 kam es zu einem Zwischenfall, der belegt, wie komplex die Situation eines Kronprinzen war. Es ging um seinen Geschichtslehrer Joseph Freiherr von Hormayr (1781–1848), der 1809 den Tiroler Aufstand mit vorbereitet hatte und später aus Österreich ausgewiesen worden war, weil er einen neuen Aufstand geplant hatte. Ludwig in seiner Begeisterung für die Freiheitsliebe der Tiroler hatte ihn 1827 nach München geholt und ein Jahr später zum Geschichtslehrer des Kronprinzen gemacht. Nun war das schon an sich eine etwas bedenkliche Sache, ausgerechnet einen Freiheitskämpfer zum Geschichtslehrer eines Kronprinzen zu machen, der einmal als König in seinem Titel den Zusatz »von Gottes Gnaden« führen sollte. So blieben naturgemäß Schwierigkeiten nicht aus.

Im April berichtete Therese ihrem Mann von einem Gespräch zwischen Hormayr und Max, in dem der Erzieher behauptet hatte, unter König Max sei alles besser gewesen und dass es unmöglich sei, dass ein Mann alles allein verstehen könne. Das waren im Grunde revolutionäre Gedanken, die auf das despotische Verhalten Ludwigs anspielten. Max hatte Therese von diesem Gespräch selbst erzählt. Er war verunsichert, ahnte, dass diese Gedanken nicht richtig waren, hatte aber nicht die Stärke, den Lehrer zurechtzuweisen. »Glaube mir, gut ist es, wenn der Aeltern Auge wacht, der Aeltern Stimme wieder ordnet, wo Zwiespalt im Innern entstehen muß. Max fühlt, daß es eine Wohlthat ist, uns vertrauen zu können.« Therese hielt es für ihre Pflicht, Ludwig zu informieren, hatte Hormayr aber bereits selber verwarnt, keinen erneuten Versuch der Einflussnahme auf Max zu unternehmen.[126]

So wie Kronprinz Ludwig seinerzeit 1804 in Göttingen studiert hatte, suchte der König nun auch für seinen Sohn die dortige protestantische Universität als Bildungsstätte für die Semester 1829/30 und 1830 aus, was weder im Vatikan noch bei Fürst Metternich in Österreich gut ankam. Die Vorlesungen, die Max bei dem protestantischen Professor Dahlmann hörte, führten dann auch tatsächlich zu Überlegungen, ob er nicht zum protestantischen Glauben übertreten solle.[127] Ludwig gab Max genaue Anweisungen nach Göttingen mit, in denen neben Verhaltensmaßregeln im Studium auch die wesentlichen Erziehungsgrundsätze wiederholt wurden: Er solle keine Heiratsversprechen geben, sich auf keinen Zweikampf einlassen und keiner geheimen Gesellschaft beitreten. Er solle die Zeit nutzen, nicht vertrödeln, sparsam sein, aber nicht geizig, sondern den Bedürf-

tigen etwas geben. Täglich morgens solle er in Sailers »Christ-
lichem Monat« lesen: »In dem Alter, in welchem Sinnlichkeit
laut spricht, thut es vorzüglich Noth durch Seelennahrung das
Geistige zu stärken, an den Willen Gottes sich immer erinnern.«
Für Max, der durch die Zeitungen von Ludwigs Frauengeschichten wusste, musste diese Ermahnung wie blanker Hohn
klingen. Ludwig gab seinem Sohn auch genaue Vorgaben, welche Themen er bei welchen Professoren studieren sollte. Jede
Woche musste er einen Brief an die Eltern schreiben – numme-
riert und abwechselnd in Deutsch und Französisch.[128]

Max fühlte sich die erste Zeit sehr einsam. Vor allem die ge-
meinsamen Familienfrühstücke bei der Mutter an den Geburts-
tagen und Namenstagen der Geschwister fehlten ihm. Er sah sie
vor sich, wie sie sich alle versammelten, wo er nun zum ersten
Mal fehlte. Wenn auch Therese aus Unerfahrenheit ihrem Ältesten in vieler Hinsicht nicht gerecht geworden war, eines hat sie
erreicht: Sie hatte ihm und allen Kindern Geborgenheit in einer
liebevollen Familie gegeben.[129]

Während Mathilde ein gutes Verhältnis zum Vater hatte, war
das Verhältnis zwischen Max und Ludwig trotz zwischenzeitli-
cher Annäherung sehr brüchig, da Ludwig kindliches Verhalten
verlangte und Max, eigentlich für sein Alter normal, darauf oft
sehr unwirsch reagierte. Seine Schwester Mathilde übernahm in
diesen Jahren die Vermittlerrolle.[130] Nach dem Vorfall mit dem
Geschichtslehrer wurde Max auch ganz offensichtlich und für
ihn verletzend aus München ferngehalten, so wie man das ja
auch schon mit Ludwig gemacht hatte. »Wie glücklich könnte
ich jetzt zu Hause sein, Euch alle erst jetzt recht genießen, und
diese unschuldigste, billigste aller Freuden ist mir geraubt;
warum, weil man mir nicht Willen oder doch sicher nicht Charakter genug zutraut, schädlichen Einflüsterungen zu widerstehen, eine schöne Aneiferung für die Zukunft! … Meinen
Namenstag werde ich hier [in Altenburg] zubringen, schmerzlich werde ich da nach München mich sehnen! Der gute Vater
weiß gar nicht, wie wehe er mir tut!«[131]

Heiratspläne: Mathilde

> »Als ich mir einig war, wie die Sache am besten
> einzuleiten sei, sagte ich unserem guten Thildchen,
> sie möge im Spazierenfahren mich begleiten«,[132]

schrieb Therese im März 1830. Sie hatte von Ludwig den Auftrag bekommen, »den schwersten für ein Mutterherz«, Mathilde, die noch keine Ahnung hatte, auf ihre bevorstehende Hochzeit vorzubereiten.

Schon mit 14 Jahren war Mathilde zum ersten Mal Objekt eines ersten Heiratsplanes aus dynastischen Gründen geworden. Dom Pedro I. (1798–1834), der zweite Sohn von König Johann VI. von Portugal, und dessen Gemahlin Charlotte Joachime von Spanien, seit 1822 Kaiser von Brasilien und seit 1826 als Peter IV. König von Portugal, hielt um ihre Hand an. König Ludwig lehnte ab, da der Dom sich überwiegend in Brasilien aufhielt. Es war dem Königspaar zu gefährlich, ihre Tochter in ein Land zu schicken, dessen Nachbarstaaten sich gerade durch Revolutionen vom spanischen Mutterland unabhängig machten.

Ein Jahr später kam bereits der nächste Heiratskandidat: Ferdinand Philippe (1810–1842), ältester Sohn Louis Philippes, des Herzogs von Orleans, der 1830 französischer König werden sollte. In Frankreich hatte man sogar an eine Doppelhochzeit gedacht: Kronprinz Maximilian sollte eine der Töchter Louis Philippes heiraten. Das Projekt war aber von vornherein aussichtslos, denn Ludwig wäre niemals freiwillig eine Verbindung, welcher Art auch immer, mit dem verhassten Frankreich eingegangen.[133]

Erst Anfang 1830 gab es den ersten Heiratsplan für Mathilde, der auch die Zustimmung des Königspaares hatte: Es ging um den Herzog Ferdinand von Kalabrien (1810–1859), der zur Zeit der Werbung noch Kronprinz des Königreichs beider Sizilien mit Sitz in Neapel, ab 1830 dort König war. Am 21. März

1830 informierte Therese ihren Mann in Italien, dass der neapolitanische Gesandte Fürst Buttera um ein Treffen mit ihr gebeten hatte, in dem er ihr mitteilte, dass man in Neapel gerne eine Doppelhochzeit hätte. Aber sie habe ihm gesagt, dass Max mit 19 Jahren noch zu jung für eine Ehe sei, Mathilde, immerhin erst 16, aber durchaus infrage käme. Und obwohl noch nichts entschieden war, stand einige Tage später zu Thereses Entsetzen bereits in der Zeitung, dass offiziell um die Hand von Mathilde angehalten worden war. »Wie unangenehm«, kommentierte sie.[134]

In den nächsten Wochen gab es nur ein Thema für Therese: die bevorstehende Hochzeit ihrer ältesten Tochter. In einem 28-seitigen Brief, den sie über drei Tage schrieb, berichtete sie Ludwig von dem Gespräch und ihren Gedanken. Nach langem Überlegen hatte sie sich entschieden, es Mathilde auf einer Spazierfahrt zu sagen. »Arglos und ganz glücklich, *ganz* allein mit mir zu fahren, folgte sie mir in den Wagen. Wie wenig ahnte ihr, *welche* Gefühle mich bestürmten – und daß ich ein heiß Gebet zum Himmel sandte, mit seynem Segen mir nahe zu seyn in diesem ernsten Augenblicke.« Mathilde »erriet« bald den Zweck des Gesprächs mit ihrer Mutter und »Thränen entrollten ihren Augen. Bald ward sie gefaßter. Als die Aeugleins nicht mehr zum Verräter unseres Gespräches werden konnten, fuhren wir nach Hause.« Dort zeigte Therese ihr ein Bild des Herzogs und las ihr aus einigen Briefen Ludwigs vor, was der Vater zu dem Thema geschrieben hatte. Selbst an einem Brief des Gesandten Buttera ließ sie Mathilde teilhaben. »Ich war überzeugt, daß Du dies bill'gen würdest; denn Offenheit (wo es dem Glück des Lebens gilt) war und ist man ihr schuldig.«

Die Informationen, die Mathilde bekam und auch einforderte, sollten ihrer Entscheidungsfindung dienen, denn gegen ihren Willen, das war für die Eltern klar, würde man sie nicht verheiraten. Mathilde wollte wissen, ob der Fürst »rein sittlichgut sey« und vor allem interessierte sie, ob die Hochzeit »nicht

zu bald« stattfinden würde. Da Ludwig sich nicht dazu geäußert hatte, ob man Mathildes Erzieherin Rottenhoff einwei-
hen sollte, entschied Therese, dass es für Mathilde besser sei,
wenn sie den »Kampf ihrer Seele« nicht vor ihrer Erzieherin
verbergen müsse.

Während Mathilde noch nachdachte, machte Therese schon
ganz konkrete Pläne. Sie wollte unbedingt, dass Mathildes
Erzieherin ihre Tochter als Hofdame nach Neapel begleitete,
auch wenn sie wusste, dass das dort nicht gerne gesehen wurde.
Aber für Mathildes »weiches Gemüthe« wäre dies am besten,
zumindest für einige Jahre. Ludwig solle das beim König von
Neapel bewirken. »Dieß wird den immer schweren Schritt ihr
sehr erleichtern, sie sich, *wie ich sie kenne,* viel leichter einge-
wöhnen; glaube es mir.«

Auch einen eigenen Beichtvater solle sie mitnehmen dürfen.
»Nicht wahr, Du versuchst es, diesem Wunsch Erfüllung zu
verschaffen.« Das Gleiche galt für die Begleitung durch eine
Kammerfrau und eine »deutsche Garderobejungfer (natürlich
katholischer Religion)«. Sie selbst habe ja sogar vier mitnehmen
dürfen.

Während Mathilde sich mit dem Bild des Herzogs und der
Idee, ihn zu heiraten, anfreundete, tauchte für Therese ein
schwerwiegendes Hindernis auf: In den in- und ausländischen
Zeitungen wurde bereits über diese Verbindung diskutiert.
Dies hatte ihr Bruder Georg zum Anlass genommen, ihr zu
schreiben und ihr mitzuteilen, dass der Prinz »verdorbener
Sitten« sei. Auch Mathildes Erzieherin hatte Therese von
dem sich verbreitenden Gerücht erzählt, der Prinz habe
»kürzlich *Gewalt* an einem Mädchen geübt … Du wirst sicher
alles aufbieten, Gewißheit zu erhalten, ob das Gerücht falsch
ist.«

Ein weiteres Problem war die ablehnende Haltung des Königs von Neapel zu der Frage, ob sich die zukünftigen Braut-
leute vor der Hochzeit kennenlernen könnten. Mathilde erklärte, dass sie den Herzog auch ohne ihn vorher zu sehen hei-

raten würde. Das war Therese »unbegreiflich« und sie schrieb fassungslos an Ludwig: »Du siehst daraus, daß unsere Tochter (wie schon einmal gesagt) *frei* von jedem – frei auch von meinem Einfluße sich bewegt. Dieß muß so seyn, wo es dem Glück *ihres* Lebens gilt.«

Sie hatte große Sorgen, dass Mathilde es später bereuen könnte, den Herzog ohne Kennenlernen geheiratet zu haben. Ludwig und sie wollten ihn daher unbedingt im nächsten Winter oder Frühling nach München einladen. Falls der König von Neapel das aber weiterhin verweigerte, müsse Mathilde tatsächlich mit sich ins Reine kommen, was sie dann tun wolle. Wenn sie es ablehne, würde die Heirat vielleicht gar nicht zustande kommen. Und das sollte Mathilde niemals Therese ankreiden können, also müsse sie selbst entscheiden.

Ein anderer sehr heikler Punkt war der Zeitpunkt der Eheschließung, den Therese gerne um ein Jahr nach hinten verschieben wollte. »Wohl muß es dem König so wie uns daran liegen, daß Mathilde mehr erstarke. Dir kann und muß ich es sagen (ob Du weiter davon Gebrauch machen kannst und willst und *wo,* entscheide selbst), daß unsere Tochter noch kein volles Jahr *große* Person ist, gewisse Zeichen dessen noch nicht gehörig geordnet sind, oft noch mehrere Wochen ausbleiben; denn dies bei gänzlich *erstarkten,* ausgewachsenen Personen der Fall ist.« »Große Person« hieß in diesem Falle, dass Mathilde ihre erste Periode erst vor knapp einem Jahr bekommen hatte und da alles noch sehr unregelmäßig war, man eine sofortige Schwangerschaft nicht erwarten konnte.[135] Aus den Plänen, die doch schon sehr weit gediehen waren, wurde am Ende nichts, da der König von Neapel das Interesse verlor, als klar wurde, dass aus seinem Plan einer Doppelhochzeit nichts werden würde.

Ende 1832 gab es kurzzeitig ein weiteres Heiratsprojekt: der 35-jährige, verwitwete Leopold II. Großherzog der Toskana (1797–1870). Aber auch daraus wurde nichts. Leopold entschied sich für Prinzessin Maria Antonia aus Neapel.[136]

Ende Februar 1833 lernte Mathilde, inzwischen 20, den Erbgroßherzog Ludwig von Hessen und bei Rhein (1806–1877)
kennen, bereits am 30. März war die Verlobung. Mathilde hatte
zugestimmt, obwohl sie lieber in die Toskana gegangen wäre.
Aber Darmstadt war näher an ihren Eltern, was sie als Vorteil
sah. So schrieb sie an ihren Bruder Otto, sie sei mit ihrem Los
zufrieden,[137] was nicht gerade von großer Verliebtheit zeugte.
Da die Braut katholisch, der Bräutigam aber protestantisch war,
gab es ein Problem.

Am 27. Mai 1832 hatte der Papst den Erlass »Summo jugiter
studio« bekannt gegeben, in dem festgelegt wurde, dass der
katholische Klerus sich nicht an der Trauung von gemischten
Ehen ohne Dispens – und den gab es nur bei Zusicherung der
katholischen Kindererziehung – beteiligen durfte. Eine solche
Dispens war natürlich kaum möglich, wenn der Bräutigam protestantisch war und ein protestantischer Thronfolger für das
Land aus der Ehe hervorgehen sollte. Auf Protest Ludwigs I.
bei Papst Gregor XVI. gab dieser schließlich nach. So wurde
Mathilde im Dispens nur angehalten, sich ihre Religionsfreiheit
zu bewahren und alles, was sie vermochte, zu tun, damit die
Kinder katholisch erzogen würden. Mathilde schrieb selbst an
ihren Bruder Otto, dass sie ihrer Religion immer treu bleiben
werde. »Was die Religion der Kinder betrifft, so wäre es mir
freilich lieber, sie hätten die meinige, allein das kann nicht sein,
und so füge ich mich hinein.«[138]

Therese blieb Mathildes Vertraute, auch in Sachen »Schick-
lichkeit«. Es ging in ihren Gesprächen beispielsweise um eine
Frage, die auch schon Therese als junge Braut Kopfschmerzen
bereitet hatte: Der Bräutigam wollte das »Du«. Nach Rück-
sprache mit der Mutter, schrieb Mathilde ihm: »Ich fragte meine
Mutter um Rat, welche mir sagte, daß sie, gleich mir, *schriftlich*
nur Du zu meinem Vater als Braut gesagt habe.«[139]

Mathilde verbrachte den 26. Dezember 1833, den Tag ihrer
Hochzeit, im Roten Salon ihrer Mutter, die Trauung sollte um
sieben Uhr abends stattfinden. Therese setzte ihr den Myrthen-

kranz auf und gemeinsam gingen sie in das Spiegelzimmer Ludwigs, wo die Großmutter und die Familie versammelt waren. Der Münchner Nuntius hatte nicht nur durchgesetzt, dass die Trauung nicht in der Hofkapelle stattfinden sollte – sondern in einem Saal des Schlosses, dem Herkules- und heutigem Max-Joseph-Saal –, er hatte auch verhindert, dass andere katholische Geistliche anwesend waren. Die Hochzeit fand in beiden Riten statt, die Dispensbestimmungen wurden vom Nuntius streng überwacht. Für ihn war die Trauung zwischen der katholischen Mathilde und dem protestantischen Ludwig eine, wie er sich ausdrückte, »Verbindung zweier sich widersprechender Dinge, nämlich einer katholischen Handlung und einer protestantischen Taschenspielerei«.[140]

Nach dem anschließenden Bankett, dem der Nuntius fernblieb, wurde Mathilde in ihr Zimmer gebracht und von ihrer Mutter und der Königinwitwe Karoline aufgeklärt. Gegen Mitternacht gab Therese Ludwig Bescheid, der dann seinen Schwiegersohn ins Schlafzimmer zu Mathilde brachte.

Zwei Wochen später erfolgte der Abschied von der Familie und die Fahrt in ihr neues Zuhause nach Darmstadt.[141] Der Kontakt zur Familie, vor allem auch zur Mutter, die sehr unter der Trennung von ihrer ältesten Tochter litt, blieb sehr eng durch zahllose Briefe sowie jährliche Besuche in München, Berchtesgaden, Brückenau und Aschaffenburg.

König Otto von Griechenland

>Therese theilte ich die Nachricht mit, die sich
keineswegs darüber freute«,

notierte Ludwig im Mai 1832, nachdem er die Nachricht bekommen hatte, dass sein 16-jähriger Sohn Otto griechischer König werden sollte. Thereses Antwort soll gewesen sein: Das »Beste was wir haben, geben wir Griechenland.«[142]

Ludwig dagegen freute sich. So wie vor Jahren den Tiroler

Aufstand, so hatte er auch den Befreiungskampf der Griechen gegen die Besetzung durch das Osmanische Reich von Anfang an nicht nur durch begeisterte Gedichte unterstützt. Er hatte die Schirmherrschaft über den von Friedrich Wilhelm Thiersch gegründeten Münchner Griechenverein übernommen und 1826 nach seiner Thronbesteigung zur finanziellen Hilfe für Griechenland aufgerufen und Oberstleutnant Karl Wilhelm von Heideck mit einigen Offizieren zur Ausbildung der griechischen Truppen geschickt. Entscheidend für den Erfolg der Griechen waren allerdings die Truppen der Engländer, Franzosen und Russen, die in der Seeschlacht von Navarino (1827) die Osmanen besiegten. Die französische Regierung machte auf der anschließenden Konferenz in London, die sich mit der Bildung einer stabilen Regierung und der Wahl eines Oberhauptes für Griechenland beschäftigte, den Vorschlag, »dass die Ehre dem Bruder eines Fürsten zukomme, der so ein großes Interesse am Schicksal der Griechen gezeigt hat«. Man dachte an Ludwigs Bruder Karl. Der König reagierte sehr erfreut, aber Karl lehnte ab. Daher brachte Ludwig den damals erst 14-jährigen Otto als Ersatz ins Gespräch, mit Sicherheit ohne das vorher mit Therese besprochen zu haben. Sein Hauptargument: Auch Russland würde diesen Vorschlag wohl akzeptieren. Otto sei außerdem noch jung genug, um sich an die neuen Verhältnisse anpassen zu können.[143]

Es gebe Gerüchte, schrieb der preußische Gesandte nach Berlin, wonach der französische König der Kandidatur Ottos unter der Bedingung zustimmen würde, dass Otto in Griechenland weitererzogen würde. Der König würde dies wohl gutheißen, aber nicht die Königin, die sich ohne Zweifel nicht von einem Sohn in so »zartem Alter« trennen würde, um ihn einem »Schicksal zu überlassen, das eher als schwierig denn brillant zu bezeichnen sei«.[144] Nach Protesten der Österreicher, die unter Führung Metternichs die Unterstützung des Freiheitskampfes durch Ludwig schon immer sehr skeptisch betrachtet hatten, scheiterte das Vorhaben zunächst.[145]

Erstes vorläufiges Oberhaupt Griechenlands wurde daraufhin Ioannis Kapodistrias, der anderthalb Jahre später ermordet
wurde. Um die folgenden Machtkämpfe im Land unter Kontrolle zu bringen, griffen England, Frankreich und Russland
erneut ein. Als man diesmal an den bayerischen König heran-
trat, reagierte er verhaltener, weil sich, im Detail besehen, doch
bei aller Begeisterung zu viele ungeklärte Fragen ergeben hatten. Da war das Problem der Religion – würde Otto zum orthodoxen Glauben übertreten müssen? Dann die Unklarheiten
der Finanzierung. Wer sollte die Sicherheit des Prinzen garantieren? Das Hauptproblem für Ludwig war aber seine Frau, die
nach wie vor nichts von diesen Plänen hielt. Und da war natürlich Otto selbst. Er habe Angst wegen der »heiklen Karriere«,
die man für ihn vorgesehen hatte.[146] Er sei voll »Sanftmut und
Güte«, aber »keineswegs ausgestattet mit dem Grad an Energie und Standfestigkeit, die er ohne Zweifel brauchte, um eine
Nation wie die Griechen gut zu regieren, außerdem ist er
unglücklicherweise ein wenig schwerhörig«, so sah es der preußische Gesandte. Daher würde Otto wohl kaum eine Chance
haben.[147]

Die Probleme, was Finanzierung und Aufbau eines funktio-
nierenden Staatswesens anbetraf, ließen sich in den Verhandlungen zwischen König Ludwig und den drei Großmächten
England, Frankreich und Russland recht unkompliziert lösen.
[148] Für den Aufbau einer Verwaltung und eines Heeres wurde
laut Baron Mortier eine Anleihe aufgenommen, die von den
drei Großmächten garantiert wurde.[149] Schwieriger war die
Frage der Regentschaft bis zu Ottos Volljährigkeit 1835. Ludwig bestimmte schließlich einen Regentschaftsrat, der aus engen
Vertrauten bestand.

Der Vertrag zwischen Bayern und den drei Großmächten
wurde am 7. Mai 1832 unterschrieben, König Ludwig unter-
zeichnete für seinen minderjährigen Sohn, die griechische Nationalversammlung stimmte rasch zu und Thereses Sohn Otto
war damit mit 17 Jahren zum König von Griechenland gewor-

den – eine Aufgabe, der er, wie sich zeigen sollte, in keiner Weise
gewachsen war.

Seine Schwester Mathilde drückte in einem Brief an ihren
Bruder Max die Befürchtungen der ganzen Familie aus: »Gott
gebe, daß er in diesem fernen, von so vielen Parteien bewegten
Lande glücklich regiere!«[150]

Zunächst aber fuhr Otto, wie geplant, ein weiteres Mal mit
seiner Mutter nach Bad Doberan ins Kurbad an der Ostsee. Von
dort schickte Therese Briefe an »mein Herzensmänchen«, die
die neue Rolle ihres Sohnes mit keinem Wort erwähnten.[151]
Und das »sorglich Mänlein« bemühte sich vor allem in einem
Punkt, Therese entgegenzukommen, denn er zögerte die
Abreise seines Sohnes hinaus, was nicht alle erfreute und vor
allem die drei Großmächte verärgerte.[152]

Die romantische Verklärung des nur ca. 30 Jahre dauernden
»griechischen Abenteuers«, wie es in der Geschichtsschreibung
häufig genannt wurde, war auch Thema einer Aufführung im
Hoftheater zu Ehren Ottos Ende November 1832, eine Woche
vor seiner nun doch vorgezogenen Abreise. Die ganze königliche Familie schaute zu, als Hellas in Gestalt einer Mutter auftrat, die das Leid ihres Volkes beklagte, das einst so groß war
und nun im Elend lag. Sie betete zum Himmel um Rettung ihres
Volkes. Dann trat die Bavaria auf.

Sie beschreibt der Hellas ein »lebend Diadem von edlen Steinen« als Synonym für die königliche Familie. In der Mitte ein
Diamant »von unschätzbarem Werthe«, Ludwig, daneben eine
»Perle rein und glänzend, wie des Meeres Schoos die gleiche nie
entstiegen«, für Therese. Und rings herum »acht Juwelen herrlich strahlen«, die Kinder.

Und aus diesem Diadem habe die Gottheit einen zu »deines
Heiles Talismann erkohren, ihn begabt mit hoher Weihe«. Die
folgenden Worte der Bavaria könnten von Therese stammen,
denn sie entsprachen ihrer Gefühlslage eine Woche vor Abreise
ihres Sohnes:

Mit Wehmuths-Thränen zwar, doch mit Ergebung
Will ich der Gottheit Spruch mich unterwerfen:
Ich trenne mich von ihm; ich geb' ihn dir,
Aus meines Herzens Tiefe geb' ich ihn;
Ehr' ihn als unverletztes Heiligthum,
Daß nie ein Lüftchen unsanft ihn berühre,
Kein gift'ger Hauch sein strahlend Licht verdunkle,
Wird deine Sorge sein; und der Gedanke
Daß liebend du ihn wahrest, – sey mein Trost.
Du bist ja treue Mutter auch, wie ich,– Weißt was es
heißt, sich von dem Kind zu trennen,
An dem das Herz mit ganzer Liebe hängt!
Dein Sohn wird er, du wirst ihm Mutter seyn.[153]

Prinz Adalbert schreibt, dass Therese geweint haben soll, während Ludwig wegen seiner Schwerhörigkeit die Worte nicht verstand.[154] Mit Sicherheit kannte er aber den Text und der Inhalt entsprach genau seinen Vorstellungen: Otto würde den Griechen Heil und die verlorene Größe mit seiner, Ludwigs, Unterstützung zurückbringen. Am 6. Dezember 1832 reiste Otto »unter großer Antheilnahme der Bevölkerung« ab.[155] Der Schmerz der Mutter, den so jungen und unerfahrenen Sohn in ein Land ziehen lassen zu müssen, wo so viele Schwierigkeiten zu überwinden sein würden, könne nicht geschildert werden, schrieb Graf de Sercy nach Paris. »Wiederholt hat sie einen Aufschub seiner Abreise herbeizuführen getrachtet und nur die von aller Welt gefühlte Notwendigkeit der Anwesenheit des Königs in Griechenland hat den König zur Abreise bestimmt.«[156] Während Ludwig sich hinter Perlach verabschiedete, begleitete Therese Otto zusammen mit ihrer Tochter Mathilde nach Bad Aibling.[157] Die dortigen Bürger beschlossen schon bald danach, an jener Stelle des Abschieds ein Denkmal in Form eines gotischen Spitzturmes, das Therese als Mutter Maria zeigt, zu errichten. Ein Spendenaufruf an alle Frauen und Mütter in Bayern brachte das nötige Geld, und so konnte an Ottos

20. Geburtstag, dem 1. Juni 1835, das Denkmal eingeweiht werden. Die Inschriften auf dem Sockel verherrlichen Therese als Mutter und lauten: »Bayerns Königin Therese weinte hier um ihren vielgeliebten Sohn Otto herbe Abschiedsthränen. Möchten sie zu Freudenthränen werden!« und »König Ludwigs zweitgeborener Sohn Otto riß sich hier vom Herzen der Mutter, um der Retter und König Griechenlands zu werden. Am 6. Dezember 1832.« – »Die Bewohner des königlichen Landgerichtes Rosenheim und theilnehmende Frauen aus allen Gauen Bayerns verewigten hier ihre und der Königin-Mutter opfernde Liebe. Am 1. Juni 1835.«

Cholera-Alarm

>»Ich kann mich deutlich erinnern, dass das Trinkwasser, welches für uns Kinder das einzige Getränk bildet, bei nachhaltigem Regen, und besonders bei Tauwetter, trübe und flockig war«,

schrieb Prinz Leopold (1846–1930), Luitpolds Sohn und Thereses Enkel, über das veraltete Trink- und Abwassersystem Münchens. Nicht von ungefähr galt München als eine der »ungesündesten Städte Europas«. In der inneren Stadt wurde das Trinkwasser den im Hof des jeweiligen Hauses gegrabenen Pumpbrunnen entnommen, die oft nahe der Abort- und Jauchegruben lagen. Erst 1870 würde es ein modernes Abwassersystem und damit auch eine saubere Trinkwasserversorgung geben.[158]

Das war sicherlich auch eine Folge der Choleraepidemien, die 1830 zum ersten Mal Europa erreichten. Ende August 1831 war die Cholera in Berlin angekommen. Therese war zu der Zeit zusammen mit ihrem Sohn Otto in Bad Doberan, Max befand sich in Berlin und machte sich große Sorgen. Daher schrieb sie ihm am 9. August, dass die »so sehr gefürchtete Cholera« immer näher rücke. Nach Ludwigs Ansicht sollte

Max die Stadt sofort verlassen, wenn die königliche Familie von Preußen sich entfernte. »Der Himmel gebe, daß der gefürchtete Fall nicht eintrete, Du ungestört Deine Studien, und ich mein Baden vollenden möge.«[159]

In der Bevölkerung war die Panik groß, da niemand genau wusste, was die Epidemie verursachte. In den Städten wurden alle Menschenansammlungen verboten: Bälle, Theatervorführungen, selbst die Gottesdienste in den Kirchen. So lange bis man feststellte, dass die Cholera trotz aller Vorsichtsmaßnahmen an manchen Stellen ausbrach, während an anderen, wo man einfach wie bisher weiterlebte, nichts passierte. »Mit gutem Beispiel ging der Berliner Hof voran, der trotz der Todesfälle in der Hofgesellschaft so tat, als sei nichts geschehen und weiter Empfänge und Bälle veranstaltete.«[160] So unbesorgt konnte man bei Hofe aber auch nur sein, weil man sich im Vergleich zur übrigen Bevölkerung relativ gut geschützt fühlte. Und so blieb auch Kronprinz Max in der Stadt, erst am 6. September reiste er nach Berchtesgaden ab, wo sich auch Ludwig befand.

Über Galizien und Prag war die Cholera nach Wien gedrungen und hatte dort 2000 Todesopfer gefordert, insgesamt waren es allein in Deutschland bereits 250 000. In München ging man dazu über, alle Reisenden und Waren aus den betroffenen Ländern zu kontrollieren, um ein Übergreifen zu verhindern.[161] In dieser Situation kam das Verhalten des bayerischen Königs, der, anders als der preußische, mitten in der größten Gefahr seine Hauptstadt verließ, um in Berchtesgaden Urlaub zu machen, überhaupt nicht gut an. Dabei hatte sich Ludwig, wie so oft, mit Sicherheit nichts dabei gedacht. Er fuhr immer im Herbst nach Berchtesgaden. Während man sich in München auf die Epidemie vorbereitete – ohne die Bevölkerung zu alarmieren –, indem man heimlich Spitäler zur Verfügung stellte und eine Ärztekommission mit der Erforschung von Bekämpfungsmaßnahmen beauftragte, setzte sich der König für zwei Monate ab. »Alle sind peinlich berührt!«, schrieb Baron Mortier nach Paris.[162]

Noch schlimmer wurde es, als man Ludwig Maßnahmen zur Bekämpfung der Cholera vorschlug, der König aus Berchtesgaden aber signalisierte, dass er keinen Handlungsbedarf sehe.[163] Das verärgerte nicht nur die Regierungsbeamten, sondern auch die Abgeordneten des Landtags, die daraufhin darüber diskutierten, ob man dem König nicht bei der nächsten Bewilligung seiner Zivilliste 70 000 Gulden streichen solle.[164] Der französische Gesandte Rumigny schrieb, dass vor allem die II. Kammer unzufrieden sei, »weil der König sich allen Maßnahmen störrisch widersetzt hat, die das öffentliche Interesse verlangt. In einem Umstand, wo die Gesundheit des Volkes als einen Akt der Humanität es verlangt.« Nicht nur die Zivilliste wollte man kürzen, sondern hatte auch schon die Gelder für die »Hofbau-Intendanz« gemindert, um Ludwig direkt an seiner empfindlichsten Stelle zu treffen, ohne seine Person direkt anzugreifen und unter Wahrung der parlamentarischen Formen.[165]

Das endlich veranlasste Ludwig, seinen Urlaub in Berchtesgaden abzukürzen und bereits am 2. Oktober mit dem Kronprinzen, Therese und Otto auf dem Oktoberfest zu erscheinen, wo sie von 40 000 Besuchern begeistert empfangen wurden.[166]

Während München 1831 noch mit dem Schrecken davonkam, wanderte die Cholera weiter. Über Spanien und Südfrankreich erreichte sie 1835 Italien, im August 1836 den bayerisch-österreichischen Grenzort Mittenwald und kurze Zeit später München, wo sie von Oktober 1836 bis Januar 1837 wütete.[167] Diesmal gab es auch in München zahlreiche Tote, allerdings weniger unter der ärmeren Bevölkerung, sondern in den mittleren und höheren Schichten. Auch in der Residenz selbst verzeichnete man einen Toten.[168]

Insgesamt aber verhüteten die prophylaktischen Maßnahmen der Regierung Schlimmeres. Und: Der König blieb diesmal in der Stadt. Wenn er geahnt hätte, dass seine Frau 20 Jahre später an der Cholera sterben würde, hätte er sich sicherlich mehr um die Trinkwasserversorgung der Stadt und eine angemessene Abwasserentsorgung gekümmert.

Revolutionäre Zeiten 1830–1834

>»Stimmst Du dafür, dass ich nicht nach Altenburg
abreisen soll, füge ich mich Deinem Ausspruch als
gehorsame Frau – und kehre dann, wenn es Dir
recht ist, nach Berchtesgaden zurück«,[169]

vermeldete Therese Anfang September 1830 aus München zu
Ludwig nach Berchtesgaden. Sie wollte nach Altenburg reisen,
um dort mit ihren Geschwistern und ihrer Tante Therese von
Thurn und Taxis das Fest zum 50. Regierungsjubiläum ihres
Vaters zu feiern. Obwohl es dort Unruhen gegeben hatte, hoffte
Therese, dass Ludwig ihr die Entscheidung überlassen würde,
ob sie fahren dürfte. Falls es zu weiteren Unruhen käme, »was
Gott von meinem alten Vater abwenden möge«, dann würde sie
umkehren. »Kinderliebe zöge mich auch in diesem Fall in die
Nähe des theuren Vaters, doch als Deine Frau darf ich dieser
Stimme wohl nicht allein Gehör geben.« Ludwig überließ ihr
die Entscheidung, »aber große Vorsicht, wenn Du Dich hin-
begiebst«,[170] was er ihr, damit es schneller ging, sogar über eine
Stafette übermitteln ließ. Therese bedankte sich für das Vertrauen und versicherte ihm, dass sie sofort heimkehren würde,
wenn »irgendeine Gefahr Deiner Mäusekönigin drohe«.[171]

Man schrieb das Jahr 1830. In Frankreich hatte am 2. August
König Karl X. nach sechs Jahren Regierung abdanken müssen.
Nicht nur sein Luxusleben auf Kosten des Volkes, sondern auch
sein willkürlicher Umgang mit den gewählten Abgeordneten
und der Verfassung, die eigentlich die Grundlage seiner Regierung bilden sollte, und nicht zuletzt die schlechte Wirtschafts-
lage hatten zu bewaffneten Aufständen im ganzen Land und
in Paris zu Straßenschlachten geführt, sodass der König mit
seiner Familie nach England ins Asyl flüchtete. Daraufhin rief
die Kammermehrheit die konstitutionelle Monarchie aus und
wählte den Herzog von Orleans zum neuen »Bürgerkönig«.[172]
Auch wenn diesmal kein König geköpft wurde, schreckten

die Nachrichten aus Paris die Herrscher im übrigen Europa auf. Ludwig war in Brückenau, als die Neuigkeiten aus Frankreich eintrafen. In ihm wurden die Erinnerungen an die jahrelange Flucht vor den französischen Truppen und den Tod der Mutter wieder wach. Er zog sich zwei Tage lang vollständig zurück, machte einsame Spaziergänge durch die Wälder. »Es soll einen heftigen Eindruck auf ihn gemacht haben«, schrieb von Küster an den preußischen König. »Er hat aber zu aller Erstaunen, tagelang mit niemandem darüber gesprochen. Allgemein werde ein Krieg nicht ausgeschlossen.«[173]

In Bayern blieb es zunächst ruhig, nur in Augsburg und Regensburg hatte es vereinzelt Maueranschläge gegeben, die eine Herabsetzung der Lebensmittelpreise forderten und mit Brandstiftung drohten. Die Regierung hatte trotzdem Sorge wegen der bevorstehenden Ständeversammlung. Sie fürchtete auch in Bayern Diskussionen um mehr Demokratie.[174]

Therese, die sich an politischen Diskussionen kaum beteiligte, wurde immer dann aktiv, wenn etwas ihr privates Leben betraf. So auch in den Tagen vor ihrer Abreise nach Altenburg, wo sie Erkundigungen über die Lage im Land einholen musste, um einen sicheren Reiseweg für sich zu finden. Sie wandte sich an die Kurfürstin, die ihr riet, nicht in Hof zu übernachten, »weil man daselbst etwas unzufrieden sey – ich *glaube* über meinen Ausflug«. Es bestand die Befürchtung, dass man versuchen würde, Therese ein Schreiben mit Forderungen an Ludwig zu übergeben, und es in dem Zusammenhang einen »Zusammenlauf« geben würde. »Mir deucht, Du – mein trefflicher Ludwig, dem das Glück seiner Bürger so warm zum Herzen spricht – mußt Alles wissen...Hier [in München] sollen (so sagten Mehrere und auch Carl) die Bürger gut gesinnt seyn. Alles grüßt, wo ich vorüberfahre, aufs *Freundlichste*.« Allgemein gebe es in den Städten wegen der Verteuerung der Lebensmittel mehr Unruhe als auf dem Lande.[175]

Therese kam am 21. September um Mitternacht in Altenburg an, ihr Bruder Eduard kam ihr mit einem Begleiter und zwei

Posten entgegen. An den Toren stand kein Militär, sondern die »in Blitzesschnelle« gebildete Nationalgarde. Überall waren die Straßen beleuchtet, trotz der späten Stunde, und in den Straßen fanden sich zahlreiche Patrouillen. »Ich lüge nicht, daß ich beklommenen Herzens mich dem Schloße näherte.« Der Vater hatte auf sie gewartet, umgeben von Onkel Georg und Tante Therese, ihrem Bruder, der Schwägerin und Charlotte. Als ihre Tante in Altenburg angekommen war, hatte sie »meinen guten alten Vater *gebeugt*, ja sehr *ergriffen* von all dem Vorgefallenen« gefunden. Immer wieder habe er gesagt, »daß jede Freude nun zerstört« sei. Die Nachricht von ihrer Ankunft habe ihn aufgeheitert »und daß den Altenburgern durch mein *Kommen* bewiesene *Vertrauen*, [habe] hier einen sehr guten Eindruck gemacht. Dieß Alles danke ich Dir, mein Ludwig.«[176]

Ihre Brüder erzählten ihr »die *détails* über die Schreckensnacht, die bei der Erzählung mir die Haare zu Berge stiegen machten«.[177] Schon in der Nacht des 11. September hatte es Plünderungen von Aufständischen im Haus des herzoglichen Baurats gegeben. Zwei Tage später brachen wieder Unruhen aus, die Bürger wurden daraufhin aufgerufen, ihre Beschwerden aufzuschreiben. Aber obwohl eine Bürgergarde für Ordnung sorgen sollte, plünderte eine Menschenmenge »Häuser und Wohnungen von Staatsbeamten und städtischen Beamten«. Gegen zwei Uhr morgens zogen sie sogar ins Schloss ein.[178] Der Herzog erschien daraufhin am nächsten Morgen mit seinen Söhnen im Rathaus, um die Beschwerden des Volkes »mit väterlicher Theilnahme« entgegenzunehmen und Erleichterung zu versprechen, wie die »Allgemeine Zeitung« in München schrieb.[179] In einer Proklamation an die Bürger Altenburgs versprach der Herzog »eine Repräsentation der Bürgerschaft durch von ihr selbst aus allen Ständen gewählte Vertreter und eine Verminderung der Abgaben«.

Therese war sicher, dass der Vater das Versprechen halten würde. Nach der Proklamation hatten sich einige um den Vater und Bruder gedrängt und mit geballten Fäusten gerufen: »Nur

Wort gehalten, sonst wehe über Altenburg!«[180] Anführer des
Aufstandes seien, so Therese, nicht etwa Untertanen des Vaters,
sondern »fremde böse Geister«, die aber entkommen seien.[181]
Dass die Aufstände Teil des Zeitgeistes waren und es um die
Rechte der Untertanen ging, die Gleichheit vor dem Gesetz forderten; Rechte, nicht väterliche Güte und Almosen – das sah sie
nicht. Altenburg galt damals als politisch sehr rückständig und
konservativ. Der Herzog hatte im Gegensatz zu Bayern den
Bürgern nicht einmal eine Verfassung zugestanden. Das 50-jäh-
rige Regierungsjubiläum des Vaters wurde unter diesen Umständen zu einer eher wehmütigen Feier. Therese war sehr besorgt,
dass ihre Anwesenheit zu neuen Unruhen führen würde. Schon
von München aus hatte sie daher ihren Bruder Joseph gebeten,
alle großen Feste zu unterlassen und den 22. September nur im
Familienkreis feiern zu lassen,[182] was sich aber nur begrenzt
umsetzen ließ.

Auch die nächsten Wochen von Thereses Aufenthalt in
Altenburg waren geprägt durch den Wunsch, möglichst keinen
Unmut unter der Bevölkerung zu erregen durch aufwändige
Fahrten oder Feste. Eigentlich wollten alle einen Ausflug nach
Eisenberg machen, der aber wurde abgesagt, weil es in der Gegend »einige Gährung« gebe. »Gescheiter ist dieß wohl, doch
fügte ich mich schweren Herzens drein.«[183] Kleinere Ausflüge
aber waren möglich, auch auf die geliebte Wildschweinjagd
konnte der Vater wieder gehen.[184] In Altenburg war es inzwischen wieder ruhig geworden. Therese schrieb Ludwig, sie
hoffe, dass sich auch in den anderen Orten »die Gemüter beruhigen« würden, damit sie Ausflüge machen könne.[185] Erst
durch ihre politisch sehr versierte Tante Therese von Thurn und
Taxis, die auch in Altenburg war, wurde sie alarmiert. Es ging
um ein bevorstehendes Großereignis: die Grundsteinlegung der
Walhalla, die Ludwig am 18. Oktober 1830 zum Jahrestag der
Völkerschlacht bei Leipzig plante.

Bereits vor ihrer Abreise nach Altenburg hatte ihr die Kurfürstin erzählt, dass man in Regensburg schon über den Kos-

tenaufwand diskutierte, den der Empfang des Königspaares bedeuten würde. Ludwig, der für große Empfänge ohnehin nicht viel übrig hatte, wollte das Geld lieber den Armen geben.[186] Nun hatte Therese mit ihrer Tante gesprochen und erfahren, dass die Stadt Regensburg bereits 26 000 Gulden aufgenommen hatte. Und es wäre überall großer »Jammer«, wenn nun alles verboten würde, das könnte sich »nachtheilig auf die Stimmung der Bürger« auswirken. Die Trachtenanzüge für die Schützencorps und die anderen Gruppen waren schon angefertigt, »folglich Jammer in allen Reihen, wenn die Regensburger sich nicht darin zeigen dürfen«. Auch für die anderen Gruppen waren die Anzüge fertig, auch hier wäre der Unmut groß, wenn alles umsonst wäre. »Wissen mußt Du alles, das ist mein Grundsatz. – Entscheiden wirst Du dann und gewiß das Rechte finden und bestimmen… Danken werden es Dir die Regensburger, wenn sie (wofür nun einmal Geld *ausgegeben* ist) sie auch zeigen dürfen.« Und wenn er dann alles streiche, was darüber hinausgehe, würden sie »diese zarte Rücksicht dem Landesvater danken«.[187]

Ludwig nahm angesichts der angespannten Lage Thereses Ausführungen sehr ernst, allerdings wohl eher, weil er seiner Cousine von Thurn und Taxis traute und ihren Sachverstand kannte. Er schickte einen Brief an sie mit Fragen, deren Antworten Therese ihm aber mündlich überbringen würde.

In Bayern war es zu dem Zeitpunkt noch relativ ruhig, was den preußischen Gesandten von Küster angesichts der allgemeinen Unruhen doch verwunderte, denn der König von Bayern sei »für seine Person gar nicht öffentlich geliebt«, trotzdem sei der »öffentliche Geist gut und Zufriedenheit vorhanden«. Nur die gestiegenen Preise für Lebensmittel, besonders Bier und Fleisch, sorgten für Unruhe. Man fürchtete Proteste auf dem Oktoberfest, wenn sich 30 000 bis 50 000 Menschen versammeln würden und der König erscheine. Daher habe man eine Stafette nach Berchtesgaden geschickt, damit der König die Preise im Lande senken solle. Trotzdem war die Besorgnis groß, denn im bevorstehenden Winter, wenn die Arbeiten an den

Bauten ruhen, würden viele Handwerker arbeitslos. Eine Verordnung vom 23. September senkte dann die Mehl-, Brot- und Fleischpreise. Außerdem wurden die Wachen in München verdoppelt, nachts zogen Militärpatrouillen durch die Stadt.[188] Auch der französische Gesandte sah damit die Gefahr in Bayern gebannt, da die Regierung die Bierpreise um ein Drittel gesenkt habe und Bier sei nun mal das »Hauptgetränk und damit Hauptnahrungsmittel der Bayern«.[189]

Beim Oktoberfest blieb es tatsächlich ruhig, der größte Teil der 50 000 begrüßte den König freundlich. Trotzdem war die Nationalgarde in Alarmbereitschaft, denn der König hatte etwa 40 Briefe erhalten, teils anonym, in denen er vor einem Anschlag gewarnt wurde.[190] In München kam es erst am 24. Dezember zu »tumultartigen Vorgängen«. In der Christnacht machten Studenten »Unfug«. Als einige von ihnen verhaftet wurden, brachen Tumulte aus, Truppen griffen ein. Am 29. wurde die Universität für einige Tage geschlossen, es hieß, die königliche Familie sei in Gefahr. Die Polizei verbot vorsichtshalber alle Versammlungen, die nicht besonders genehmigt waren. Aber letztlich waren es nur Studentenunruhen, sie hatten keine politische Dimension, von Revolution gar nicht zu reden. »Die Gerüchte waren schlimmer als die Realität«, schrieb Graf Rumigny nach Paris.[191] Anfang 1831 sah es aber schon anders aus. Man befürchtete allgemein, dass es wieder zum Krieg gegen Frankreich kommen könne, die Franzosen verstärkten ihre Truppen in den französisch-bayerischen Grenzgebieten, in der zu Bayern gehörenden Rheinpfalz.

Um die Berichte von Aufständen in anderen Ländern fernzuhalten, führte man in Bayern im Februar 1831 die Pressezensur wieder ein.[192] Im Land, besonders unter den niederen Klassen »herrscht großes Unbehagen mit dem allgemeinen Zustand und eine sehr laute Mißstimmung über die nahrungslosen Zeiten, den Druck der Abgaben und die schlechte Verwaltung der Justiz und die Administrations-Beamten ... Man hört hier nur das allgemeine Urtheil, daß es schlimmer nicht werden könne.«[193]

Die Verantwortung dafür lag beim König, meinte Graf Rumigny. Er sei ein »Mann der Widersprüche, … ohne Plan, ohne Vision, ohne Charakterfestigkeit, ein Mann, der auf die Eingebung des Augenblicks hört«, kurz, ein »undefinierbares Wesen«.[194]

Ein Höhepunkt der Unruhen war sicherlich das Hambacher Fest vom 27. Mai bis 1. Juni 1832. Es fand auf dem Hambacher Schloss in der Rheinpfalz statt. Dort trafen sich Studenten und andere Oppositionelle, um für nationale Einheit und die Souveränität des Volkes zu demonstrieren. Die bayerische Regierung hatte im Vorfeld vergeblich versucht, das Fest zu verhindern.

Ludwig weilte währenddessen wieder einmal in Italien, wo er die Florenzis im Schloss von Ascagnano besuchte, das er 1832 für Marianna und Ludovico zurückgekauft hatte – offiziell natürlich für Ettore. Therese, die sich derweil bei ihrem Kuraufenthalt in Bad Dürckheim befand, schickte Ludwig einen Ausschnitt aus dem »Zweibrückener Allgemeinen Anzeiger« vom 15. Mai 1832 über das bevorstehende Fest. Ihr einziger Kommentar lautete wie immer: Sie halte es für ihre Pflicht, ihn zu informieren.[195] Am 27. Mai versammelten sich 20 000 bis 30 000 Teilnehmer aus allen Bevölkerungsschichten aus dem In- und Ausland bei der Schlossruine. Die Regierungen aller Bundesstaaten reagierten umgehend: mit stärkeren Repressalien, überall dort, wo man revolutionäre Umtriebe vermutete. Am 5. Juli 1832 beschloss die Bundesversammlung zehn Artikel »zur Aufrechterhaltung der gesetzlichen Ruhe und Ordnung im Deutschen Bund«.

Trotzdem blieb die Rheinpfalz ein Zentrum auch weiterer Unruhen, sodass man in den anderen Mitgliedsstaaten des Deutschen Bundes ein Überschwappen der Revolution auf die eigenen Territorien befürchtete und Truppen mobilisierte. Ludwig, der inzwischen aus Italien zurückgekommen war, zögerte. Er wollte sich nicht von Preußen und Österreich diktieren lassen, was er in seinem Land zu tun habe, und die Truppen der anderen wollte er schon gar nicht in Bayern sehen.[196] Dass er dann aber seine Hauptstadt erneut führungslos zurückließ und stattdessen nach Brückenau weiterreiste, traf auf allgemeines Unverständnis.[197] Alle fragten sich, ob dem König nicht bewusst sei, dass er als Teil des Deutschen Bundes Verantwortung auch für das Ganze hatte. Sein passives Verhalten hatte ihn bereits das Vertrauen der anderen Fürsten gekostet.[198]

Silberhochzeit zwischen offiziellem Jubel und privatem Desaster (1834–1836)

Ängste, Kummer und Sorgen

◈

>Sehet an das von Gott gezeichnete Scheusal, den
König Ludwig von Baiern ... das Schwein, das sich
in allen Lasterpfützen von Italien wälzte«[1] –

so kritisierte Georg Büchner den bayerischen König offen im
»Hessischen Landboten« 1834. König Ludwig verschärfte daraufhin in Bayern die bereits geltende Pressezensur für in- und
ausländische Zeitungen, die nun vor der Veröffentlichung erst
der Polizei vorgelegt werden mussten.[2] Seine Untertanen sollten solche im Kern ja durchaus berechtigte Missbilligung der
Person des Königs nicht lesen. Dass sich die freie Meinungs-
äußerung im Jahre 1834 allerdings nicht mehr so einfach wie vor
50 Jahren unterdrücken ließ, sollte Ludwig noch feststellen.

Bereits zuvor waren Nachrichten aus Frankreich über einen
Aufstand der Seidenweber in Lyon am 9. April nach Bayern
gelangt. Nur vier Tage später war ein Aufstand von 4000 Arbei-
tern in Paris gegen die Regierung gefolgt, der blutig niedergeschlagen worden war. In den Herrscherhäusern im übrigen
Europa ging erneut die Angst vor einem Übergriff der Unruhen auf ihre Länder um. Bei Ludwig trafen die Nachrichten
auf das altbekannte Trauma seiner Kindheit. Um den König in
verschiedenster Weise beeinflussen zu können, bestärkte man
ihn noch in seiner »übertriebenen Furcht vor revolutionären
Umtrieben«, schrieb der Gesandte Graf Vaudreuil nach Paris.[3]
In einer Privataudienz beim König sei es nur um seine »politischen Ängste« gegangen, die »seine Gedanken und seine
Träume beherrschen«: »Anarchie, Propaganda, Verschwörung,
man konnte kaum ein anderes Thema anschlagen.« Wie sehr

diese Situation die Gesundheit des Königs angriff, könne man schon am schlechten Äußeren sehen.[4]

Eine Revolution musste Ludwig in Bayern zu dem Zeitpunkt nicht befürchten, er hatte sogar einen wichtigen Sieg im Landtag erreicht. Man hatte ihm eine permanente Zivilliste in Höhe von 2,3 Millionen Gulden jährlich bewilligt. Damit entfiel seine Furcht, dass Kritik an seiner Regierung, vor allem an den immensen Summen für Bauwerke und Kunst, bei jedem Landtag erneut zur Drohung einer Kürzung seiner Zivilliste führen konnte. Andererseits aber häuften sich die verbalen Angriffe auf seine Person. Ob er das folgende Pamphlet kannte, wissen wir nicht, auch wenn es gegen den Verfasser zur Anklage kam: »Ludwig bedenke die Armuth deines Landes, betrachte die oede Hauptstadt, kehre zurück, soll unser Geld verschwendet werden, so geschehe es bei uns, und nicht an fremden Maitreßen. Betrachte deine elende abgelebte Gestalt, all dieß verdankst du Italien und deinem Kuppler und Verführer Seinsheim.«[5] Vieles wurde dem König gar nicht erst vorgelegt, aus Sorge, sein Zorn könnte den Überbringer der schlechten Nachricht treffen. Anderes konnte jeder in der Zeitung lesen, wie zum Beispiel im Juli 1834 im »Hessischen Landboten« in Darmstadt, wo Mathilde lebte, als Georg Büchner die politischen und sozialen Zustände in Hessen-Darmstadt sehr aggressiv und polemisch angriff und darüber hinaus unter dem Schlachtruf der Französischen Revolution »Friede den Hütten! Krieg den Palästen!« zum Angriff auf alle Fürsten aufrief. Ludwig gehörte zu denen, die er persönlich anging.[6]

Ob Therese diese Texte im Detail kannte, wissen wir nicht genau, aber da sie Ludwigs Stimmung beeinflussten und damit auch sein Verhalten seiner Familie gegenüber, war sie natürlich betroffen. Hinzu kamen neue Sorgen um ihren Sohn Otto, die ihre Ängste, die sie schon vor seiner Abreise gehabt hatte, nur bestärkten. Zum einen hieß es, dass die Mitglieder des Regentschaftsrats heillos untereinander zerstritten waren, und zum anderen gab Ottos persönliche Entwicklung Grund zur Besorgnis. Er zog sich jeden Tag mehr aus den Staatsgeschäften zurück und schottete sich vollkommen ab. Es wurde Heimweh vermutet, aber wahrscheinlich war wohl, wie der französische Gesandte schrieb, auch der Einfluss seines Beichtvaters, des Hofkaplans de Weinzierl, der ihn in seiner »klösterlichen Frömmigkeit« und seinen »mystischen Ideen« bestärkte, dafür verantwortlich. Es hieß, Otto wolle sich vor allem dem Druck entziehen, zum orthodoxen Glauben überzutreten. König Ludwig schickte daraufhin den Grafen Saporta nach Griechenland.[7] Einen Monat später, im Mai 1834, war der Graf zurück: mit dem Hofkaplan, der Bestätigung der schlechten Lage in Griechenland und einem Bericht über Otto, der das Königspaar sehr betrübte. Er sei in einen Zustand der »Apathie und Indifferenz« gefallen, ohne Energie und ohne eigenen Willen, sodass alle befürchteten, dass er auch nach Erreichen der Volljährigkeit im Juni 1835 »nicht wirklich in der Lage sein wird, das Land zu regieren«.[8] Otto hatte dem Grafen Briefe an seine Mutter und den Kronprinzen mitgegeben, nicht aber an den König. Ludwig plante sogar eine Reise nach Griechenland, wovon ihm aber dringend abgeraten wurde. Das hätte die Lage Ottos nur noch verschlimmert. Dass er seinem Vater nicht schrieb, kann man verstehen. Er fürchtete sich vor seiner Reaktion, die den sanftmütigen Jungen schon früher erschreckt hatte. Und er konnte darauf vertrauen, dass sein Bruder und vor allem seine Mutter in seinem Sinn vermitteln würden.[9]

Eine Aufforderung und ihre Folgen

❧

»Kein Wölkchen trübte da weder deine noch
meine Heiterkeit«,

schrieb Therese über eine Woche, die sie im Sommer 1834 mit
Ludwig in Brückenau verbrachte, wohin er Ende Juni für zwei
Monate aufgebrochen war. Therese folgte ihm diesmal nur für
kurze Zeit, um mit ihm ihren Geburtstag zu feiern, bevor sie
wegen ihrer angegriffenen Atemwege ins Kurbad nach Schwen-
ningen weiterfuhr. »Nie war unser Zusammenleben daselbst [in
Brückenau] *herzlicher* und freundlicher«, erinnerte sie sich
anderthalb Jahre später an diese Zeit. »Du schienst betrübt über
meine Abreise, was auch noch einige deiner Briefe mir ausspra-
chen. Denke daher – *gerecht wie Du bist* – nun mein Befrem-
den, als bald nach meiner Rückkehr (Du warst *liebevoll* und
herzlich … gegen mich) Tann mir die Eröffnung machte: Ich
möge nicht mehr nach Brückenau Dich begleiten, Dir dieß zu
erleichtern in diesem Wunsche Dir gleichsam entgegenkom-
men.«

Ludwig wusste genau, was er seiner Frau damit antat. Nicht
umsonst teilte er ihr seine Entscheidung nicht persönlich mit,
sondern über seinen Freund, den bayerischen Kämmerer Heinrich Friedrich von und zu der Tann. Um selbst das Gesicht zu
wahren, verlangte er darüber hinaus, dass Therese so tun solle,
als käme der Wunsch von ihr. »Ich ward zur Bildsäule«, schrieb
Therese, als sie 1836 endlich den Mut fand, ihm ihre Meinung
zu sagen. Ich »hielt Deine Art Dich gegen mich zu benehmen
(vergieb den Ausdruck, doch ich muß *wahr* seyn) für Falsch-

heit und war die kurze Zeit so wir *vor* Deiner Abreise nach Italien noch vereint waren, *mühsam* bemüht Herr meines verletzten Gefühls zu werden«.[1]

Warum aber traf sie diese Nachricht so sehr, dass sie sich entschloss, zumindest das zu verweigern, was in ihrer Macht stand, nämlich ihm die Peinlichkeit zu nehmen, ihr seinen Wunsch selbst vorzuschlagen? »Eines muß ich nachträglich hier einschalten, daß ich nehmlich gleich anfangs fest entschlossen war, Dir in dem erwähnten Wunsche nicht entgegen zu kommen.« – »Mehr denn 17 Jahre hatten wir Brückenau vereint besucht, und abgerechnet meiner Sorgen – wegen Feuchtigkeit der Wohnung, vielleicht Rheumatismus zu bekommen (weshalb ich vielleicht *unvorsichtigerweise* zuweilen den Wunsch ausgesprochen, Du mögest ein im *Innern* und *Äußeren gleich kleines Häuschen* – welches jedoch trocken – aufbauen lassen) war mir der traulich freundliche Aufenthalt in dem *tausend Erinnerungen* sich knüpften, recht lieb geworden.« Ludwig selbst hatte oft gesagt, dass der Aufenthalt in Brückenau ihm so wichtig sei, weil er dort die Kinder öfter sehen und »bemerkt wie unbemerkt, von unseren Fenstern aus Zeuge ihrer Spiele und kindlichen Treibens« sein könne. »Aus *voller Seele* theilte ich diese Ansicht mit Dir, mein Ludwig…« Therese war jedes Jahr monatelang alleine, während sie wusste, dass sich ihr Mann in Italien bei seiner Geliebten vergnügte. Der Familienurlaub in Brückenau aber hatte immer ihr und ihrem Familienleben gehört. Der Wunsch Ludwigs, mit dieser Tradition zu brechen, der ja einem Befehl gleichkam, wurde zu einem Wendepunkt ihrer Beziehung. »Nie hatte ich das geringste Mißvergnügen«, erinnerte sie ihn, »über Deine alljährig oder alle 2 Jahre in Italien stattfindenden Aufenthalte Dir kund gegeben, ich *freute* mich vielmehr dieser Aufheiterung für Dich, mein Ludwig, erkannte, daß sie bei beinahe *erdrückender* Last von Arbeiten Dir höchst wohlthuend war. Doch gleichzeitig in Baiern uns befindend – und auch da 5–6 Wochen jährlich getrennt zuzubringen, in diesem Wunsche Dir sogar *entgegen* zu kommen, konnte ich nimmermehr für Pflicht erkennen, auch war der Gedanke dann wahrscheinlich von unseren Kindern für diese Zeit mich trennen zu müssen, mir erdrückend.«

Im Herbst 1834, als Tann ihr Ludwigs Wunsch mitteilte, schwieg Therese noch. Sie war zutiefst verletzt und verunsichert und verhielt sich logischerweise Ludwig gegenüber zurückhaltend und verkrampft, vor allem, wenn er zärtlich werden wollte. Hinzu kam, dass sie natürlich wusste, dass er Ende September wieder nach Italien zu Marianna fahren würde, die seit 1833 Witwe und damit ungebunden war. Der Aufenthalt in Italien im Herbst 1834 aber verlief für Ludwig nicht wie erhofft. Marianna war offiziell noch in Trauer und so langweilte Ludwig sich. An Therese schrieb er aus Rom: »Nur in freudiger Lebendigkeit ist mir wohl ... Ich wollte beinahe wetten, wie ich Dich kenne, wähnst Du nach dem Gesagten mich für verliebt, ich bin es aber nicht und dessen recht froh.«[2]

Es war die Zeit, als Therese die Angst um ihren 70-jährigen Vater beherrschte, der bereits im Oktober 1833 einen Schlaganfall erlitten hatte. Am 29. September 1834 starb Friedrich von Sachsen-Hildburghausen, mitten hinein in ihren Kummer um Ludwigs Aufforderung wegen Brückenau. Therese und ihre Geschwister waren tief erschüttert, »denn wir in dem Dahingeschiedenen einen unendlich gütigen und liebevollen Vater beweinen ... Obwohl von Deiner Theilnahme überzeugt, bin ich doch froh, daß Du jetzt ferne bist. Gerne möchte ich nehmlich stets ein heiteres Gesicht Dir zeigen (bey oft überhäuften Geschäften bedarfst Du ja der Erheiterung) was mir jetzt – bin ich gleich möglichst gefaßt, unmöglich wäre.«[3]

Ludwig hatte in der »Allgemeinen Zeitung« vom Tod ihres Vaters gelesen und zeigte sich sehr besorgt: »wie muß Dich diese Nachricht betroffen haben. Wäre ich zugegen gewesen, wie angelegen würde es mir gewesen seyn, Dich, meine geliebte Therese zu trösten, Deinen Schmerz zu lindern.« Er hatte überlegt, ob er seine Reise abbrechen sollte, sich aber dagegen entschieden, weil er ja doch zu spät kommen würde, »und der erste lebhafteste Schmerz wäre vorüber, ich würde die für mich so erforderliche Zeit der Erholung verkürzt haben, ohne Dir wesentlich zu nützen, und so wirst Du hoffentlich es nicht übel aufnehmen, mich darum nicht mit Kälte empfangen wenn ich meinen Zeitplan nicht ändere, und nicht früher komme als Dir geschrieben … Schone Deine Gesundheit, denke an Mann und Kinder, möchte ich sie in solch gutem Stande treffen, in welchem sich befindet Dein innig liebender Ludwig«.[4]

Therese war ihm dankbar für jedes seiner mitfühlenden Worte: »Innigen Dank für *jedes*; sey überzeugt, daß sie mir im Herzen wiederklangen, und ich es nie vergessen werde, wie theilnehmend Du Dich bei diesem herben Verluste mir gezeigt … *Eine* Äußerung nur that mir in Deinem Briefe wehe – als könne ich Dich mit *Kälte* empfangen, kehrst Du um Meinetwillen nicht früher zu mir zurück. Viel gäbe ich darum, stünden diese Worte nicht in deinem sonst so gemüthlich herzlichen Brief. *Aufrichtig* gesagt, wollte ich lieber, Du *verlängertest* Deine Rückkehr noch um Etwas um heiterer mich zu finden, denn es ist jetzt mir noch unmöglich. Einer heiteren Umgebung bedarfst Du – sie ist Dir Bedürfnis wie die Lebenslust. Ich kenne dieß – und Dich glücklich zu machen ist mir ja Pflicht – Deiner Therese eine *liebe* Pflicht.«[5]

Ludwig genoss derweil in Rom den Mondschein auf den Säulengängen der Peterskirche, an der er nachts vorbeigefahren war. Er machte Ausflüge und freute sich jedes Mal, wenn er in die ihm vertraute Stadt Rom zurückkam. »Nicht wahr! Ich bin ein närrisches Mänlein … – Jetzt bin ich wieder heiter. Wie freue ich mich, dessen sei sicher, von Deinen schönen Armen an Dein Herz, an dieses treffliche, gedrückt zu werden, und dieses Gefühl, auch mich München nähernd, wird sich nicht ändern. Möchte ich Dich, Du Reizende … zärtlich, *wirklich* Theil nehmend im Ehebette finden.« Dies könne er so offen schreiben, weil er den Brief per Kurier transportieren lasse.[6]

Die Beschwerde Ludwigs, dass sie so abweisend kalt im Bette sei, hat Therese tief getroffen, die Ursache für ihr Verhalten vor seiner Abreise nach Italien konnte und wollte sie ihm – noch – nicht sagen. Sie nahm sich zusammen, um Tann nicht zu verraten, denn der hatte eigentlich nur den Auftrag gehabt, mit ihrer Oberhofmeisterin darüber zu reden, die ihr irgendwann später vom Wunsche Ludwigs Mitteilung machen sollte.

Im November kam Ludwig zurück nach München und »so traten (worüber Du zürntest, mich kalt – nicht herzlich schaltest) oft die Tränen mir ins Auge, gerade, wenn Du recht freundlich, ja herzlich mit mir warst. Du *kamst zurück* und jener *qualvolle* Zustand blieb *derselbe.*«[7]

Im Sommer 1835 waren Ludwig und die Kinder in Brückenau, Therese in Kissingen. Das lag aber daran, dass Thereses Gesundheit stark angegriffen war und sie Moorbäder nehmen sollte. Die Briefe, die zwischen den Ehepartnern hin- und hergingen, waren ungewöhnlich zärtlich, wenn man bedenkt, dass Ludwigs Wunsch, sie möge nie mehr nach Brückenau kommen, immer noch zwischen ihnen stand. Ludwig erzählte von den Kindern, denen es gut ging und mit denen er Ausflüge in die Umgebung machte. Er schloss mit den leidenschaftlichen Worten: »In seine glühenden Arme schließt Dich, noch in Gedanken, bald in Wirklichkeit, reizendes Weib, Dein nicht Ehekrüppel, sondern rüstiger Ehemann.«[8] Und Therese antwortete, ungewöhnlich offen, auf seinen leidenschaftlichen Schluss: Sie müsse insgesamt 15 »Schmutzbäder« nehmen, dann komme sie nach Brückenau. »Da Du ein komisch Mänlein bist – und mich vielleicht lieber *einen Tag später* nach dem noch Morgens genommenen *Reinigungsbad* kommen siehst, entscheide Du selbst, ob ich *Mittwoch* ohne *Abwaschbad* oder Donnerstag vollkommen gereinigt vor Dir erscheinen soll. Da Du wie gesagt ein komisch Petergesicht bist, erwarte ich Deine Entscheidung beinahe mit Gewißheit für Donnerstag, wo ich dann gegen 1/8 Uhr eintreffen werde. Doch entscheide selbst Herr Gemahl und antworte mir in klaren Wörtleins, durch den morgen um 9 Uhr von Brückenau abgehenden Bothen. Ungewaschen oder gereinigt Deine treue Ehehälfte Therese«[9]

Eine Aufforderung und ihre Folgen

Die Antwort Ludwigs vom gleichen Tag – es wurden mehrfach täglich Boten geschickt – liegt im Geheimen Hausarchiv
der Wittelsbacher in München. Er beginnt mit den Worten:
»Süßes Weibchen, auf Dein liebes Briefchen erwidere ich, daß
ich vorziehe wenn Du, das Abwaschungsbad genommen, Donnerstag kommst...«[10] Und dann endet der Brief, weil irgend-
jemand den Rest mit einer Schere abgeschnitten hat. Wahrscheinlich fand der- oder diejenige die sexuellen Anspielungen,
die nach den ersten Sätzen mit Sicherheit gefolgt sind, zu peinlich. Vielleicht war es ein Nachfahre Ludwigs, nicht ahnend,
dass es den Brief Thereses gab, durch den man sich den Rest
des Ludwigbriefes durchaus zusammenreimen kann. Und vielleicht verlief das Wiedersehen dann aber doch nicht so wie
geplant, weil Therese nicht ausblenden konnte, dass es wohl der
letzte Familienurlaub dort sein würde. Als sie in Brückenau
auch Tann traf, fragte sie ihn, ob sie Ludwig sagen dürfe, dass
sie Bescheid wisse. Da Tann ein Vertrauter des Königs war,
sagte sie ihm auch, dass durch das Schweigen »wir immer kälter
uns gegenüber standen«. Tann hatte nichts dagegen.

Trotzdem hatte sie aber zunächst noch nicht den Mut, auch
nicht in Berchtesgaden, wohin das Königspaar zwei Wochen
nach Thereses Rückkehr aus Bad Kissingen fuhr. »[Ich] fühlte...
mich noch nicht kräftig genug, um mich gegen Dich auszusprechen. – Erst zu München glaubte ich dieß ohne Thränen (Dir
peinlich und mir so schädlich) thun zu können – machte meinem lang gepressten Herzen Luft, und gab Dir so den Schlüssel
zu meinem Dir oft unerklärbaren Benehmen.« Ludwig hörte
sich das zwar an, aber es änderte nichts an seinem Wunsch. Er
sagte ihr nur, dass er Tann keinesfalls beauftragt hatte, ihr davon
zu berichten.

So standen die Dinge, während offiziell längst die Planungen
zur Feier der »Jubelehe Ihrer Königlichen Majestäten Ludwig I. und Therese v. Bayern« am 12. Oktober 1835 angelaufen
waren.[11]

Silberhochzeit am 12. Oktober 1835

Offizielle Feiern

»Seit fünf und zwanzig segensreichen Jahren
Gab Gott Therese uns zur Königin,
Und Tugend, Milde, Huld und Güte waren
Vereint mit hehrem königlichen Sinn.
Durch Sie ward unsers Königs Wunsch erfüllet.
Und heut hat dieser Tag sich uns enthüllet;
Mit Jubel grüßet ihn das treue Volk.«[1]

So oder so ähnlich lauteten die zahllosen Jubelgedichte, die in den Städten Bayerns anlässlich der Silbernen Hochzeit des Königspaares verfasst und in Theatern, auf Feiern und anderen Veranstaltungen öffentlich vorgetragen wurden. Ludwig hatte einer eigenen offiziellen Feier dieses Tages nicht zugestimmt, wie er sich ja auch zu seinen Geburts- oder Namenstagen nur ungern öffentlich huldigen ließ. Aber er hatte nichts dagegen, dass man die Feierlichkeiten anlässlich des Oktoberfestes, das ja 1835 ebenfalls 25-jähriges Jubiläum feierte, damit verknüpfte. Und so wurde im Innenministerium eine Kommission gegründet, die sich mit der Organisation der Festwoche befasste. Neben den traditionellen Pferderennen gab es verschiedene Schießwettbewerbe, Wagenrennen, Radtreiben, gymnastische Übungen, ein Ballonsteigen, ein Musikfest, ein Feuerwerk auf der Theresienwiese und einen großen Maskenball im königlichen Hof- und Nationaltheater. Im Odeon fand die Industrieausstellung statt, parallel dazu lief die Kunstausstellung. Hier gab es unter anderem die Bildnisse von Ludwig und Therese auf Porzellan zu bewundern. Außerdem konnte das Publikum die Räume des Königsbaus, in den die königliche Familie in diesen Tagen einziehen würde, während des Oktoberfestes täglich von 11 bis 13 Uhr besichtigen. Die Bildergalerie und die Glyptothek konnten täglich vor- und nachmittags angesehen werden, auf dem Josephsplatz wurde das vom Stadtmagistrat dem König Maximilian I. Joseph zu Ehren errichtete Denkmal enthüllt.[2]

Für Empörung sorgte erneut das Fernbleiben des päpstlichen Nuntius, dem man wohl zu Recht unterstellte, er bliebe den Feiern zur Silberhochzeit fern, weil es sich dabei um eine Mischehe handelte, für die 1810 kein regulärer Dispens des Papstes eingeholt worden war.[3] Den Feiern tat das aber keinen Abbruch. Ein Höhepunkt war der feierliche Huldigungszug, der am 4. Oktober zwei Stunden lang am Königszelt auf der Theresienwiese vorbeizog: Beteiligt waren 1000 berittene Bauern mit weiß-blauen Fähnchen, mehr als zwei Kompanien Gebirgsschützen in ihrer Nationaltracht und an die 80 festlich geschmückte, sechs-, vier- und zweispännige Wagen.[4] Insgesamt wohl 100 000 Menschen feierten in München 25 Jahre Oktoberfest und die Silberne Hochzeit des Königspaares.

> *Verleih', o Gott, dem hohen Jubelpaare*
> *Des Lebens Hochgenuß, des Heiles viel!*
> *Laß nahen Sie dem größren Jubeljahre,*
> *Beglückt erreichen dieß erwünschte Ziel!*
> *Und wenn einst Enkel Ludwigs Thaten singen,*
> *So wird Theresia im Lied erklingen*
> *Daß sie der Armen güt'ge Mutter war.*[5]

Persönliche Bilanz

> »In *schmerzlicher* Stimmung brachte ich einen Tag,
> der *niemals* wiederkehrt – den unserer silbernen
> Hochzeit – zu, denn zu schmerzlich waren all die
> Momente gewesen, die ihm unmittelbar voraus-
> gegangen waren.«[6]

Eigentlich hätte Therese glücklich sein können. Beim Familien-
essen mit 40 Personen waren alle zusammengekommen, die sie
liebte – nur Otto fehlte – und die das Zentrum ihres Lebens aus-
machten. Selbst der Kronprinz war nach 15-monatiger Abwesenheit in München, auch wenn er nicht fröhlich aussah, was
alle auf Spannungen mit dem Vater zurückführten.[7]

Ludwig überreichte ihr die Stiftungsurkunde einer Präbende
aus seiner Kabinettskasse für ihren Theresienorden[8], ein Geschenk, das ihr sicher viel Freude gemacht hat, denn es bedeutete, dass sie eine weitere Person unterstützen konnte. Ob sie
das Gedicht, das Ludwig ihr auch überreichte, beim momenta-
nen Zustand ihrer Beziehung genießen konnte, bleibt dahingestellt. Ludwig hatte es in den Jahren immer wieder geschafft, ihr
Tränen der Freude durch zärtliche Zeilen in die Augen zu treiben.

An Therese am Tage unserer Silbernen Hochzeit

Wurdst die meine hier an dieser Stätte,
Fünf und zwanzig Jahre sind es heut,
Jedes ward ein Ring der ewgen Kette;
Wie enteilte diese Zeit geschwind!

Aber nicht in ihrem raschen Zuge
Löst die Zeit, was innig sich verband,
Sie berühret nicht in ihrem Fluge;
Lieb' Dich mehr, weil Du mir ganz bekannt.

Silberhochzeit am 12. Oktober 1835

Lieb' Dich mehr, als ich Dich damals liebte
Reizender erscheinst Du mir heut;
Ob ich gleich Dich öfters selbst betrübte
Hätt' ich Keine lieber doch gefreyt.

Dichter es so schlimm nicht wirklich meynen,
Leicht erregt wird ein poetscher Sinn.
Möcht' ich Andre liebend auch erscheinen,
Tief im Herzen bist Du dennoch drinn

...

Treulich hast Du es mit mir getragen,
Was des Lebens Wechsel gab,
Und Du wirst so lang Dein Herz wird schlagen,
Theilen Freud und Leid bis in das Grab.

Ob die Golden Hochzeit wir begehen?
Keine Hand der Zukunft Schleyer hebt.
Dieß doch weiß ich: werden wir sie sehen,
Liebe mich auch dann für Dich durchlebt.

Ludwig[9]

Die dritte und vierte Strophe müssen ihr in der aktuellen Situation bitter aufgestoßen sein. Hier war er wieder, der poetische Sinn, mit dem Ludwig seine Frauengeschichten rechtfertigte. Therese hatte noch am Tag der Silbernen Hochzeit ein ernstes Gespräch mit ihm über seine Beziehungen zu anderen Frauen, insbesondere zu der Schauspielerin Constanze Dahn, geführt. »Du weißt dieß, ich sprach noch an *ihm* ganz unverhohlen gegen Dich mich aus, und *seitdem* (Deine Briefe gaben mir dieß Zeugniß) wurde ich wieder heiterer – und gewiß auch herzlicher gegen Dich lieber Ludwig. Auf daß bei deiner Rückkehr nicht von Neuem etwas zwischen uns trete – also Ungezwungenheit und herzliches Benehmen *wiederkehren* –, *nun noch* (und zwar für immer zum letztenmale) noch ein Wort über den Besuch von Mad. Dahn. In diesen Zeilen sey es gleichfalls als Vermächtniß niedergelegt.« Sie hatte sich gefreut, dass er über zwei Jahre »jedem Verhältnisse irgendeiner Art entsagt« hatte, ohne dass sie dies durch ein Wort oder eine Klage verlangt hatte. Trotzdem sei sie die ganze Zeit, »Deine *lebhafte Fantasie* so gut kennend, doch für mein Gefühl – gleichsam au qui vive [auf der Hut]« geblieben, um »*nöthigenfalls, sogleich wieder die von der Vernunft gebotene Stellung einzunehmen.* Der Jahre *manche* waren früher auf diese Weise für uns dahingegangen, und stieg auch hin und da eine Wolke auf, begegneten wir uns *stets bald* wieder in Vertrauen und Herzlichkeit. Ein Wunsch nur blieb aus vergangenen Erfahrungen mir zurück (ja ward zum täglichen Gebete) daß Du nehmlich nie mehr die Dir unentbehrliche Erheiterung, im Umgange mit einer Schauspielerin suchen mögest. Als nun Dein neues – selbst (wie ich *überzeugt* bin) ohne Verliebtseyn geknüpftes Verhältniß [mit Constanze Dahn] mir klar ward, traf es mich schmerzlich und *doppelt* schmerzlich«, weil sie ja seinen Wunsch wegen Brückenau kannte. Das hatte ihr Vertrauen erschüttert und »jede trauliche Annäherung *verscheucht*«. Sie hatte sich vorgenommen, nicht zu klagen und ihren »Kummer in mir verschließen« zu wollen. Aber Ludwig sah, dass etwas nicht stimmte, und so »ließest Du (eigentlich von deiner *Herzensgüte* getrieben) mir *keine* Ruhe, bis Du nach zweitägigem Ausweichen von meiner Seite mein Geheimnis mir abgezwungen. Leider! Denn höchst traurig war trotz Deiner guten Absicht das résultat – und zwar in *jeder* Beziehung. Ich fürchtete (*offen sey es gestanden*) damals *während Wochen* blind zu werden, und so vermochte ich es nicht ohne Bitterkeit (mir sonst fremd) an Madame Dahn zu denken. Von Dir aufgefordert, sprach ich ohne Rücksicht meine Überzeugung dahin aus: daß ich einem *solchen* Verhältniß, welches in der *Vergangenheit* Dich stets herabgezogen – und

daher *rückwirkend* auf unser *häuslich* Leben – unsere Gespräche gewesen, ... mein Lebensglück für gefährdet halte; während ich *wirkliches* Verliebtseyn in ein weiblich Wesen *anderer*
Bildung (gleichwohl welchem Stande angehörend) Dir und
Deiner Stellung *zu Liebe*, gewiß *wie sonst* mit Fassung – ja heiteren Gesichtes zu tragen haben würde. *Du vergaßest*, daß Du
zum Sprechen mich gezwungen, wähnend ich wolle Dich
bewegen, Madame Dahn zu entsagen, sie nicht mehr zu besuchen. Dieß war nicht meine Absicht, aber einmal aufgefordert,
wollte ich auch ohne Rückhalt mich aussprechen.... In
schmerzlicher Stimmung brachte ich einen Tag – der *niemals*
wiederkehrt«[10]

Umzug in den Königsbau

> »Man glaubt, dass das Königspaar nicht besonders
> bequem wohnen wird«,

schrieb August Heinrich Hermann Graf von Dönhoff, seit 1833
preußischer Gesandter in München, an Friedrich Wilhelm III.,
nachdem er den sogenannten Königsbau am 13. Oktober 1835
besichtigt hatte.[11] 1826 hatte König Ludwig den Grundstein für
einen Anbau an die alte Residenz gelegt, pünktlich zur Silbernen Hochzeit wurde der Bau vollendet. Der Architekt Leo von
Klenze hatte ihn nach den Visionen des Königs im Stil der italienischen Renaissance errichtet und in einen »Bilderpalast«[12]
verwandelt. Gestalten aus dem klassischen Griechenland und
der Nibelungensage, Szenen zu den Werken deutscher Dichter,
Allegorien auf die Tugenden und die Naturwissenschaften fanden sich dort. Während einige Zeitgenossen den Königsbau als
einen der »bedeutendsten neueren Bauten in München« priesen,[13] kritisierten andere, wie August Lewald, das »karge,
unwohnliche Innere«, das »kalte, nackte Stucco der Wände«
und die »Unzahl von Bildern, durch Arabesken verbunden, in
stetem Wechsel, einem wildverworrenen Reiter gleich«. Es

seien Bilder, die das Gebäude nur zum Gehäuse für Malerwerke machten.[14]

Nun gibt es wohl kaum Schlösser, die unseren heutigen Vorstellungen von Gemütlichkeit entsprechen. Ein Schloss war auch selten als Wohnraum einer Familie konzipiert, sondern war ein Objekt zur Repräsentation der Macht eines Fürsten. Je prachtvoller die Ausstattung, desto mächtiger der Fürst. Oft gab es beispielsweise sogenannte Prunkschlafzimmer, in denen das zeremonielle Lever – der Morgenempfang des Herrschers – stattfand, aber niemand sich wirklich zum Schlafen hinlegte. Doch selbst die Privaträume wirken für unseren heutigen Geschmack überladen.

Dass der Königsbau vor allem auch der Repräsentation diente, zeigt nicht nur die Ausstattung im Inneren, sondern auch die Tatsache, dass er, einschließlich der Wohnräume der Familie, nach Voranmeldung und wenn das Königspaar abwesend war, vom Volk besichtigt werden konnte, was sicher dazu beitrug, dass Therese sich hier überhaupt nicht wohlfühlte. Bis 1842 wurde außerdem am Festsaalbau weiter gebaut.[15]

Über die sogenannte »Gelbe Treppe« gelangte man zum Haupteingang des Königsbaus, über dem die Devise der Herrschaft König Ludwigs stand: »Gerecht und beharrlich«. In den Zimmern Ludwigs dominierten Szenen aus der griechischen Mythologie und Dichtung. Interessant ist aber die Auswahl, die Ludwig für Thereses Zimmer bestimmte: Szenen aus der deutschen Dichtung. Walther von der Vogelweide und Wolfram von Eschenbach, Christoph Martin Wieland, Schiller und Goethe. Da Ludwig sich um jedes Detail kümmerte, wird er auch hier jede einzelne Darstellung sorgfältig ausgesucht haben. Es darf bezweifelt werden, dass er damit den Geschmack Thereses traf.

In Thereses Thronsaal fanden sich Szenen aus der Varusschlacht: Frauen rufen ihren in den Kampf ziehenden Männern Lebewohl zu, Germanen kämpfen gegen die Römer, Frauen und Kinder begrüßen den Sieger. An der Decke waren unter anderem die Tugenden der Königin in Allegorien dargestellt:

die »heilige Elisabeth für die Wohltätigkeit, Cornelia, die Mutter der Gracchen, für die Mutterliebe, Kaiserin Maria Theresia
für die Majestät, und Julia Pia für die Frömmigkeit«.[16]

In ihrem Servicezimmer finden sich an der Westwand Szenen
aus Balladen Gottfried August Bürgers, eine davon nennt sich:
»Untreue über alles«. Darin fragt das dichterische »Ich« seine
Geliebte Molly, während sie sich im Kornfeld lieben, wie sie
reagieren würde, wenn eine schöne Fee ihn verführen wollte:

O Molly, lieb Liebchen, wie wär es bestellt,
Durchstrichen noch üppige Feen die Welt,
Die Schönste der Schönsten entbrennte zu mir,
Und legte mir Schlingen, und raubte mich dir;
Und führte mich auf ihr bezaubertes Schloß,
Und ließe nicht eher mich ledig und los,
Als bis ich in Liebe mich zu ihr gesellt;
Wie wär es um deine Verzeihung bestellt?

Molly besteht darauf, dass er ihr treu ist, auch wenn die Fee ihn
dann töten würde:

O Teurer, so stirb dann, und bleibe nur mein!
Bald folget dir Molly und holet dich ein.
Dann ist es geschehen, dann sind wir entflohn;
Dann krönet die Treue unsterblicher Lohn.
So stirb dann, o Süßer, und bleibe nur mein!
Bald holet dein Mädchen im Himmel dich ein.[17]

Kannte Therese den Text? Was hat sich Ludwig dabei gedacht,
als er ihn auswählte, um ihn in Bilder umsetzen zu lassen?

Im Schlafsaal Thereses kam Goethe zu Wort: Die Darstellun-
gen waren die zum Bild gewordene Ausrede Ludwigs, dass er,
wie sein Vorbild Goethe, die Anregung des poetischen Gemü-
tes durch die Liebe zu Frauen brauche, wobei es in Text und
Bild keinesfalls platonisch zuging. Man kann nur hoffen, dass

Therese bei der erdrückenden Fülle manche Details der Wand- und Deckenbemalung entgingen.

Abgesehen von der Bilderflut wirkten die Räume eher streng und kalt, was an der von Ludwig vorgegebenen Architektur lag, im Servicezimmer zum Beispiel: »Kubische Formen und streng symmetrische Aufteilung in der Gewölberegion«[18] und »im Gegensatz zum intim gestalteten Schlafzimmer des Königs hat das der Königin allein schon wegen seiner Dimensionen repräsentativen Charakter«.[19]

Als Auguste Therese in ihrer neuen Wohnung besuchte, war die Königin gar nicht glücklich darin. Die Säle seien zwar schön, aber unpraktisch, der Speisesaal zu klein und außerdem wäre es kalt.[20] Ludwig dagegen war glücklich. In sein Tagebuch schrieb er am 16. Oktober 1835: In »des Königsbaues obersten Gemächern, den Mantel an, walzte ich … allein in dem Tanzsaal da oben, so fröhlich mir's zu Muthe«.[21]

Zwischen Pflichterfüllung
und persönlicher Würde

❦

>>In dem Augenblick, in welchem Du, geliebtes
Weib, dieses liest, denke ich an Dich. Glückseliges
neues Jahr, rufe ich Dir aus der Tiefe meines
Herzens zu<<,

schrieb Ludwig Therese kurz vor seiner Abreise nach Griechenland Ende November. Überreicht wurde ihr der Brief, auf
dessen Kopf der Königsbau abgebildet war, am Silvesterabend
durch ihre Kinder. »Sey glücklich, gesund und heiter«, schrieb
Ludwig weiter. »Auf der Farbe der Hoffnung schreibe ich diese
Wünsche, möge sie erfreuliche Vorbedeutung ihrer Erfüllung
seyn. Im neuen Jahre wie in jedem, meine Therese, Dein Dich
liebend und liebender Ludwig.« Und in einem Nachsatz fügte
er hinzu: »Diesseits wie jenseits der Meere, Deinen Werth
erkennend und endlos, meine Therese, Dein Dich liebender
Ludwig.«[1]

Therese war nach Ludwigs Abfahrt schwer erkrankt. Zum
Glück war ihre Tochter Mathilde noch bei ihr, die die Erlaubnis
ihres Mannes erhalten hatte, bei der kranken Mutter zu bleiben.
In ihren Briefen an ihren Mann ließ Therese sich nichts anmerken, jedenfalls zunächst noch nicht. Sie plauderte, wie immer,
über alles Mögliche, so als hätte es den schrecklichen Tag der
Silbernen Hochzeit nicht gegeben. Als Mitte Dezember die ersten Briefe aus Griechenland von Otto und von Ludwig kamen,
war sie überglücklich, dass Otto bei seinem Vater nun endlich
die »lang verschobene Beichte« über die schwierige Lage in
Griechenland gemacht hatte. »Armer Ottomann – wie kann

man sich so lange quälen.« Den weiteren Brief musste Mathilde schreiben, da Therese immer noch krank war.² Auch zu Weihnachten lag Therese noch und musste ihrer Lectrice diktieren. Sie schilderte in aller Ausführlichkeit den Heiligen Abend: Die Kinder hatten, wie immer, an der Bescherung der Damen und weiblichen Dienerschaft teilgenommen. In den Zwischenpausen hatten sie in Mathildes ehemaligem Salon gegessen, sie selbst am Schluss in einem anderen Zimmer. »Als im weißen Salon alles geordnet und die Lichter der Bäume angezündet waren... holte ich die Kinderchens selbst – hieß sie dann in jenem Zimmer warten, in welchem sie *stets* des Klingelns harrten, und begab mich nun wieder in den Saal, um dann (leider dießmal allein) die freudebringende Glocke ertönen zu lassen. Jubelnd stürzte die kleine Sippschaft hierauf in den Saal.« Danach führte Therese die Kinder in Mathildes ehemaliges Schreibkabinett, wo die Geschenke Ludwigs für sie lagen. »Noch einmal tausend tausend Dank dafür, sowie für die begleitenden unendlich herzlichen Worte.«³

Den Silvesterabend des Jahres verbrachte Therese bis 22.30 Uhr mit ihrem ältesten Sohn Max, dann ging sie ins Bett, da sie so alleine »zu wehmütig« war, um ihn wie üblich zu verbringen. Die Lectrice las ihr bis 5 Minuten vor 12 vor und dann erwartete sie Mitternacht »in meinem stillen Kämmerlein«. Am Neujahrstag bekam sie von Max Ludwigs Brief, den er schon am 21. November geschrieben hatte und der ihr »nasse Augen« verursachte. »Knieend flehte ich in dieser ersten Stunde eines neu begonnenen Jahres für die Erhaltung *Deines* theuren Lebens so wie für das unserer guten Kinder. – Amen!«⁴

In den nächsten Briefen ging es hauptsächlich um die Situation ihres Sohnes Otto. Er hatte Therese einen Brief geschrieben, den sie Ludwig beilegte, in dem er sich sehr positiv über den Vater geäußert hatte. Therese war sehr froh, dass er mit Ludwig so offen über seine Probleme gesprochen hatte. »Gottlob! Möge auch ferner *nie* der Muth hierzu fehlen ihm mangeln, regt sich beim lieben Vater einmal das Wittelsbacher Blut.«⁵

Therese wusste genau, wie sehr auch ihre Kinder die Wutanfälle des Vaters fürchteten.

Und dann kam der 21. Februar 1836, an dem Therese sich hinsetzte und einen sechsseitigen Brief an ihren Mann nach Ancona schrieb. Niemals zuvor hatte sie ihm so deutlich ihre Meinung gesagt, und niemals danach wird sie es wieder tun. Das Schreiben war eine Abrechnung und ein Vermächtnis an die Nachwelt, deren Urteil ihr so wichtig war. Ludwig hatte ihr bei ihrer Auseinandersetzung am Tag der Silbernen Hochzeit gesagt, dass es doch kein Widerspruch sei, wenn man Sehnsucht nach einem Wiedersehen empfinde und trotzdem einige Wochen des Jahres im Kreise des Badelebens in Brückenau *allein* verbringen wolle. Sie habe auch jetzt nicht vor, ihn »durch Gegendarstellungen... dahin zu bewegen suchen, diesem Wunsch zu *entsagen.* Nie kam und kommt mir dieß gegenwärtig in den Sinn. In bestimmten Worten sollen diese Zeilen, noch vor Deiner Rückkehr nach dem lieben Bayernlande Dir die Versicherung geben: daß ich darauf verzichte *je* mehr mich nach dem freundlichen Brückenau Dich zu begleiten, so bald Du mir das Versprechen giebst, für die Zeit deines dortigen Aufenthaltes nicht von unseren Kindern mich zu trennen – sie bei der Mutter zu lassen.«

Man fragt sich zunächst, warum Therese das alles noch einmal aufschrieb. Schließlich hatte sie es ihm doch am Tag der Silbernen Hochzeit schon gesagt. Der Grund ist: Man hatte ihr über eine Verfügung Ludwigs berichtet, dass seine an sie gerichteten Briefe »uns einst überleben sollen«. Da seine Briefe aber in letzter Zeit öfter »Klagen enthalten, *als sey ich zuweilen kalt oder wenigstens nicht herzlich,* wünsche ich, daß durch diese Zeilen die Gründe (so Ursache waren, daß mein Benehmen nicht immer gleich herzlich, wohl *oft* das Gepräge eines inneren Kampfes tragen) nicht mit mir zu Grabe gehen«. Nun möchte sie für die Nachwelt auch ihre Version der Dinge überliefert wissen und ihr Benehmen ihm gegenüber schriftlich rechtfertigen. Deshalb bat sie Ludwig auch, »*diesen Brief nie* zu vernichten«, woran er sich auch tatsächlich hielt.

Und dann folgen die bereits zitierten Stellen über die Bedeutung von Brückenau für das Familienleben, und wie sehr sein Wunsch, sie möge nie mehr mitfahren, sie verletzt habe. Das sei die Ursache ihres »kalten« Verhaltens gewesen. Nachdem sie ihm das nun alles in Ruhe geschrieben habe, werde sie es nie mehr erwähnen und versprach ihm, »daß ich mich in das nun einmal von Dir Beschlossene, ohne Murren füge, Du mich bey Deiner Rückkehr heiter und auch herzlich finden sollst«.

Sie schloss ihren Brief mit den Worten: »Ohne daß ich so *ganz* mich ausgesprochen (Deine Wittelsbacher Lebhaftigkeit hätte *mündlich* es mir kaum möglich gemacht) wäre dauernd heiteres Benehmen eine für mich *schwer* zu lösende Aufgabe gewesen. Darum mein Ludwig habe *Geduld* mit diesem weitläufig langen Briefe und baue stets auf die Liebe Deiner Therese.«[6]

In den Briefen Ludwigs sucht man vergeblich nach einem Hinweis auf Thereses Ausführungen. Er hat sie sicher bekommen, denn ihr Brief wurde durch einen Boten zugestellt. Aber er ignorierte ihn einfach. Was sollte er auch schreiben? Sie hatte ja recht.

Statt einer Antwort erfreute er Therese mit der Nachricht, dass Otto im nächsten Jahr auf Brautschau nach Bayern komme, was Ludwig geschickterweise genau in die Sommerzeit legte, wo er nach Brückenau fuhr.[7] Und auch Therese kam zunächst, so wie versprochen, nicht wieder auf das Thema zurück. Sie erzählte ihm von der 15. Geburtstagsfeier »unseres guten so kindlich gesinnten ehrlichen Luitpolds«. Er hatte seinen ersten Frack bekommen und war »überglücklich«.[8]

Sorgen machte sie sich, ob Ludwig durch sein cholerisches Temperament in Athen mehr Schaden als Nutzen bringen würde, denn er war als Berater seines Sohnes dort, nicht als König. Und so schrieb sie: »Wohl muss es viel Selbstbeherrschung Dir kosten, *mühsam zu unterhandeln* (und dennoch nur im Schneckengange sich dem Ziele zubewegen zu sehen), während Du seit Jahren gewöhnt bist zu *befehlen*. Denkt man sich hierzu Deine angeborene Lebendigkeit, muß man wirklich Bewunderung Dir zollen.« Sie war überzeugt, dass er alles tun würde, was für Otto und die Griechen gut sei, »doch daß Du solche Geduld auch üben würdest, übersteigt mein kühnstes Hoffen. Du weißt, ich schmeichle Dir *nie* …, doch noch einmal muß ich es Dir wiederholen: Ich bewundere Dich … Innig flehe ich zum Allmächtigen, daß er Deinen reinen Willen segne. Geduld und Gesundheit Dir erhalten möge.«[9]

Mitte Juni, als die Rückkehr Ludwigs kurz bevorstand, bekam Therese ein wenig Panik, denn Ludwig hatte sich zu ihrem Offenbarungsbrief noch immer nicht geäußert. Daher machte sie sich an die Organisation eines besonders herzlichen Willkommens, das ihn in eine heitere Stimmung versetzen sollte. Allerdings musste sie auch diese Planung mit ihm absprechen, denn es mussten Formalien bedacht werden: Ob die fünf jüngsten Kinder ihn ausnahmsweise unten an der Treppe der Residenz empfangen dürfen, Luitpold in Uniform? »Sie im Zimmer zu lassen, während sie wissen, dass Alles – Groß und Klein – jubelnd Dir entgegen zieht, würde die kleine Welt *dießmal* ganz unglücklich machen.« Die Kinder könnten Ludwig natürlich auch in der »anständigen Pfarrerswohnung zu Untersendling« empfangen, das wäre 20 Minuten von der Residenz entfernt, wie Therese selbst am Tag zuvor mit der Uhr gemessen hatte. Seinsheim habe die Wohnung geprüft und »sehr reinlich« gefunden. Dann könne Ludwig sie »im Freien, wo jedes *Cérémoniel* wegfällt, ans Vaterherz drücken«, was einen Aufenthalt von nur zwei bis drei Minuten bedeuten würde. Danach könnten sie in zwei Wagen dem von Ludwig und Therese folgen. Falls er das erlaube, würden sie »ganz närrisch vor Freude« sein und die Tage des Wiedersehens würden »ein doppelter Festtag«. Therese bat darum, ihm zwei Postenstrecken bis Wolfratshausen entgegenfahren zu dürfen, weil er geschrieben hatte, er wolle »ganz ungestört« mit ihr reden.[10]

Das »ungestörte« Reden hatte aber nicht das erwünschte Ergebnis. Ludwig ging offenbar mit keinem Wort auf ihren

Brief ein, im Gegenteil, er sagte ihr, dass er von diesem Brief nichts wüsste, was sie ihm nicht glaubte.

Ende Juni schrieb sie an ihre Oberhofmeisterin, bei der sich Ludwig nach ihren Wünschen zum Geburtstag erkundigt hatte: »Meine Wünsche für den 8. Juli, beste Deroy, bestehen *einzig* und *allein* darin, daß der König mir die Bitte gewähren möge: Meinen nach Ascona ihm geschriebenen Brief (das résultat *weiser* Ueberlegung bei gänzlich ausgeruhten Nerven) *noch einmal mir zu Liebe* zu durchlesen ... Noch einmal liebe Deroy, ich wiederhole es: ein mich *erfreuendes Angebinde* vermag der König mir nicht zu geben, denn durch Erfüllung obiger aus dem *Innersten* meines Herzens mit kommenden Bitte. Therese«[11]

Therese fürchtete, dass Ludwig ihr von nun an jeden Sommer, wenn er nach Brückenau ginge, die Kinder für Monate entziehen könnte. Am 28. Juni, als sie bereits mit Otto unterwegs nach Bad Doberan ins Kurbad war, schrieb sie ihm daher noch einmal. Damit wegen des »bewußten Briefes *keine Irrung entstehe*, (was – ich kenne Dein trefflich Herz – Dir dann selbst leid seyn würde) gebe ich Dir *hier ganz* genau die Worte an, mit welchen er *beginnt*. Der Brief fängt so an: ›*Für 19 interessante herzliche Briefe sollen diese Zeilen ...*‹ Bitte sehe nach, ob jener Brief, so Du in Deiner Brieftasche thatst, *so anfängt*; *wenn nicht*, ist es der rechte nicht – was ich beinahe befürchte.«[12]

Obwohl er nie zugab, den Brief gelesen zu haben, um darauf nicht antworten zu müssen, bekam Therese zum Geburtstag das, was sie sich gewünscht hatte: Ihre Kinder durften auch in den Sommermonaten bei ihr bleiben.

Realitäten zwischen Traum und Albtraum
(1837–1846)

Als Protestantin in Bayern

König Ludwigs Vision von einem bayerischen Katholikenstaat

> »§9: Die in dem Königreiche bestehenden drey
> christlichen Kirchen-Gesellschaften genießen
> gleiche bürgerliche und politische Rechte.«

So stand es in der Verfassung vom 26. Mai 1818, die auch das Zusammenleben der Konfessionen im Königreich Bayern regelte. Eine Volkszählung für Bayern hatte im Jahr 1825/26 nahezu drei Millionen Katholiken und etwas mehr als eine Million Protestanten – Lutherische und Reformierte – ergeben. In München waren es 1829 bei fast 80 000 Einwohnern etwa 72 000 Katholiken, fast 6000 Lutheraner und etwa 600 Reformierte.[1] Die Verfassung gab eine eindeutige Richtung vor: Gleiche Rechte für alle Bürger unabhängig von der Religionszugehörigkeit und Toleranz im Umgang miteinander. Die Praxis sah allerdings anders aus, je länger König Ludwig an der Macht war.

Mit seinem Regierungsantritt hatte in Bayern eine Entwicklung begonnen, die der katholischen Kirche all das zurückzugeben versuchte, was sie durch die Säkularisation während der Regierung seines Vaters und seines mächtigen Ministers Montgelas verloren hatte. Die Kirche und die von ihr getragene ultramontane Partei beherrschten zunehmend das politische und gesellschaftliche Feld. Sie führten einen Religionskrieg gegen alle anderen Konfessionen, gestützt durch den Anspruch, den allein seligmachenden Glauben zu vertreten. Die Unterstützung des Königs war der Kirche dabei sicher, denn Ludwig fühlte sich, zusätzlich zu seiner persönlichen Überzeugung, auch an ein Versprechen gebunden, das er dem Papst noch als Kronprinz gegeben hatte.[2]

Schon Anfang 1826 hieß es, dass er acht Klöster wiederherstellen wolle, was den Staat zwei Millionen Gulden kosten würde, 1835 waren es bereits 53. Dem Benediktinerorden kam dabei eine besondere Bedeutung zu. Ludwig, der seit den revolutionären Unruhen von 1830 und 1831 der Überzeugung war, dass eine Wiederholung nur durch eine konservative, obrigkeitstreue Erziehung der Jugend dauerhaft verhindert werden konnte, wollte die Erziehung des Volkes und die Schulen ganz in die Hände der Benediktiner geben.[3] Auch die Jesuiten bemühten sich um eine Neuzulassung, unterstützt von der ultramontanen Partei. Aber das lehnte der König konsequent ab. Die Abneigung gegen die Jesuiten war einer der ganz wenigen Punkte, bei denen sich König und Kronprinz einig waren, beeinflusst auch von der Furcht Thereses. Max äußerte sogar mehrfach, er würde nach seiner Thronbesteigung als Erstes die Ausweisung der Jesuiten verfügen, falls sie wieder zugelassen wären.[4]

Der Einfluss der römischen Kirche nahm auch im alltäglichen Leben in Bayern zu, insbesondere in den Jahren nach 1837. Alte katholische Bräuche wurden wiederbelebt. Prozessionen, Erteilung von Ablässen, Vorschriften für strenges Fasten, Verbot von Musik und Tanz während der Fastenzeit und am Vorabend größerer Feste zeugten davon. Das Läuten der Glocken in den Kirchen und Kapellen und Klöstern zu allen Stunden der Nacht wurde wieder verfügt. Die Einhaltung der neuen Vorschriften wurde vom Staat kontrolliert. Wer im Sinne Roms wirkte, zum Beispiel an der Universität, wurde befördert, die anderen zurückgesetzt.[5] Besonderen Wert legte Ludwig auf die Fronleichnamsprozession, an der er mehrfach in Rom beteiligt gewesen war und die er auch in Bayern mit dem in Rom stattfindenden Prunk abhalten wollte. Alle Innungen, Bruderschaften und die religiösen Orden mussten daran teilnehmen, in alten Trachten, wofür der Magistrat 25000 Gulden aufwenden musste. Außerdem mussten in allen Fenstern nicht nur Blumen und Girlanden stehen, sondern auch Teppiche und Fahnen heraushängen wie in Italien.[6] Für besondere Aufregung sorgte der sogenannte »Kniebeugeerlass«, nach dem beim katholischen Militärgottesdienst während der Wandlung und beim Segen alle Offiziere und Soldaten, auch Protestanten, so wie früher vor der Monstranz niederknien mussten. Ebenso bei der Fronleichnamsprozession und auf der Wache, wenn das Allerheiligste vorbeigetragen wurde.[7] Die Nichtkatholiken protestierten, manche Soldaten verweigerten sogar den Befehl. Der König, dem man gesagt hatte, dass das Beugen des Knies eine militärische Ehrenbezeugung sei, die nichts mit der Religion zu tun habe, ignorierte alle Proteste als unbegründet.[8] Erst 1845 nach unzähligen Zwischenfällen und heftigen Protesten wurde der Zwang zur Kniebeugung für Protestanten abgeschafft und wieder durch die ehemalige militärische Ehrenbezeugung ersetzt.[9] Auch wenn man heute die Aufregung um diesen Erlass nur schwer nachvollziehen kann, ist er nur ein Beispiel für die zunehmende Verletzung der in der Verfassung festgelegten Toleranzbestimmungen durch die ultramontane Regierungspartei, die mit dem Segen des Königs arbeitete.

»Diese Partei arbeitet mit einer großen Aktivität darauf hin, in Deutschland eine Art Religionskrieg zu verursachen.«[10] Mit diesen Worten fasste der protestantische preußische Gesandte Graf Dönhoff seine Analyse der politischen Situation in Bayern und Deutschland Ende 1837 zusammen. Die ultramontane Partei werde immer stärker und bedrohe den internen Frieden in Deutschland durch »Intoleranz« und durch ihre Übergriffe auf die protestantische Kirche und die »souveräne Macht der Regierungen«. Besonders die Lage in Bayern gebe Grund zur Besorgnis.[11]

Entscheidend verantwortlich dafür war Carl August von Abel (1788–1859), der seit 1819 in bayerischen Diensten stand und von 1832 bis 1834 als Teil des Regentschaftsrates in Athen die dortige Verwaltung organisiert hatte. Er übernahm 1837 das

Innenministerium, 1840 auch das Finanzministerium. 1844 in den Adelsstand erhoben, galt er als das politische Oberhaupt der Ultramontanen und begann Bayern im Sinne dieser Partei umzugestalten.

Erleichtert wurde ihm dies durch einen König, der ihm bedenkenlos vertraute und anderen genauso bedenkenlos misstraute: »Der König hört physisch und moralisch kaum irgend Jemand anders, als wer nur gerade noch ihn in seinem Sinne überbietet, und sieht in jeder Meinungsverschiedenheit fast einen Akt der Widersetzlichkeit und des Eingriffs in seine Kronrechte«, beklagte sich der preußische Gesandte Dönhoff. Im ganzen Land existiere eine Art »dumpfer Ungewißheit und Unsicherheit«, die die wildesten Gerüchte hervorbringe.[12]

Alle Gesandten seien sich einig, dass der König keine Vorstellung von den »schädlichen Folgen« der Politik habe, die in seinem Namen gemacht werde. Niemand traue sich, ihm die Wahrheit zu sagen, »aus Furcht, ihm zu missfallen, um nicht von denen zu reden, die ihm das Gegenteil der Wahrheit sagen, um ihm zu gefallen«, sorgte sich Dönhoff weiter in einem Brief an den preußischen König Anfang 1839.[13] Der König erhalte seine Informationen nur noch über die ultramontane Partei, die eine »Geheimregierung« darstelle. Sogar gegen die königliche Familie übe sie keine Zurückhaltung mehr: Am Namenstag von Therese, dem 15. Oktober, sei an allen Kirchentüren Würzburgs angeschlagen gewesen, dass jeder einen »vollkommenen Ablaß« seiner Sünden erwerben könne, der an diesem Tag für die »Ausrottung der Ketzer, d. h. der Protestanten betet«.[14]

Ludwig hatte vor, seine politische Bedeutung aufzuwerten, indem er sich zum »Chef des katholischen Deutschlands« machte. Dabei übersah er, dass die »Exzesse« der ultramontanen Partei für den inneren Frieden des Landes gefährlich sein und revolutionäre Folgen haben könnten. Graf Dönhoff, der engen Kontakt zum Kronprinzen und zur Königinwitwe Karoline hatte, bemühte sich wie diese, vergeblich, den König darauf hinzuweisen.[15]

Viele erklärten sich den großen Einfluss des Klerus und dadurch der kirchlichen Partei auf den König damit, dass er Reue und Gewissensbisse habe wegen seiner häufigen Sünden gegen das sechste Gebot. Wegen seiner Schuldgefühle glaubte er sich mit der Kirche gutstellen zu müssen, indem er regelmäßig zur Beichte ging, um dann die Absolution seines Beichtvaters zu bekommen.[16]

Therese wird in den Berichten der Gesandten bis 1846 nicht oft erwähnt. Sie hat mit Sicherheit mit Karoline über die konfessionellen Konflikte und die Haltung Ludwigs geredet, aber sich natürlich niemals nach außen gegen ihren Mann gestellt. Es reichte ihr schon, dass Max durch seine kritische Haltung gegenüber der Politik seines Vaters das heitere Familienleben störte.[17]

Die Politik Abels nach 1837 verletzte immer häufiger die Gleichstellungsvorschriften der Verfassung. So wurde das 1. Gymnasium in München 1840 durch eine Verordnung den Benediktinern übergeben, Protestanten waren von nun an vom Besuch der Schule ausgeschlossen.[18] Eine Ministerial-Verordnung, die im selben Jahr direkt aus dem Hause Abel kam, verfügte, dass es in jeder Schulanstalt Bayerns (selbst in den privaten) allein vom Zeugnis des Religionslehrers, der immer ein katholischer Geistlicher war, abhing, ob und wann ein Schüler in die höheren Klassen aufrücken durfte, egal, welche Qualifikation er hatte. Damit lag in den Händen der Geistlichkeit, wer in Zukunft in Bayern studieren durfte, nicht nur an der theologischen Fakultät, sondern auch an den anderen.[19]

Auch die Pressezensur in Bayern betraf überwiegend Zeitungen, die protestantische Ziele vertraten. Förderungen durch den Staat bekamen fast ausschließlich katholische Einrichtungen.[20, 21]

Proteste der Protestanten blieben ungehört, denn sie mussten über das Innenministerium zur Weitergabe an den König eingereicht werden. Und dort wurden sie entsprechend abgeschwächt. Die Verfassungsurkunde und entsprechende Gesetze über die Gleichstellung der Religionen wurden vom Kabinett und Innenministerium zugunsten der Katholiken ausgelegt. Abel betrachtete alle protestantischen Angelegenheiten aus dem Gesichtspunkt der Ehrfurcht, die man der Religion des Königs schulde, und rechtfertigte damit eine einseitige Bevorzugung der katholischen Seite.[22]

Konfliktpotenzial bot auch das Thema einer Ehe zwischen Katholiken und Protestanten. Die bayerischen Bischöfe hatten sich bereits 1832 an Papst Gregor XVI. mit der Bitte um eine klare Stellungnahme zu den Fragen, die die zunehmende Zahl der Mischehen aufwarfen, gewandt. In seiner Antwort (27. Mai 1832) erklärte der Papst, dass »zur Erlangung des ewigen Lebens der katholische Glaube und die katholische Einheit unumgänglich nothwendig sey«. Darum sollten die Bischöfe das Volk Bayerns »beständig aufmerksam machen, diesen einzigen Weg des Heils streng einzuhalten«. Gemischte Ehen sollten nur nach einem päpstlichen Dispens geschlossen werden dürfen, und nur, wenn die Eheleute die Bedingungen einzuhalten versprachen, ansonsten sollte die Eheschließung verweigert werden. In seiner Instruktion vom 12. September 1834 verschärfte der Papst diese Anweisung noch durch die Worte, »daß die Ehen zwischen Katholiken und Nichtkatholiken sowohl wegen der verbrecherischen Gemeinschaft in sacris, als auch wegen der Gefahr der Verkehrung des katholischen Ehetheiles und wegen der schlechten Erziehung der zu hoffenden Kinder, ganz und gar unerlaubt und verboten seyen«. Den Paaren müsse klargemacht werden, »wie sehr sie sich gegen die göttliche Majestät versündigten«, falls sie eine solche Mischehe eingingen. Am Schluss sprach der Papst die Hoffnung aus, dass »der erlauchte König nach seinem von den Vorvätern ererbten Eifer für die katholische Religion alle Uebel, welche derselben aus den angeführten Ursachen drohen, entfernen werde, so daß unsere heilige Religion in dem berühmten Bayernlande blühen und unangetastet fortbestehen möge«.[23]

Die Empörung in Bayern war groß und der protestantische

Graf Dönhoff sprach in einem Brief an seinen protestantischen König in Berlin das aus, was sich auch sehr viele Katholiken im Land dachten: »Zu bemerken ist auch das Verletzende der Fassung dieser Piece für die königliche Familie, in welcher die gemischten Ehen sozusagen erblich sind.«[24]

Was werden wohl Therese und ihre Schwiegermutter gedacht und besprochen haben, deren Ehen nun als »verbrecherische Gemeinschaft« und als eine »Sünde gegen Gott« bezeichnet wurden? Wir wissen es nicht, aber man kann es sich vorstellen.

In der Staatsratssitzung über die Erziehung der Kinder bei Mischehen kam es zu heftigen Auseinandersetzungen zwischen Abel, der die katholische Erziehung als unbedingte Voraussetzung wollte, und Kronprinz Max, der genau das mit Erfolg bekämpfte. »Im Allgemeinen zeichnet sich der Kronprinz durch eine große Unparteilichkeit zwischen den beiden Konfessionen aus. Seine Art zu denken bildet einen frappanten Kontrast zu den Ideen, die zurzeit hier an der Tagesordnung sind«, berichtet Graf Dönhoff.[25] Auch andere Mitglieder der königlichen Familie waren empört über die »tendance ultra-catolique«, wie der protestantische Schwiegersohn Ludwigs, der Erbgroßherzog von Hessen, es formulierte.[26]

Von den Kanzeln kamen harte Töne gegen die Mischehen, wenn es durchaus auch gemäßigte Bischöfe gab, wie den Regensburger Domdekan Melchior von Diepenbrock (1798–1851). Am schlimmsten trieb es der Münchner Hofprediger Anton Eberhard, dem der König das Predigen 1840 zwar untersagt hatte, der sich aber, unterstützt von Abel, nicht daran hielt.[27] »Die im Staate bestehenden Religionsgesellschaften sind sich wechselseitig gleiche Achtung schuldig; gegen deren Versagung kann der obrigkeitliche Schutz aufgerufen werden, der nicht verweigert werden darf«, hieß es im § 80 der Verfassung und mit dem Hinweis darauf gelang es den Protestanten diesmal, den König zu überzeugen, der daraufhin eine Untersuchungskommission einsetzte.[28] Auch der Bischof von Regensburg stellte sich offen gegen Eberhard. Daraufhin ließ Abel die Predigten über die gemischten Ehen verbieten. Eine Privataudienz, um die Eberhard gebeten hatte, lehnte der König ab. Er nahm demonstrativ auf seine folgende Italienreise nur protestantische Adjutanten mit.

Die meisten Katholiken, die eher gemäßigt waren, reagierten erleichtert, aber es gab auch Bürger, die eine Demonstration organisierten mit dem Ziel, die Predigten wieder zuzulassen. Diesmal blieb der König hart. Vermutlich war ihm erst jetzt zu Bewusstsein gekommen, dass eine Predigt gegen die Mischehen ja auch immer ein Angriff gegen seine Person und seine Familie war.[29]

Der Prediger Eberhard war aber nur die Spitze des Eisberges. Die Intoleranz der katholischen Partei gegenüber Andersdenkenden und die Versuche der Geistlichkeit, Andersgläubige zum Übertritt zu bewegen, nahmen zum Teil bizarre Formen an. Im Münchner Allgemeinen Krankenhaus hatte man die katholischen und protestantischen Kranken sogar schon getrennt untergebracht, »weil die fortwährenden Verunglimpfungen und Aufregungen der katholischen Geistlichen und Krankenpfleger … auf den Zustand der protestantischen Kranken und Sterbenden den übelsten Einfluß hatten«.[30]

Der König jedoch verkannte das ganze Ausmaß der Unterdrückung der Protestanten und gemischtkonfessioneller Ehen. Er glaubte nach wie vor, die ultramontane Partei für seine Zwecke nutzen zu können, dabei war es genau umgedreht. »Die Partei schreitet vorsichtig, aber sicher vor. Wenn sie erst mal alle Posten in der Erziehung/Schulen, Kanzel, Beichtstühle besetzt hat, ist es zu spät«, fasste Graf Dönhoff seine Besorgnis und die vieler anderer, selbst am Hof, zusammen.[31]

Skandal um eine Beerdigung

> »Sie hat in Liebe mit Uns gelebt, sie soll auch in
> Liebe unter Uns ruhen!«

So lautete das Machtwort, das der österreichische Kaiser Franz
I. im Dezember 1829 sprach und so seiner Schwägerin, der protestantischen Prinzessin Henriette Alexandrine Friederike Wilhelmine von Nassau-Weilburg (1797–1829), die 1815 seinen
Bruder, den katholischen Erzherzog Karl von Österreich,
geheiratet hatte, eine Grabstelle in der Kapuzinergruft der
Habsburger sicherte. Es war die erste »Mischehe« im Haus
Habsburg gewesen. Franz I. verfügte, dass Henriette selbstverständlich in der Grabkirche der Habsburger beerdigt werden
sollte. Daraus entwickelte sich dann aber eine »in die Tage
der Ketzergerichte zurückversetzende Catastrophe«, wie es der
Journalist Moritz Gottlieb Saphir in seinem in München her-
ausgegebenen Blatt »Der Bazar« formulierte. Normalerweise
wurden Leichname in der Kapuzinergruft in Wien aufbewahrt,
bei den Augustinern das Herz, im Stephansdom die Eingeweide
der kaiserlichen Toten. Der Pfarrer solle sich nun aber, angetrie-
ben vom Nuntius, geweigert haben, »die irdischen Überreste
einer Protestantin aufzunehmen«. Nur das »ernste Wort« des
Monarchen sicherte Henriette das ihr gebührende Grab. In
Wien schlugen die Wellen der Empörung über das Verhalten
des päpstlichen Nuntius hoch und schwappten nun auch nach
Bayern.[32]

Königin Therese war von den Angriffen gegen die Protestanten bislang nicht betroffen gewesen. Königin Karoline und sie
hatten ihren eigenen Hofgeistlichen, ihre eigene Hofkirche,
und lebten im Vergleich zum übrigen Bayern eher auf einer
Insel der Toleranz. Zumindest bis zum Jahr 1830, als die ent-
würdigenden Umstände um die Beerdigung einer Protestantin
in Wien auf einmal eine ganz persönliche Bedrohung für das
eigene Begräbnis wurden und entsprechende Ängste auslösten.

Auch wenn die Regierung in Wien in einer Gegendarstellung in der »Allgemeinen Zeitung« in München erklärte, die Beisetzung in der kaiserlichen Gruft sei nie infrage gestellt worden, es sei nur um die Zeremonie und die Funktionen der evangelischen Geistlichkeit gegangen, der Schaden war passiert.[33] Ludwig musste seiner Frau und seiner Stiefmutter versprechen, dass er alles unternehmen werde, um sicherzustellen, dass bayerische Königinnen, die nicht katholisch waren, mit allen ihnen zustehenden Ehrungen beerdigt würden.[34]

In dieser Zeit ist wohl auch die Idee Ludwigs geboren worden, das Problem mit dem Bau einer eigenen Grabeskirche für sich und Therese aus der Welt zu schaffen. 1835, am Tag ihrer Silbernen Hochzeit, erfolgte die Grundsteinlegung für das von Ludwig neu gegründete Benediktinerkloster mit der Basilika St. Bonifaz, in der tatsächlich die Sarkophage des Königspaares ihre letzte Ruhestatt finden sollten. Allerdings würde auch dies nicht so problemlos geschehen, wie Ludwig sich das gedacht hatte.

Die erste Bewährungsprobe für sein gegebenes Versprechen kam im November 1841. Am 13. wollte Königin Karoline eine Geburtstagsfeier für ihre Tochter, Königin Elisabeth von Preußen, geben. Es waren schon einige geladene Gäste eingetroffen, als sie plötzlich Atemnot bekam und es hieß, sie hätte nur noch wenige Momente zu leben. Sie litt seit Längerem an Schwindsucht. Die ganze königliche Familie versammelte sich im Sterbezimmer. Ludwig soll so ergriffen gewesen sein, dass er den Raum verlassen musste und erst Augenblicke vor ihrem Tod zurückkam.[35] Noch in der Nacht des Todes rief Abel den Domkapitular Windischmann zu sich, für Beerdigung und Leichenzug wurde gleich am 14. eine Kommission gebildet. Abel jedoch gab die Richtung vor, dass nämlich die ganzen Feierlichkeiten eine katholische Richtung haben müssten, weil heutzutage das religiöse Empfinden, »der katholische Sinn«, in Bayern wieder stärker sei. Der König war einverstanden.

Der Wunsch der protestantischen Geistlichen, die Leiche in

der Theatinerkirche auszusegnen, wurde vom Erzbischof verweigert »und so mußte denn dieser letzte feierliche Akt ... vor
der Kirchenthüre auf offener Straße in der unerfreulichsten
Witterung vollzogen werden, während die katholische Geistlichkeit auf ausdrücklichen Befehl des Erzbischofs sowohl im
Leichengefolge wie in der Kirche nur im Civil-Frack erschienen«. Graf Dönhoff, der an seinen protestantischen König in
Berlin berichtete, war entsetzt. »Ebenso unfeierlich und wenig
rücksichtsvoll« für die Anwesenden war die Leichenfeier in
der katholischen Kirche am nächsten Tag. Es gab weder ein
Gebet noch einen Segen. Auch der Redner war nicht im geistlichen Ornat, die Kirche völlig schmucklos, ohne Kerzen, ohne
Orgel, ohne Gesang, ohne Musik, ohne irgendeine »Demonstration der äußeren Rücksichten für die Majestät der Landesmutter... Das absichtlich Verletzende, was in dem Verfahren
der katholischen Geistlichkeit bei dieser Gelegenheit lag, hat
alle Welt tief betrübt und geschmerzt.«

Die allgemeine Empörung war groß. Man fragte sich, warum
der König diesen Mangel an Rücksicht auf Krone und Majestät billigte. »Viele wünschen, die jetzige Königin möge sich bei
Zeiten eine Gruft unter der protestantischen Kirche bestellen,
damit bei ihrer Beisetzung nicht wieder ein so verletzendes und
verunglimpfendes Verfahren seitens der katholischen Geistlichkeit eintrete.«[36]

Wenn Graf Dönhoff einige Tage später verwundert an seinen
König schreibt, dass es nun endlich gelungen sei, Ludwig auf
einige Ungehörigkeiten bei der Beerdigung aufmerksam zu
machen und der König ganz aufgeregt reagierte und sich wunderte, dass er das nicht gemerkt habe, so kann man sich nur
mit ihm wundern. Schließlich war Ludwig zumindest an dem
würdelosen Akt vor der Theatinerkirche im Regen anwesend
gewesen.[37]

Kronprinz Max war sehr unzufrieden, er hatte sich mit seiner Stiefgroßmutter bestens verstanden und sah wohl auch das
Entsetzen seiner Mutter. Er ließ sich durch Fürst Ludwig zu

Oettingen-Wallerstein, der bis 1837 bayerischer Innenminister gewesen war, Material zu den Vorgängen zusammenstellen, um sie mit seinem Vater zu besprechen. Es stellte sich heraus, dass der König selbst die Nichtzulassung der protestantischen Geistlichen zur Einsegnung in die Gruft gebilligt hatte, obwohl ihn unter anderem Therese darauf aufmerksam gemacht hatte, dass auch ihre Tante Therese 1838 mit dem vollständigen protestantischen Ritus in der Taxischen Familiengruft in Regensburg beigesetzt worden war.[38]

Bei einer Audienz sagte Ludwig zum preußischen Gesandten, er sei kein Theologe, aber es missfalle ihm, dass er durch die Vorgänge in den »Anschein der Zweideutigkeit« geraten sei. Diese Angelegenheiten hätten ihm mehr »Galle« gemacht als ein ganzer Landtag.[39] Für ihn spielte die Einhaltung eines gegebenen Versprechens eine ganz zentrale Rolle, da musste ihn Therese nicht einmal daran erinnern, was er seiner Stiefmutter 1830 versprochen hatte. Um Wiedergutmachung bemüht und auch um den Geistlichen seine Missbilligung deutlich zu machen, befahl der König, dass das Herz Karolines nicht, wie üblich, in Altötting beigesetzt werden solle, sondern in der Familiengruft auf ihren Sarg zu stellen sei. Und diesmal müssten ihr alle die gebotene Ehre zeigen, auch die katholischen Geistlichen sollten in ihren Kirchengewändern erscheinen.[40] »Wenn diese Herren Schwierigkeiten machen sollten diese Kleider anzulegen, dann würde er, der König, sie ihnen höchstpersönlich anziehen«,[41] wird der König zitiert, nachdem ihm die Mitglieder der königlichen Familie das ganze Ausmaß des Beerdigungsskandals bewusst gemacht hatten.

Die vom König befohlenen Feierlichkeiten zur Beisetzung des Herzens der Königin wurden als Demütigung der ultramontanen Partei und als Niederlage Abels verstanden. Es schien Hoffnung auf eine Richtungsänderung in der Politik zu geben. Aber Ludwig wollte ihm wohl – ohne grundsätzliche Änderungen – nur eine Lektion erteilen. Das zeigten die Verordnungen aus dem Kabinett, die kurz darauf veröffentlicht wurden: Es wurde ein nach Konfessionen getrennter Geschichtsunterricht eingeführt und verfügt, dass an den Universitäten in München und Würzburg nur noch katholische Professoren neu angestellt werden dürften, Erlangen dagegen galt als protestantische Universität.[42]

Immer häufiger kam es nun auch zu innerfamiliären Auseinandersetzungen, da nicht nur Max, sondern auch sein Bruder Luitpold im Staatsrat gegen die Benachteiligungen der Protestanten öffentlich protestierten.[43] Auch bei einem Antrag Wredes gegen Abel im Landtag wegen der »unverhältnißmäßigen Vermehrung« der Klöster im Januar 1846 stellten sich die beiden Prinzen gegen die Regierung und damit indirekt gegen den Vater. Die Zahl der Klöster sollte wieder vermindert und die Redemptoristen ausgewiesen werden. Die Prinzen hatten mit der Mehrheit der I. Kammer dafür gestimmt. Der König war mit ihnen [Max und Luitpold] sehr unzufrieden, es gab »heftige Szenen« zwischen ihnen. Vor allem mit dem Kronprinzen, dem der König die schärfsten Vorwürfe machte, dass er seine Pflichten vernachlässige. Dabei schrie Ludwig so laut, dass die Hofdiener alles hören konnten. Er sah darin einen »Akt des Ungehorsams«. So sah der König aber auch die legale Opposition der Kammern. Der Kronprinz reiste noch vor Schluss des Landtages nach Berlin ab, Ludwig war offenbar froh, ihn los zu sein, und stimmte zu.[44]

An Mathilde schrieb Max, dass er sich in München nicht wohl fühle wegen der politischen Differenzen. »Auf der einen Seite kann ich meinem Herzen und Vertrauen nicht befehlen, auf der anderen will ich der *lieben, guten Mutter keinen Kummer* machen, dies ist eine schrecklich peinliche Lage für mich.«[45]

Königin und Landesmutter

>Gott schenke mir die Gnade, daß ich es nicht
erlebe, das Ruder unseres Bayernlandes von einer
anderen denn Deiner kräftigen Hand geleitet zu
sehen«,[46]

schrieb Therese im Mai 1839 »mit schwerem Herzen«, weil sie
es für ihre Pflicht hielt und »wir beide sterblich sind«. Ihr Anliegen war typisch für ihre Fürsorge, die sie nicht nur ihren
eigenen Kindern, sondern auch ihren Landeskindern gegenüber
empfand. Sie machte sich Sorgen, dass der Erzieher Luitpolds,
Herr von Hagen, falls Max König würde, von dessen Gnade
abhängen würde, was seine Pension anbetraf. Daher gab sie
jetzt schon mal dessen Bitte um eine Pension an Ludwig weiter.
Hagen habe nie versucht, um Maxens Gunst zu buhlen, daher
unterstützte Therese dessen Bitte. Schließlich sei ja die »vom
Erzieher gewissenhaft geführte Erziehung eines Prinzen auch
eine gegen den Staat erfüllte Pflicht«.[47]

Auch um ihre eigenen Bediensteten sorgte sie sich, bemühte
sich aber gleichzeitig, auf Ludwigs Sparwahn einzugehen.
Manchmal bat sie ihn, Zahlungen für sie bei ihren zahlreichen
Protektoraten zu übernehmen, wie zum Beispiel beim The-
resia-Institut in Ansbach 1840. Falls nicht aus Staatsmitteln die
Erhaltung des Instituts erfolge, müsse sie wohl ihre eigenen
Mittel angreifen. »Aufrichtig gesagt, würde es mich jedoch
erfreuen, wenn es nicht nothwendig werden sollte, da meine –
so wie auch der guten Mama – Kasse, ohnedieß sehr in Anspruch genommen ist.«[48]

Thereses Stellung als Königin prädestinierte sie als Schutz-
patronin über viele soziale Einrichtungen. Als Beispiel gerade in
dieser Zeit können die Kinderbewahranstalten der ungarischen
Gräfin Theresia Brunsvik von Korompa (1775–1867) dienen.
Schon Thereses Schwägerin, die österreichische Kaiserin Karoline Auguste, unterstützte die Einrichtung von solchen in Öster-

reich. Ziel war es, Kinder von zwei bis drei Jahren, vor allem solche armer Eltern, darin aufzunehmen und sie bis zum sechsten oder siebenten Lebensjahr im Sinne von Frömmigkeit und Sittlichkeit zu erziehen, ihnen aber auch die Grundlagen des Lesens, Schreibens und Rechnens beizubringen. Die Gräfin reiste durch Europa, um überall derartige Einrichtungen ins Leben zu rufen. Im April 1833 hatte sich nach einem Besuch der Gräfin in München das erste Damenkomitee gebildet, um die Gründung solcher Kleinkinderschulen zu unterstützen. Mit Genehmigung von König Ludwig wurden im selben Jahr drei Kinderschulen in München und den Vororten errichtet. Jede »unbescholtene Frau«, unabhängig vom Vermögen, konnte Mitglied werden. Anfangs war das Vertrauen der armen Bevölkerung noch gering. Obwohl man zunächst die Kinder ohne Entgelt aufnahm und sie mit Essen und Kleidung versorgte, »mußten wir die armen kleinen Würmer im Straßenunrat zusammensuchen und fanden für all dies nicht nur keinen Dank, sondern vielleicht noch Ablehnung«. Erst allmählich setzte sich die Idee bei den armen Frauen durch, sie zahlten sogar einen kleinen Obolus für die Unterrichtung der Kinder. Aber um mehr Ansehen zu erreichen, beschlossen sie, Königin Therese zur Übernahme des Protektorates zu überreden. »Es war nicht schwer, denn die Königin hatte ein gutes Herz und war allem wohlgesinnt, was auf Wohlfahrt des Landes abzielte.«[49] Nachdem Therese das Protektorat angenommen hatte, gab es kaum eine adlige Frau, die nicht beitrat. Auch die Beamten-, Offiziers- und Künstlerfrauen engagierten sich. »Unsere Unternehmung war, schier über Nacht, so in Mode gekommen, daß wir, als uns die Königin zu einer Audienz bescheiden ließ, schon mehrere hundert Damen vorstellen konnten.« Wichtig war Therese, und damit setzte sie ein bewusst deutliches Zeichen gegen die Katholisierung, die durch Ludwigs Regierung in allen anderen Bereichen Bayerns geschah, dass Kinder beider christlicher Konfessionen Aufnahme in den Anstalten fanden und diese vor allem zur »Ehrlichkeit«, »Frömmigkeit«, »Rechtschaffenheit«, »Reinlich-

keit«, »Ordnung« sowie zu »Fleiß« und »Gehorsam etc.« erzogen würden.[50]

Schaut man sich Therese im Jahr 1838 an, als sie in Abwesenheit von Ludwig den Staatsbesuch des Zaren organisieren
musste und dabei auch selbst vielfältige Entscheidungen traf,
dann kann man feststellen, dass sie dank Ludwigs häufiger
Abwesenheit zwangsläufig selbstständiger und selbstbewusster
geworden war. Nach wie vor aber war sie im Wesentlichen
nur Vermittlerin der könglichen Aufträge, auch wenn sie dazu
schon einmal die Minister Abel und Gise – wie im Mai 1844 –
zum Abendessen einlud, um die Aufgaben zu besprechen.
Gleichwohl: Die letzte Entscheidung lag weiterhin bei Ludwig
und es ging bei Thereses Engagement auch weiterhin nicht um
politische Inhalte. Sie übernahm die Organisation von Angelegenheiten und Vorarbeiten für Ereignisse, die in irgendeiner
Weise mit der Familie zu tun hatten. Im Falle des Besuches des
Zarenpaares mit seiner Tochter ging es um eine mögliche Hochzeit mit Kronprinz Max. Aber auch das war eine Familienange-
legenheit, denn die Zarin Alexandra Fjodorowna, eine Tochter
der Königin Luise, war ihre Cousine.[51]

Hoch-Zeiten und Tief-Punkte

Otto

> »Was wir vor allem in dieser unglücklichen Ent-
> wicklung bedauern: zu sehen, dass seine kindliche
> Ängstlichkeit sich in eine falsche Selbstsicherheit
> gewandelt hat, die nichts Charmantes hat«,

urteilte die Königinwitwe Karoline über ihren Enkel Otto, als
er, fast 21-jährig, Ende Mai 1836 nach fast vier Jahren zum ersten Mal zurück in seine Heimat kam. Die ganze Familie war
ihm entgegengefahren, in griechischer Nationaltracht zog er in
München ein. Königin Karoline äußerte sich gegenüber dem
sächsischen Geschäftsträger, dass alle, selbst seine Mutter Therese, frappiert seien über die geringen Fortschritte, die er in den
vergangenen vier Jahren gemacht habe. Auch Max, der doch
sehr an seinem Bruder hing, äußerte sich betroffen. Als man
von Ottos »geringer Weltläufigkeit und seiner Verlegenheit«
sprach, sagte er: »Da sehen Sie das finstere Ergebnis der Erziehung durch Priester.«[1] Therese war zumindest in einem Punkt
sehr zufrieden: »Wie kindlich zeigt er sich doch stets«, schrieb
sie an Ludwig – ein wichtiger Punkt für beide Elternteile. Während Ludwig in Brückenau kurte, ohne seine Frau, dafür aber
mit einer neuen Geliebten, so wie er das gewünscht hatte, übernahm Therese die Führung bei der Brautschau Ottos, denn das
war das eigentliche Ziel seiner Reise in die Heimat. Kurbäder
eigneten sich besonders zur Kontaktaufnahme und so machte
Therese im Juni und Juli eine Trinkkur in Marienbad, Otto eine
Badekur.[2] Sie wünschte sich von Ludwig eine »carte blanche« –

einen Blankoscheck also –, damit sie zusammen mit Otto dorthin gehen konnte, »wo es Noth thun wird«, das hieß an den
Ort, wo sich der mögliche Schwiegervater Ottos, der Großherzog von Oldenburg, mit seiner Tochter Amalie aufhalten
würde. Da »es unseres Ottos ganzer Zukunft gilt«, sei es wichtig, dass sie ihn begleite, selbst zum Rendezvous. »Ohne meine
Nähe, fürchte ich, kommt er zu keinem Entschluß; dabei ist
Franzensbad höchst langweilig, und so bleibt er am Ende nicht
lange genug um die Prinzessin gehörig kennen zu lernen.«[3]
Beide Mütter priesen sich gegenseitig ihre Kinder an. Amalie
habe eine »dünne Taille«, »schöne Brüste« und »ein schönes
Lächeln, das weiße Zähne zeigt«.[4] Therese gefiel Amalie, die
sehr »hübsch von Gesicht und Gestalt« sei bei nur mittlerer
Größe, der Hals weiß, und sie, noch nicht 18 Jahre, schön ge-
rundet. Zum Glück fand auch Otto, dass Amalie eine »höchst
liebliche Erscheinung sei«, und entschloss sich keine vier Wochen nach dem Kennenlernen, ihr einen Antrag zu machen.[5]
Otto hatte seinen Entschluss Therese mitgeteilt, die wiederum
den Vater der zukünftigen Braut informierte. Der allerdings
war weniger begeistert, da er wegen der politischen Situation in
Griechenland besorgt war und zunächst mehr Details über
Ottos Situation erfahren wollte. Am Ende ließ er sich überzeugen und so konnte die Hochzeit bereits am 22. Oktober 1836 in
Oldenburg stattfinden. Auch wenn die beiden keine Kinder
bekamen, schienen sie privat ganz glücklich gewesen zu sein.

Die politische Situation in Griechenland aber blieb ein Herd
immer neuer Probleme für das bayerische Königspaar. Da waren die ständigen Geldsorgen, sodass Königin Amalie sich auf
den Weg machte, um ihren Vater und ihren Schwiegervater um
Unterstützung zu bitten. Therese reiste daraufhin nach Trient,
wo sie sich mit Amalie traf, um ihr die 300 000 Gulden von Ludwig, die man aus der bayerischen Kasse des Kriegsministeriums
genommen hatte, zu übergeben.[6]

Aber auch mit Geld ließ sich die Situation nicht retten. Im
September 1843 kam es zu einer Militärrevolte, die bayerischen

Beamten und Militärs wurden verjagt und König Otto musste den Griechen eine Verfassung zugestehen, die im März 1844 in Kraft trat. [7] In Bayern sprach man vom »Verrat der Griechen«.[8] Da Ludwig sich nicht traute, Therese die Nachricht zu über- bringen, übergab er die Aufgabe an seine Tochter Mathilde. Sie schrieb an Amalie: »Was *ich* empfand, als zu Aschaffenburg mein teurer Vater (mich auf die Seite nehmend) von den Nach- richten Griechenlands mich in Kenntnis setzte, sagten meine Tränen am deutlichsten. Doch gewann ich über mich, sie für einige Augenblicke wenigstens hinunterzuschlucken, um unsere Engelsmutter, so *ich* alles mitteilen mußte, nicht all' zu sehr zu erschrecken. Dann aber weinten wir beide *viel* um *Euch*.«[9]

Adelgunde

> »Liebstes Mütterchen! Wie sehnen wir uns nach
> Ihnen! Welche Freude, wenn Sie ankommen.
> Recht lange und der so sehnlichst erwünschte
> Tag ist da!«,[10]

schrieb Adelgunde mit elf Jahren an ihre Mutter. Sie stand The- rese vor allem nach der Hochzeit Mathildes sehr nahe, wie alle Briefe zeigen. Adelgunde unterschrieb noch als erwachsene Frau immer mit dem Zusatz, der ihre Beziehung zu ihrer Mut- ter auch bestimmte: »Ihre gehorsame Adelgunde«. Und das musste sie, wie auch andere Töchter, selbst dann unter Beweis stellen, wenn es um die Hochzeit ging, obwohl Therese und Ludwig ihren Töchtern immer einen gewissen Entscheidungs- spielraum ließen.

Das Jahr 1842 brachte gleich zwei Hochzeiten ins Königs- haus, die beide großes politisches und öffentliches Interesse hervorriefen. Die ultramontane Partei hatte gegen die ursprüng- lich geplante Heirat der 19-jährigen Prinzessin Adelgunde mit dem Erbherzog von Coburg gearbeitet und sogar das Gerücht ausgestreut, der junge Herzog habe einen Teil seines Geldes unredlich erworben. Hauptgrund war aber wohl, dass man eine weitere Mischehe im Königshaus verhindern wollte, so wie der Papst es befohlen hatte. Stattdessen sollte die Vermählung Adelgundes mit dem Erbherzog von Baden gefördert werden.[11] Auch der Herzog von Nassau, ein Sohn von Thereses verstorbener Schwester Luise, zeigte Interesse, das Therese förderte.

Schließlich kam es jedoch ganz anders: Am 30. März 1842 fand die Hochzeit Adelgundes mit dem österreichischen Erzherzog Franz von Modena-Este (1819–1875) in der neu erbauten Allerheiligen-Hofkirche statt. »Viele Neugierige drängten sich auf Treppen und Gängen, als sich der Zug vom Thronsaal in die Königszimmer bewegte.« In der Kirche war neben der Familie und dem Hofstaat auch das diplomatische Corps anwesend. Es gab Opernvorstellungen, Theater und einen Hofball in der Residenz, dann folgte die Abreise nach Modena.[12] Während Ludwig danach gen Italien fuhr und erst im Oktober zu Max' Hochzeit zurück sein würde, blieb Therese in München, verbrachte ein wenig wehmütig die Zeit mit der übrig gebliebenen Familie und hielt den Kontakt zu Adelgunde über Briefe aufrecht.

Freude und Glück teilte Therese auch aus der Entfernung mit ihren verheirateten Töchtern, insbesondere bei der Erfüllung ihres »liebsten, mir wohlbekannten Wunsches«, dem nach einem Enkelkind, was sich sowohl bei Adelgunde als auch bei Mathilde aber nicht zu erfüllen schien.[13]

Maximilian

> »Arm an wahrem Frohsinn …, stets unzufrieden
> mit sich selbst, *grübelt* er ordentlich, so seine Lage
> im eigenen Auge schwierig erscheinen zu machen«,

bemerkte Therese Mitte 1833 gegenüber ihrem Lieblingssohn Otto über ihren ältesten Sohn Max. Max' zunehmende Konflikte mit Ludwig brachten ihre Bemühungen um ein heiteres Familienleben, das sie Ludwig garantieren wollte, immer wieder durcheinander und so schrieb sie ziemlich deutlich an Otto: »Was Max Dir geklagt hat, ... hat er *vor Dir* einer Menge vermeintlicher Vertrauten schon gesagt; nichts davon ist mir neu. Meine einfache Antwort darauf ist: Unsere Rechtfertigung wird erst dann klar ihm werden, wenn Max verheiratet und einst selbst Kinder haben wird.«[14]

Es war die Zeit, in der König Ludwig Max bewusst von München fernhielt, damit der sich nicht in die Politik einmischte und von politischen Gegnern Ludwigs somit nicht für ihre Zwecke eingespannt werden konnte. Max litt darunter, genau wie Ludwig es als Kronprinz getan hatte, als sein Vater und Montgelas ihn aus den gleichen Gründen nicht in der Hauptstadt hatten haben wollen. Therese sah überhaupt nicht, wie einseitig Ludwig durch sein blindes Vertrauen in die Ultramontanen war, und dass Max nicht bloß aus reiner Opposition, sondern, seiner Überzeugung von Toleranz folgend, oft besser als sein Vater informiert war, was im Land tatsächlich passierte. Sie sah auch nicht, dass Max' häufige Abwesenheit von München – so nicht vom Vater verordnet, sondern selbst gewählt –, die ihm in der Öffentlichkeit übel genommen wurde und seinem Ruf schadete, nur einen Grund hatte: der Mutter keinen Kummer zu machen, falls er erneut mit dem Vater Streit bekam.

Seine Schwester Mathilde, mit der er einen sehr engen Briefkontakt pflegte, betätigte sich erneut als Vermittlerin zwischen Max und seinen Eltern. Erst ab 1835 lebte Max zumindest teilweise in München und nahm auch am politischen Leben teil, so an den Sitzungen der I. Kammer des Landtages, was ihm als volljährigem Prinzen zustand, ihn jedoch immer wieder in Konflikte mit dem Vater brachte. Viel wichtiger als die schlechte Vater-Sohn-Beziehung wurde ab 1838 das Thema Hochzeit für den Thronfolger. Max war 1837 27 Jahre alt geworden und hatte selbst noch keine große Lust verspürt zu heiraten, da er lieber reisen wollte. Die Öffentlichkeit und seine Eltern sahen das anders. Und so sehr sich Therese auch aus allen politischen

Fragen heraushielt, in dem Moment, wo es um die Hochzeiten ihrer Kinder ging, wurde sie aktiv. Seit Monaten führte sie einen intensiven Briefwechsel mit der russischen Zarin Alexandra – der ehemaligen Prinzessin Charlotte von Preußen –, deren Tochter Großfürstin Olga sie gerne als Frau für Max gehabt hätte. Ludwig hielt sich zurück, da man ihm gesagt hatte, dass solch eine Ehe in der Bevölkerung schlecht aufgenommen würde. Die beiden protestantischen Königinnen würden persönlich vom Volk sehr geschätzt, aber eine Königin, die orthodoxen Glaubens sei, das ginge gar nicht. Unberührt davon plante Therese den Besuch der Zarin mit ihrer Tochter in Kreuth, wo sie das Bad besuchen wollte. Zusammen mit ihrem Sohn Max besuchte sie beide und verstand sich so gut mit Alexandra, dass sie sich bereits einen Tag nach dem Kennenlernen mit der Zarin duzte. Max dagegen zeigte sich sehr desinteressiert, was zu Konflikten zwischen Mutter und Sohn führte.[15]

Während die Ultramontanen eine katholische Frau wollten – besser die Tochter eines »Jakobiners« als eines »Ketzers«, hieß es –, wünschten sich die Protestanten eine nicht-katholische Frau, um so zumindest den »Anschein einer Sicherheit zu bekommen gegen das anti-protestantische System in Bayern«.[16] Max wollte dagegen selbst entscheiden, wen er heiratete.[17] Und das tat er dann auch: Er wählte die erst 16-jährige Marie von Preußen (1825–1889) zur Freude von Protestanten und gemäßigten Katholiken, die Minderheit der Ultramontanen war unzufrieden. Die Nachricht wirkte wie ein »Donnerschlag« auf die »fanatisch-römische« Partei, schrieb der preußische Gesandte nach Berlin. Die Verlobung Ende 1841 führte aber zu einer Verbesserung des Vater-Sohn-Verhältnisses, was die Gesandten auch aus einem weiteren Grund freute: »So gibt es wieder einen Kanal, manches an den König gelangen zu lassen, wofür der früher unzugänglich war.«[18]

Die Hochzeit fand am 12. Oktober 1842 in München statt, am Hochzeitstag des Königspaares. Sie begann mit einer Familientafel, danach folgte die Trauung in der Allerheiligenkirche, anschießend ein Essen im Weißen Saal der Residenz. Während Ludwig mit dem 31-jährigen Kronprinzen in dessen Wohnung wartete, führten die beiden Mütter und Schwägerin Mathilde die Braut zum Brautbett. Eine Aufklärung über das, was in der Brautnacht passieren würde, fand immer erst hier statt. Am nächsten Morgen gab es Familienfrühstücke bei Max und bei Therese. Am 15. Oktober wurde Marie 17 und Ludwigs Schwester Auguste stellte fest, dass sie nur »vier Monate jünger als ihre Schwägerin Hildegard war, die von ihrer Mutter noch wie ein Kind von acht Jahren behandelt würde«.[19] Der Abend wurde mit einem Hofball mit 875 Gästen gefeiert, bevor es am nächsten Tag zum Oktoberfest und am 17. Oktober nach Regensburg zur Eröffnung der Walhalla ging.

Im Frühling 1843 erlitt die Kronprinzessin eine Fehlgeburt, was lange Zeit vor der Öffentlichkeit geheim gehalten wurde. Therese war darüber sehr traurig und besorgt, denn man fürchtete, dass Marie zu schwach sei, um weitere Kinder zu bekommen. Im Volk munkelte man nun von kursierenden Voraussagen, dass die königliche Linie aussterben werde. Und man verglich die Situation mit anderen Kindern des Königs: Mathilde, Otto und Adelgunde, alle waren bis jetzt »unfruchtbar«.[20]

Luitpold und Hildegard

> »Leb wohl! Leb wohl! Es will das Herz
>   uns brechen,
> Daß du nun ziehest aus dem Vaterhaus;
> Daß wir nicht täglich mehr dich seh'n
>   und sprechen;
> Für uns ist diese frohe Zeit nun aus ...«,[21]

dichtete König Ludwig im Mai 1844 anlässlich der Hochzeit seiner Tochter Hildegard. Hochzeiten waren auch für Therese immer eine Zeit des Abschiedsschmerzes und der Wiedersehensfreude, denn zu Hochzeitsfesten kamen die schon verheirateten Töchter zumindest zu Besuch ins Elternhaus zurück.

Während die Söhne, außer dem Kronprinzen, nach der Hochzeit in der Regel vor Ort blieben, zogen die Töchter in das Heimatland ihres Ehemannes. Ein Wiedersehen war immer verbunden mit einer tagelangen Reise in der Kutsche über Berge und unwegsame Straßen und hing von der Genehmigung des Schwiegervaters oder des Ehemannes ab. Hochzeiten im Familienkreis waren aber ein Anlass, zu dem nur in seltenen Fällen die Genehmigung verweigert wurde.

Im Frühjahr 1844 gab es wieder zwei Hochzeiten zu feiern. Der 23-jährige Luitpold heiratete in Florenz Auguste von Österreich-Toskana, die 19-jährige Hildegard in München den österreichischen Erzherzog Albrecht.

Therese hing sehr an Luitpold, den sie einmal den »*besten, liebevollsten* der Söhne« nannte.[22] Konflikte wie mit Max gab es nicht, auch nicht, als Luitpold 1839 sein neues Leben beim Militär begann. Therese berichtete dem abwesenden Ludwig stolz, wie gut er seine neuen Aufgaben machte, und legte ihm davon Zeitungsberichte bei. Man hatte ihm angeboten, dass er, wie bei anderen Adligen üblich, einen Soldaten bezahlen könne, der für ihn den Wachdienst übernehmen würde. Aber Luitpold hatte abgelehnt. Er hielt sich streng an die Vorschriften und wollte als königlicher Prinz keine Sonderrechte, was überall einen guten Eindruck machte. Es waren immer viele Schaulustige vor Ort, wenn er Wache hatte. Gleich in der ersten Nacht musste er einen Betrunkenen festsetzen, der aus einem der in der Nähe liegenden »Trinkhäuser« kam. Er tat auch Dienst bei Schnee, was Therese besonders erwähnenswert fand. Die ganze Familie nahm an seiner neuen Aufgabe teil. Als er von seinem ersten Wacheinsatz zurückkam, wartete Therese mit den Geschwistern in ihrem Zimmer. »Als er eintrat, flogen wir ihm vereint entgegen, ihm Küsse in Menge ertheilend.« Einmal fuhr sie mit den Kindern zu ihrer Freundin Fanny Gumppenberg, von deren Zimmern aus man Luitpold durch die Theresen- und Ludwigstraße marschieren sehen konnte. Auch das beschrieb sie Ludwig mit unübersehbarem Mutterstolz.[23]

Luitpolds Hochzeit 1844 fand in Florenz statt. In München setzte man große Hoffnungen auf ihn und seine junge Gemahlin, denn Kronprinz Max, so hieß es, würde wohl keine Kinder bekommen können.[24]

Schon im März schrieb Therese anlässlich der bevorstehenden Hochzeit von Hildegard, dass sie »mit Ungeduld dieses Augenblicks« des Wiedersehens mit Adelgunde harrte. Sie hoffte, dass deren Schwiegervater einverstanden war, Adelgunde und ihren Mann nach der Hochzeit mit nach Berchtesgaden fahren zu lassen, damit Therese nach der »schmerzlichen Trennung« von Hildegard nicht sofort die nächste Tochter verabschieden musste. »Du weißt wohl, daß der liebe, gute Vater, auf daß ich nach Hildchens Abreise nicht allzu allein mich fühlen möchte, mir Thilde nach Berchtesgarden geladen hat. Wie herrlich wäre es da, wenn unser kleiner Kreis sich noch durch Franz und Duni vergrößerte.«[25]

Überglücklich war Therese auch, als aus Wien die Erlaubnis kam, dass Hildegard und ihr Mann vier Tage länger als ursprünglich geplant in München bleiben konnten und sich der »schmerzliche Tag der Abreise« noch etwas aufschieben ließe. Aber »wird doch selbst der 8. May nur allzu schnell herankommen«.[26]

Die Hochzeitsfeier von Hildegard am 1. Mai wurde durch die Ausschreitungen wegen der Erhöhung des Bierpreises und der Preise für Kalbfleisch überschattet. Die hohen Lebensmittelpreise hatten ohnehin schon vorher für Unmut gesorgt. Es kam zum Aufruhr. Die Volksmenge griff die Brauhäuser an, schlug Fensterscheiben ein und verwüstete 20 Brauereien. Abends stellten Truppen die Ruhe zwar wieder her, aber auch am nächsten Tag gab es weitere Krawalle.

Die Hochzeitsgesellschaft war gerade zu einer Aufführung im Theater, als das Geschrei der Menge vom Platz hereindrang. Panik brach unter den Zuschauern aus, der Vorhang fiel. Nach einer Viertelstunde ging es dann weiter, doch die Hofgesellschaft verließ am Ende des ersten Aktes das Theater. Der König war peinlich berührt von den Szenen, die seine Hauptstadt vor den Gästen aus Wien bot. Am 3. Mai allerdings herrschte völlige Ruhe, sodass die feierliche Rundfahrt durch die Straßen stattfinden konnte. Abends jedoch ging der Aufruhr weiter. Diesmal wurde auch das Hofbräuhaus beschädigt, wieder wurden Truppen eingesetzt. Sogar am nächsten Tag, als der große Hofball zu Ehren des Brautpaares stattfand, war die Unruhe überall zu spüren.

In der ganzen Stadt gab es Maueranschläge mit Drohungen gegen den ultramontanen Innenminister Abel, den das Volk für alle Übel verantwortlich machte. Die Erhöhung des Bierpreises war nur Anlass, aber nicht Ursache für die Krawalle, die sich auch nicht gegen die gesamte königliche Familie richteten, denn bei der Rundfahrt durch die Straßen seien die Wagen vom Volk umringt gewesen. Allerdings habe es nicht eine jubelnde Stimme für den König gegeben, schrieb der preußische Gesandte, dafür umso mehr und anhaltend für den Kronprinzen. Diese Demonstration frappierte alle. Nur der König habe das nicht mitbekommen und hätte es wohl auch nicht verstanden. Da er sich nur auf die Berichte seines Innenministers stütze, habe er keine Ahnung, wie unpopulär seine aktuelle Regierung sei, denn auch in anderen Städten Bayerns kam es zu Aufständen, die nicht immer mit dem Bierpreis zu tun hatten.[27] Während Ludwig nach der Hochzeit in völliger Unkenntnis der Situation nach Italien abreiste, genoss Therese, unpolitisch wie stets, die letzten Tage mit ihren Kindern, bis die »schwere Abschiedsstunde« schlug. Immerhin blieb Mathilde den ganzen Sommer über in Berchtesgaden bei ihr.[28]

Unterdessen wuchs im übrigen Bayern der Unmut. Aber dieser hatte nichts Revolutionäres, nichts Kommunistisches, nichts Grundsätzliches, bemerkte der preußische Gesandte Küster. Es ging auch nicht um Arm gegen Reich; Bier-, Fleisch- und Brotpreise waren auch schon vorher erhöht worden, ohne dass es zu Unruhen gekommen wäre. Es war eine Volksstimmung der Unzufriedenheit mit der Regierung, die quer durch alle Klassen ging. Ein Grund: die Sparmaßnahmen der Regierung. Die Stände forderten Gelder für Wasserwege, Landstraßen und gemeinnützige Einrichtungen; viele Beamtenstellen waren nur provisorisch besetzt; selbst Soldaten, denen der Sold im Winter nicht ausreichte, hatten sich an den Unruhen beteiligt. Auf der anderen Seite sah man die Zeugen der Verschwendung bei den »Prachtbauten«. In dieser Situation wurde die ständige Abwesenheit des Königs besonders schlecht aufgenommen. Es hieß, er interessiere sich nicht für sein Land, außerdem stockten alle Maßnahmen, weil man sämtliche Befehle aus Italien einholen musste. Die allgemeine Missstimmung in Bayern, so lautete das Resultat von Küsters Analyse, konnte beim geringsten Anlass in »offenen Aufstand« übergehen.[29] Es sei bezeichnend, dass diese Unzufriedenheit in Alt-Bayern am stärksten sei, dort, wo die Ultramontanen am vollkommensten herrschten.

Genau solche aufrührerische Stimmung hatte Ludwig eindämmen wollen, indem er sich auf die katholische Partei gestützt hatte. Nun war das Gegenteil dabei herausgekommen. An den Mauern der Stadt, an öffentlichen Gebäuden, ja sogar an der Residenz wurden Schmähschriften gegen die Regierung angebracht. An der Ludwigskirche konnte man an mehreren Tagen folgende Parodie des Vaterunsers lesen, die einen Angriff auf die Person des Königs darstellte: »Vater Unser, der Du bist in Italien und Sicilien und wenig in Deinem Reich; nicht Dein Wille geschehe im Himmel also auch auf Erden. Entziehe uns nicht unser tägliches Brot, zahle Deine Schulden, wie wir auch unsere Schulden bezahlen müssen. Lasse Dich nicht in Versuchung führen von Madame Dahn und Lizius, sondern schütze uns vor dem Übel Deiner Person. Amen.«[30]

Von all diesen Dingen bekamen Ludwig und Therese nichts mit. Therese lebte – noch – in ihrer familiären, mehr oder weniger heilen Welt und freute sich, wenn ihre Töchter in ihren Familien einen guten Eindruck hinterließen. Bereits am 20. Mai teilte sie Ludwig nach Italien mit, was Ludwigs Halbschwester Sophie ihr aus Wien berichtet hatte: Dass nämlich »Hildchen«

durch ihr »einfach-anspruchsloses und dabei doch recht takt-
volles Verhalten bereits alle Herzen gewonnen« habe.[31] Und sie
konnte sicher sein, dass Ludwig sich mit ihr freute und mit ihr
fühlte. Als Elternpaar funktionierten sie gut.

Das zeigt auch die folgende Szene, die Therese über den Silvesterabend 1844, als sie zum ersten Mal auch ohne Hildegard
feierten, in einem Brief an Adelgunde mitteilte: »In der Mitter-
nachtsstunde begegneten sich sicher unsere Gedanken – unsere
Gebete, und als ich bei ihrem Schlag Vater umarmt, und seg-
nend Deine Geschwister ans Herz gedrückt, war es mir Bedürfniß gegen sie auch deinen, Thildens, Ottos und Hildchens
Namen auszusprechen. Trotz der noch feuchten Augen trank
ich dann mit Väterchen und den Geschwistern anstoßend, auf
Euer aller Wohl.«[32]

Träume einer Königin

> »Sie glauben gar nicht, wie das langweilig
> und dumm ist.«

Mit diesen Worten begrüßte Therese 1834 ihre neue bürgerliche
Freundin Auguste Escherich bei ihrem ersten privaten Besuch
im Schloss. »Wie freue ich mich, daß Sie gekommen sind und
daß ich nun endlich einmal reden kann, was ich will, und nicht,
was mir vorgeschrieben wird.«[33]

Auguste Escherich (1808–1849), geborene Paur und Tochter
der Gräfin Julie Zarivarij, gehörte zu einer Familie des niederen
Adels und des gehobenen, dem Hof nahestehenden Bürger-
und Beamtentums. Kennengelernt hatten sich beide bei einer
Audienz für die Frauen des Münchner Vereins für die Förde-
rung der Kinderbewahranstalten, deren Protektorat Therese
übernommen hatte. In ihrem Tagebuch gibt Auguste Escherich
ein sehr lebendiges Zeugnis von einigen Aspekten aus dem
Leben Thereses aus der Perspektive einer Bürgerlichen.

Frau Escherich, die die Oberhofmeisterin Deroy persönlich

gut kannte, hatte sich vor der ersten Begegnung mit der Königin über den Ablauf einer typischen Audienz unterrichten lassen: Die Oberhofmeisterin stellt die Damen im Halbkreis auf. Dann erscheint die Königin aus einer Seitentür, schreitet, während sich die Damen tief verbeugen, zur Mitte, wo sie den Gruß erwidert. Dann spricht sie, »beim Hofadel, den sie schon kennt, anfangend, ihre Hofdame einen Schritt links hinter sich, mit jeder Geladenen ein paar Worte über die vorliegende Sache«. Wenn sie dann zu denen kommt, die sie noch nicht kennt, tritt die Oberhofmeisterin an ihre linke Seite und liest von einem Zettel die Namen ab »und die hohe Frau plappert wieder die eingelernten Phrasen herunter, und die Oberhofmeisterin präsentiert weiter, bis sie bei der letzten angekommen ist«. Dann geht die Königin in die Mitte des Saales zurück, »grüßt, sich verabschiedend wieder alle gnädig mit den Augen streifend, während die Damen sich wieder tief verneigen«.[34]

Auf diese Weise instruiert und sehr aufgeregt stand Auguste Escherich im Halbkreis und wartete. Die Königin kam herein, hatte ihren Handschuh so heruntergeschoben, dass nur noch die Finger darin steckten, der Handrücken aber frei war, sodass die Damen, wenn sie mit ihnen sprach, sich herunterbeugten und ihre Hand küssten. Frau Escherich bemerkte, dass Therese ihre Hand je nach Rang der Person höher beziehungsweise tiefer hielt, sodass die niederen Personen, die am Ende des Halbkreises platziert waren, sich am tiefsten verneigen mussten. Frau Escherich war als Erste mit bürgerlichem Namen aufgestellt und hatte mit einem Handkuss nicht gerechnet, wusste also nicht, ob sie als Nichtadlige dazu berechtigt war. Deshalb fragte sie flüsternd die Oberhofmeisterin. Die Königin hörte das aber und hielt ihr lachend ihre Hand hin, auf die Frau Escherich einen »etwas schallenden Kuß« drückte. Therese fragte sie dann nach ihrem Namen, nach ihren Eltern und war ganz entzückt, als sie hörte, dass sie während des Tiroler Aufstandes geboren worden war. Dann zog sie ihren Handschuh hoch und nahm keinen Handkuss mehr an.[35]

Nach der Audienz wurde Frau Escherich gebeten zu warten, weil die Königin noch einmal mit ihr sprechen wolle. Die Königin kam, hatte keinen Handschuh mehr an, hielt ihr aber wieder die Hand zum Kuss hin. »Aber sie lachte über das ganze Gesicht, wie Kinder, die sich einen Schelmenstreich ersonnen.« Und dann fragte sie nach ihrer Familie, ihren Kindern, und wollte, so erinnerte sich Auguste Escherich, alles genau wissen. Das Gespräch fand im Stehen statt, weil es im Audienzraum keine Sitzgelegenheit gab. Aber mittendrin erschien die Oberhofmeisterin, hielt eine Taschenuhr in der Hand, verneigte sich und »meldete wie eine Maschine, steif und mit harter Stimme: ›Majestät! Es ist höchste Zeit! Der Wagen wartet zur Ausfahrt!‹«

Die Königin blieb freundlich und sagte zu Auguste Escherich, dass sie lieber mit ihr weiterplaudern würde, aber ihre Zeit sei genau eingeteilt. Und außerdem sei es ihr nicht erlaubt, ohne Genehmigung des Königs mit einer Dame »aus der Stadt« zu reden. Aber sie würde ihren Mann bitten, es zu erlauben. Dann reiche sie ihr noch mal die Hand zum Kuss und verschwand.[36]

Zwei Wochen später kam ein Lakai mit einem Brief der Königin, in dem stand, dass ihr Mann erlaubt habe, dass sie sich treffen könnten. Ein Offizier brachte Auguste nach oben in einen Raum. Dort war ein »winziges Sofachen«, das offenbar nur für diesen Besuch in den Raum gestellt worden war. Mitten in der Unterhaltung kam ein Diener herein und brachte auf »einem ungeheuer großen silbernen Tablett, darauf allerlei Schälchen in Puppenzimmerformat standen, auf dem einen lagen Radieschen, auf dem anderen zwei halbe Semmelchen, auf einem ganz kleinen dritten Salz, auf einem vierten Butter. Außerdem waren noch zwei leere Tellerchen und zwei winzige Messerchen. Und der Lakai stolzierte mit gravitätischen Schritten auf uns zu und machte dann so vor uns halt – den Präsentierteller vorgestreckt –, daß er den Tisch vertrat, denn solch ein Möbel war im Zimmer nicht zu finden. Und keine Bewegung seines Gesichts, keine leise Schwankung seiner Arme verriet, daß er ein Mensch

aus Fleisch und Blut sei, er war nur der Tisch, auf dem die Auf-
wartung aufgetragen stand.«[37] Es war alles sehr frisch und
knusprig, aber »erschreckend wenig«. Sie fragte sich, ob die
Königin immer so wenig vorgesetzt bekam.

Therese beklagte sich, dass sie nie Zeit habe, dass alles so eng
eingeteilt sei, sie keine Minute für sich habe: Spazierenfahren,
Gesandte empfangen, Diner, Theater, jede Minute verplant. Das
Schlimmste sei das Umkleiden, »das reinste Martyrium für sie,
nicht einmal das Hemd dürfe sie alleine und ohne Hilfe wech-
seln«. Sie habe ihren Mann schon oft gebeten, das Hofzeremo-
niell wenigstens in diesem Punkt für sie zu ändern, aber das
stünde nicht in seiner Macht. »Diese Hofgesetze sind stärker als
ich. Ich bin aber doch nur eine geborene Prinzessin von Altenburg, da war ich es doch viel angenehmer gewohnt. Man hat es
nicht behaglich, wenn man auf dem Throne sitzt.«[38]

Nach diesem ersten Treffen ließ die Königin Frau Escherich
noch oft kommen und war jedes Mal traurig, wenn sie wieder
ging. »Ich bedeutete ja für sie ein Stückchen Freiheit und frische
Luft und Unterhaltung.« Frau Escherich erzählte ihr von ihrem
Leben. »Einmal, einmal nur so frei atmen zu können, was gäbe
ich dafür!«, habe Therese darauf gesagt. Manchmal erschien
mitten im Gespräch Gräfin Deroy und mahnte zur Eile, jedes
Mal etwas schärfer im Ton, »aber wenn die zweite Minute ver-
ronnen war, dann erschien sie wie der Engel mit dem feurigen
Schwert: ›Majestät‹, und ihre Stimme klang jetzt wie Schwertes-
schneide, ›es ist jetzt 2 Minuten über 12 Uhr!‹«[39]

Therese führte Auguste dann auch in ihr zweites und drittes
Empfangszimmer. Darin standen ebenfalls keine Möbel, das
Sofa wurde dort hingetragen, wo sie mit ihr sitzen wollte. Im
dritten Zimmer gab es eine große Blechschatulle, der Königin
einziges verschließbares Stück, sie trug den Schlüssel bei sich.
In der Schatulle befanden sich ihre Schätze: ein Schal aus Brüs-
seler Spitze vom König, ein Schal aus Kaschmirwolle von ihrem
Schwager Karl und jede Menge Briefe.[40]

Dann wollte Therese Frau Escherich unbedingt in deren

Haus besuchen, vor allem die Küche besichtigen, weil sie noch nie in einer gewesen war. Nachdem sie ihren Mann um Erlaubnis gefragt hatte, erschien Therese eines Nachmittags, sie hatte für eine Stunde Ausgang bekommen. Sie inspizierte in der Küche alle Schränke »und war entzückt von den blinkenden Kupfermöbeln an der Wand und dem blitzenden Messingbeschlag des Herdes und jubelte wie ein Kind über Eisenpfannen und Blechgeschirr und Wassereimer und konnte sich nicht sattsehen an meinen Vorräten in Mehl und Gerste, Kaffee und Reis und Rosinen. Besonderen Spaß hatte sie am Zuckerhut, so was Putziges war ihr noch nie untergekommen.«[41]

Am besten gefielen ihr aber die zwei riesigen Wäscheschränke. Thereses Kleider hingen in einer Kammer offen in grauen Schutzhüllen, Hüte und Wäsche lagen in Körben und mussten vor dem Tragen immer gebügelt werden. Frau Escherich meinte, Therese solle sich doch einige Schränke kaufen. Da lachte die Königin und meinte, das würde eine »Palastrevolution« geben. Die Diener seien es so gewöhnt und wollten keine Neuerungen. Und außerdem habe sie kein Geld. Nach dem Zehnten eines Monats sei sie immer pleite. Und schon am Ersten sei alles im Voraus eingeteilt. Für alles andere müsse sie den König bitten. Vorigen Herbst hätte sie einen Mantel benötigt. Sie sei durch die Arkaden in München gegangen und habe bei »Schultze«, damals das erste Modehaus in München, einen Seidensamtmantel für 400 Gulden gesehen, der ihr sehr gut gefiel. Der war aber für ihr Budget zu teuer, ihre Oberhofmeisterin erzählte das jedoch Ludwig, der nach einem Weihnachtsgeschenk für sie suchte. Als Ludwig den Mantel kaufen lassen wollte, war dieser schon verkauft. Die Wirtin von der Franziskanergaststätte hatte ihn, ohne zu zögern, erworben »und die Königin läuft noch heut in ihrem alten abgeschabten Mantel herum. Aber dafür ist sie auch die Königin!«, schloss Auguste Escherich ihren Bericht.[42]

Mutter und Großmutter

> »Mit Wonne denke ich an meine Kindheit und
> Jugend zurück, die ich im Hause der geliebten
> Eltern so glücklich verlebte«,[43]

schrieb Thereses Tochter Adelgunde 1893 rückblickend mit
70 Jahren. Sie hatte diese Zeit offenbar ganz anders empfunden
als ihr Bruder Max, der zwölf Jahre älter war und oft etwas nei-
disch auf seine kleinen Geschwister blickte, die eine viel ent-
spanntere Kindheit genießen durften. Die Traditionen eines liebevollen Elternhauses aber erlebten sie alle, auch wenn sie
schon erwachsen waren. So beispielsweise am 12. März 1839 zu
Luitpolds 18. Geburtstag: Therese zündete in ihrem Schlafzimmer zwei Kerzen an, eine für Ludwig und eine für sich, und
dann mit beiden die Lichter auf Luitpolds Kuchen, »so theil-
test Du also gleichermaßen mit mir dieses liebe Geschäft«. Alle
Kinder waren anwesend, als Therese Luitpolds Kopf küsste
und ihre und Ludwigs Glückwünsche aussprach. Dann wurde
Ludwigs Brief übergeben und das Geschenk, das Ludwig für
Luitpold vorgesehen hatte und von Therese besorgt worden
war: ein Hemdknopf aus Smaragd mit daran hängenden Tropfen aus Rubinen. Ludwigs Erzieher Herr von Gagner bekam
einen Orden von Ludwig.

Am 20. März folgte der Geburtstag von Duni. Therese
brachte ihr den Geburtstagskuchen mit 16 brennenden Kerzen
und einen Kuss ans Bett. Danach übergab sie ihr die gemeinsa-
men Geschenke von sich und Ludwig: ein Collier und Ohrringe aus Gold sowie Ohrringe und eine Brosche aus Karniol.
Um zwei Uhr waren alle Kinder zum Essen bei Therese, »wo
dann nach altem Brauch und alter Sitte die Champagnergläs-
er auf Dunis Wohl klangen«. Am Nachmittag waren alle
»Gespielinnen« bei den jüngsten Töchtern versammelt. Abends
bekam Duni einen Gutenachtkuss in Thereses und Ludwigs
Namen. Ludwig hatte wieder Blumen und Früchte geschickt.

»Du glaubst gar nicht, wie sehr mich dieser sprechende Beweis Deines Andenkens erfreute. ... Auch die Früchte schmecken allen herrlich. ... Wie schade, daß Du dieß alles nicht gesehen, mein Ludwig.«[44]

Aber auch Nachrichten über Krankheiten nahmen einen breiten Raum in den Briefen Thereses ein, die Ludwig immer wieder bis ins kleinste Detail einforderte. Und so schrieb Therese Nachrichten wie die folgende: »Adalbert nahm vor wenigen Tagen ein ihm trefflich bekommendes Abführmittel, weil er in Folge einer Unverträglichkeit sich 6 mal übergeben. Ich denke, es wird dieß dem kleinen Herrn zur Lehre dienen, seinen Magen nicht so bald wieder zu überladen.«[45] In der Zeit ab 1839 war Therese weiterhin die ihre Kinder liebevoll pflegende Mutter, die auch weite Reisen ans Krankenbett nicht scheute, so als sie 1840 ihre bereits verheiratete Tochter Mathilde in Aschaffenburg betreute und dem besorgten Vater ausführlich berichtete, dass »unser Thildchen« eine gute Nacht hatte, abends eine Stunde spazierenfahren, aber noch nicht Spaziergänge machen durfte.[46]

Aber sie war zunehmend auch selbst eine Kranke, die von ihren Kindern liebevoll umsorgt wurde. Insbesondere ab 1839 häufen sich die Briefe, die nicht in Thereses Handschrift vorliegen, sondern die sie ihren Töchtern, vor allem den beiden älteren Adelgunde und Mathilde, oder ihrer Vorleserin Colange diktierte. Nur die Anrede und die Grüße schrieb Therese persönlich. Einmal hatte sie beispielsweise monatelang starke Schmerzen im Bein und musste sich zwölf Blutegel in die Hüfte setzen lassen, eine beliebte Methode, die aber jedes Mal ihre Augen angriff.[47] Mathilde, die bislang kinderlos geblieben war und einen großzügigen Ehemann hatte, reiste öfter zu ihrer Mutter, gerade wenn diese krank war, um sich um sie zu kümmern.[48]

Große Sorgen machten zwei ihrer Kinder, die psychische Probleme hatten: Die eine war ihre jüngste Tochter Alexandra, die unter Zwangsvorstellungen litt. Sie käme nun in die Pubertät, schrieb der französische Gesandte, »und diese Krise scheint ihr momentan vielleicht den Verstand zerrüttet zu haben«.[49] Ihr krankhafter Sauberkeitsdrang, weil sie sich einbildete, überall Staub an ihrer Kleidung zu haben, führte dazu, dass ihre Bediensteten ständig an ihr herumbürsteten und sogar ihr Essen vor ihren Augen abgestaubt werden musste. Beim Anblick bestimmter Farben oder beim Geruch bestimmter Blumen wurde sie »sinnesverwirrt«. Sie fürchtete sich vor grünen Tischen und glaubte, ein gläsernes Klavier verschluckt zu haben. Später wurde sie zeitweise in der Anstalt Ilmenau in »Aufsicht und Pflege« gegeben. Andererseits betätigte sie sich als Dichterin und verfasste eigene Erzählungen. In Khereses Briefen steht von Alexandras Problemen nichts. Zandi, wie sie liebevoll genannt wurde, hat nie geheiratet und lebte bis zum Tod ihrer Mutter zu Hause, begleitete ihre Mutter in deren letzten Jahren sogar zu ihren Kuraufenthalten.[50] Auch Khereses jüngster Sohn Adalbert, der leidenschaftlich gerne Theater spielte, hatte psychische Probleme und war bei dem Psychotherapeuten Justinus Kerner in Behandlung. Aber auch darüber verlor sie in ihren Briefen kein Wort.[51]

Bis zur Mitte der 1840er-Jahre war die Kinderlosigkeit ihrer verheirateten Kinder eine große Sorge beider Elternteile. Schließlich stellte dies die Nachfolge in Bayern und Athen infrage. Waren alle Kinder König Ludwigs unfruchtbar? Diese Frage wurde offen auf der Straße und in den Salons diskutiert, wie der französische Gesandte Ende 1843 nach Paris berichtete. Schließlich wurden Ehen in Königshäusern geschlossen, um die Dynastie durch eine zahlreiche Nachkommenschaft zu sichern.

Die Nachricht, die griechische Königin Amalie sei schwanger, hatte sich als falsches Gerücht erwiesen, obwohl Otto nunmehr seit sieben Jahren verheiratet war. Und in Bayern glaubte man allgemein, dass der Kronprinz nie Kinder haben werde. Die Ärzte sagten, es läge nicht an der Kronprinzessin. Mathilde war seit zehn Jahren kinderlos verheiratet, Adelgunde seit zwei Jahren. Diese offenkundige Sterilität der Kinder des bayeri-

schen Königspaares hatte den Erzherzog Albrecht zunächst
sogar abgeschreckt, die Tochter Hildegard zu heiraten.

Umso größer war die Freude, als 1845 gleich zwei potenzielle
Nachfolger für die Dynastie in Bayern geboren wurden. Am
7. Januar kam der erste Sohn Luitpolds und seiner Frau Auguste
zur Welt, der spätere König Ludwig III. Der König höchstpersönlich war Pate seines ersten Enkels. »Die Freude des Königs
war unbeschreiblich.«[52]

Und im Juli reiste Therese nach Wien zu ihrer Tochter Hildegard, um ihr bei der bevorstehenden Entbindung nahe zu sein.
Am 15. Juli kam Marie Therese Anna zur Welt. In aller Ausführlichkeit beschrieb Therese ihrem Mann die Geburt: Sie sei
während der Nacht bei ihrer Tochter gewesen, die immerzu
herumgewandert sei. Um ihr die Zeit zu verkürzen, sie zu
erheitern und zu ermutigen, habe sie ihr zuweilen etwas auf
dem Klavier vorgespielt, zum Beispiel ihr Lieblingslied »Ja,
das Frühstück schmeckt mir besser«. Um neun Uhr sei Erzherzog Karl erschienen, der Hildchen mehrfach, »selbst während
der Wehen«, gehalten habe. »Ach welch ein liebevoller Vater
ist dieser herrliche Mann.« Um 3.10 Uhr habe endlich die
Erlösungsstunde geschlagen und »mit einem kräftigen Schrey
begrüßte unsere kleine Enkelin das Licht der Welt. … Ich wich
nicht von Hildchens Seite, bis nicht auch die Nachgeburt (der
Sicherheit willen vom Geburtshelfer genommen) erschienen
war. Nun ruht das junge tapfere Mütterchen (zu welchem ich
bereits um zwei Uhr Nachts gerufen ward) recht süß. … Der
gütige Vater im Himmel hat sichtbar über unser Herzenskind,
unserem Hildchen gewacht. – So erfreuen wir uns nun eines
Enkelpaares, Ludwig und Therese genannt.«[53]

Und am 25. August wurde schließlich und endlich auch noch
Ludwig Otto Friedrich Wilhelm, der erstgeborene Sohn des
Kronprinzen und direkte Nachfolger, der spätere König Lud-
wig II., geboren. Der Fortbestand der Dynastie war gerettet.

Aufgrund des Urteils der Ärzte, der Kronprinz sei nicht zeu-
gungsfähig, entstand jedoch ein weiteres Gerücht, das in den

»Geheimen Memoiren« Leo von Klenzes steht, in München hinter vorgehaltener Hand diskutiert wurde und Jahre später offiziell vom preußischen Gesandtschaftssekretär Philipp zu Eulenburg-Hertefeld nach Berlin berichtet wurde. Max' Sohn Ludwig warf als König Ludwig II. seiner Mutter Marie vor, sie habe ihn »nicht aus der Ehe mit König Max empfangen«. Es hieß, 1835 habe sich der damalige Kronprinz Max in Budapest bei einer Bademagd mit einer »Unterleibskrankheit« angesteckt und dies habe zur Zeugungsunfähigkeit geführt. Das war der Beginn der »grauenhaftesten Fama« der Geschichte Bayerns, wie Rudolf Reiser das formuliert. Die Kronprinzessin Marie soll betrunken gemacht worden und dann von einem anderen Mann geschwängert worden sein. Hinterher seien jahrelang an verschiedene Personen dubiose Schweigegelder geflossen. »Andeutungen und Aussagen Klenzes lassen ... auf eine brutale Manipulation größeren Formats im Königshaus schließen und passen in den bisherigen Forschungsstand«, schließt Reiser.[54]

Was auch immer an diesen Gerüchten stimmt, wir können mit Sicherheit davon ausgehen, dass Therese davon nichts wusste. Sie hätte niemals einer Vergewaltigung ihrer Schwiegertochter, und nichts anderes war es ja, zugestimmt. Und auch Ludwig wäre damit nicht einverstanden gewesen, dafür liebte er seine Schwiegertochter zu sehr und war zu stark im Glauben verhaftet. Dass dieses eine Todsünde gewesen wäre, die man nicht mit einer neuen Klostergründung aus dem Weg hätte räumen können, das dürfte ihm klar gewesen sein.

Auch wenn das alles völlig unbewiesene Gerüchte waren und bleiben werden, zeigt es aber doch – und nur deshalb wird es in Hinblick auf die Ereignisse der Jahre 1846 bis 1848 hier erwähnt – erschreckend deutlich, was man im Volk, durch Ludwigs Verhalten in Bezug auf das sechste Gebot ausgelöst, dem Königshaus Anfang 1845 bereits alles zutraute.

Ludwig und Therese

»Das Beyspiel der Ehe unserer theuren Eltern trug wohl am Meisten dazu bei uns den Begriff von einem schönen ehelichen Verhältniß ... zu geben«,[1]

meinte Adelgunde von Modena in der Rückschau auf die Ehe ihrer Eltern. Diese Aussage beweist aber vor allem, wie gut Therese ihren Kindern gegenüber ihren Kummer verborgen hat. Heiter wollte Ludwig sie und sie hat ihm das auch immer vorgespielt, egal, wie es ihr ging. Vor ihren Kindern hat sie Ludwig nur als den zärtlichen Vater hervorgehoben, den sie, wenn er zu Hause war, auch so erlebten – vorausgesetzt, er war nicht in einer seiner häufigen depressiven Phasen, man zeigte ein »kindliches« Verhalten und widersprach ihm nicht.

Die Beziehung zwischen Therese und Ludwig war trotz aller Verletzungen und Demütigungen Thereses auch in der Zeit zwischen 1837 und 1846 gekennzeichnet durch ein gegenseitiges Verständnis und eine Vertrautheit, die im jahrzehntelangen Zusammenleben gewachsen war.

Dies wird offensichtlich, wenn Therese zum Beispiel über ihre Krankheiten schreibt: 1843 wollte sie nach einer fünfwöchigen Grippe von Nymphenburg nach Aschaffenburg fahren, wo Ludwig sie erwartete, die Ärzte »baten mich aber noch meine Période abzuwarten – die heute oder morgen eintreffen soll. Die Grippe hat eine Bauchbeklemmung verursacht, daher hätte man mich, wenn die Période nicht so nahe, zur Ader gelassen.«[2] Zwei Wochen später lag sie immer noch krank in München und schrieb ihm: »Wahrscheinlich blüht mir an diesem Freytage noch ein Abführungsmittel.« Sie werde am 27. Juli den Reisewagen besteigen, der »mich endlich, endlich mit den Kinderleins Dir zuführen wird.... Nachdem ich vorgestern etwas Fieber hatte, hüthete ich gestern noch das Bett, in dem ich beinahe beständig transperiere.«[3] Ein anderes Mal konnte sie die Reise zu ihm wegen »Hemeroithschmerzen« nicht antreten und musste sich noch einige Blutegel setzen lassen.[4]

Therese hatte sich längst an die vielen Reisen ihres Mannes gewöhnt, ob sie nun nach Italien oder sonstwohin führten. Während andere den König kritisierten, dass er auf Reisen sein Königsein wie eine Maske abstreife, um als Privatmann tun und lassen zu können, was er wolle, und sich dabei oft nicht entsprechend seiner Stellung benahm, hatte Therese Verständnis dafür. »Wohl begreife ich, daß die Reise – die Möglichkeit dasjenige zu thun, zu was Du gerade aufgelegt Dich fühlst – Dir dem Vielgeplagten wohl thun muß. Gott gebe ferner seinen Segen, auf daß Land und Aufenthalt ihm volle Wirkung an meinem lieben Mänlein üben.«[5] Und sie verstand, wie schwer es ihm jedes Mal fiel, »dieses Paradies zu verlassen«.[6]

Sie selbst nutzte seine Abwesenheit dann oft, um ebenfalls auf Reisen zu gehen, meist zu ihrer Familie nach Altenburg, wofür Ludwig großzügig seine Einwilligung gab, ohne die sie nicht hätte reisen dürfen. Therese war ihm dafür jedes Mal unendlich dankbar.[7] Im April 1839 traf sie sich, begleitet von Luitpold, mit ihren Geschwistern in Altenburg. Sie vermisste ihren Vater, saß nun in seinem ehemaligen Zimmer und schrieb an Ludwig, während sich ihre Augen mit Tränen füllten. So berichtete sie ihm, sie habe gestern mit sechs Geschwistern zusammengesessen, »zufälligerweise alle neben einander«. Ludwig könne sich sicher »vorstellen, wie viel geplaudert und gelacht ward«.[8]

Vier Wochen durfte sie bleiben, aber Ludwig verlängerte ihren Aufenthalt, was Therese zu einem dankbaren Brief veranlasste: »Herzensmänlein! – Worte vermögen nur unvollkommen Dir zu sagen, was in meinem Herzen – ja im Kreise meiner Brüder und Schwestern vorging, als Deine Freuden bringende

Stafette uns die Gewißheit brachte, noch 8 Tage länger vereint bleiben zu können.« Als die Nachricht kam, war Therese so glücklich, dass sie aus dem Zimmer rannte, »ganz vergessen, dass ich im Corset sey« und ihrem Bruder Joseph jubelnd um den Hals fiel. »Der König ist ein Engel«, sagte Schwägerin Amalie. Alle jubelten, wie lieb er sei, sogar eine Stafette zu schicken. »Du hast viele glückliche Menschen gemacht.« Ludwig verfügte, dass sie am 5. Juni wieder in München sein müsse. »Es küsst Dich 10 000 mal innig froh Deine treu Dich liebende Therese.«[9]

Überhaupt war Dankbarkeit ein ganz wesentliches Element von Thereses Beziehung zu Ludwig. Dankbarkeit auch, weil er ihr jeden Wunsch ihre Geschwister betreffend erfüllte. Da war zum Beispiel ihr Bruder Eduard, der als Offizier in bayerischen Diensten stand. Therese bat Ludwig 1841 aus Würzburg um eine Versetzung Eduards nach München, da dieser ständig Fieber habe und eine Luftveränderung brauche. »Ich sage nichts mehr hierzu, denn die Augen stehen mir voller Thränen.«[10] Einige Wochen später konnte sie sich schon für die Zusage Ludwigs bedanken.[11] Als Eduard 1844 zudem einen Orden von Ludwig verliehen bekam, war sie überglücklich. Sie würde »sich jetzt gerne in ein Vöglein verwandeln, dieß ihrem Ludwig durch einen Kuß – besser denn durch Worte – zu beweisen«, schrieb sie ihm aus Berchtesgaden, wo alle ihren Geburtstag feierten. Von Ludwig waren ein Brief und Ohrringe gekommen, die ihr Mathilde noch vor dem Familienfrühstück überreicht hatte. »Mir ist das Bedürfnis, heute selbst einige Worte an Dich, mein Herzensmänlein – meinem besten Freunde – zu richten. Wer weiß, ob Du nicht gerade jetzt, während ich dieß schreibe, mein gedenkst, irre ich mich darin, irre ich mich doch sicher nicht in der Voraussetzung, daß beim Erwachen Du heute Deiner Therese gedacht, und dieß mit frommen Wünschen.«[12]

Dann war da ihr Bruder Georg, für dessen Sohn Ernst Ludwig sich eingesetzt und dem er den Einstieg in den Militärdienst ermöglicht hatte. Die Familie war sehr glücklich darüber, allen

voran Therese. Es »nahm ihr die Schwerkraft vom Herzen«.
»Gott lohne es Dir!« Oft besuchten auch ihr Bruder Joseph
und seine Frau oder ihre Schwester Charlotte Therese in Berchtesgaden, München, Würzburg oder Brückenau. Auch das ging
nur mit Ludwigs Einverständnis. Und sie bedankte sich überschwänglich bei ihrem »Herzens-Mänlein (ja das bist Du mir
im vollen Sinn des Wortes)«.[13]

Ludwig vergaß nie, auch wenn er in Italien war, einen der
Tage, die für Therese wichtig waren: ihren Namenstag, ihren
Geburtstag, die Geburtstage der Kinder, die Todestage ihrer
Eltern. Er schrieb Briefe, schickte Blumen und Gedichte. Therese bedankte sich jedes Mal mit »dankerfülltem Herzen« bei
ihrem »Herzens-Mänlein«.[14] Und schließlich waren da die Gedichte, in denen Ludwig Therese seine Liebe bekundete. So beispielsweise um 1845, als er dichtete:

Sehe ich Frauen die jünger und weniger Kinder geboren,
Und vergleiche mit dir, wonniges, liebendes Weib,
Sie, die geglänzt in bewunderter, seltener, blendender
*   Schönheit,*
Wie doch schöner erscheinst, wie doch mir reizender du!
Mehr denn als Braut du's gewesen, bist du anziehend mir
*   jetzo,*
Die einen Enkelkreis schon um sich versammeln gekonnt.
Aber vergleiche ich dein Gemüth, dieß himmlische
*   selbsten,*
Mit den Anderen o! herrlich erscheinest du dann.
Wie der Adler erscheint, über die Frauen du so.
Deiner Seele heiliger Frieden, ihn drücken die Züge
In der Anmuth Reiz, wie in der Lieblichkeit aus.
Daß so gewissenhaft du, so verläßlich, das kettet
Mich für ewig an dich, wie auch dein vortreffliches Herz.
Vorbild hehrer Weiblichkeit, Vorbild alles des Edlen,
Dich nicht erhebet der Thron, er wird verherrlicht durch
*   dich.*[15]

Trotz solcher Beteuerungen gab es aber auch die vielen dunklen Momente in ihrer Beziehung. Sie hingen zum einen mit Ludwigs Frauengeschichten zusammen. Reiser nennt allein für die Jahre 1837–1842 vier Geliebte:[16] unter anderem Constanze Dahn – nach wie vor –, der Ludwig 1839 sogar ein Haus in der Barerstraße kaufte; Karoline Bauer sowie Caroline Licius, der er eine Wohnung neben der Residenz einrichtete und wo »zwei Regimenter … regelmäßige Augenzeugen der täglichen und nächtlichen Besuche des Königs« waren, wie der Architekt und Vertraute Klenze notierte.[17]

»Es ist falsch, wenn man ihn als Casanova hinstellt«, schrieb Prinz Adalbert Alfons von Bayern (1886–1970). »Ich will da mit die Lebensführung meines verehrten Urgroßvaters nicht beschönigen, ihm nur Gerechtigkeit widerfahren lassen. Daß man um die Lola Montez so viel Aufhebens gemacht hat, während man früheren Herrschern ihre Damen gegönnt hat, lag wohl auch in der Zeit. Das amoureuse Rokoko hatte da mehr Nachsicht als das biedere Biedermeier. Schon um Therese nicht zu kränken, hatte er feste Bindungen vermieden. Er verehrte und liebte seine Gattin, doch ihre Welt war Familie und Häuslichkeit, während er von dem Schwung der Romantik erfüllt war. Seine kleinen Aventuren außerhalb der Residenz waren nicht von tieferer Bedeutung.«[18]

Um Thereses Kummer gerecht zu werden, darf man es sich aber so einfach nicht machen. Wie weit Ludwig bei seinen Beziehungen zu anderen Frauen gegangen ist, wissen wir nicht. Wir wissen aber, dass er sich schon 1824 in Rom von einem doch wohl eher fragwürdigen Priester die Auskunft hatte geben lassen, dass jede Art Vorspiele zum sexuellen Akt noch keinen Treuebruch und damit keinen Verstoß gegen das sechste Gebot darstellten. Selbst Ludwigs treue Anhänger wie Gumppenberg, Seinsheim und Klenze waren ob solcher Haarspaltereien entsetzt.

Es geht auch nicht um das »biedere Biedermeier«, sondern allein darum, dass Ludwig seine Frau mit seinem in der Öffentlichkeit gelebten Verhalten täglich aufs Neue verletzte und demütigte. Und das ist verwerflich, egal in welchem Jahrhundert.

Therese hat seine Seitensprünge, gegen die sie machtlos war, irgendwann als unausweichlich akzeptiert, so wie sie zu Frau Escherich Mitte der 1830er-Jahre sagte: »Was will eine Frau da machen? ... Sie muß die Schwächen des Mannes tragen, darum ist sie Frau.«[19] Viel schlimmer zu ertragen war Ludwigs Jähzorn, der, je älter er wurde, immer offensichtlicher wurde.

Was das bedeutete, wird aus den Erinnerungen Auguste Escherichs klar, die über einen Vorfall im März 1837 berichtete. Damals erschien sie zum verabredeten Besuch bei Therese in der Residenz. Die Marchesa Marianna weilte mit ihrem zweiten Ehemann in München. Ludwig quartierte sie auf seine Kosten im »Bayerischen Hof« ein und lud sie zum Tee an den Hof. Eine Viertelstunde vorher erschien er bei Therese und zeigte ihr einen schweren, goldenen, eckiggliedrigen Armreif – damals die neueste Mode – für Marianna. Er wollte, dass Therese ihn tragen und dann der Marchesa von ihrem Arm schenken solle. Das wollte die Königin nicht, schenken ja, aber nicht von ihrem Arm. »Darüber erboste sich Ludwig, er zog der Königin das Schmuckstück mit Gewalt an und drückte es mit einem eisernen Griff seiner Finger ihr so fest ins Fleisch, daß jede Ecke nun eine blutige Spur auf ihrem Arm zurückließ: Da gab es keinen Widerspruch mehr ... Das war am Tag vor jenem, an dem sie mich zu sich bestellt hatte, gewesen, und ihr Herz war ihr noch schwer von diesem widerwärtigen Auftritt.« Therese war froh, mit jemandem reden zu können. »Man konnte deutlich die ganze Form des Schmuckstückes erkennen. Und sie weinte bitterlich: ›Und ich bin die Königin! Bin die erste Frau im Land!‹« Trotzdem habe die Königin Ludwig geliebt und geachtet.[20]

Und gefürchtet, wie so viele andere auch. Der französische Gesandte schrieb im September 1844: »Der König ist kaum wieder zu erkennen, zunehmend sehr jähzornig und sehr bedrückt.«[21] Bedrückt und daher extrem reizbar war Ludwig

sicherlich wegen der zu dieser Zeit noch befürchteten Unfrucht-
barkeit seiner Kinder. Das Problem wurde gelöst. Der Jähzorn
aber blieb und mit dem musste sich seine Familie in den folgenden Jahren verstärkt auseinandersetzen, vor allem Therese.
Inwieweit sie weitere Gedichte mit Ludwigs Liebesschwüren
trösten konnten, wissen wir nicht. Es war die Zeit, als er auch
an Caroline Lizius Liebesbriefe schrieb und ihr in seinem Testament 24 000 Gulden vermachte, falls sie unverheiratet bliebe,
wovon Therese aber natürlich nichts ahnte.[22]

An meine Frau im Frühling 1844
Die Sterne alle vor der Sonn' erbleichen,
vor dir, Therese, alle andern Frauen,
Die du die beste, edelste zu schauen,
Der eine jede, welche lebt, muß weichen.

Der Tugend selbst ist mehr nicht zu vertrauen,
Als dir, in der sich alle herrlich zeigen,
Vor welcher die Verläumdung selbst muß schweigen;
Wie auf den Felsen ist auf dich zu bauen...[23]

Eine Königin im passiven Widerstand
(1846–1848)

Königlicher Liebesrausch

❧❧❧

> »Ich kann nicht länger Abstand nehmen, E(ure)
> D(urchlaucht) von einer beklagenswerten
> Verirrung des Königs Mitheilung zu thun, welche,
> ob sie schon sein Privatleben angeht, doch die
> allgemeine Aufmerksamkeit dergestalt in Anspruch
> nimmt, daß die Würde und das Ansehen des
> Regenten unter allen Classen der Hauptstadt ja
> des Landes aufs Äußerste benachtheiligt wird«,

vermeldete am 25. November 1846 der österreichische Gesandte
Ludwig Graf Senfft von Pilsach sehr besorgt an seinen Vorge-
setzten, den österreichischen Außenminister Fürst von Metternich. König Ludwig habe schon immer »subalterne ..., quasi-
platonische ... Liebschaften« gehabt, die aber wenig Aufsehen
erregt hätten. Nun aber sei vor sechs Wochen eine »gemeine
abgenutzte Buhlerin mit schönen Zügen, feurigen Augen und
einem südlichen leidenschaftlichen Temperament« in München
eingetroffen. Beim Publikum hätten ihre Tanzvorführungen
nur mäßigen Erfolg, aber »der König entbrannte für sie wie eine
Flamme, die, wie es scheint, noch immer im Zunehmen begrif-
fen ist«.[1]

Als er von einer Reise zurückkam, schrieb der preußische
Gesandte Graf Bernstorff an Staatsminister Graf Cranitz nach
Berlin, fand er »ganz München erfüllt von dem Verhältniß des
Königs zu der spanischen Tänzerin Lola Montez«. Diese habe
dem König sofort nach ihrer Ankunft »eine so leidenschaftliche
Neigung eingeflößt, daß dieser Herr ganz umgewandelt ist, nur
Sinn und Auge für sie hat und gegen seine Gewohnheit keine
Ausgabe scheuet, um jeden ihrer Wünsche zu erfüllen ... Die

Geschäfte leiden dadurch, daß der König den größten Teil seiner Zeit durch das ihn fesselnde Verhältniß absorbirt ist, während des übrigen Theiles aber moralisch und physisch erschöpft ist.«² Kronprinz Maximilian kommentierte besorgt: »Sie gewinnt eine nicht dagewesene Macht über sein Gemüth. Man sagt, daß ältere Männer bisweilen einer förmlichen Liebeskrankheit verfallen.«³

Der 60-jährige König selbst fühlte sich um Jahre verjüngt: »Ich kann mich mit dem Vesuv vergleichen, der für erloschen galt, bis er plötzlich ausbrach«, schrieb er an seinen Freund und Berater, den Freiherr von Tann. »Ich glaubte, ich könne nicht mehr der Liebe Leidenschaften fühlen, hielt mein Herz für ausgebrannt. Aber nicht wie ein Mann mit 40 Jahren, wie ein Jüngling von zwanzig, ja, wie ein Verliebter von 15 Jahren, faßte mich Leidenschaft wie nie zuvor. Eßlust und Schlaf verlor ich zum Teil, fiebrig heiß wallte mein Blut. In des Himmels Höhen erhob es mich, meine Gedanken wurden reiner.«⁴

Die Frau, für die der 60-jährige Ludwig eine derartige Leidenschaft erfasste, dass sie ihn und seine Frau Therese zwei Jahre später sogar den Thron kosten sollte, war 26 Jahre alt und gab sich als adlige spanische Tänzerin mit dem Künstlernamen Maria de los Dolores Porrys y Montez (1821–1861) aus. In Wahrheit hieß sie Eliza Gilbert, geboren in Irland, aufgewachsen in Indien, wo ihr Vater in der britischen Armee gedient hatte. Nach dem frühen Tod des Vaters und der Wiederheirat der Mutter wurde Eliza nach England geschickt, um dort in Bath im Internat eine standesgemäße Erziehung zu erhalten. Als ihre Mutter sie mit 17 an einen über 60-jährigen Mann verheiraten wollte, flüchtete Eliza, heiratete den 29-jährigen Captain Thomas James, den sie aber schon 1841 verließ, um in England unter dem Namen Lola Montez, von adliger Geburt aus Sevilla, als zigarrenrauchende und peitschenschwingende »spanische Tänzerin« Karriere zu machen. Ein abgewiesener Liebhaber deckte jedoch die Wahrheit auf und so begann Lolas Wanderleben durch die Städte Europas – wegen ihrer Schönheit verehrt und ausgehalten von zahllosen Liebhabern, denen sie den Kopf verdrehte: Dresden, Berlin, Warschau, Paris waren nur einige ihrer Stationen, die sie fast immer nach einem Skandal verlassen musste.[5]

Die erste Begegnung zwischen Ludwig und Lola fand am 8. Oktober 1846 statt, als sie in ihrem schwarzen Samtkleid von Ludwig zu einer Audienz empfangen wurde. Sie hatte selbst darum gebeten, nachdem sie als Tänzerin vom Intendanten des Königlichen Hoftheaters, August von Frays, abgelehnt worden war. Obwohl der Intendant auf Ludwigs Ersuchen auch einen Bericht über Lolas Vorleben beilegte, unter anderem über ihr Verhalten in Berlin, wo sie bei einer Revue einem sie ermahnenden Polizeikommissar mit der Reitgerte über das Gesicht gehauen und dafür 14 Tage Arrest bekommen hatte,[6] konnte Lola den König von sich überzeugen. Er befahl seinem Intendanten, sie mit ihrem »Spanischen Tanz« am 10. Oktober im Zwischenakt auftreten zu lassen, wo sie zumindest einen Teil der Zuschauer faszinierte, allerdings weniger durch ihre Tanzkünste als vielmehr durch ihre erotische Ausstrahlung.

Frau Escherich, die auch im Publikum saß, reagierte enttäuscht auf Lolas Auftreten. Sie hätte wohl keinen Erfolg gehabt, meinte sie, wenn sie nicht diese Audienz beim König, dem »blind auf sie Hereingefallenen«, gehabt hätte.[7]

Ludwig hingegen war über alle Maßen begeistert. Er wies bereits kurze Zeit später seinen Hofmaler Johann Stieler an, Lola für seine Schönheitsgalerie zu malen. An den Sitzungen nahm er höchstpersönlich teil und besuchte Lola darüber hinaus täglich in ihrem Hotelzimmer im »Bayerischen Hof«. Bereits sechs Wochen nach der ersten Begegnung änderte Ludwig sein Testament und vermachte Lola 100 000 Gulden, falls sie bei seinem Tod weder verheiratet noch Witwe wäre. Eine Kutsche mit einem Wappen, das eine neunzackige Krone zeigte, nebst Diener erhielt sie ebenfalls. Für die größte Aufregung sorgte aber die ihr zugeteilte ehemalige Loge der Kurfürstin Maria Leopoldine (1776–1848) im Hoftheater. Sie lag im zweiten Rang, der allein dem Hofe vorbehalten war. »Dorthin richten sich die Augen und die Grüße des Königs aus seiner Loge, wenn die Königin in einem Zwischenact die letztere verläßt«, schrieb Graf Senfft nach Wien.[8]

Zumindest vor seiner Frau versuchte Ludwig anfangs noch den Schein zu wahren. Er schrieb Lola auf Spanisch, dass er sie beim letzten Theaterbesuch nur ganz wenig durch sein Lorgnon betrachtet habe, damit die Königin nichts bemerke. Sie möge es ihm nicht übel nehmen, wenn er das auch in Zukunft so machen müsse.[9]

Die Königin aber wurde durch anonyme Briefe über die neue Beziehung ihres Mannes informiert. Sie war, wie Bernstorff aus sicherer Quelle wusste – er war mit Thereses Bruder Eduard, der in München lebte, befreundet –, in einem »ungewöhnlich gereizten Zustand und wenngleich sie die Sanftmuth selber ist und wohl schon an Duldung in dieser Beziehung gewöhnt sein mag«, so hatte es diesmal doch eine heftige Auseinandersetzung gegeben, »welche eine mehrtägige vollkommene Trennung des Königspaares zur Folge gehabt hat«. Das wurde auch in der Öffentlichkeit bekannt, weil der König tagelang während der Vorstellungen im Theater nicht in der Loge der Königin erschien wie sonst üblich, sondern alleine in der großen Loge saß. Außerdem war Therese dreimal während der Anwesenheit des Herzogspaares aus Coburg mit der Entschuldigung, an Migräne zu leiden, nicht bei der Tafel erschienen. Es habe dann eine »äußere Versöhnung« stattgefunden, wonach sie wieder gemeinsam in der Loge der Königin erschienen.[10]

Zutiefst betroffen war auch die ultramontane Partei unter Minister Abel. Sie hatte den bayerischen König als »frömmsten aller Könige«, als den Beschützer der Kirche und des Glaubens proklamiert und sah sich nun vor aller Augen »aufs Grausamste widerlegt« und – schlimmer noch – vor allem ihren Einfluss gefährdet. Allerdings meinte Bernstorff, würde diese Partei das sicher ausnutzen, um noch unumschränkter herrschen zu können, indem man Ludwig klarmachte, dass jede »Ausschweifung durch Kloster-Schenkungen und äußerliche Bußhandlungen gesühnt werden kann«.[11]

Über die Stimmung in der Bevölkerung geben die Briefe von Amalie Thiersch, der Frau des Hochschulprofessors und Direktors der Münchner Universität Friedrich Thiersch (1784–1860), sehr gut Auskunft. Sie schrieb am 26. November 1846 an ihre Schwester über Lola Montez: »Sie nennt sich selbst ›la maitresse du roi‹, hat sich eine Loge im Hofrang mit rotem Samt ausschlagen lassen, richtet sich königlich ein, läuft dabei nachts einem Offizier in seine Wohnung nach, der ihr tägliche Gesellschaft ist. Kurz, es schwindelt einem der Kopf, und jeder denkt dabei: wie lange wird's dauern? Die arme Königin tut mir am meisten leid. Neulich war ein Konzert..., der Saal war halb leer, die Montez sehr sichtbar, einige Reihen hinter den Hofreihen. Der König in der Pause neben ihr im Gespräch, sie sitzend [was gegen die Etikette verstieß], bis er ihr durch Zeichen zu verstehen gab, daß sie aufstehen möchte. Die Königin unterdessen mit ihren erwachsenen Kindern und fremden Herrschaften (aus Schweden und Holland) bemüht, sich so lange mit dem Adel zu unterhalten, bis der Gemahl von seinem Besuch im Saal zurückkäme.«[12]

Auch beim Volk auf der Straße erregte das Verhalten Lolas zunehmend Unmut und Wut, da sie ganz offensichtlich Gesetze brechen durfte, ohne dass eine Strafe erfolgte. Wenn ihr etwas nicht passte, wurde sie gewalttätig, verteilte Ohrfeigen oder schlug mit ihrer Peitsche, die sie immer mit sich führte, um sich. So ohrfeigte sie zum Beispiel ihren Tierarzt, weil er ihren Hund »Turk« nicht so schnell heilen konnte, wie sie das gerne gehabt hätte.[13] Mit dem gleichen Selbstbewusstsein kaufte sie unter anderem in der Modehandlung Gustav Schulze ein, ohne ihre Rechnung zu bezahlen. »Ich bin mehr als die Königin«, sagte sie zur Begründung. Der Besitzer reichte daraufhin eine Klage gegen sie ein. Die Rechnung wurde dann zwar bezahlt, aber am selben Tag erschien der König höchstpersönlich im Geschäft und sagte erbost zu der anwesenden Hausfrau: »Die Senora habe mehr Mittel als nöthig, um Herrn Schulze zu befriedigen, und diesem lasse S. M. sagen, er sei ein Fl(egel).« Herr Schulze fühlte sich dadurch verständlicherweise in seiner Ehre verletzt und die Geschichte verbreitete sich wie ein Lauffeuer in der Stadt.[14]

Selbst höherstehende Beamte wie der Polizeidirektor von Pechmann waren vor Ludwigs Zorn nicht geschützt. Als Lola eines Tages einen Brief verschickt hatte, erschien sie kurze Zeit später auf der Münchner Hauptpost und verlangte ihr Schreiben zurück, weil sie es sich anders überlegt hatte. Der zuständige Beamte weigerte sich mit dem Hinweis auf die Vorschriften, woraufhin sie ihn ohrfeigte und mit den Füßen nach ihm trat. Der Postbeamte zeigte sie an, aber Lola zerriss ihre Vorladung mit dem Hinweis, sie verstünde kein Deutsch. Eine zweite Vorladung, wo ihr ein Dolmetscher zur Verfügung gestellt werden sollte, zerriss sie ebenfalls. Postdirektor Pechmann erhielt einen Brief des Königs, in dem ihm die Entlassung angedroht wurde, wenn er den Vorfall weiter verfolge. Am Ende wurde Pechmann tatsächlich in die Provinz nach Landshut versetzt.[15]

Auch alte Freunde Ludwigs fielen in Ungnade, wie Graf Karl von Seinsheim, von 1840 bis 1847 Finanzminister, weil er es wagte, gegen Lola zu sprechen. Ludwig hätte ihn am liebsten ganz vom Hofe verbannt, aber da er gewöhnlich zur Umgebung des Hofes der Königin gehörte, wäre es aufgefallen und das vermied Ludwig noch. Kronprinz Max kommentierte später: »Durch ihre Stellung und ihr Betragen wußte sie alle Klassen gegen sich aufzubringen, von der Königlichen Familie bis zum Bürger herab.«[16]

»In allen Zirkeln war von nichts mehr die Rede, als von diesem Liebesdrama«, schrieb Ludwigs Architekt Klenze, »und, um sich freier darüber unterhalten zu können, nannte man den König nur Herr Mayer und die Mademoiselle Montez, Fräulein Steigenberger.«[17] Der König erklärte auf alle Vorhaltungen, dass er »dem geliebten Gegenstand alles verzeihe … und spricht von ihr als einem gefallenen Engel, den er wieder zu erheben sich berufen fühle.«[18] Auch in mehreren Gedichten besang Ludwig seine neue Freundin und seine leidenschaftliche Liebe zu ihr.

Mehrmals täglich sahen die Menschen den König, wie er seine Freundin besuchte, mit ihr spazieren fuhr oder im Park herumspazierte und sie zu ihrem Wagen begleitete.[19] Abgesehen von der Verminderung des persönlichen Ansehens des Königs in der öffentlichen Meinung, wurde inzwischen sogar ein Volksaufstand befürchtet, der womöglich der Monarchie ein Ende bereitet hätte, was den übrigen monarchischen Regierungen natürlich nicht gleichgültig sein konnte.[20] Wenn aus Bayern eine Republik würde wie Frankreich, dann könnte das einen Dominoeffekt erzeugen und die anderen Monarchien mitreißen.

Das Problem war der Starrsinn des Königs, der sich auch diesmal keine Vorschriften machen lassen wollte und erwartete, dass die Gesellschaft seine Beziehung zu Lola tolerierte.

Herzog Max von Leuchtenberg, ein Neffe Ludwigs, schilderte Klenze den folgenden Vorfall: Bei einem Besuch in der Residenz, wo das Gespräch auch auf Lola Montez kam, habe der König plötzlich mit der Faust auf einen Tisch, auf dem ein Schachbrett stand, gehauen und gerufen: »Aber Max! Ich will und muß es durchsetzen, und sollte es mich Thron und Leben kosten.« Als Max ihm sagte, dass in dieser Zeit genau das leicht passieren könne, habe ihn der König mit den Worten unterbrochen: »Möglich! Möglich, Max, dass Du recht hast!« und habe das Zimmer mit den Worten verlassen: »Aber ich muß, ich muß, ich muß meinen Willen durchsetzen.« Andere, die ihm Vorhaltungen machten, ein König müsse sich auch selbst beherrschen, bekamen zur Antwort: »Entbehrt die Königin etwas?«[21]

Inwieweit Therese das ganze Ausmaß der Affäre zu diesem Zeitpunkt kannte, wissen wir nicht genau. Senfft schrieb Anfang 1847, dass die Königin sich mit Äußerungen sehr zurückhalte, »indeß bemerkt man, daß sie sich gegen ihren Gemahl mit ungewöhnlicher Kälte benimmt«.[22] Nach dem Tagebuch der Frau Escherich, die sich bis März 1848 regelmäßig mit Therese traf, »kränkte« sich die Königin zunächst nicht allzu sehr

wegen Lola, weil sie davon ausging, dass es kein Liebesaben-
teuer war, sondern es nur darum ging, dass Ludwig seinen Willen durchsetzen wollte.[23] Allerdings liegt ein Brief von Freiherr
von der Tann an Ludwig von Anfang Januar 1847 vor, in dem er
schreibt, dass sich die Königin die Augen ausweine.[24] Offenbar
hat Ludwig auch immer wieder versucht, zum Beispiel über
ihre Hofdamen, die Stimmung von Therese herauszufinden,
wie ein Brief der Oberhofmeisterin Deroy an Ludwig zeigt. Sie
schrieb darin, dass Therese sich weigere, über Lola zu reden.[25]

Ludwigs Schwestern dagegen unternahmen alles, um ihren
Bruder von seiner neuen Leidenschaft abzubringen. Auguste,
die in München lebte, machte immer wieder vergebliche Versuche.[26] Bereits am 15. Dezember 1846 schrieb Charlotte, die
österreichische Kaiserin aus Wien, einen sehr deutlichen Brief,
in dem sie Ludwig fragte, ob er sich des Vorbilds bewusst sei,
das er gebe. »Die Welt vergibt solche Dinge bei jungen Männern, aber bei alten Männern? ... Denke an Deine Untertan-
en ... Bruder, habe Mitleid mit Deiner Seele, Deinem Land ...
Ich möchte auf Dich mit Stolz sehen können – nimm Deine
Hand von ihr, gib ihr Geld, eine Menge Geld, wenn es sein
muss, sofern sie verschwindet. Jedes Wort dieses Briefes tut mir
weh ... Benutze Deinen Verstand, benutze Deinen Willen! Ich
bitte zu Gott, dass er Dir helfe.« Sie unterschrieb mit »Deine
wahre Freundin, Deine Dich zärtlich liebende Schwester«.[27]
Ludwig reagierte sehr erbost auf ihre Vorwürfe und schrieb ihr,
er verbitte sich alle Einmischung in seine Angelegenheiten.[28]
Auch der Versuch seiner Halbschwester Amalie (1801–1877),
die Königin in Sachsen war, Lola über einen Mittelsmann eine
Rente von 50000 Francs anzubieten, wenn sie München ver-
ließe, scheiterte, da Lola dies ablehnte.[29]

Unangenehmer waren für Ludwig die Vorhaltungen von
kirchlicher Seite. Den Anfang machte der Fürstbischof von
Diepenbrock aus Breslau mit seinem sehr emotionalen Brief
vom 29. Januar 1847. Der Geist des von Ludwig verehrten
Theologen und Lehrers Sailer hätte ihn beauftragt, Ludwig das

Folgende zu sagen: Es wachse ein Giftbaum über ihm auf, dessen tödlicher Duft ihn betäuben, seine Augen verblenden, seine Sinne berauschen und ihn ganz betäuben würde, sodass er den Abgrund nicht sehen könne, an dem er wandele, den offenen Abgrund, der seine Ehre, seinen Ruf, das Glück seiner Familie, seines Landes, seines Lebens und das Heil seiner Seele zu verschlingen drohe. Lola wird in diesem Brief zur Schlange, die ihn mit »teuflischen Worten« verzauberte und an seinem »königlichen Herzblut saugt«. Der Bischof sprach vom »Höllenzauber« und forderte ihn auf: »König Ludwig, erwache aus deinem Taumel!« Am Ende warnte der Bischof Ludwig, sich nicht so zu verhalten wie der französische König Ludwig XVI., der sich durch sein Verhalten selbst den »Abgrund der Revolution« gegraben habe.[30]

Statt Einsicht zu zeigen, reagierte Ludwig sehr empört. »Der Schein trügt. Maitressenwirtschaft mochte ich nie und mag sie nicht«, schrieb er dem Bischof zurück. »Aber Bekanntschaften hatte ich fast immer, welche meine Phantasie anregten, und gerade sie waren mein bester Schutz gegen Sinnlichkeit. Ich besitze ein poetisches Gemüt, was nicht mit den gewöhnlichen Maßstäben gemessen werden darf. Wie der Schein trügt, will ich Ihnen sagen, indem ich hiermit mein Ehrenwort gebe, daß ich nun im vierten Monate weder meiner Frau noch einer Andern beigewohnt, und vorher es beinahe fünfe waren, in welchen ich mich dessen enthalten… Brechen kann ich nicht; vermöchte nicht mehr mich selbst zu achten. Man verlange von mir nicht das Unmögliche.«[31]

Das Fatale war, vor allem auch für Therese, dass Ludwig diesen Antwortbrief an alle Münchner Domdechanten in Abschrift gab, mit dem Befehl, er solle allen Bischöfen in Bayern mitgeteilt werden. Von da war es kein großer Schritt in die breite Öffentlichkeit. Für Therese muss das ein Albtraum gewesen sein, denn sie war immer darauf bedacht, auch beim Bekanntwerden von Ludwigs früheren Frauengeschichten, dass ihre Würde so weit wie möglich gewahrt wurde. Dass nun die

Öffentlichkeit Einblick in ihr Sexualleben bekam, auf der Straße darüber diskutiert und auch von den Kanzeln der Kirchen herab informiert wurde, musste sie zutiefst beschämen.

Die Bischöfe von Bamberg, München und Speyer schrieben sofort Antwortbriefe an Ludwig, die man ihm aber nicht zeigte, weil man seinen Zorn fürchtete. Der Inhalt hätte ihm nämlich gar nicht gefallen: Man dürfe die Moral der Könige nicht mit anderen Maßstäben messen als bei anderen Menschen und dass eine »poetische Phantasie und das Bedürfniß, sie anzuregen, keine Entschuldigung für ein an und für sich unerlaubtes Verhältniß sein kann«.[32]

Ludwig selbst gibt in seinen späteren Briefen an Lola die Nacht vom 17. auf den 18. Juni 1847 als erste Liebesnacht an, sodass er im Februar 1847 wohl tatsächlich die Wahrheit gesagt hat, was die Peinlichkeit der Situation für die königliche Familie und vor allem für Therese nicht verringerte. Immer wieder fragte sie Auguste Escherich, was die Leute über Ludwig sagten. Und zum ersten Mal in ihrer Bekanntschaft waren die Treffen für Frau Escherich unangenehm, weil sie nicht wusste, was sie antworten sollte, »denn es war nicht positiv«. Und so legte sich Frau Escherich einen Satz zurecht: »Man sagt, daß König Ludwig der geistvollste Monarch der Gegenwart ist!« Die Königin, so steht es in Augustes Erinnerungen, lächelte fein und erwiderte: »Es ist ja wohl so!« – das Aber »blieb ihr in der Kehle stecken«.[33]

Mehr noch als über den schriftlichen Protest von allen Seiten ärgerte sich Ludwig über den passiven Widerstand, mit dem die Münchener Gesellschaft seine Bemühungen, Lola eine angemessene Stellung zu verschaffen, boykottierte. Der Kunstverein verweigerte ihr die Aufnahme, Abendgesellschaften und Konzerte, an denen der König und Lola teilnahmen, wurden von allen anderen gemieden. So der erste Maskenball des Jahres im »Odeon« am 12. Januar 1847. Da Therese erklärte, sie würde nicht mitkommen, beschloss der König, der Maskenbälle liebte, mit der Kronprinzessin und Prinzessin Alexandra alleine zu gehen. Sobald aber Thereses Weigerung bekannt wurde, sagten alle anderen Damen ebenfalls ab, sodass auch der König dem Ball fernbleiben musste, um die Prinzessinnen nicht als einzige Damen des Hofes dort erscheinen zu lassen.[34] »Es ist traurig, einen Monarchen, der so viele große Eigenschaften hat, im Alter noch solchen Neigungen erliegen zu sehen«, schrieb Amalie Thiersch an ihre Schwester. »Die Königin behauptet fortdauernd äußerlich die größte Ruhe und erhält dadurch am besten den öffentlichen Anstand; auch ist es ihr bis jetzt gelungen, die Senora vom Hofe abzuhalten, womit die Zukunft droht, denn sie wird zur Gräfin erhoben und ihr Silberzeug wird bereits mit der Gräfinkrone graviert. In andere gesellige Zirkel ist es ihr bisher nicht gelungen einzudringen.«[35]

Ende Januar 1847 wurde die Stimmung im Volk immer gereizter, denn täglich mussten die Menschen Lolas unverschämtes Benehmen über sich ergehen lassen, die sich an keine Vorschrift, an kein Gesetz hielt und sich auch nicht zu halten brauchte. Wer sich beschwerte, wurde bestraft, auch wenn man das eigentliche Opfer war. Zum ersten Mal wurden Fensterscheiben in Lolas Schlafzimmer mit Steinen beworfen, wo sie auftauchte, versammelten sich grölende und pfeifende Menschen. Überall wurden Plakate aufgehängt:

> *Montez, Du grosse Hur*
> *Bald schlagen wird deine Uhr.*
> *Wo wir Di' aussi haun'n,*
> *Weil d' Münchner sich nit trau'n.*
> *Pfui Teufel Königshaus.*
> *Mit unsrer Treu ist's aus.*
> *Bringst uns nur Schand und Spott.*
> *Helf uns der liebe Gott.*[36]

Wie schon Amalie Thiersch angedeutet hatte, war das allgemein bekannte Ziel Lolas, Gräfin zu werden. Voraussetzung dafür aber war das sogenannte »Indigenat«, die Bestätigung, dass sie bayerische Bürgerin war. Das Bürgerrecht konnte aber nur jemandem verliehen werden, dessen Herkunft einwandfrei nachgewiesen war. Der Staatsrat, der dies zu prüfen hatte, lehnte ab, denn niemand wusste, wie Lola wirklich hieß, ob sie verheiratet oder ledig und wo sie geboren war. Der König schrieb seinen Ministern daraufhin: »In Bayern besteht das monarchische Prinzip. Der König befiehlt und die Minister gehorchen. Glaubt einer, es sei gegen sein Gewissen, so gibt er das Portefeuille zurück und hört auf, Minister zu sein.«[37] Da reichten die Minister geschlossen ihre Entlassungsgesuche ein. Das, was bisher eine nur die Person des Königs angehende Privatangelegenheit war, war zur »Staatsangelegenheit von der höchsten Bedeutung herangewachsen«, schrieb Graf Senfft an Metternich.[38]

In einem Memorandum legten die Minister die Begründung für ihr Verhalten nieder. Darin heißt es, dass es seit dem letzten Oktober nur noch ein Thema in Bayern gebe und dass die »Ehrfurcht vor dem Monarchen … mehr und mehr in dem Inneren der Gemüther ausgetilgt« würde. Außerdem sei das Nationalgefühl der Bayern verletzt, weil »man sich von einer Fremden [Lola] regiert fühle, deren Ruf in der öffentlichen Meinung gebranntmarkt ist«. Die ausländischen Zeitungen schrieben »die schmählichsten Anekdoten und die herabwürdigendsten Angriffe« gegen den König. Es stehe nicht nur Ruhm und Glück des Königs auf dem Spiel, sondern das des Königtums.[39]

Ludwig war empört, vor allem als das Memorandum dann auch noch veröffentlicht wurde. Keiner wollte es gewesen sein, aber jeder konnte nun in der Zeitung vom unmoralischen Verhalten des Königs lesen. Die Stimmung in München kippte. Es gab bereits Gerüchte über eine Abdankung Ludwigs und der Ruf wurde laut, den Kronprinzen und Prinz Luitpold aus Griechenland zurückzurufen.[40] Ihr Ziel erreichten die Minister aber nicht, wie der König gegenüber dem preußischen Gesandten deutlich machte: »Die Krone und das Leben gebe ich hin. Aber niemals lasse ich mich zwingen.« Er fügte hinzu, dass er täglich sogar Morddrohungen erhalte.[41] Ludwig versuchte den Eindruck des Rücktrittsgesuches seiner Minister nach außen abzuschwächen, indem er ihnen nur einen Urlaub zugestand und sie und ihre Frauen mit Gunst und Einladungen überhäufte, »vor den Augen des Hofes und der Königin«. Die Entlassung Abels hatte dagegen allgemeine Zustimmung ausgelöst. Selbst die Königin dankte ihrem Mann dafür.[42]

Das neue sogenannte Kabinett der »Morgenröte« unter dem Protestanten Georg von Maurer (1790–1872) wurde zunächst von einem Großteil der Münchener begrüßt, da man sich eine liberalere Politik und vor allem eine Einschränkung der Macht der katholischen Kirche erhoffte. Ludwig erließ aus den Erfahrungen der Vergangenheit heraus das Verbot, von der Kanzel aus politische Angelegenheiten zu kommentieren.[43] Allerdings machte sich Maurer gleich wieder unbeliebt, als er die Einbürgerung Lolas unterschrieb.

Mitten in diese politische Umgestaltung hinein platzte der Brief des Erzbischofs von München an den König, der laut darüber nachdachte, ob der König in der jetzigen Situation überhaupt an den Osterfeierlichkeiten teilnehmen könne, denn das setze eine »Reinheit des Gemüthes und des Wandels« voraus. Er sei zwar nicht befugt, den König von der Teilnahme an den heiligen Sakramenten der Buße und des Abendmahles auszuschließen, wollte aber doch auf den »hohen Ernst« dieser Handlungen hinweisen. Obwohl das Schreiben vom Verfasser ursprünglich geheim gehalten wurde, ging es doch wie ein Lauffeuer durch alle Kreise auch über München hinaus.[44]

Anfang März schaltete sich erneut die österreichische Kaiserin ein, die diesmal schärfere Töne anschlug und ihrem Bruder vorhielt, der sonst selbstständige, starke Ludwig würde sich von einem »reizenden Mädchen« beherrschen lassen. Bei früheren Beziehungen hätte er die Frau zurechtgewiesen, wenn sie sich »maitresse« [Gebieterin] genannt hätte, und auch, wenn er »bis über beide Ohren verliebt« gewesen sei, sei er ihr gegenüber »König geblieben«.[45]

Als der Brief in Wien abgeschickt wurde, ahnte Charlotte nicht, dass in München die Stimmung längst eskaliert war und erste Steine auf die Fenster der Residenz geflogen waren. Am 1. März hatte der bei den Studenten sehr beliebte Professor Ernst von Lassaulx (1805–1861) im akademischen Senat beantragt, dem zurückgetretenen Minister Abel den Dank und die Anerkennung der Universität für seine strikte Haltung in der Bürgerrechtsfrage bezüglich Lola Montez zu übermitteln. Das lehnte die Mehrheit zwar ab, weil es zu heikel war, aber das Protokoll der Sitzung wurde dem König zugeleitet, der daraufhin den Professor entließ. Dies führte zu einem Aufmarsch von 500 empörten Studenten, die ihrem Professor ein »Vivat«, ein »Lebehoch« ausriefen.[46] Danach zogen sie zu Lolas Wohnung, um ihr ein »Pereat Lola Montez!«, zu Deutsch: »Nieder mit Lola Montez!«, zuzurufen. Fast 6000 Studenten, Handwerker und Bürger versammelten sich, warfen Steine und riefen Schmähungen.[47]

Ludwig, der in der Residenz gerade seine Mittagstafel beendet hatte, um zu Lola zu gehen, sah die Menge vom Fenster. Trotz einer Warnung seines Innenministers machte sich Ludwig sofort auf den Weg in die Theresienstraße, wo Lola wohnte, weil ihr von Ludwig gekauftes Haus in der Barerstraße noch nicht bezugsfertig war. »Es war ein unglücklicher Gedanke, dass der König zu Lola ging, als das Volk davor randalierte, was die Wut noch gesteigert hat«, kommentierte Graf Bernstorff. »Dies ist auch von allen Schritten derjenige, der bisher den schlechtesten Eindruck gemacht hat: ein König, der auf solche Weise das öffentliche Gefühl der Scham verletzt und ihm trotzt, thut seiner eigenen Würde mehr Abbruch, als der erbittertste Feind des Thrones es zu thun vermag.« Beim Hineingehen und während des ganzen Aufenthaltes gab es Pfiffe und Geschrei.[48] Zur selben Zeit besuchte Königin Therese ganz in der Nähe die Gräfin Deroy. Als die Menge ihren Wagen vor der Tür sah, wurde ihr ein vielstimmiges »Lebehoch« gebracht. »Die Königin war tief ergriffen, ließ aber in großer Fassung sogleich den

Wagen entfernen, indeß sie selbst mit der herbeigeeilten Gräfin Eltz in veränderter Kleidung zu Fuß und unerkannt nach der nahen Residenz zurückkehrte.«[49]

Soldaten drängten auf Ludwigs Befehl die Demonstranten aus der Theresienstraße, die daraufhin schreiend und pfeifend zur Residenz zogen. Steine wurden vom Theaterplatz auf die Fenster des Königsbaus geworfen. »Heute wurde allein durch die unfassbare Leidenschaft, die den König Ludwig beherrscht, alles von oben nach unten durcheinandergewirbelt in seinem Königreich«, schrieb der französische Botschafter über die Ereignisse am 1. März.[50]

Am Hof wurde am Abend das gewöhnliche Lotto gespielt, an dem der König »mit gewohnter Gemütsruhe« teilnahm.[51] Er fragte Therese dabei, warum sie so traurig sei. »Falschheit? Narrheit? Oder alles?«, fragte sich Amalie Thiersch, die diese Szene ihrer Schwester beschrieb.[52]

Therese selbst spielte in Briefen an ihre Kinder die Unruhen hinunter: »Das Leben bei Hofe geht wie gewohnt. ... Du siehst aus all' dem, Herzensthilde, daß die hier gehabten Unruhen keine Rückwirkung auf unsre gewohnte Lebensweise übten. An demselben Abende, an welchen sie stattgefunden, versammelte uns die kleine Lotterie um ¼ auf 8 Uhr und um ¾ auf 8 Uhr Tee und Lotto, dem auch Tante Auguste beiwohnte.«[53] Was ging in Therese wirklich vor? Erinnerte sie sich in diesen Augenblicken an ihren Brief aus dem Jahre 1836, in dem sie Ludwig gebeten hatte, sich nie wieder mit Schauspielerinnen einzulassen?[54] Konnte sie sich auch diesmal, wie schon so oft, mit einem seiner zahlreichen Gedichte an sie trösten, in denen Ludwig sie weiterhin als verständnisvolle Ehefrau pries?

In den nächsten Tagen setzte Ludwig seine üblichen Wanderungen durch die Stadt fort, auch zum Haus von Lola, wobei ihm nun aber zwei Gendarmen ohne Gewehr folgten. Allerdings mied das Königspaar zunächst öffentliche Veranstaltungen, denn die Ruhe war nur vordergründig. Überall kursierten Schmähschriften und pornografische Karikaturen. Eine davon zeigte Lola Montez, angetan in schwarzem Samt, wie sie an einer Leine ein gekröntes Schoßhündchen führte.

Ludwig, der auch in seiner Familie stark unter Druck geraten war, bemühte sich um Schadensbegrenzung. In seinen Briefen an seinen Sohn Otto, bei dem Kronprinz Max noch weilte, häuft sich in diesen Monaten die Erwähnung Thereses als »liebe Mutter«. Er betonte den freundschaftlichen Umgang miteinander auffällig, so als wollte er den Sohn beruhigen. »Deine treffliche Mutter benimmt sich bewundernswürdig; inniger wurden wir aber auch mit einander, statt wie Manche (Viele) gewollt, nicht Frieden, sondern Sturm herrschen sollte.«[55] An seine Schwester Charlotte schrieb er sogar, dass der »Seelenrausch vorbei« sei,[56] woraufhin sie ihm begeistert antwortete: »Lieber Bruder, dein Brief vom 5. ist ein Balsam für mein Herz. Gott segne Dich dafür.«[57] Dass er seine Situation durchaus klar einschätzen konnte, zeigt ein Ausspruch Ludwigs zu seiner Frau, den Corti überliefert: »Habe ich gegen dich etwas verbrochen, so bist du gerächt, nie ist ein König so an den Pranger gestellt, so in den Kot gezogen worden wie ich.«[58] Trotzdem hatte Ludwig mitnichten vor, Lola aufzugeben.

Am 7. März 1847 wurde das Königspaar, das im Theater zusammen den Raum betrat, mit lebhaftem Beifall empfangen. »Man hat sich darüber den Kopf zerbrochen, was die Ursache dieser außerordentlichen Kundgebung war.« Die Partei Abels vermutete, dass der Applaus künstlich vorbereitet war. Der König selbst war sehr erstaunt. Therese und er sahen sich an, »wie um sich über die Ursache zu befragen. Dann dankten sie dem Publikum.«[59] So verwunderlich war der Beifall allerdings nicht, denn das Volk hatte längst Stellung bezogen: Es war ein »Vivat« für ihre Königin.

Keine Anerkennung für die Gräfin

>»Die Lage, in welche der König gerathen ist,
bietet einen Schlüssel zu dem als ein bares Märchen
verschrieen Verhextsein. Der Irthum liegt darin,
daß man die Hexen und ihre Kräfte in den Hexen
sucht, während die Produkte der Übel in der
Schwäche der Verhexten liegen«,

schrieb Fürst Metternich im März 1847 an seinen Gesandten in
München. »Nicht der Funke sprengt einen Pulverthurm, sondern das in ihm liegende Brennmaterial. Fällt der Funke auf
einen nicht entzündlichen Stoff, so erlischt er. Daß der König
Ludwig vielen Zündstoff in sich trägt, dies ist leider nur zu oft
erprobte Wahrheit. Welcher Name diesem Zündstoff gebührt,
dies will ich nicht niederschreiben.«[1]

In München herrschte derweil eine trügerische Ruhe. Der
Polizeidirektor hatte alle Versammlungen auf der Straße verboten, Militärpatrouillen zogen durch die Stadt, Lolas Wohnung
wurde weiter von Militär beschützt, Bürgermilitär und Kavallerie bewachten die Residenz.[2] Nun waren es die katholischen
Zeitungen, gegen die eine scharfe Pressezensur ausgeübt wurde,
weil sie angeblich durch ihre Berichterstattungen die Stimmung
noch angeheizt hatten. Im März 1847 berichteten französische
Zeitungen erstmals über Lola. Sie wurden daraufhin aus den
Lesezirkeln der Stadt entfernt. Hat Therese sie gelesen? In früheren Jahren gehörten diese Zeitungen zu ihrer regelmäßigen
Lektüre.[3] Das Innenministerium überwachte außerdem die
Predigten von katholischen Geistlichen, um Angriffe gegen den
König und seine Geliebte zu verhindern.[4]

Nach den Unruhen Anfang März reagierte Ludwigs Körper mit der ihn so häufig heimsuchenden Flechtenkrankheit, die sein Gesicht völlig entstellte und ihn für zehn Wochen auf sein Zimmer zwang.[5] Lola besuchte ihn dort täglich und vor aller Augen. Sie fuhr morgens und abends »mit Geräusch« zur Residenz, wo sie beide dann nicht selten zusammen lesenderweise am Fenster gesehen wurden. Außerdem wanderte sie ganz unbefangen in den Gängen der Residenz herum, wo sie den Hofdamen und -herren und sogar einmal der Königin persönlich begegnete. Das alles würde mit »unglaublicher Duldung« hingenommen, schrieb Senfft mit Bezug auf die Königin.[6] Einige Wochen später traf sie die Königin ein weiteres Mal am Tor. Man erzählte sich auch, dass der König Lola bei einem ihrer Besuche sogar die Zimmer Thereses gezeigt habe, dabei aber von ihr überrascht worden sei.[7] Falls dieses Gerücht stimmt, wäre das für Therese sicher ein nicht zu verzeihender Tabubruch, ein Eindringen der Geliebten ihres Mannes in ihre Privatsphäre gewesen.

Im Mai, der König war inzwischen genesen, bezog Lola ihr neues, vom König für sie gekauftes Haus an der Barerstraße 7, etwa zehn Gehminuten von der Residenz entfernt.[8] In diesem Haus unterhielt sie ihren Salon, der allerdings lediglich von Gästen besucht wurde, die sich einen Karrieresprung durch ihre Beziehung zum König versprachen. Der König kam zweimal täglich zu ihr, vormittags und abends.

Die übrige Gesellschaft verharrte im passiven Widerstand, was Ludwig durch Befehle ändern wollte. General Karl Wilhelm von Heideck, der zunächst einem Befehl Ludwigs nachgekommen war und Lola in sein Haus eingeladen hatte, weigerte sich dann aber Anfang Mai, seinerseits Lolas Haus zu betreten. Sein Haus würde, seitdem Lola da gewesen sei, wie ein »Pest-Krankenhaus« von der übrigen Gesellschaft gemieden. Jeder, der in Lolas Haus gehe, sei »verloren«.[9]

Lola heizte die Stimmung weiter an, indem sie sich ständig bei Ludwig beschwerte, zum Beispiel, wenn sie das Gefühl hatte, sie wäre im Theater von irgendjemandem durch das Lorgnon zu intensiv betrachtet worden. Die Betreffenden fielen in Ungnade oder bekamen dann vom König Abmahnungen, wie zum Beispiel Madame de Pillement, die Oberhofmeisterin der Kronprinzessin, und die Comtess de Laxbourg. Während Lola auf der einen Seite alles tat, um einen Platz in der höheren Gesellschaft zu bekommen, umgab sie sich andererseits sehr gerne mit Studenten, die in ihrem Haus ein und aus gingen. Unter ihnen einer mit Namen Elias Preißner, Student im siebenten Semester und Vorsitzender der Studentenverbindung Palatia. Am 18. Juni wurde von Passanten beobachtet, wie Lola sich hinter den Fenstern zu später Stunde das Studentenkäppi von Preißler aufsetzte. Die Nachricht davon empörte die anderen Studenten, die alle Gegner Lolas waren, und er wurde aus der Verbindung ausgeschlossen. Daraufhin gründete er mit seinen Freunden eine neue Vereinigung mit Namen Alemania, die auch als Lolas Leibwache fungierte.[10] Mit diesen Studenten feierte König Ludwig oft bis in die Nacht hinein in Lolas Haus. Inzwischen wurde auch die königliche Familie zunehmend mit der Lola-Geschichte konfrontiert, zumal Ludwig seine Geliebte ohne Hemmungen zum Beispiel zur Besichtigung der Amalienburg in die Nymphenburger Gärten mitnahm. Als sie dann kurze Zeit später alleine durch den privaten Teil der Gärten spazieren wollte, stand sie wütend vor verschlossenen Türen, die sich für sie nicht öffneten. Prinz Luitpold, der sich mit seiner Frau im Garten befand, wartete, bis Lola verschwunden war. Herzogin Ludovika, Gemahlin von Herzog Max in Bayern und Halbschwester König Ludwigs, wurde von Passanten mit Schmährufen beleidigt, weil man ihre Kutsche für die Lolas hielt.[11]

Der Kronprinz, der erst vor Kurzem aus Griechenland zurückgekommen war, äußerte sich »mit großem Tadel« über die Verbindung seines Vaters mit Lola, andererseits war er froh, dass Abel und sein Ministerium jetzt entfernt waren. Das Kronprinzenpaar hatte wegen der Situation beschlossen, im Sommer

nur kurze Zeit in München zu bleiben.[12] Therese war am
15. Juni zur Kur nach Franzensbad abgereist. Alle machten sich
große Sorgen um sie. »Die Gesundheit der Königin hat in dem
verflossenen Winter durch die starken, aber in ihrem Inneren
bekämpften Gemüthsbewegungen gelitten und ich weiß aus
sicherer Quelle, daß man mitunter sehr besorgt für sie ist, ja,
daß einmal mehrere Augenblicke hindurch der Puls I. Mt. vollkommen stille gestanden hat und man eine betrübende *catastrophe* fürchtete«, schrieb der preußische Gesandte nach Berlin.[13]

Ludwig nutzte die Abreise seiner Frau auf seine Weise. Er
verbrachte zwei Tage später die erste Nacht mit Lola, woran er
sie in einem Brief vom 16. Juni 1848 erinnerte. Wie viele gemeinsame Nächte es insgesamt waren, wissen wir nicht, Ludwig selber gibt eine weitere am 1. Dezember 1847 zu.[14] Der gemeinsa-
men Nacht folgten gemeinsame Wochen in Brückenau. Hier
traf Ludwig auch die Vorbereitungen für die Verleihung des
Adelstitels an Lola. In München beschäftigte man sich unterdessen mit den möglichen Folgen. Zum Beispiel einer Vorstellung Lolas bei Hofe, was für alle anderen ein Horrorge-
danke war, denn dann musste man mit ihr auf einer Ebene
verkehren. Solange das nicht passierte, konnte man ihr aus dem
Weg gehen, weil sie nicht gesellschaftsfähig war. »Hier würde
nun in erster Beziehung zunächst alles auf den Entschluß der
Königin ankommen«, schrieb Graf Bernstorff nach Berlin. Bislang hatte sie sich, »selbst die musterhafteste Gattin und Mutter« wegen ihres sanftmütigen Wesens »durchaus duldend und
leidend« verhalten, weil sie durch einen »thätigen Widerstand«
kaum Erfolg gehabt hätte. Aber alle hofften, dass »es ihr an der
Energie eines passiven Widerstands nicht fehlen würde, wenn
ihr etwas zugemuthet werden sollte, was sie mit ihrer weiblichen und königlichen Würde nicht vereinbar hielte«. Ihre engste
Umgebung ermutigte sie dazu, ihre Oberhofmeisterin Gräfin
Eltz würde sogar ihren Abschied nehmen, wenn der König darauf bestünde, Lola Montez der Königin vorzustellen.[15]

Aus Franzensbad verfasste Therese scheinbar ohne spürbare

Aufregung ihre Briefe an Ludwig. Allerdings konnte sie wegen
der begonnenen Kur nicht selbst zur Feder greifen, persönliche
Regungen waren daher nur in der Anrede oder in den Grüßen
am Ende zu erwarten, die sie immer selbst schrieb. Ihre Anrede:
»Guter lieber Ludwig!« Ihre Unterschrift: »Die treu Dich liebende Therese.« Natürlich wusste sie, mit wem er die Wochen
in Brückenau verbrachte und natürlich war sie verletzt. Noch
nie in all den Jahren hatte sie Briefe mit »die« statt »Deine«
unterschrieben. Aber das war zu diesem Zeitpunkt auch das
Äußerste an Kritik, was sie sich erlaubte.[16] Ansonsten kümmerte sie sich um Familienangelegenheiten. Ihre Tochter Mathilde, die geglaubt hatte, schwanger zu sein, war von Therese
liebevoll mit Ratschlägen versorgt worden, zum Beispiel Wein,
Fußbäder, Ananas und Spargel zu vermeiden.[17] Im Juli kam
dann die Nachricht, dass alles nur eine Täuschung war. »Schwer
ist die Prüfung, die des Himmels Fügung dir auferlegt, arme,
liebe Thilde, doch die Hand, die jetzt so Herbes über Dich ver-
hängt, sie allein vermag die Tränen Deines Herzens einst auch
in Freude zu verwandeln. Halte fest an Deinem Glauben, Du
meine *fromme* Thilde.«[18]

Ludwig kam die Aufgabe zu, Mathildes Mann darüber zu
informieren, wofür Therese ihn lobte, dass er »recht väterlich«
für unsere »schwer geprüfte Thilde« gehandelt habe.[19] Als Eltern funktionierten beide weiterhin gut. Und Ludwig nahm
seine Vaterpflichten nach wie vor sehr ernst, auch wenn er als
moralische Instanz bei seinen Kindern an Boden verlor.

Während Ludwig nach eigener Rechnung bis Juni 1847, also
innerhalb eines halben Jahres, 55 000 Gulden für Lola ausgegeben hatte, was nach heutigem Wert etwa 800 000 Euro ent-
spricht,[20] bekam Therese ein von ihm geschriebenes Buch mit
dem Titel »Walhallas Genossen« mit den Kurzbiografien der
deutschen Helden, die in Ludwigs Ruhmeshalle bei Regensburg verewigt werden sollten, zum Geschenk. Da von ihrer
Seite keine Reaktion kam, beschwerte er sich kurze Zeit später.
Therese entschuldigte sich, dass sie sich nicht für »das mich so

erfreuende Geschenk« bedankt hatte. Sie bat ihn etwas ironisch um »Gnade vor Recht an deiner – durch das viele Wassertrinken – etwas dämlich gewordenen Gemahlin ergehen zu lassen«. Sie hatte offenbar zumindest darin geblättert und vergebens nach Erzherzog Karl gesucht. »Du siehst also, daß ich mich mit Deiner lieben Gabe beschäftige«.[21]

Zum Geburtstag schenkte er ihr ein Bild von ihrem jüngsten Sohn Adalbert, was Therese wesentlich mehr freute als das Buch über die Walhalla. »Mein Herz ist so voll der Rührung und des Dankes, daß ich vergebens nach Worten suche, diese Gefühle Dir mein theurer – lieber Ludwig – genügend auszudrücken.« Ihr Bruder Joseph hatte sie an ihrem Geburtstag mit einem Besuch überrascht, und Alexandra würde in den nächsten Tagen kommen. Und auch hier wieder zum Abschluss: »Die treu Dich liebende Therese«.[22] Von ihren Töchtern Adelgunde, Alexandra und Mathilde erhielt sie einen Stuhl, den alle drei für Therese mit Blumen bestickt hatten.[23] Die bewusste Unterstützung Thereses durch ihre Geschwister und alle Kinder in dieser Zeit ist schon sehr auffallend. Offenen Widerstand gegen den Vater zu zeigen, das trauten sie sich nicht, aber Therese fand Trost in dieser Fürsorge.

Am 3. August reiste Therese aus Franzensbad über Würzburg nach Aschaffenburg, wo sie mit Ludwig verabredet war. Der verabschiedete sich einen Tag später von seiner Geliebten und schickte dieser noch am selben Tag einen sehnsuchtsvollen Brief hinterher: »Du bist die Sonne meines Lebens, von ihr hängt das Glück oder Unglück meines Lebens ab.«[24] Am selben Tag ging auch eine Anweisung an Maurer ab: »Der Senora Lola Montez ist der gräfliche Stand zu verleihen. Ich wünsche dabei keine Einwände zu hören, denn ich habe ein königliches Versprechen zu erfüllen.«[25] Maurer gehorchte, obwohl er, wie er Ludwig mitteilte, »fassungslos« war, weil der König das noch vor einigen Monaten als völlig abwegig betrachtet hatte.

Lola verursachte schon zwei Tage später in Würzburg den nächsten Skandal. Als sie dort spazieren ging, folgte ihr eine auf

mehrere Hundert anwachsende schaulustige Menge, die sie erkannt hatte. Als ihr die Hofwache den Eintritt in den Garten der Residenz verwehrte, weil Hunde dort verboten waren,
verabreichte sie dem Posten am Tor eine Ohrfeige. Daraufhin
wurde es unter der bislang schweigsamen Menge laut; sie pfiffen und johlten. Lola ohrfeigte ihn ein zweites Mal und ging mit
Hund in den Hofgarten.[26] Lola machte aus diesem Ereignis in
einem Brief an Ludwig wie so oft eine Verschwörung der kirchlichen Partie unter Führung der Jesuiten.[27] Ludwig war verär-
gert, beschwerte sich beim Bischof über »die zügellose Partei
der Priester«.[28]

Die Empörung unter den Würzburgern und im übrigen
Bayern wuchs, als Ludwig auch noch den Posten hart bestra-
fen ließ, weil er Lola den Eintritt verwehrt hatte, obwohl das
ja den Vorschriften entsprach und für alle galt, und dessen Vor-
gesetzten Platzmajor Pernwerth seines Postens enthob. Unbe-
lastet von der allgemeinen Empörung schrieb Ludwig an Lola:
»Heute ist es wolkig, aber der Himmel ist heiter, wenn Lolita
mich leidenschaftlich liebt.«[29] »Meine Verwandten [einschließ-
lich seiner Frau] sind nach Altenburg gefahren. Ich war meiner
Lolita so treu, daß ich keinen von ihnen auf den Mund küßte…
Letzte Nacht träumte ich von Dir, süße Lolita. Du warst so zart
zu mir.«[30]

Ludwig selber kündigte ihr die Erhebung in den von ihr so
sehr gewünschten Adelsstand bereits am 21. August an: »An
meinem Geburtstag mache ich mir selbst das Geschenk, Dir
die Gräfinnen-Würde zu verleihen.«[31] Er hoffte, dass sich das
günstig auf ihre soziale Stellung auswirken werde. Er warnte sie
aber, dass sie zurückhaltend sein solle, denn »die Feinde und
besonders die Feindinnen« würden wütend sein.[32] Am Geburtstag Ludwigs, am 25. August 1847, wurde aus der Tänzerin Lola
Montez die Gräfin Marie von Landsfeld mit eigenem Wappen.
Ludwig ließ im Adelsdiplom auch verkünden, dass es »UNSER
Wille ist, daß Jeder, der dieser Verleihung entgegen handeln
sollte, durch den Fiskal unserer Krone vor die Gerichte gefor-

dert« und bestraft werden solle.³³ Eine Erhebung in den Adelsstand wurde nur sehr wenigen überhaupt gewährt, aber noch
niemals einer selbst von den ausländischen Botschaftern offiziell als »Hure« bezeichneten Frau. Das war ein ungeheuerli-
cher Affront und so nahm ihn die Gesellschaft mit Therese an
der Spitze auch auf.

Die nächsten Wochen verbrachte das Königspaar gemeinsam
in Aschaffenburg und Berchtesgaden, von wo aus sie am Abend
des 8. Oktober in Begleitung ihrer Tochter Prinzessin Alexandra sowie Thereses Bruder Prinz Georg von Sachsen-Altenburg und seiner Frau wieder nach München zurückkehrten.
Noch in derselben Nacht kam Lola zu Ludwig in die Residenz.

Vivat für die Königin – Pereat für Lola

»Ich bin es meiner Frauenehre schuldig – die mir
teurer als daß Leben – diejenige welcher Du eine
Standeserhöhung verliehen, nie – und unter keinen
Bedingungen –, von Angesicht zu Angesicht
zu sehen«,

schrieb Königin Therese im Oktober an ihren Mann. Nach
1836 protestierte sie zum zweiten Mal in ihrer Ehe schriftlich
und sehr klar und eindeutig: »Welche liebe Pflicht es mir ist,
unter allen Verhältnissen des Lebens, dein häusliches Glück,
ungetrübt Dir zu erhalten, mußten die letzten Wochen unseres
Aufenthaltes zu Aschaffenburg dir bewiesen haben, da um jene
Zeit – in dem Regierungsblatt, ein Ereigniß verkündet [wurde],
welches ich, bei der Kenntniß Deines Charakters für unmöglich
gehalten hatte und mich daher schmerzlich dadurch berührt
fühlte.« Es ging um Lolas Erhebung in den Adelsstand. Therese
schrieb, sie wolle ihm keinen Vorwurf machen, aber durch ein
offenes Wort »einer ferner möglichen Vergünstigung«, womit
sie die Vorstellung Lolas bei Hofe meinte, vorzubeugen, denn
dadurch würde »der Frieden unseres Familienbandes für immer
gestört sein«. Sie sei es ihrer »Frauenehre« schuldig, dass sie
diese Frau niemals sehen müsse. Und wenn Lola Montez ihm
das Versprechen dazu abzuringen suchte, könne er ihr Folgendes sagen: »Du weißt es bestimmt – ja, aus meinem Mund:
daß die Königin, die Mutter Deiner Kinder, sie nimmer mehr
bei sich empfangen würde«. Um jede »Verwicklung«, jedem
»Kampf für die Zukunft« vorzubeugen, halte sie es für ihre
Pflicht, ihm »jetzt schon meinen durch nichts zu erschüttern-

den Vorsatz, Dir offen auszusprechen«. Mehr wolle sie dazu nicht sagen, weder schriftlich noch mündlich. »Du wirst nach wie vor mich heiter finden, dankbar für jede mir von Dir bereitete Freude, und sorgsam stets bemüht den Frieden des Hauses ungetrübt, Dir meinem Ludwig, zu erhalten. Deine Therese«[1] Was muss sie dieser Brief für Mut gekostet haben.

Pflichterfüllung fast bis zur Selbstaufgabe hatte sie in ihrer Ehe jahrzehntelang gelebt, was ihr den Vorwurf der Passivität, des immer verzeihenden, gutmütigen Weibchens eingebracht hatte, wobei die Menschen nicht wussten, dass sie einem Mann gegenüberstand, der in seiner Wut auch vor Gewalt gegenüber seiner Frau nicht zurückschreckte.

Vorausgegangen waren Meldungen in den Zeitungen, dass Therese nach ihrer Rückkehr von Aschaffenburg der neuen Gräfin Landsfeld den Theresienorden überreichen würde.[2] Auch Lola ließ verkünden, die Königin würde ihr an ihrem Namenstag am 15. Oktober den Orden verleihen. Das wäre einem Sesam-öffne-dich zu allen Hofveranstaltungen und den Häusern des Hochadels gleichgekommen. Aber, wie Therese ganz klar formulierte, würde sie ein Eindringen der Geliebten ihres Mannes in die Hofkreise, die bislang immer ihr Schutzraum gewesen waren, ein der Ehefrau und Mutter seiner Kinder vorbehaltener Bereich, nicht zulassen.

Thereses Brief ist insofern interessant, weil sie keine Kompromisse mehr machen will. Sie hat auch keine Angst, wie noch im Jahr 1836, dass Ludwig ihr die Kinder nehmen und sich von ihr trennen würde. Der preußische Gesandte Bernstorff berichtet sogar, dass man Therese von kirchlicher Seite zu einer sofortigen Trennung von ihrem Mann drängte.

»Aber alle vernünftigen Leute haben im Gegenteil auf die Königin eingewirkt und sie hat auch ihre Stellung trotz aller Kränkungen behauptet.« Eine Trennung des Königspaares hätte den Skandal unendlich vergrößert.[3]

Zum ersten Mal spielte Therese ihre gesellschaftliche Macht als Königin aus. Wenn die Königin eine Veranstaltung boykottierte, dann folgten die Damen des Hofes und der Gesellschaft ihr nach. Und in diesem Fall sogar gerne, denn eines musste auch Ludwig in den letzten Monaten klar geworden sein: In der Ablehnung seiner Geliebten waren sich alle politischen Parteien und alle gesellschaftlichen Schichten einig. Befahl er ihnen eine Begegnung mit Lola, traten die Betroffenen lieber zurück und galten als Helden, als dass sie für sich und ihre Familien die gesellschaftliche Ächtung riskierten.

Die Weigerung der Königin, Lola bei Hofe zu empfangen, sprach sich herum, aber man hatte Sorge, ob sie ihre Weigerung durchhalten würde. Auch das diplomatische Corps befürchtete, dass Lola verlangen könne, ihnen vorgestellt zu werden. »Diese Frau glaubt, sie kann sich alles erlauben«, schrieb der französische Gesandte. Sie habe auch gesagt: »Die Königin ist die Königin, aber ich regiere.« Und darum glaubten einige, dass sie es tatsächlich eines Tages bis an den Hof schaffen werde.[4] Der preußische Gesandte forderte aus Berlin dringend Anweisungen, wie man sich im Falle einer Vorstellung von Lola bei Hofe verhalten solle. Graf Bernstorff jedenfalls hatte nicht vor, sie als »Standesgenossin« anzuerkennen. So wie sein französischer Kollege wollte er in einem solchen Fall seinen Rücktritt einreichen. Wenn es dem König gelingen sollte, die »Königin auf so schreckliche, ich möchte sagen, auf so empörende Weise zu verblenden und irre zu leiten, so wäre alles verloren und man sähe endlosen Skandalen entgegen«. Er spielte darauf an, dass Ludwig seiner Frau weiterhin von einem rein platonischen Verhältnis erzählen könnte. Bis jetzt ignoriere die Königin Ludwigs Wünsche allerdings und würde einer Hofvorstellung nicht zustimmen, meldete er nach Berlin. »Dennoch bleibt die Besorgniß nicht ausgeschlossen, daß König Ludwig Mittel findet, seine königliche Gemahlin zu überreden, durch falsche Vorstellungen zu täuschen und moralisch zu zwingen, und bei der beharrlichen Frechheit und Ambition der Lola Montez kann niemand bezweifeln, daß sie ihn dazu antreiben werde.«[5] Die Aufregung in allen Ständen war groß, um Konflikten aus dem

Weg zu gehen, reisten viele Adlige erst gar nicht von ihren Sommersitzen für die Wintersaison nach München.[6]

Anfang Oktober gab es einen stürmischen Empfang des Königspaares im Theater, der aber wohl nur Therese galt. Es wurde »Ne toucher pas la reine« gegeben, »dessen Titel merkwürdig den Umständen angemessen ist«, wie Graf Bernstorff süffisant schrieb.[7]

Amalie Thiersch, die eine sehr genaue Beobachterin der Szene war, schrieb an ihre Schwester: »Übrigens fährt die Lola fort, ihre Ansprüche an den Hof zu verfolgen und da sie selbst als Gräfin in den großen Konzerten ein Recht hätte, sich unter den Adel zu drängen, verlangt sie einen eigenen Armsessel hinter der königlichen Familie. Die Königin kann nichts anderes tun, als gar nicht in diesen Konzerten erscheinen, der ganze Hof bleibt daher weg, auch der Adel, und jetzt stellt man gar keine Armstühle mehr für die höchsten Personen hin. Dies ist aber auch die einzige Gelegenheit, bei der sich die Königin ausspricht und wenn ihre Verwandten von Altenburg nicht hier wären, hätte sie vielleicht auch nicht einmal soviel Festigkeit.« Gemeint waren Thereses Brüder Eduard, der im bayerischen Militärdienst war und in München lebte, Georg und Joseph, die beide ihre Schwester oft besuchten und unterstützten.

Lola war auch im Familienkreis immer gegenwärtig, wie Amalie Thiersch überliefert. Am Abend vor der Abreise von Ludwigs Neffen Maximilian von Leuchtenberg nach Petersburg, wo der Skandal um Ludwig und Lola inzwischen auch bekannt war, habe es einen Versuch gegeben, Ludwig zur Vernunft zu bringen. Bei der Familientafel seien auf einen Wink der Königin die Hofdamen entfernt worden. Alle Angehörigen hätten den König bestürmt, sich von der Spanierin zu trennen. Der Prinz habe seinen Onkel gebeten, dem Kaiser von Russland, seinem Schwiegervater, »die angenehme Botschaft mitbringen zu dürfen, daß diese Person entfernt werde … Alle Anwesenden vereinigten ihre Bitten und Tränen mit den seinigen, man sagt sogar, kniend (die jüngeren Kinder Princessin

Alexandra und Prinz Adalbert). Der König war selbst erschüttert, antwortete aber: ›Ihr kennt sie nicht, sie ist gar zu liebenswürdig.‹«[8]

Während der Skandal seinen Lauf nahm, bewunderte die Gesellschaft vor allem die würdevolle Haltung der Königin. Jeder hoffte auf ihren »unbesiegbaren Widerstand«, was die Vorstellung Lolas bei Hofe betraf. Die Königin zeigte sehr deutlich, was sie von Lola hielt, und boykottierte auch alle, von denen sie wusste, dass sie mit der Tänzerin Kontakt hatten. Außerdem vermied sie konsequent Konzerte und andere Gelegenheiten, wo sie auf Lola Montez treffen konnte, damit solch ein zufälliges Treffen nicht in eine offizielle Vorstellung umgemünzt oder sogar so arrangiert werden konnte. Denn der Königin vorgestellt worden zu sein, wäre der erste Schritt zum Empfang bei Hofe.[9] Therese war seit ihrer Hochzeit durch eine harte Schule gegangen, was das Erlernen der Hofetikette anbetraf, die sie immer als Last empfunden hatte. Nun aber konnte sie diese Kenntnisse geschickt nutzen, ohne einen offenen Konflikt mit Ludwig zu riskieren.

Am 30. November 1847 wurden der Ministerpräsident Maurer und seine Minister abgelöst, was alle schon lange erwartet hatten. Sie wurden durch neue Minister unter Ludwig Kraft Ernst Karl Fürst zu Oettingen-Wallerstein (1791–1870) abgelöst. Teil der Regierung wurde als Innenminister Franz von Berks (1792–1873), der seine Ernennung nur der Gunst Lolas zu verdanken hätte, wie der österreichische Gesandte schrieb. »Lola-Ministerium« hieß die neue Regierung im Volksmund.[10]

In den nächsten Wochen sorgte nicht nur Lola für weitere Skandale, sondern ebenfalls die Personen, mit denen sie sich umgab. Auch die nicht unbegründete Eifersucht Ludwigs führte immer wieder zu lautstarken nächtlichen Auseinandersetzungen zwischen ihm und Lola, die sich zum Teil auf der Straße fortsetzten.[11]

»Die Stimmung in allen Klassen der Gesellschaft, die Verachtung gegen die Person des Königs sitzt so tief, der Zorn und die

nationale Scham sind so allgemein verbreitet in Bayern«, schrieb
Graf Bernstorff an den preußischen König, dass »eine offene
Revolte unausweichlich« sei, wenn es nicht der neuen Regierung unter Wallerstein gelinge, die »Gärung, die überall regiert«
zu beruhigen. Nicht einmal die Armee würde hinter dem König
stehen.

Der König hatte, wie er das immer machte, wenn er sich
nicht mit unangenehmen Dingen auseinandersetzen wollte,
verboten, dass man ihm über Lolas Ausfälle berichte. Er wollte
»nichts Nachtheiliges von ihr hören, wissen oder glauben«.[12]

Aller Augen waren auf die Königin gerichtet: »Vor der Vorstellung der Lola bei Hofe sind wir durch die offene und ent-
schiedene Art gesichert, womit sich I. Mt. die Königin darüber
ausgesprochen hat. Es wäre nur noch über ein völliges Zerwürf-
niß in der königlichen Familie durchzusetzen und davor wird
der König doch wohl zurückbeben. – Die Königin gibt ihre
Gesinnung so deutlich zu erkennen, daß I. Mt. z. B. die Auf-
wartung des Berk'schen Ehepaares abgelehnt hat und auch beim
Erscheinen der sämtlichen neuen Minister am Hofe sich krank
meldete, um sie nicht zu sehen.«[13]

Ludwig, der nichts mehr hasste als Widerspruch gegen seinen
Willen, sah sich ohnmächtig der »Stimme der öffentlichen
Moral« gegenüber, was bei der »partiellen Geistes-Zerrüttung«
des Königs in Bezug auf Lola häufig zu Ausbrüchen führte,
die Graf Bernstorff als »Wuth des Wahnsinns« bezeichnete. Es
wurde von verschiedenen Seiten ernsthaft überlegt, den König
als »geistesgestört« zu erklären und den Kronprinzen in die
Regierung einzubeziehen.[14] Fürst Wallerstein begab sich in
geheimer Mission zu Max nach Würzburg. Dessen Kommentar
zu Lola: »Ich vermied, mich darüber auszulassen.«[15]

Der neue Regierungschef Wallerstein beklagte sich schon
bald bei Graf Bernstorff über die Haltung der Königin und
ihrer Damen, die bei der Tafel, als die neuen Minister erschienen, »von einer Kälte und Sprachlosigkeit gewesen, welche ihn
geschmerzt hätte«, und meinte, »es sei unsäglich, wie der König

litte, und da es geradezu eine Gemüthskrankheit bei ihm sei, so möchte er, daß man Mitleid damit hätte«. Graf Bernstorff musste ihm daraufhin erklären, dass er das aber ganz anders gehört hatte. Die Königin habe mit allen Ministern sehr freundlich geplaudert, nur den Innenminister Franz von Berks vollkommen ignoriert, da er als Lolas Handlanger gelte. Auch den neuen Kammerherrn Murray habe sie nicht empfangen, weil er ein enger Freund Lolas sei und bei ihr ein und aus gehe. Auch als Ludwig Murray einige Tage darauf zum Diner einlud, ließ sich die Königin, als sie davon erfuhr, krankmelden und fuhr kurze Zeit später ins Theater.[16]

Am 22. November fand in einem Saal des »Odeon« ein Konzert der Liedertafel statt, zu dem traditionell nicht nur der König, sondern auch die Königin und das diplomatische Corps erschienen. Diesmal fürchtete man, dass auch Lola auftauchen würde, und zwar auf reservierten Plätzen im ersten Rang, nur wenige Schritte von denen der Königin entfernt. Daraufhin weigerten sich die Königin, die Herzogin von Leuchtenberg und Prinzessin Luitpold, (wie man Thereses Schwiegertochter Auguste offiziell nannte), zu kommen. Dem folgten alle anderen. Von 60 Damen, die normalerweise kamen, erschienen nur acht, und das auch nur, weil sie einen entsprechenden Befehl des Königs bekommen hatten. Der übrige erste Rang blieb zum Erstaunen und zur Zufriedenheit des zahlreichen Publikums leer. Der König sagte daraufhin zu seiner Begleitung: »Sehen Sie her, wie mein Adel mich verlässt.«[17]

Am 10. Dezember verließ Therese München, um zu ihrer todkranken Schwester Charlotte nach Bamberg zu fahren. Bereits einige Stunden später tranken Ludwig, Lola und Innenminister Berks gemeinsam Tee in der Residenz – ein unvorstellbarer Affront, sofern Therese davon gewusst hätte.[18]

Inzwischen machten sich auch Thereses Kinder Sorgen. Mathilde schrieb am 19. Dezember 1847 an ihre Schwägerin Amalie von Griechenland: Die Beziehung ihres Vaters sei »rein platonisch« und nur eine »unheilbringende poetische Verirrung«.

Das aber war zu diesem Zeitpunkt bereits eine große Lüge, die Ludwig auch seinen Kindern auftischte, damit sie sich nicht vollends von ihm abwandten. Mathilde fuhr fort: Die Beziehung sei »immerhin traurig genug wegen dem Beispiele«. Für ihre Mutter fand sie, wie alle Kinder, nur großes Lob. Ihr Benehmen sei »herrlich, klug, bewundernswürdig«.[19]

Ludwigs Verhalten in Bezug auf Lola Montez dagegen wurde von immer mehr Menschen als untragbar empfunden. »Alles in diesem Land hängt von der Gnade der ersten Laune ab, die dieser Frau durch den Kopf schießt«, beschreibt der französische Gesandte ziemlich genervt die Situation Ende 1847. Und wenn man die Briefe zwischen Lola und Ludwig aus der Zeit liest, dann muss man dem Gesandten recht geben. Ludwig war besessen von ihr. Nicht umsonst hielten ihn alle, die ihn in dieser Zeit sahen, für zunehmend unzurechnungsfähig, ja geisteskrank.[20]

Um aber auch Lola Gerechtigkeit widerfahren zu lassen, muss man sagen, dass sie durchaus eine sehr faszinierende Frau war, die zwar keine klassische Bildung wie Marianna genossen hatte, die aber durch ihre Reisen und das Leben in fremden Welten mehr gesehen und gelernt hatte als die meisten Frauen ihrer Zeit. In dem Punkt konnte Therese mit ihr – wie es auch schon bei Marianna gewesen war – nicht konkurrieren, denn eine den König fesselnde Gesprächspartnerin war sie nicht. Dass Lola ihre Schönheit und ihre Faszination ausnutzte, um gesellschaftlich aufzusteigen und ihr Leben zu finanzieren, kann man ihr nicht verdenken. Schließlich kam sie nur so weit, wie die entsprechenden Männer sich von ihr faszinieren ließen.

Der König ging weiterhin zweimal täglich zu ihr. Lola hatte es offenbar aufgegeben, bei Hofe vorgestellt zu werden. Aber sie verlangte nach wie vor, dass der König alle zwang, die von ihm abhängig waren, zu ihren Soirées zu kommen.[21] Mittwochs fand bei Hofe keine Veranstaltung mehr statt, da der König diesen Tag exklusiv für die Soirées bei Lola in der Barerstraße reserviert hatte und so keine Konkurrenzveranstaltung am Hofe stattfinden konnte. Trotzdem war kaum jemand bereit, stattdessen in die Barerstraße zu gehen.[22]

Während auf der einen Seite die Menschen immer noch unter den Nachwirkungen der Jahrhundert-Hungersnot des Jahres 1846 litten und die Preise extrem hoch geblieben waren, obwohl die Ernte im Sommer 1847 gut war, sah die Bevölkerung auf der anderen Seite den Luxus, den Ludwig seiner Geliebten finanzierte und den diese sehr provokativ täglich auf den Straßen Münchens präsentierte. Da die offizielle Presse zensiert wurde, gingen die Menschen dazu über, ihrem Frust in zum Teil sehr beleidigenden Karikaturen und Schmähgedichten durch Flugblätter und Maueranschläge Luft zu machen, deren Respektlosigkeit zeigt, wie tief der König durch sein Verhalten in ihrem Ansehen gesunken war:

Vater-Unser-Travestie
Lola Montez, leider Gottes noch die Unsere,
die Du bald bist in, bald um München, bald in Sendling,
die Du das Volk nennst Canaille, und die Du selbst eine
  Canaille bist,
Du Verpesterin der Ruhe und Ordnung, des Vertrauens
  und der Liebe,
Du Teufel ohne Hörner und Schweif.
aber sonst mit allen Teufelskünsten und Attributen,
Du Babylonische, die nirgends fort mehr leben kann,
weil sie Dich schon überall hinausgehauen,
verwünscht sei Dein Name,
zerrissen Dein Adelsbrief,
verdammt bist Du von den Guten und den Schlechten,
von Groß und Klein, von Nieder und Hoch!
Kein Versprechen, kein Geld und Gut,
kein gestickter Kragen und Orden verführt uns,
deine Partei zu nehmen,
mach dir also keine Müh,
komm laß dich massakrieren oder bleib draußen

und laß dich woanders totschlagen,
aber bleib uns vom Leib,
dazu hoffet man's zu bringen durch Gewalt der Pflaster-
steine und den festen Willen der Stände,
auf daß wir erlöst sind von dir und allen dran hängenden
Übeln.
Amen.[23]

Königin und Volk versus König und Lola

❧

»Ist das nicht hübsch: Die Königin hält im II. Stock Ball und der König im I. Stock mit seiner Mätresse Theegesellschaft?«,

vermerkte der österreichische Gesandte Adolph Freiherr von Brenner-Felsach in einem Brief an den Fürsten Metternich. Er fand das natürlich mitnichten »hübsch«. Es war blanke Ironie. »Alles, was hier täglich vorgeht, sieht einer schlechten Farce ähnlich. Aber wenn man bedenkt, wie an allen Ecken und Enden Europas, im Norden und Süden, dunkle Wetterwolken aufsteigen, Throne wanken und vielleicht von ferne schon die eisernen Würfel rasseln, so macht die königliche Posse, die man hier täglich in idyllischer Sorglosigkeit spielt, einen beinahe tragischen Eindruck auf einen ernsten Beobachter und Freund der Monarchie.«[1]

Therese hatte zu Beginn des Jahres 1848 andere Sorgen. Sie litt sehr unter dem Tod ihrer Schwester Charlotte, die am 12. Dezember 1847 im Beisein von Therese und ihrem Bruder Eduard in Bamberg gestorben war. Sie trage die Trauer aber mit »frommer Ergebung« in Gottes Willen. »Aus *Seiner* Vaterhand ja auch ward mir die Gnade, die theure Schwester lebend noch zu treffen, ihr meine Liebe beweisen zu können.« Die ersten Wochen des Jahres verbrachte Therese wegen der Trauer fern von allen gesellschaftlichen Veranstaltungen im Kreis der Familie und wünschte sich nur: »Gott wolle, im nun begonnenen Jahre, Kummer und Sorge *ferne* von uns halten.«[2]

So nahm sie auch nicht am traditionellen Neujahrsempfang im Thronsaal teil, Prinzessin Luitpold nahm neben dem König als erste Dame des Hofes die guten Wünsche der Hofgesellschaft und des diplomatischen Corps entgegen. Ob sie auch den darauffolgenden passiven Widerstand organisiert hat, wissen wir nicht. Zuzutrauen ist es ihr, denn sie war bekannt dafür, dass sie keine Scheu hatte, auch dem König ihre Meinung zu seinem Verhältnis mit Lola zu sagen. Auf jeden Fall zogen sämtliche Damen des Adels ihren rechten Handschuh aus, bevor sie dem König die Hand reichten. Damit verhinderten sie nach der Hofetikette einen Handkuss von ihm, was einem offenen Affront gleichkam.[3]

Es sei nur der »angestammten Loyalität« und dem »phlegmatischen Charakter der Bayern zu danken«, dass noch keine gewaltsamen Ausbrüche erfolgt seien, schrieb der österreichische Gesandte zu Beginn des Jahres an seine Regierung. Bislang gäbe es einen »ehrenhaften passiven Widerstand«. Aber Brenner hoffte, dass der König rechtzeitig aufwachen werde und erkenne, dass er die Regierung und das Königtum dauerhaft gefährdet.[4]

Das war allerdings eine vergebliche Hoffnung, wie die kommenden Ereignisse zeigten, obwohl Ludwig zunehmend unglücklicher in seiner Beziehung zu Lola wurde, weil er sich von ihr ausgenutzt fühlte und sie ihn, was weitere Liebesnächte anbetraf, mit ihrem angeblich schlechten Gesundheitszustand und der Angst vor einer Schwangerschaft zurückhielt.

Beim traditionellen Kammerball in der Residenz Ende Januar wurde die untragbare Situation allen noch einmal besonders deutlich vor Augen geführt. Zunächst einmal beschimpfte der König seinen Minister Wallerstein, weil der sich geweigert hatte, Lola zu besuchen. Dann ärgerte er sich darüber, dass niemand mit den Personen, die als Freunde Lolas galten, sprechen wollte. Gegen 9.30 Uhr verließ der König frustriert – mit dem Kammerherrn Murray, einem Freund Lolas – den Kammerball und traf sich in seinen Appartements mit Lola und Berks, die dort schon auf ihn warteten, zum Tee.

Ein Stockwerk darüber wartete man unterdessen auf den

König, um mit dem Souper beginnen zu können. Schließlich schickte Therese den Zeremonienmeister zum König. Der kam zurück mit der Antwort, der König schliefe auf dem Ruhebett. Als er einige Zeit später wieder heruntergeschickt wurde, schlief der König immer noch. Beim dritten Mal endlich ließ Ludwig ausrichten, man solle mit dem Souper beginnen, er komme nicht mehr. Woraufhin dann Brenner seine obige Bemerkung machte.[5] Lola arbeite in dieser Zeit ganz offensichtlich daran, berichtete der österreichische Gesandte weiter, »die Königin gänzlich zu isolieren«, vermutlich um sie zur Aufgabe zu bewegen. Lola wollte alle aus ihrem Umkreis entfernen lassen, die bekanntermaßen den passiven Widerstand der Königin unterstützten: die Oberhofmeisterin Eltz, Thereses Sohn Luitpold mit seiner Frau und Thereses Bruder Eduard. Es hieß, die beiden Prinzen sollten Kommandos in der Provinz bekommen.[6] Ob sich Ludwig allerdings darauf eingelassen hätte, ist doch sehr fraglich. In seinen Briefen ging er nie auf Lolas Hetzen gegen seine Familienmitglieder ein, allerdings verteidigte er sie auch nicht.

Die Berichte über Lolas Verhalten überschlugen sich in diesen Wochen. Die Königin, die leidenschaftlich gerne Schokolade trank, bekam mehrere anonyme Briefe, in denen sie vor einem Anschlag auf ihr Leben gewarnt wurde. Der Fabrikant Maierhofer, ein Freund Lolas, der durch ihre Vermittlung zum Hoflieferanten aufgestiegen war, sei von Lola beauftragt worden, Gift in die Schokolade der Königin zu mischen. Ihr Leibarzt verschrieb ihr daher vorsichtshalber Gegengifte, wie er Bernstorff persönlich mitteilte, und war aus Sorge um die Königin selbst erkrankt.[7] »Zwischen dem Thron und mir sind nur noch zwei Augen«, soll Lola gesagt haben.[8]

Ludwig plante derweil, wenn schon der Rest der Familie Lola nicht kennenlernen wollte, zumindest seinen jüngsten Sohn Prinz Adalbert, der sich nicht trauen würde, dem Vater zu widersprechen, Lola vorzustellen, was allgemein auf große Empörung stieß. Bei Hofe »zittert« man davor, denn das würde

»unweigerlich zu einer Collision zwischen dem Königspaar führen«, schrieb der österreichische Gesandte.[9]

Therese selbst boykottierte weiterhin strikt und konsequent Lola und jede andere Person, die mit ihr, ob privat oder aus beruflichen Gründen, Kontakt pflegte. Das schloss Anfang Februar auch den Regierungschef Wallerstein ein. Als Ludwig ihn nach einer Audienz zum Abendessen einlud, weigerte sich Therese daran teilzunehmen. Daraufhin musste Ludwig seinen Minister bitten, zu gehen.[10]

Offene Kritik an Lola aber verbot sich Ludwig. Jeder, der das wagte, wurde zum persönlichen Feind, und das betraf auch die eigene Familie. So soll er sogar zur Prinzessin Luitpold gesagt haben, als sie drohte nach Florenz zurückzugehen: »Gut, du kannst fortgehen.«[11]

Die Stimmung in München wurde von Tag zu Tag schlechter. Immer öfter kam es zu Zusammenstößen zwischen den Studenten der Alemania und den übrigen Studenten. Die Polizei, von Ludwig entsprechend angewiesen, bestrafte niemals die Alemanen, was bei allen anderen zu ohnmächtiger Wut führte, zumal der König sich ohne Hemmungen mit ihnen in Lolas Haus vergnügte. Augenzeugen berichteten von Zechgelagen, an denen der König, Lola auf den Knien, den Schläger in der Rechten, das carmesinrote Käppchen der Alemanen, das aus Lolas Unterröcken genäht worden sein sollte, auf dem Kopf, mit ihnen fröhliche Lieder sang. Gegen 1 Uhr morgens sah man ihn »weinselig« zur Residenz zurückgehen.[12]

Und dann kam es Anfang Februar 1848 zur lang vorausgesagten Revolte. Am 29. Januar 1848 war Joseph Görres gestorben, ein Vordenker der Ultramontanen. Katholische Studenten wollten ihn mit einem Trauerzug ehren. Als Lola provozierend mitten hindurchschritt, fühlten sich die Studenten in ihrer Trauer beleidigt, was in den folgenden Tagen zu Streit und auch zu Schlägereien zwischen lolafreundlichen und lolafeindlichen Studenten führte. Am 9. Februar kam es dabei zu einem blutigen Zwischenfall, als ein Alemane einen anderen Studenten mit dem Dolch angriff und schwer verletzte. Der Täter und die übrigen Verbindungsmitglieder flüchteten, verfolgt von den anderen. Als die Gendarmen endlich eintrafen, ging der Täter straffrei aus.

Der König befand sich zu der Zeit auf einem Frühstück mit Tanz in der Residenz. Als er von dem Vorfall hörte, eilte er höchstpersönlich in Ballkleidung zur Universität, um die Studenten und den Rektor Thiersch zu warnen, irgendwelche Racheakte gegen die Alemanen zu planen. Auf dem Rückweg traf er Lola, führte sie zu ihrer Wohnung zurück, um dann in die Residenz zu gehen. Botschafter Brenner stand vor seinem Haus, als der König zurückkam »und [ich] werde nie den Eindruck vergessen, den mir sein Anblick machte: das Gesicht von Totenblässe bedeckt, Schaum lief vom Mund, der Blick wild und unstet, alle Züge verzerrt … So kehrte er in die Residenz und auf den Ball zurück.«[13]

Gegen 13 Uhr hatte sich schließlich eine große Volksmenge vor der Residenz und der Feldherrnhalle versammelt. Plötzlich ertönte lautes Geschrei von der Theatinerkirche her. Dort war Lola in ihrer Kutsche vorgefahren, um ihren Vertrauten, den Innenminister Berks, zu treffen. Als sie kurze Zeit später wieder herauskam und zu Fuß weiter zur Ludwigstraße ging, folgte ihr die Menge. Ein Student fasste sie am Hals, woraufhin sie sich losriss und in die Kirche flüchtete. Sie kniete nieder und betete für Ludwig, ihren »meilleur ami«. Als sie dann aber eine Pistole zog, um wieder hinauszugehen, nahmen Freunde ihr die Waffe weg. Lachend verließ sie die Kirche, wo sie das Volk grölend und pfeifend empfing. Aber niemand wagte, sie anzugreifen. Sie verschwand schließlich in der königlichen Residenz, gefolgt vom Johlen und Pfeifen der Menge, was bis in Thereses Räume zu hören war.

Was ging in Therese vor, als sie dies mitbekam? Angst oder Wut auf ihren Mann? Was las sie in den Augen ihrer Hofdamen und der Dienerschaft: Mitleid für sich? Verachtung für den König? Sie wird sich, wie auch früher schon, für ihn fremdgeschämt haben. Mit einem Unterschied: War sie 1831 noch vor den mitleidigen Blicken der Münchner geflüchtet, blieb sie diesmal in München, standhaft in ihrer Weigerung, Lola zu boykottieren. Niemand hatte ihr das zugetraut. Therese hatte sich zum Kampf entschlossen.

Ludwig ließ, nachdem Lola ihm Bericht erstattet hatte, die Residenz durch Militär abriegeln und verfügte die sofortige Schließung der Universität. Alle auswärtigen Studenten mussten bis zum 12. Februar die Stadt verlassen.[14] Als die Studenten das am nächsten Morgen durch einen Anschlag am Schwarzen Brett erfuhren, formierten sie sich zu einem Demonstrationszug und marschierten singenderweise zum Gebäude des Rektors Thiersch, der eine Ansprache hielt und sie bat, Ruhe zu bewahren. Von da aus zogen etwa 800 Studenten, immer noch friedlich, weiter zum Gebäude des Kultusministeriums, wo sie auf etwa 20 bis 25 Gendarmen trafen, die sie auseinandertreiben wollten. Dabei wurde ein junger Mann niedergestochen. Die Situation drohte zu eskalieren.

Bislang war Therese jeder persönlichen Auseinandersetzung mit dem König ausgewichen, weil eine solche »bei ihrem sanften und nachgiebigen Charakter zu nichts geführt hätte; sie hätte der Heftigkeit ihres Gemahls nicht standhalten können und hätte ihm nur die Gelegenheit verschafft, von ihr das zu verlangen, was er bisher nicht gewagt hatte, da er selbst auf die Sache zu kommen, nicht den Mut fand«. Es ist schon erstaunlich, wie gut der preußische Gesandte, der diese Zeilen verfasste, Ludwig durchschaute. Die Situation war ähnlich der im Jahr 1834, als Ludwig davor zurückgeschreckt war, seiner Frau persönlich zu sagen, dass er sie nicht mehr in Brückenau dabeihaben wollte. Damals wie dieses Mal schämte er sich, weil er wusste, dass es verachtenswert war, wenn er von ihr erwartete, dass sie Lola bei Hofe akzeptierte.

Bis zu diesem Tag hatte Therese ihren Mann »durch passiven Widerstand zwingen« wollen, schreibt Graf Bernstorff, gewisse Grenzen zu respektieren. Sie zeigte ihm, dass sie

Bescheid wusste, aber sich zu nichts herablassen werde, was ihre Würde verletzen könnte. Dabei hat sie ihre »gewohnte Sanftmut und Unterwürfigkeit gegenüber dem König beibehalten und durch scheinbare Heiterkeit den Riß verdeckt, der sie vom König schied«.

Doch dann kam der Moment, »wo ihre Pflicht ihr vorschrieb, aus ihrer passiven Rolle herauszutreten«. Dieser Augenblick kam am 10. Februar gegen neun Uhr, als draußen vor der Residenz eine immer größer werdende Menge die Wiedereröffnung der Universität und die Ausweisung Lolas forderte. Die folgenden Details verdanken wir dem preußischen Gesandten Bernstorff, der persönlich mit Thereses Bruder Eduard befreundet war. Therese hatte sich ihrem Bruder anvertraut, der wiederum Bernstorff über Folgendes informiert hatte:

Therese hatte ihren ganzen Mut zusammengenommen und war zu Ludwig gegangen, »um ihn zu beschwören, dem Ganzen ein Ende zu machen. Sie nahm ihre ganze Energie zusammen, um Eindruck auf ihn zu machen. Sie packte ihn am Arm und zerrte ihn heftig durchs Zimmer, und machte ihm in den dunkelsten Farben die Folgen seines Handelns klar. Sie sagte ihm, dass sie nicht glaubte, dass er wirklich verliebt sei, und der Rest sei ihr egal, dass sie nicht für sich spreche und dass sie kein Gefühl der Eifersucht zu ihm geführt habe, aber sie sei gekommen, um seine Seele zu retten, dass sie ihn bei allem, was ihr heilig sei, anflehe, an sein ewiges Heil zu denken und dem Laster zu entsagen, dass er vor Gott verantwortlich sei für jeden Tropfen Blut, der in dieser Affaire vergossen würde.« Sie verstand sehr wohl, dass er glaubte, »man versuche seine königliche Autorität anzugreifen und wolle ihm nur widersprechen, aber ob er denn gar nicht sehe, dass er umgeben wäre von ehrlosen Menschen, die ihn betrügen und würdelos seine Gutgläubigkeit täuschten. Nach dieser Szene bekam der König einen heftigen Tobsuchtsanfall, ohne dass es zunächst den gewünschten Eindruck gemacht zu haben schien. Die Königin zog sich in ihre Appartements zurück, fiel erschöpft auf ihre Knie und betete.

In diesem Moment kam der König wutentbrannt in ihr Zimmer gerannt. Aber als er die Königin auf den Knien beten sah, schien er getroffen und wich zurück. Die Königin blieb ruhig in ihren Räumen und kam auch nicht zum Diner.«[15]

Der König machte wie gewohnt seinen Vormittagsbesuch bei Lola, gefolgt von den Pfiffen der Menschenmenge. Gegen Mittag versammelten sich mehr als 1000 Studenten und Bürger vor dem Rathaus. Die Bürger waren empört über die Ausweisung der Studenten, die ein Wirtschaftsfaktor für die Stadt waren. Man entschloss sich, eine Deputation zum König zu schicken, der aber zunächst ablehnte, sie überhaupt zu empfangen, und sogar drohte, seine Residenz in eine andere Stadt zu verlegen.[16]

Erst auf Vermittlung des Prinzen Luitpold und Bitten von dessen Frau, die ihn auf Knien anflehte, nachzugeben, willigte Ludwig ein, sich später dazu zu äußern. Die Menge zog schweigend zum Rathaus und wartete. Drei Stunden später kam Berks mit einem Handschreiben des Königs, in dem er die Wiedereröffnung der Universität für nach Ostern in Aussicht stellte. Die Bürger waren empört. Als Berks ihnen klarmachen wollte, dass sie dankbar für des Königs Zugeständnis sein sollten, schrien sie ihn nieder: »Nieder mit dem Huren-Minister.«

Nach Einbruch der Dunkelheit zog die Menge zu Lolas Haus, wo sie versuchte, durch die Absperrung zu gelangen. Das Militär schaute tatenlos zu, nur die Gendarmen griffen ein. Als die Kavallerie anrückte, zerstreuten sich die Menschen und zogen zur Hauptwache. Es wurden mit Bierwagen Straßenblockaden aufgebaut, die Pflastersteine ausgerissen und die Fenster der Station zerschlagen.[17]

Der König tat so, als ob alles in bester Ordnung wäre, und ging ins Theater, wo man allerdings vor leeren Rängen spielte. In einem Brief bat Ludwig aber Lola noch in dieser Nacht, wenigstens für einen Tag zum Starnberger See zu fahren, bis sich die Lage beruhigt hätte. »Wenn wegen Dir Blut vergossen wird, wird sich der Haß enorm steigern, und Deine Situation wird noch viel schlechter. Das muß vermieden werden. *Du weißt, daß die Welt mich nicht von Dir trennen kann.*«[18]

Johann Maximilian Graf von und zu Arco auf Valley, der sich zum Anführer der Opposition gegen Ludwig gemacht hatte, ließ Boten durch die Bezirke von Tölz und Miesbach schicken, um die Bauern zu den Waffen und zur Hilfe nach München zu holen. Man wollte Luitpold zum König proklamieren, weil ihm die Sympathien des Volkes gehörten. Man hatte seine zärtliche Unterstützung der Mutter während des letzten Winters beobachtet und wusste, dass der König nur durch seine Intervention die Deputation des Magistrats empfangen hatte.

Zum Glück war Luitpold seinem Bruder gegenüber sehr loyal und hatte noch am 10. Februar eine Stafette nach Würzburg geschickt, um Max zu informieren.[19]

Am nächsten Tag, dem 11. Februar, beschlossen die Bürger, Ludwig ein Ultimatum zu stellen. Falls er die Ausweisung Lolas verweigern sollte, würden sie das selbst mit Gewalt tun. Berks teilte Ludwig mit, dass sich bereits ein Bürgerkomitee gebildet, das Lola zum Tode verurteilt habe. Man werde ihre Leiche genau eine Stunde nach Ablauf des Ultimatums auf der Residenzstraße »an den Haaren vorbeischleifen«. Architekt Klenze war dabei, als diese Nachricht bei Ludwig eintraf: »Des Königs Gesichtszüge verzogen sich krampfhaft und er sagte zorn- und furchterfüllt: ›Was, was wagen Sie mir da zu sagen?‹« Nachdem Berks seine Nachricht wiederholt hatte, beschloss Ludwig, das Militär in München einmarschieren zu lassen. Als er aber den Kommandanten fragte, ob er sich auf die Soldaten verlassen könne, bekam er zur Antwort: »Armeen seien nicht für Amouren zuständig« und für Lola »drückt kein Soldat das Gewehr los oder zieht den Säbel«.[20] Daraufhin gab Ludwig nach: Die Universität wurde sofort wieder geöffnet, Lola musste binnen einer Stunde München verlassen.

Frau Escherich befand sich zu dieser Zeit inmitten der Menge auf dem Max-Joseph-Platz, wo Gräfin Bassenheim, eine der vornehmsten Damen des Adels, vor einer Menschenmenge eine

Rede gegen Lola hielt. Als endlich bekannt gegeben wurde, dass sie des Landes verwiesen wurde, jubelten alle. »Vornehme Damen von Adel und aus den besten Gesellschaftskreisen umarmten landfremde einfache Frauen mit wahrer Begeisterung: ›Sie muß fort! Sie muß fort!‹ … Es war das reinste Fest der Verbrüderung.«[21]

Dann zogen alle vor das Haus Lolas, die zunächst gar nicht vorhatte, München zu verlassen. Sie erschien sogar noch im Garten vor dem Haus, wo sie mit Steinen empfangen wurde. Daraufhin verschwand sie. Man dachte schon, Lola sei geflüchtet, schrieb Frau Escherich, als sich plötzlich das Eisentor neben dem Haus öffnete und ein Wagen, der auf Teppichen bis dicht hinter das Tor gefahren worden war, schoss heraus, mit vorgezogenen Vorhängen, der Kutscher stehend peitschte die Pferde an, preschte mitten in die Menschenmenge und verschwand um die Ecke. Steine flogen ihr hinterher und man begann das Haus zu plündern, Geschirr zu zerstören. Plötzlich wurde die Tür zum Balkon aufgerissen, der König in altem Mantel und Hut, wie er gewöhnlich in den Straßen herumging, erschien und rief: »Liebe Leute, laßt das Haus in Ruhe. Es ist mein Eigentum!« Er war von hinten durch Gärten und Mauern in das Haus gekommen. Darauf zerstreuten sich alle. Der König ging dann mit dem Schokoladenfabrikanten Maierhofer, der für Lola viele Besorgungen gemacht hatte, zur Residenz. Maierhofer wurde angegriffen, der König deckte ihn mit seinem Körper, indem er immer um ihn herumging. »Es war ein unwürdiges Schauspiel.« Dann wehte plötzlich ein Windstoß Maierhofers Mantel hoch und alle sahen, warum der König sich vor ihn stellte. Er trug zwei gefüllte Geldsäcke, das Geld des Königs, das er retten wollte.[22]

Lola war in der Zwischenzeit zur Residenz gefahren, wo sie aber nur verschlossene Türen vorfand, die sich diesmal nicht für sie öffneten.[23]

Als die Prinzessin Luitpold kam, um der Königin die Abfahrt Lolas anzukündigen, fiel diese wieder auf die Knie, um Gott zu danken. »So ist die Bescheidenheit dieser tugendhaften und verleumdeten Königin, die nicht einmal ihren Anteil am allgemeinen Dank haben wollte, dass sie ihr Land vor so einer großen Katastrophe bewahrt hatte«,[24] kommentierte der preußische Gesandte.

Ludwig dagegen trauerte. Er zog sich mit Lolas Vertrautem Berks in sein Zimmer zurück. »Ich weinte in meinem Zimmer, als ich allein mit ihm von Dir sprach«, schrieb er seiner Geliebten noch am selben Tag. »Ich erklärte meiner Frau, daß das Vorgefallene mich Dir nur noch näher bringen würde. … Lolita, an die ich gekettet bin, ich wiederhole es, die Welt kann mich nicht mit Dir brechen lassen.«[25] Einen Tag später fuhr er nach Hesselohe, wo er Lola vermutete, aber sie war nicht mehr dort. Sie war noch am 11. Februar nachmittags als Mann verkleidet nach München zurückgekommen, hatte vergebens versucht, in die Residenz zu gelangen. Dann fuhr sie weiter zur Blutenburg, einem Wasserschloss im Westen Münchens. Dorthin hatten sich einige ihrer Alemanen, unter anderem ihr Liebhaber Preißner, zurückgezogen. Der Pächter der Blutenburg aber erkannte sie und machte sich heimlich nach München auf, um Lolas Versteck der Polizei zu verraten. Minister Wallerstein schickte daraufhin Polizisten und Reiter, die Lola einen Paß mit dem Namen »Mrs. Bolton« überreichten und sie samt den Alemanen in den Zug in die Schweiz, nach Lindau, setzten.

Ludwig war untröstlich. »Ich weine und weine über die gegenwärtige Trennung. Ich weine viel, sehr viel, zu viel, wenn so was möglich wäre«, schrieb er ihr am selben Tag.[26] Mehrmals täglich ging er zum Haus, schaute nach dem Hund und sprach mit Lolas Angestellten. Um sich aufzumuntern, plante er ein Wiedersehen in Lausanne im April, das einige Wochen dauern sollte. Und dann könne man auch besprechen, wann sie zurückkommen könne. Dass er überhaupt eine Rückkehr Lolas nach München in Betracht zog, zeigt, wie wenig er die ganze Situation verstand.

Nachdem Lola abgefahren war, kehrte man in München zur

alten Ordnung zurück, denn es ging, wie der französische Gesandte kommentierte, nicht um eine Leidenschaft des Volkes für mehr Demokratie, um revolutionäre Gedanken, wie sie in anderen Staaten zur selben Zeit hochkamen, der einzige Gegenstand der öffentlichen Unruhen sei Lola gewesen.[27]

Königin Therese, die ihren abwesenden Kindern Mathilde, Adelgunde und Otto sonst in allen Einzelheiten über die Familienereignisse in München berichtete, beschränkte sich in ihren Briefen auf den immer wiederkehrenden Hinweis, dass »wir, Vater, deine Geschwister und auch dein Mütterlein, Dank dem güthgen Himel, sämtlich wohl sind. Eine Röthe des Auges so sich heute bereits bedeutend gemindert hat, kann man ja kein Unwohlsein nennen«. Alle weiteren Details wurden über vertrauenswürdige Boten mündlich überbracht. Thereses Augenleiden führte dazu, dass sie ihre Briefe diktieren musste, was allzu intime Nachrichten von vornherein ausschloss. Ansonsten plauderte sie wie gewöhnlich über Familienangelegenheiten und Klatsch und Tratsch am Hofe.[28] Sie sorgte sich um Adelgundes Gesundheit und freute sich auf Mathildes Ankunft, die Ludwig für sechs Wochen nach München eingeladen hat, wahrscheinlich, um Therese abzulenken und aufzumuntern.[29]

Weniger zurückhaltend war dann Mathilde, als sie sich in München ein Bild von den Zuständen gemacht hatte. Sie schrieb an ihren Bruder Otto in Griechenland von der »Entfernung eines *diabolischen* Jemand«.[30] Ottos Frau Amalie antwortete ihr postwendend: »Wenn der Vater nur rechtzeitig nachgegeben hätte; denn einem solchen Gefühl aus der Menge zu trotzen, das aus Moralität entspringt, ist auf die Länge unmögl(ich).«[31]

An ihre Schwester Adelgunde ging der folgende verklausulierte Brief Mathildes: »Näm(lich) eine Gräfin, *une véritable sirène*!, (deren Namen als *Tänzerin* verpönt war à sa conduite) so, dem Himmel sei Dank, vor 3 Wochen entfernt ward, war *nicht* maitresse eines Jemands (so *wir* innig lieben), allein übte sie dennoch so einen unglaubl(ichen) Einfluß aus (ja in *alle*

Branchen sich erstreckend) – durch *sie* wurden teilweise die schlechtesten Menschen angestellt –, daß wahrscheinlich eine révolution ausgebrochen, wenn *sie* nicht plötzl(ich) entfernt worden wäre. Mütterleins Festigkeit (gottlob wich sie nicht von ihrer Stelle), *edles* Benehmen, ja zugleich mutvolles, mußte zur größten Begeisterung für sie hinreißen; ja wohl sie rettete Bayern. Dem Himmel sei Dank, daß *jemand* jene Person aus Liebe zum Volk entfernen ließ. Andere behaupten zwar, um ihr Leben zu retten.« Zu ihrer Erleichterung war das »gegenseitige Verhältnis d(er) Eltern ... gottlob sehr herzlich«.[32]

Das lag mit Sicherheit auch daran, dass Ludwig die Lüge aufrechterhielt, dass es sich um ein rein platonisches Verhältnis gehandelt habe. Sonst hätten wohl seine Kinder und auch Therese anders reagiert.

Die Bewunderung für Thereses besonnenes Verhalten war nicht auf ihre Familie beschränkt. Auch das Volk feierte die heimliche Siegerin des 11. Februar. Nachdem der König den Forderungen des Volkes nachgegeben hatte, war eine riesige Menschenmenge vor die Residenz gezogen. Der König war nicht da, »aber die Königin erschien mit dem Prinzen Eduard von Sachsen-Altenburg am Fenster und wurde mit einer dreifachen Salve von ›Lebehoch‹ begrüßt, das nimmer enden wollte«.[33]

Ein erzwungener freiwilliger Rücktritt

»Lola ist einstweilen aus der Stadt und aus Bayern,
aber keinesfalls aus dem Herzen des Königs
vertrieben«,

stellte Graf Brenner drei Tage nach der fluchtartigen Abreise
Lolas in einem Brief nach Wien fest und traf damit den Kern des
Problems. Es sei zu befürchten, dass Ludwig nun rachsüchtig
alle verfolgen würde, die er dafür verantwortlich machte.[1]

Und damit fing er bei seiner Frau an, die ihn am 10. Februar
angefleht hatte, Lola aus München fortzuschicken, um sich und
den Thron zu retten. Die arme Königin aber »hat keine zufrie-
denstellenden Früchte geerntet«, meinte Graf Bernstorff. Vor
der Katastrophe habe der König stets so gehandelt: Je mehr er
übertrieb, desto mehr habe er seine Aufmerksamkeit und Liebenswürdigkeit der Königin gegenüber verdoppelt. Nun aber
scheine sich seine schlechte Laune vor allem gegen die Königin
zu richten. Er mache ihr oft Szenen und werfe ihr vor, sie sei
schuld an seinem Unglück.[2]

Auch in der Öffentlichkeit war zwar die äußere Ruhe wie-
derhergestellt, aber das Vertrauen zwischen Volk und König
war »tief erschüttert, ja vielleicht nie wieder herzustellen«.
Zunächst wollten alle Parteien gesetzliche Garantien, dass so
eine Willkür nicht noch einmal möglich würde. Leider schien
der König zu glauben, dass die Ereignisse eine Intrige der ultramontanen Kreise seien. Und da alle erkannten, dass der König
die wahre Ursache nicht sehen wollte, fürchteten alle eine Wiederholung.[3]

In diese Situation hinein platzten die Nachrichten der Fe-

bruarrevolution in Paris, der Abdankung König Louis Philippes und der Ausrufung einer französischen Republik. In München wurden Stimmen laut, die behaupteten, dass es durchaus
Ähnlichkeiten zwischen Paris und München gebe. Andere hofften, dass Ludwig nun endlich zur Vernunft kommen würde.[4]

In München machte man sich Sorgen wegen der an Frankreich grenzenden bayerischen Gebiete am linken Rheinufer.
Aber die bayerische Regierung kam wegen der Rüstungsmaß-
nahmen zu keinem Entschluss. In Bayern gebe es »eine ›klägli-
che Regierung‹ und ein(en) König, der für jeden Rat unzugänglich ist, der trotz allem, was um ihn herum passiert, sich
ausschließlich mit seiner verjagten Geliebten beschäftigt und
der Rache, die er an seinen Feinden üben will«, schrieb Graf
Bernstorff an seinen König in Berlin. Und ausgerechnet jetzt
plane der König eine sechswöchige Reise zu Lola in die Schweiz.
»Das sind die Gedanken, die in diesem Moment den König
beherrschen!«[5]

Während der König alle mit seinem Zorn verfolgte, die sich
gegen Lola gestellt hatten, richtete sich die Wut der Münchener
Bevölkerung gegen jene, die Lola unterstützt hatten, zum Beispiel den Innenminister Berks, der als engster Lola-Vertrauter
galt und nach ihrer Abreise zum wichtigsten Berater des Königs
aufgestiegen war. Nachdem eine Volksmenge am 3. März sein
Wohnhaus demoliert hatte, entschloss er sich, mit seiner Familie aus München zu fliehen.[6] In derselben Nacht wurden auch
das Innenministerium und das Polizeipräsidium angegriffen, in
der Residenz gingen Fensterscheiben zu Bruch.[7] Mathilde, die
bis halb zwei nachts mit ihrem Bruder Luitpold und dessen
Frau Amalie bei ihrer Mutter war, schrieb an Adelgunde: Man
»hörte pfeifen, Generalmarsch schlagen, Fenster einschlagen,
im Theatinergang hörte ich es selbst … Heute abends kann der
spectacle sich wiederholen, ernste Vorsichtsmaßnahmen sind
getroffen.« Mathilde meinte aber, dass ihre Eltern »nichts zu
fürchten« hätten.[8]

Doch die Bürger stellten inzwischen auch weiterreichende

Forderungen, die von Tausenden unterzeichnet worden waren, an den König: Sie wollten unter anderem Gesetze über die Ministerverantwortung, die Einführung der vollen Pressefreiheit und die Vereidigung des Militärs auf die Verfassung verabschiedet wissen. Es ging darüber hinaus um ein neues Polizeigesetz, ein neues Wahlgesetz, die Entlassung des Innenministers Berks und die sofortige Einberufung der Stände.

Ludwig lehnte ab. Nur die Beurlaubung von Berks und die Vorverlegung des bayerischen Landtags auf den 31. Mai wollte er in völliger Verkennung der Situation zugestehen.[9] Falls der König nicht die vollen Forderungen erfülle, würde sicher der Kronprinz oder Luitpold proklamiert, konstatierte der französische Gesandte.[10] Und Graf Bernstorff schrieb sogar nach Berlin, dass Ludwig wohl schon am 5. März zurücktreten werde.

Die Nachricht, dass die Stände erst zum 31. Mai einberufen würden, löste allgemeine Empörung aus. Überall auf den Straßen patrouillierte Militär und Bürgerwehr. Als jedoch am 4. März auch noch das Gerücht aufkam, der König hätte das am Vortag Zugestandene zurückgenommen, stürmten die Bürger das Zeughaus, wo die Waffen gelagert wurden. Um ein Blutbad zu verhindern, erschien Prinz Karl gegen 4.30 Uhr und versprach, dass der König die Stände für den 16. März einberufen würde.

Aber auch jetzt nahm Ludwig die Empörung des Volkes nicht ernst. Er teilte Lola noch am selben Tag seinen Plan mit, »nach kurzer Zeit nur noch die Ausschüsse tagen zu lassen und den Rest zu vertagen«, damit ihr Treffen im April in Lausanne in der Schweiz stattfinden könne.[11]

Mathilde, die seit dem 28. Februar in München weilte, schrieb am Abend des 4. März an ihren Mann, der wegen möglicher Unruhen bereits nach Darmstadt zurückgekehrt war: »Keinen Augenblick verließ ich meine vielgeliebten Eltern …, viel Ruhe und Fassung behaupteten *beide*. Gottlob, auch mir gelang es, ruhig zu bleiben. Im Innern jedoch sah es anders aus. Ich glaubte, das Herz müßte mir brechen, als ich erfuhr, die Resi-

denz wollten sie erstürmen etc. etc. Bereits vor Tafel erhielten
wir viel beruhigendere Kunde, gottlob; nach derselben erscholl
die Nachricht, nachdem der sich *herrlich* bewährende Onkel
Karl die Leute haranguiert [sich an die Menschen gewandt
hatte], hätten sie sogleich die Waffen niedergelegt, ihren König
hochleben lassen…Man hofft nun, die Nacht wolle ruhig vorübergehen. Gott gebe es!!«[12]

»Der König Ludwig ist vollständig der Achtung, aller Autorität, alles Vertrauens bei seinem Volke entblößt. Er wird allgemein für ganz oder halb wahnsichtig angesehen und es bedürfte
nur des geringsten Anstoßes, um ihn zu entthronen«, schrieb
Graf Bernstorff über die Situation. Das würde längst geschehen
sein, wenn er nicht immer wieder den Forderungen des Volkes
nachgegeben hätte. »Der König ist jeder vernünftigen und ernsten Betrachtung unzugänglich. Er sieht weder die Gefahr, die
seinem Thron und seiner Dynastie sowie dem ganzen verfas-
sungsmäßigen Zustande des Landes von innen droht, noch
erkennt er die Gefahren, welche Bayern und Deutschland durch
die Waffen der Franzosen sowie durch den Einfluß ihrer politischen Ideen bedrohen, und lebt in einem vollkommenen
Traume, denkt und schreibt fortwährend an seine verjagte
Geliebte und beschäftigt sich mit Gedanken der Wiederverreini-
gung auf der einen, der Reaction und der Rache auf der anderen.« Falls der König seine versprochenen Zusagen zurücknehm-
men sollte, wovon man ausgehe, würden die Kammern wohl
einen Thronverzicht erzwingen. So bedauerlich das sei, sei es
wohl die einzige »Rettung Bayerns gegen eine vollständige
politische Umwälzung Bayerns wie ganz Deutschlands« und
gegen die drohende Gefahr eines durch Untätigkeit und Un-
einigkeit herbeigeführten Krieges mit Frankreich. Der geistige
Zustand des Königs sei »zerrüttet« und »Bayern geht zugrunde,
wenn es noch lange auf diese Weise fort regiert wird«.[13]

Am 5. März traf Kronprinz Max, der durch seinen Bruder
Luitpold laufend über die Situation in München informiert
worden war, aus Würzburg in München ein. Er hatte eine

dringende Nachricht von Fürst Karl Emich von Leiningen (1804–1856), der von 1842–1848 Präsident der bayerischen Kammer der Reichsräte war, erhalten, sofort nach München zu kommen, wollte er »nicht statt einer Krone nur Trümmer einer solchen mehr finden«. Max zögerte zunächst, weil er ja nur mit Genehmigung des Vaters nach München kommen durfte, machte sich dann aber auf den Weg. Am Residenzschloss waren alle Tore geschlossen, was ihn sehr verwunderte. Sein Bruder Luitpold empfing ihn »und umarmt mich unter Thränen«. Max ließ den Zweiten Bürgermeister Kaspar von Steinsdorf, seinen Onkel Karl und Fürst Wallerstein kommen, um sich über die Lage der Dinge zu informieren. »Ich zögerte mich meinem Vater vorzustellen, bis ich nicht einigermaßen mich über die Verhältnisse belehrt hatte; ich eilte zu meiner Mutter, wo ich ihn fand im Kreise weniger näherer Bekannten.«[14]

Zum ersten Mal sprachen beide offen über die Lage, »Dinge, welche ich früher kaum anzudeuten gewagt hätte, nahm mein Vater mit ungewohnter Ruhe hin; er fühlte die Gefahr seiner Lage«.[15] In der Residenz hatte man sich auf die Flucht vorbereitet. Die Königin und Prinzessin Alexandra und ihre Damen hatten ihre Papiere teils verbrannt, teils zum Mitnehmen geordnet, die Juwelen teils auf die Bank geschickt, teils zusammengerafft, Geld- und Staatspapiere zu sich gesteckt.[16] Am nächsten Tag diskutierten die Prinzen Max, Luitpold, Adalbert, Ludwigs Bruder Karl und die anwesenden Minister über die Forderungen, die das Volk gestellt hatte. Am Ende nahm Ludwig die sogenannte Märzproklamation an, nicht »aus Ueberzeugung ist dieses geschehen, sondern in Folge von moralischem Zwang und von Gewalt«, schrieb Max. Während alle »tief ergriffen« waren »und fühlten, das alte monarchische Bayern sey zu Grabe getragen«, schien Ludwig zur Verwunderung aller wenig berührt zu sein.[17]

Vielleicht waren seine Gedanken ja bei Lola und ihrem geplanten Wiedersehen. Am selben Tag noch schrieb er ihr: »Wenn Du ›Deinen Ludwig‹ liebst …, wenn Du mit mir leben und Dein Leben mir widmen willst, dann ist das der Beweis dafür, daß Du nicht den König, sondern Ludwig liebst. Das ist ein Sonnenstrahl in der Nacht, in der ich mich befinde. Dein treuer Luis«.[18] Als die Proklamation des Königs veröffentlicht wurde, herrschte auf den Straßen große Freude. Die Königsfamilie mischte sich ganz bewusst unter das Volk. Kronprinz Max zog mit Luitpold durch die Straßen, die weiß-blaue Kokarde im Knopfloch. Die Menge war begeistert.[19] Am Tag darauf wurden die Truppen auf dem Max-Joseph-Platz vor der Residenz auf die Verfassung vereidigt. Die Menge rief dem König »Vivat!« zu. »Wir alle, Aeltern, Kinder und Enkel wohnten dieser Handlung bey. Schweigen will [ich] von dem, was ich dabey empfunden und mit mir wohl auch viele. Am Abende dieses Tages war großer Fackelumzug von den Bürgern Münchens gebracht und Umfahrt des Hofes in der beleuchteten Stadt bey lautem Rufen der Menge. Mein Vater äußerte, daß dieser Weihrauch, nach dem was vorgefallen, ihm wahren Ekel verursache.«[20]

Abgesehen vom König waren alle zufrieden damit, eine drohende Revolution oder, wie Mathilde sich ausdrückte, eine »moralische Cholera«[21] von Bayern abgewendet zu sehen. Königin Therese beschränkte sich wieder einmal auf einige Zeilen, in denen sie ihren Töchtern Hildegard in Wien und Adelgunde in Florenz versicherte, »daß Vater sich wohl befindet, so wie wir Alle«, und dass »Max gestern gegen Abend zu unserer großen – großen Freude hier angelangt ist«.[22]

Vielleicht wäre alles ganz anders gekommen, wenn Lola in Bern, wo sie sich mittlerweile befand, nicht unruhig geworden wäre. Sie wusste von den revolutionären Vorgängen in Paris und den Unruhen in München. Sie fürchtete um das jährliche Einkommen von 20 000 Gulden, das Ludwig ihr lebenslang versprochen hatte. Sie besaß dafür nur Ludwigs Wort, sonst aber keine Garantien. Jedenfalls beschloss Lola, die Sache selbst in die Hand zu nehmen, und reiste als Mann verkleidet nach München, wo sie in der Nacht vom 8. auf den 9. März in Begleitung

von Baron Meller im »Bayerischen Hof« eintraf. Von dort ging
es in die Wurzerstraße 12, wo eine gewisse Caroline Wegner
wohnte, mit der sich Lola angefreundet hatte. Als Lola läu-
tete, weckte dies einen Offizier im Erdgeschoss, der zwei ver-
mummte Gestalten sah und einen Anschlag auf das in der gleichen Straße befindliche königliche Heudepot befürchtete. Die
von ihm gerufenen Gendarmen fanden bei ihrer Wohnungs-
durchsuchung Lola unter dem Sofa und brachten sie zum Polizeipräsidium. Der alarmierte Polizeidirektor informierte noch
in derselben Nacht den König mit der Bitte um einen Befehl zur
sofortigen Deportation.[23]

Der König aber wollte Lola sehen und machte sich auf den
Weg dorthin. »Es ist ein Traum, daß ich Dich gesehen habe«,
schrieb er ihr am selben Tag noch, nachdem sie wieder abgereist
war. »Deine Liebe macht mich glücklich … Diese drei Stunden,
die ich mit Dir gesprochen habe, sind Jahre wert.« Trotzdem
ging er nicht auf ihre Bitten ein, sie ins Ausland zu begleiten. In
der Bayerischen Staatsbibliothek liegt ein Memorandum in
Ludwigs Handschrift vom 29. April 1854, in dem er sich daran
erinnert, dass sie ihn bat, abzudanken und mit ihr zu leben, egal
an welchem Ort. Darin heißt es: »Ich konnte nicht zusagen;
ich wollte meine Frau nicht verlassen.«[24]

Inzwischen kamen auch aus anderen Ländern Berichte von
Aufständen des Volkes gegen ihre Monarchen. Am 13. März
wurde Metternich in Wien gestürzt, am 18. März kam es zu Unruhen in Berlin. In München dagegen konnte das Königspaar
noch am 14. März bei der traditionellen Inspektion der Landwehr und des Studentenkorps friedlich durch die Straßen
fahren. »Wir fuhren in einer Kutsche durch die illuminierte
Stadt mit demselben Beifall, praktisch ununterbrochenem Beifall«, schrieb Ludwig an Lola. »Ich sagte zur Königin, daß Jesus
Christus innerhalb weniger Tage erst Hosiannah gehört und
dann von denselben Leuten gekreuzigt wurde.«[25]

Therese beschäftigte sich zu der Zeit vor allem mit der even-
tuellen Schwangerschaft ihrer Tochter Adelgunde in Florenz:

»Gott segne Dich und erhalte Dir den frommen, ergebenen Sinn, mit welchem Du geduldig harrest, ob das bisher Dich plagende Uebelseyn, zu einem beglückenden Ziele führe, oder nur als Unpässlichkeit verschwinden werde.« Aus langer Erfahrung gab sie ihr Tipps, wie man mit der morgendlichen Übelkeit umgehen konnte. »Der Appetit, mit welchem Du, nach kaum erfolgtem Erbrechen, den Kafe zu Dir nimmst, ferner der Ekel z. B. gegen Brod, erscheinen mir als gute Vorbedeutung und gebieten daher Vorsicht, und dieß in jeder Beziehung. Trotzdem fahre fort, Du meine vernünftige Duni, nicht allzu sehr Dich der Hoffnung hinzugeben, auf daß das Scheitern derselben Dir nicht gar zu schmerzlich werde.«[26]

Doch dann überschlugen sich die Ereignisse. Am 15. März gab es das Gerücht, dass Lola sich im königlichen Schloss zu Fürstenried versteckt halte, woraufhin sich eine randalierende Menge auf den Weg dorthin machte. Ein anderes Gerücht besagte, dass Lola sich sogar in der Residenz beim König befinden sollte, was den Innenminister veranlasste, Ludwig zu befragen, ob er wüsste, wo Lola sich aufhielte. Ludwig verneinte, begab sich dann aber ganz sorglos am Morgen des 17. März zu Caroline Wegner, zu der Frau also, wo Lola sich am 8. März versteckt hatte, um sie zu fragen, ob sie etwas wisse. Er wurde beobachtet, als er das Haus verließ, und sofort versammelte sich eine Menschenmenge, im Glauben, Lola befände sich dort. Gendarmen durchsuchten es, konnten aber keine Lola finden.

Der König sah sich am Abend eine Aufführung von Mozarts »Entführung aus dem Serail« an, als draußen eine Menschenmenge das Polizeipräsidium mit Steinen angriff und sogar das Haupttor aufbrach und das Gebäude stürmte. Innenminister Thon-Dittmer wurde von einem Stein getroffen. Danach stürmte die Menge zu Lolas Haus. »Wenn Du dort gewesen wärest, hätten sie Dich ermordet«, schrieb Ludwig an Lola.[27] Die Truppen und die Landwehr wurden mobilisiert.

Es wurde eine unruhige Nacht. Am frühen Morgen versammelten sich Bürger mit neuen Forderungen vor dem Rathaus, unter anderem die Absetzung des amtierenden Polizeiministers und Rückkehr des wegen Lola abgesetzten Freiherrn von Pechstein. Außerdem sollte der König Lola des Landes verweisen und sie verhaften lassen, wenn sie sich in Bayern befände.[28] Innenminister Thon-Dittmer eilte zur Residenz. »Ich sehe noch vor Augen, wie ein Minister in Civilkleidung im Morgenrocke zu meinem Vater eilte, was noch nie dagewesen, und ihn im Hinblick auf die bestehende Aufregung moralisch nöthigte, der Spanierin Lola Montez ihren bayrischen Adelstitel nebst Indigenat zu entziehen«, schreibt Max in seinen Memoiren.[29]

Zunächst weigerte sich der König entrüstet und völlig aufgelöst, aber schließlich gab er nach »und ist dem Grafen Waldkirch bitterlich weinend um den Hals gefallen«. Graf Bernstorff war nicht der Einzige, der das Verhalten des Königs fassungslos beobachtete. Dann erschien die Bekanntmachung: Da die Gräfin Landsberg nicht aufhöre, die Ruhe der Hauptstadt und des Landes zu stören, werde sie zur Fahndung ausgeschrieben und würde verhaftet und auf die nächste Festung gebracht, um sie einem Richter vorzuführen.[30] Noch in derselben Nacht schrieb Ludwig an Lola, um sein Verhalten zu begründen.[31] Zum ersten Mal erwähnte er dabei auch, dass er über einen Rücktritt nachdenke. »Aber in dieser kritischen Situation kommt es mir wie Mangel an Mut vor, dies zu tun.«[32]

Inzwischen war Max aufgefordert worden, die Krone zu übernehmen. »Meine Mutter bat ich, die Sache bey meinem Vater einzuleiten.«[33] Als Max aber hörte, dass sich sein Vater ohnehin mit Rücktrittsgedanken befasste, wartete er erst einmal ab. Was Ludwig dann tatsächlich zum Rücktritt bewogen hat, wird aus seinem Brief an Lola deutlich. »Nachdem die Revolution gesiegt hat, habe ich aufgehört zu regieren. Mir hat es gefallen zu regieren, aber wirklich zu regieren. Ich habe immer gesagt, daß ich nicht König, wie der von England, ohne Macht sein will.«[34]

»Mein Herzenskind!«, schrieb Therese am 23. März an ihre Tochter Adelgunde. »Wenn diese Zeilen in Deine Hände gelangen, weißt Du bereits durch Gustchens Brief, welch einen Entschluß, gewichtig für unsere Familie – wie für unser Bayern, Dein theurer Vater, von Niemand dazu bewogen (ja er ward, selbst von niemand geahnt) gefaßt hat. – Sonnabend, den 18ten setzte er mich von diesem in Kenntniß und am darauffolgenden Tag, mittags 1 Uhr, sprach er ihn gegen deine Brüder, Oncle Karl und Vetter Max aus. Weinend – ja in Thränen schwimmend, begleiteten sie sämtlich den theuren Vater zu mir, wo derselbe, *recht groß* bei diesem ernsten Abschnitt seines Lebens, ruhig und gefaßt (ja heiter möchte ich sagen) in ihrer Mitte stand. Dann setzte er sich an den Tisch des kleinen Ludwigs, längere Zeit sich mit ihm unterhaltend, selbst mit ihm spielend. Erkennst Du nicht so *ganz hierin* den geliebten Vater, meine Duni?«[35]

Dem Volk wurde die Abdankung des Königs am 20. März mitgeteilt: »Bayern! Eine neue Richtung hat begonnen, eine andere als die in der Verfassungs-Urkunde erhaltene, in welche ich nun im 23. Jahre geherrscht.« Er lege die Krone zugunsten seines »geliebten Sohnes« nieder. Er würde weiterhin den Titel »König Ludwig (Majestät)« führen und »Unsere vielgeliebte Königliche Gemahlin« den Titel »Königin Therese (Majestät)«.[36]

»Man glaubt, dass der König bald nach Italien reisen werde, um sich mit Lola zu treffen«, kommentierte Graf Bernstorff die Abdankung. »Es ist wohl ziemlich gewiss, dass dies der eigentliche Grund der Abdankung sei, da Lola schon von Frankfurt und Heidelberg aus sehr bestimmt verkündet hatte, dass Ludwig unmittelbar vor der Eröffnung der Ständeversammlung abdanken würde, um ihr nach Palermo zu folgen.«[37]

Therese bemühte sich, wie immer, positiv zu denken. An Adelgunde schrieb sie über die Stimmung in der Familie: »Ehe ich diese Zeilen an Dich begann, plauderte er [Ludwig] so eben wohl gegen eine Stunde mit mir. Er ist, dank dem Himmel, vollkommen wohl, und auch ich (traue meinen Worten) kann mit meiner Gesundheit nur zufrieden seyn. … vertraue ich auf unseren himmlischen Vater, ohne dessen heil'gen Willen kein Haar von unserem Haupte fällt. – Dieß *innige Urvertrauen*, giebt mir *Kraft und Frieden* im Inneren.«[38]

An ihren Sohn Otto diktierte Therese folgenden Brief: Er habe wohl schon aus den Zeitungen von dem Entschluss des »theuren Vaters« gehört, »welcher Dein kindlich Gemüth, schmerzlich berühren wird«. Es werde jemand kommen, der »unserem Hause treu ergeben ist« und Otto alles berichten »über die ernste Zeit, welche wir hier durchlebt«. Therese sprach von »traurigen Ereignissen in Frankreich« und »betrüblichen Nachrichten von hier, Wien und Berlin«. Sie mache sich Sorgen um Hildchen in Wien, die an Masern erkrankt war, und um Duni, die schwanger aus Modena flüchten musste. Sie freute sich über Max, der sich »unendlich kindlich gegen Vater und mich« benahm. »Gott segne ihn in seinem schweren Berufe.« Und sie war glücklich über die Geburt ihres kleinen Enkelkindes Otto.[39]

Erst Mitte Mai war sie so weit, dass sie ihrem Sohn von ihren wahren Gefühlen schreiben konnte. Otto hatte ihr das Herz ausgeschüttet, wie schwierig die Lage in Griechenland sei. Sie bedankte sich für sein Vertrauen und wollte ihm im Gegenzug Einblick in ihr Innerstes geben: »Wohl war mir Vaters Thronentsagung schmerzlich, ja *schmerzlicher* als Worte es zu sagen vermögen. Du kennst mich zu gut um zu wissen, daß nicht die *Krone* es ist, an welcher mein Herz gehangen (während 23 Jahren lernte ich – wenn selbst auch nur als *Königin* – so manche ihrer Dornen kennen) *doch über allen Ausdruck theuer*, war mir der Name *Landesmutter, wonnig* [dreifach unterstrichen] das Gefühl, *Mutter* eines Volkes zu seyn, mit dem mein ganzes Herz verwachsen ist. – Meine Liebe *bleibt ihm*, und mit der gleichen Inbrunst denn sonst werde ich täglich für das *theure Bayern* zu Gott flehen. Der Himmel beschütze es – und verleihe auch Max seinen Segen.«[40]

Aus dem Brief Mathildes an ihren Bruder spricht die Bewunderung, die die Kinder für ihre Mutter empfanden: »Ach Ottomann, *wie groß* steht unsre Engelsmutter unserm Vater zur Seite. ... *Viel* ist über unsre Mutter in Jahresfrist ergangen – *herr(lich) bewährte* sie sich stets. Ach, welch' ein Vorbild für uns Töchter!!«[41]

Exkönigin Therese (1848 – 1854)

Lola und kein Ende

⤋⤋⤋⤋⤋

»Wohl ist das Jahr 1848 in jeder Beziehung
ein Schreckliches zu nennen«,

schrieb Therese rückblickend im Oktober 1848.[1] Nicht nur in
München hatte es im Frühjahr dramatische Situationen gegeben, auch in Berlin, Wien, Florenz und Darmstadt, wo überall Kinder oder nahe Verwandte auf dem Thron saßen. Und
so spiegeln die Briefe Thereses vor allem die Sorge wider, ob
es auch allen gut gehe. Am schlimmsten hatte es ihre Tochter
Adelgunde getroffen, die zusammen mit ihrem Mann aus
Modena vertrieben worden war. Überglücklich war daher Therese, als sie Ende März die Nachricht bekam, dass beide in
Verona eine Bleibe gefunden hatten, auch wenn sie dort nicht
dauerhaft sicher waren.[2]

Über ihre eigene Situation schrieb sie nicht viel, nur den Satz:
»Vater und Geschwister sind wohl.«[3] Aber das war für Therese
in diesen Zeiten ohnehin das Entscheidende. Es gibt – außer in
dem zitierten Brief an Otto – keine weiteren schriftlichen Bemerkungen, die sie über den Verlust ihrer Stellung als Königin
machte. Das lag natürlich auch daran, dass sich für Therese
nicht so viel änderte wie für ihren Mann.

Einerseits verbreitete Ludwig eine fröhliche Stimmung, so als
mache ihm der Machtverlust nichts aus, beispielsweise in den
Briefen nach Athen an seine Schwiegertochter Amalie: »Finde
mich trefflich darein, in meinem Sohne den regierenden König
zu sehen und – bin glücklich.«[4] Zu seiner Schwester Auguste
meinte er hingegen: »Ich bin, wie wenn ich gestorben wäre und

sehe, wie es nach dem Tode gehet.« Augustes Kommentar dazu war: »Man muß seinen Mut und seine Kraft bewundern, aber er leidet dabei und wir alle mit ihm«,[5] was Ludwig sehr zu schätzen wusste: »Wohlthuend ist die Innigkeit aller Glieder unserer Familie.«[6]

Als Staatsoberhaupt hatte ihn sein Sohn Max abgelöst, der von nun an als Maximilian II. (1811–1864) die politische Linie in Bayern bestimmte und die Entscheidungen traf. Natürlich war Ludwig nach wie vor Teil eines politischen Netzwerkes, kannte die Minister und Diplomaten, konnte sie jederzeit sprechen, sich Informationen holen und seine Meinung sagen, aber das spielte sich alles auf der inoffiziellen Schiene ab, entscheidenden Einfluss hatte er nicht mehr.[7]

Da er sein Einkommen aber aus der Zivilliste bezog, die vom Landtag genehmigt werden musste, war er weiterhin Teil des öffentlichen Lebens und hatte Rücksicht auf die öffentliche Meinung zu nehmen, wenn er nicht, wie von ihm immer wieder befürchtet, eine weitere Kürzung seines »Gehaltes« riskieren wollte, wie sich in der Fortsetzung der Lola-Geschichte noch zeigen wird. Ohnehin standen ihm nach seinem Rücktritt nur noch ca. 500 000 Gulden im Jahr statt der bislang gezahlten 2 350 580 Gulden zu.[8] Für Therese änderte sich auch in diesem Punkt nichts, da sie im Heiratsvertrag eine feste Summe von 12 000 Gulden zugesprochen bekommen hatte, der Fall einer vorzeitigen Abdankung des Königs war nicht vorgesehen.

Sie lebten weiterhin, wenn auch mit vermindertem Hofstaat, in ihren Räumen im Königsbau, die anderen Räume aber standen ihnen nicht mehr zur Verfügung. Ludwig durfte auch keine Einladungen mehr aussprechen, nicht einmal an seine Kinder. Es sei ein »beugendes Gefühl«, schrieb er an seine Tochter Mathilde.[9] Die Zustimmung zur Hochzeit seiner noch unverheirateten Kinder, die Frage, wer wann wohin reisen durfte, das alles entschied nun sein ältester Sohn, obwohl Max sich, zumindest was die familiären Fragen anbetraf, aus Respekt vor dem Vater und um die Mutter nicht zu verletzen, sehr rücksichtsvoll verhielt, was auch Ludwig anerkennen musste: »Nie gewahrte ich an ihm früher solche Kindlichkeit, als nachdem er König geworden.«[10]

Da sich Ludwig aber immer wieder in die Regierung einmischte, verlangte Max 1849 den Auszug der Eltern in das Wittelsbacher Palais, das von Max für sich gebaut worden war und so gar nicht den baulichen Idealvorstellungen von Ludwig entsprach.

Zum konfliktreichen Thema zwischen Vater und Sohn sollten die von Ludwig begonnenen Bauten werden, für die Max nur begrenzt Mittel zur Verfügung stellen wollte. Auch die unterschiedlichen Ansichten über einen angemessenen Baustil führten immer wieder zu Streitigkeiten, bei denen Therese ihren Mann beschwichtigen musste, indem sie vor allem um Verständnis für Max warb.[11] Am Ende finanzierte Ludwig trotz seines gekürzten Einkommens die Fertigstellung seiner angefangenen Bauwerke teilweise oder ganz allein: die Neue Pinakothek, die Villa Ludwigshöhe in Edenkoben, das Siegestor, die Ruhmeshalle, die Befreiungshalle, die Propyläen, die Basilika St. Bonifaz in München und die Restauration der Dome in Speyer, Regensburg und Köln.

Ende April 1848 fand das erste große Hoffest unter dem neuen König Maximilian II. statt, die Taufe seines zweiten Sohnes Otto. Therese, glücklich in ihrer Rolle als sechsfache Großmutter, beschrieb ihrer Tochter Adelgunde ausführlich, wie gut Mutter und Kind geschlafen hatten und dass die Milch eingeschossen war.[12] Otto teilte sie mit – und jedes ihrer Worte zeigt die große Sehnsucht nach dem Sohn, der als ihr Lieblingssohn galt –, wie glücklich sie über die Geburt des kleinen Namensvetters war: »Welche *Wonne* [achtfach unterstrichen] für mein Mutterherz, diesen um deinetwillen mir so lieben Namen jetzt wieder täglich ausgesprochen zu hören.«[13]

Ausgerechnet im Thronsaal der Residenz fand die Taufe statt, bei Hofe immer ein offizielles Fest. Neben der Familie nahmen auch der Hofstaat, die Reichsräte, die Abgeordneten und das

diplomatische Corps teil, nur das ehemalige Königspaar blieb
fern. So kurze Zeit nach seinem Rücktritt konnte Ludwig den
Thronsaal mit all seinen Erinnerungen an die eigene Machtstel-
lung noch nicht wieder betreten, was er auch später nicht tat,
wenn er es vermeiden konnte. Also wartete er mit Therese im
Zimmer von Königin Marie, die noch das Bett hüten musste, bis
die Familie mit dem Täufling zurückkam. Therese jedenfalls
wird es nicht schwergefallen sein, bei der jungen Mutter zu bleiben. Sie mochte die förmlichen Auftritte ohnehin nie.

Noch aus einem anderen Grund wird Ludwig nicht in der
Stimmung für irgendwelche Feiern gewesen sein. Denn eigentlich hätte er zu diesem Zeitpunkt gar nicht mehr in München
sein wollen, sondern bei seiner Lola in der Schweiz. Sehnsuchtsvolle Briefe waren seit Lolas Abreise hin und her gegangen,[14] in denen Ludwigs Gedanken um das Wiedersehen kreisten: »Ich habe auf die Krone verzichten können, aber nicht auf
meine geliebte Lolitta«, hatte er ihr direkt nach dem Rücktritt
geschrieben.[15] Er plante im April in die Schweiz nach Vevey zu
kommen, dort einige Wochen mit Lola zu leben, um dann seine
Familie in Aschaffenburg zu treffen. »Ohne meine Abdankung
weiß ich nicht, wann ich mit Dir, meine geliebte Lolitta, hätte
sein können.«[16] Aber wenn er gehofft hatte, dass ein Treffen
mit Lola nach diesem Schritt einfacher werden würde und vor
allem ohne öffentliches Aufsehen und ohne dass seine Familie,
vor allem Therese, die er ja im Glauben ließ, alles sei vorbei,
etwas davon erfuhr, hatte er sich getäuscht. Bereits am 4. April
meldete das »Journal de Geneve«, dass Lola Montez angekommen sei und König Ludwig folgen werde. Schlimmer noch war
die Nachricht des »Examiner« aus London vom 8. April, dass
Lola Montez wegen eines Schecks über 500 000 Florins, den
Ludwig für sie ausgestellt habe, in Frankfurt sei.[17] Sie wolle
damit ein Haus in Vevey kaufen, wo der König sie treffen
wolle.

»Die königliche Familie und alle Anhänger des Königthums
sind dadurch aufs Tiefste betrübt«, vor allem aber die »vielge-

prüfte Königin«, schrieb Graf Bernstorff. Die Bürger waren so empört darüber, dass sie auf Versammlungen erklärten, wenn Ludwig tatsächlich abreiste, würde man ihn nicht wieder nach Bayern hereinlassen und seine Jahresrente nicht auszahlen. Auf Bitten der Königin und der Familie und weil sich alle Adjutanten weigerten, mitzufahren, verzichtete Ludwig auf die Reise[18] und war untröstlich: »Mia querida, muy y muy querida Lolitta. Die Post geht ab, und ich weiß nicht, wie ich Dir schreiben kann. Die Lage hier ist schrecklich. Meine Reise könnte als Vorwand benutzt werden, meine Familie herabzusetzen. Mein Sohn sagt, daß die Leute verrückt sind. Aber es ist so. Er bat mich, die Reise solange zu verschieben, bis es keine Gefahr für den Thron mehr gibt. Oh, was für ein Opfer habe ich gebracht! So nahe an meinem Glück! Aber ich habe meinem Sohn auch gesagt, daß ich die Idee nicht aufgebe, und er war mir gegenüber ganz natürlich, auch meine Frau, die nie irgendwas gegen meine Reise gesagt hat … Ich werde bis in den Tod Dein sein, keine Verleumdung kann mich mit Dir brechen lassen.«[19]

Man mag sich kaum vorstellen, was in Therese vorgegangen ist, als Ludwig ihr eröffnete, er würde Lola nie aufgeben und wolle wochenlang mit ihr im Ausland zusammenleben nach all dem, was auch die Familie mit ihm und durch ihn hatte ausstehen müssen. Ludwig aber war wie besessen von der Idee, Lola wiederzusehen, und hatte schon längst jedes Maß für Anstand verloren.

An offiziellen Anlässen nahmen Ludwig und Therese nicht mehr teil, dafür umso lieber an den traditionellen Familienfeiern, die zu allen wichtigen Anlässen Kinder, Enkel und andere Verwandte vereinigten und die Therese meistens auch ausrichtete – wie zum Beispiel die Familientafel sechs Wochen nach der Geburt des kleinen Otto, am 9. Juni.

Auch religiöse Feiertage wurden gemeinschaftlich begangen, wie Fronleichnam im Juni, auch wenn Ludwig mit seinen Gedanken bei Lola war, als er der Prozession vom Fenster seiner Residenzwohnung aus zusah: »Ich bin wie ein Geist, alles geschieht, als ob ich tot wäre. Lebend bin ich wie ein toter Mann, aber Deine Liebe bleibt mir, ist gewachsen. Dein Herz ist noch zärtlicher zu Deinem Ludwig.«[20] Dabei gab es durchaus Konfliktpotenzial zwischen ihnen, vor allem wegen des Geldes. Lola hatte panische Angst, dass Ludwig bei einer Revolution in Bayern sein gesamtes Vermögen verlieren könnte und damit natürlich auch sie mittellos dastehen würde. Daher hatte sie ihn schon Ende März kurz nach seinem Rücktritt angefleht, das Land zu verlassen: »Geh fort, ich bitte Dich, in diesem Moment. Es ist keine Zeit zu verlieren, bring alles Wertvolle außer Landes und auch die Diamanten der Königin. ... Andernfalls wird Deine Familie zu *Bettlern.*«[21]

Aber das kam für Ludwig überhaupt nicht infrage. Er fürchtete auch weniger den Verlust seines Geldes durch eine Revolution seiner Bayern, sondern vielmehr durch die Verschwendungssucht seiner Geliebten.

Um sie aber zu beruhigen und abzusichern, legte er in seinem Testament eine Summe von 400 000 Gulden für Lola fest.[22]

Vor allem nach dem geplatzten Treffen im April wurden Ludwigs Briefe an Lola immer erotischer. Er hatte den Bildhauer Leeb besucht, der eine Büste von Lola gemacht hatte. »Dein Mund zieht mich an, als ob er ein Magnet wäre. Wenn schon Gips das bewirkt, wie wird dann die Macht des Fleisches sein, das meiner Lola gehört.«[23] »Ich habe von Dir geträumt. Lolitta, Du bist die einzige Frau, die für mich existiert.«[24] Auf kleinen rosafarbenen Zetteln, die den Briefen beigelegt wurden, schickten sie sich intime Fragen zu. Ende Mai fragte Ludwig sie, ob sie mit ihm schlafen wolle.[25] Ihre Antwort: »Wie kannst Du fragen, ob ich mit Dir »besar« [spanisch, vulgär für »schlafen«] will? Du weißt, daß ich Dir ganz ergeben bin, daß ich Dich mehr und mehr für alles liebe, was Du für mich geopfert hast. Natürlich will ich, und es gefällt mir, wenn ich daran denke, daß mein geliebter Ludwig mit seiner Lolitta schlafen will. ... Mi querido Louis, ich bitte Dich, mir treu zu sein, bis Du kommst, und dann kannst Du mit mir mit großem gusto

und Vergnügen schlafen. Mein Herz gehört Dir, auch mein cuno [spanisch, vulgär für ›Vagina‹], alles.«[26]
Ludwig schrieb daraufhin: »Ich habe Deinen Brief vom 8. dreimal gelesen, und jedesmal habe ich eine Erektion bekommen. Morgen Nacht [vom 17. auf den 18.] ist die einzige Nacht, in der ich mit Dir geschlafen habe, und dann wird es ein Jahr her sein, daß ich mit Dir geschlafen habe. Außer einmal, am 1. Dezember, am Nachmittag, als ich in Dir war. Wenn Du diesen Zettel gelesen hast, dann verbrenne ihn sofort. Auch wenn seine Erektionen sehr stark sind, ist Dein Luis seiner Lolitta treu.«[27] Obwohl Ludwig sie angewiesen hatte, gerade diese rosa Zettel zu vernichten, tat sie es nicht, in weiser Voraussicht, dass sie eines Tages noch sehr wertvoll werden könnten.

Von alldem hatte Therese aber keine Ahnung, zumal zu der Zeit auch in den Zeitungen keine neuen Nachrichten über Lola und mögliche Treffen mit Ludwig verbreitet wurden. Sie konnte sich wieder einmal der Illusion hingeben, dass es vorbei war. Ihre Sorge galt in den Juniwochen ihrer Tochter Adelgunde, die sie mit praktischen Tipps für die Schwangerschaft versorgte. Sie gab ihr den Rat, sich nicht zu eng schnüren zu lassen, und versprach ihr, das gewünschte Spezialkorsett für Schwangere zu schicken. Sie habe selbst noch welche in der Garderobe aus der Zeit vor Dunis Geburt. Am Ende bestellte sie Grüße von Ludwig, der ein sehr liebevoller und besorgter Vater sei, ein ganz entscheidender Hinweis, warum Therese ihn trotz allem weiterhin respektieren konnte.[28]

Den Sommer und Herbst verbrachten Therese und Ludwig in Berchtesgaden. Am 10. Juli wurde Therese 56 Jahre alt. Sie feierte ihren Geburtstag mit dem traditionellen Familienfrühstück im Beisein ihrer Töchter Alexandra und Adelgunde im Garten, danach las sie die Briefe ihrer »fernen« Kinder. »So konnte ich denn auf einen Augenblick wenigstens mich der schönen Täuschung hingeben, als erweitere sich der dießmal leider sehr kleine Familienkreis, durch meine fernen Kinder.« Anschließend machten sie einen Ausflug in die Berge, der aller-

dings wegen eines Gewitters mit Sturm und Regen abgebro-
chen werden musste. Auch Thereses brieflicher Zusatz »Vater
holt mich zum Thee ab« lässt das Bild einer heilen Familienwelt
entstehen.[29] Dabei war Ludwig zwar körperlich anwesend,
aber seine Gedanken kreisten um das Wiedersehen mit Lola,
das er für Anfang August in Malans oder Mayenfeld plante.[30]

Was er Lola nicht mitteilte, war seine Eifersucht wegen eines
möglichen neuen Liebhabers, ein Mann namens Auguste Papon,
der unter dem Titel Marquis de Sade umherreiste. Ludwig ließ
Lola in der Schweiz überwachen und wusste daher auch, dass
sie wie in München junge Leute um sich scharte, mit denen sie
die Nächte durchfeierte.

»Tränen kommen mir in die Augen.« Mit diesen Worten begann Ludwig Anfang August seinen Brief, in dem er das geplante Treffen in Malans kurzfristig absagen musste. In München gab es in dieser Zeit neue Unruhen, ausgelöst durch das
Gerücht, dass Ludwig Lola mit Schmuck aus dem Staatsschatz
beschenkt habe. Ludwig war schwer verletzt. »Dein Luis ein
Dieb!« Weil man den Bürgern nicht erlaubt hatte, so wie früher, den Schatz zu sehen, vermuteten sie, er existiere gar nicht
mehr. Es würden neue blutige Unruhen erwartet, daher könne
er nicht zu ihr kommen. Offenbar suche man förmlich immer
wieder nach neuen Skandalen. »Aber der Haß auf Dich ist
sonderbar, so tollwütig.«[31] Die Menge stürmte in München
wieder einmal eine Polizeiwache, es gab Verwundete, zwei da
von lebensgefährlich. Um Schlimmeres zu verhüten, wurde der
Besuch der Schatzkammer wieder genehmigt, wo sich dann
jeder davon überzeugen konnte, dass der Staatsschatz noch da
war.[32]

Wir wissen nicht, welche Szenen es in der Familie gegeben
hat, um Ludwig von seiner Reise abzubringen, denn wenn auch
alle anderen Familienmitglieder die Genehmigung des Königs
brauchten, um ins Ausland zu fahren, hatte Ludwig sich mit
dem Hintergedanken, Lola zu treffen, in seinem Abdankungs-
vertrag mit Max freie Reisefreiheit zusichern lassen. Therese

wird aus einem anderen Grund auch sehr betroffen gewesen
sein. Für den Sommer war in Berchtesgaden ein Familientreffen
geplant gewesen, zu dem auch Hildegard, Adelgunde und Mathilde erwartet wurden. Die seltenen Male, wo sich die auswärts
verheirateten Familienmitglieder versammeln konnten, waren
selten und daher kostbar. Umso größer die Trauer, als Mathilde
wegen der Unruhen nicht anreisen durfte. In Berchtesgaden,
fernab von München, wo sie alles an die Ereignisse im Februar
und März erinnerte, fand Therese ihren inneren Frieden zurück.
Sie schrieb ihrem Onkel Georg nach Strelitz aus »unserem
friedlichen Berchtesgaden, in welchem man auf Stunden vergessen kann, wie trübe und wirre es in der Welt aussieht. Seine
Bewohner blieben unberührt von den Stürmen der Zeit, wovon
ihre treuherzige Zuneigung Zeugniß giebt. Ja hier herrscht
Ruhe [zweimal unterstrichen] und Ruhe wohnt auch in meinem Innern. Eine ernste Zeit habe ich durchlebt, mein theurer
Oncle. Doch ich wußte ja, daß ein himmlischer Vater über uns
wacht, der *keines* seiner Kinder je verläßt. *Ihm fest vertrauend*
suchte ich denn in den *schwersten Stunden meines Lebens* so zu
handeln, wie es in der Einfalt des *Herzens* Recht und Pflicht mir
erschien; Trost in der Überzeugung findend: daß Gott *mehr ja
nicht* vom schwachen Sterblichen verlange.«[33] Hier spricht sie
zum ersten Mal aus, was sie wirklich empfunden hat in den
Februar- und Märzwochen 1848; geholfen hatten ihr der Glaube
an Gott und ihr übergroßes Pflichtgefühl.

Ludwig dagegen war in jeder Hinsicht weit von innerem
Frieden entfernt, trauerte wütend dem nicht zustande gekom-
menen Treffen mit Lola nach, fühlte sich als »Sklave« des Volkes und machte neue Pläne für ein Wiedersehen.[34] Seine Tochter Adelgunde werde nach Bozen fahren, um dort das Kind zur
Welt zu bringen, schrieb er ihr. »Meine Frau wird zu ihr kommen, wahrscheinlich Anfang Oktober für sechs Wochen.« Dort
wolle Ludwig sein Enkelkind besuchen, dann »ist es natürlich«,
wenn er in Innsbruck Station mache. Und von dort aus könne
er sie in Malans treffen. »Ich werde die Reise nach Bozen nur

deshalb machen, um Dich zu sehen«,[35] schloss er seinen Brief und fügte später in froher Erwartung hinzu: »Ich habe mich entschlossen, daß, wenn ich Dich das erste Mal sehe, ich deine Füße in meinen Mund nehme, ohne Dir Zeit zu geben, sie nach Deiner langen Reise zu waschen. Ich habe das nie gemacht, und ich nehme auch nie einen Fuß in den Mund, auch nicht unmittelbar, nachdem er gewaschen ist. Ich habe ausschließlich nur Lolittas Füße in meinen Mund genommen.«[36] Am 13. September war auch dieser Traum vom Wiedersehen ausgeträumt und Ludwig konstatierte frustriert: »Das ist ein *schreckliches* Jahr! Ich kann nicht nach Bozen«.[37] Wieder einmal musste er um seine Einkünfte bangen. Auch Lola sollte um keinen Preis jetzt die geplante Reise nach Rom antreten, weil das »zu dieser Hetze beitragen [könne], weil die Leute denken, daß ich sie bezahle.... Ich werde erst wieder freier atmen können, wenn die Sitzungen der Kammern vorbei sind, auch wenn sie vermutlich die Zivilliste nicht anrühren. Aber, ich wiederhole, wir leben in einer revolutionären Zeit mit einer schwachen Regierung.«

Therese ahnte von Ludwigs Doppelleben nichts. Sie machte sich zur selben Zeit auf den Weg nach Grinz bei Bozen, wo Adelgunde inzwischen Asyl gefunden hatte und sich auf die Geburt ihres Kindes vorbereitete. Ihr Mann war nach Modena zurückgekehrt, aber da die Situation noch zu unsicher war und man neue Unruhen nicht ausschließen konnte, war Adelgunde in Südtirol geblieben. Insgesamt länger als geplant, zweieinhalb Monate lang, blieb Therese in Bozen, und in dieser Zeit gingen freundschaftliche, ja liebevolle Briefe zwischen ihr und ihrem Mann hin und her. Den Anfang machte Ludwig, indem er ihr schrieb, dass ihm beim Abschied von ihr eine Träne »ins Auge getreten«, was Therese sehr rührte und auch ihr »eine solche hervor[lockte]« »und ebenso der so herzliche Schluß deines, an interessanten Mitteilungen so reichen Briefes«.[38]

Sie wohne in einem »freundlich gelegenen Landhaus«, wie sie in ihrem Brief, den sie beim Frisieren an Ludwig ihrer Lectrice Colange diktierte, mitteilte. Am Vortag sei eine Delegation aus Modena angekommen mit Dunis Oberhofmeister, einer Kammerfrau und fünf weiteren Herren, unter anderem einem Arzt.[39] Diese Herren mussten, wie bei Hofe üblich, bezeugen, dass kein falsches Kind untergeschoben wurde, das dann womöglich den Thron erben würde.

Therese machte unterdes neben ihrer Betreuung von Duni eine Traubenkur, die ihr gut bekam, obwohl es ihr schwerfiel, »nüchtern eine so große Menge in meinem Magen zu beherbergen«.[40] Sie hatte es inzwischen auf drei Pfund pro Tag geschafft.

Während Lola in der Schweiz weiterhin sorglos Ludwigs Geld ausgab, machte Therese sich Sorgen um seine Kasse. Ludwigs Schwester Charlotte, die frühere österreichische Kaiserin, war als Patentante bei der Geburt einer Tochter vorgesehen und wollte wissen, welches Patengeschenk sie machen solle. Da Ludwig ebenfalls Pate werden sollte, richtete Therese in ihrer etwas umständlichen Art folgende Anfrage an ihn: »Ist gleich Deine Kasse, mein geliebter Ludwig, bei nun leider verringerten Einnahmen sehr in Anspruch genommen, bist Du doch sicherlich gesonnen, als Taufpathe von unser Duni Erstgeborenem gleichfalls ein Pathen- oder Wochengeschenk, nur in bedeutend kleinerem Maßstab, als das der Kaiserin ausfallen würde, zu geben.« Therese schlug vor, Duni eine »sehr nützliche Gabe« zu machen: Reiseperlen im Wert von 1500 bis 1600 Gulden, 400 Gulden als Zuschuss für ein Kinderzimmer, also insgesamt 1900 Gulden »unseres Geldes«. Weniger könne er nicht geben. Vor allem, weil das Geschenk der Kaiserin, ein Diadem, sicher 15 000 wert wäre. »Duni, das bescheidene Veilchen«, wie Ludwig sie immer nannte, würde in ihrem Herzen keinen Unterschied machen, aber die Umgebung. Auch die anderen Kinder hätten so viel bekommen.[41] Wenn Therese die Summen gekannt hätte, die Ludwig nach eigener Rechnung für Lola ausgegeben hatte und weiter monatlich trotz seines verringerten Einkommens bereitstellte, dann hätte sie sich wohl weniger Gedanken gemacht.

Auch von Grins aus sorgte Therese für Menschen in Not, mit

einem Unterschied zu früher. Seit der Abdankung Ludwigs schickte sie Gesuche um Beförderungen und Altersversorgungen an ihren Sohn, der als König nun dafür zuständig war, aber genau wie Ludwig die Wünsche seiner Mutter fast immer erfüllte. Überschwänglich bedankte sie sich bei Max auch für die Beförderung ihres Bruders Eduard: »Seine Freude klingt mir im Herzen wider (Du weißt, wie sehr ich ihn liebe).«[42]

Am 19. Oktober wurde dann endlich Dunis erstes und einziges Kind Anna Beatrice Theresia Maria geboren. Sie starb allerdings bereits 1849 noch im Kleinkindalter. Nach ihrer Geburt schrieb Therese an Ludwig: »Ist mir gleich die Hand vom langen Halten noch etwas unsicher und zitternd«, wolle sie doch ihren Mann gleich unterrichten. Und weiter: »Die Niederkunft war normal zu nennen, trotzdem litt unser armes Kind *viel* – und die Wehen dauerten *volle 22 Stunden* … Franz verließ Duni nicht einen Augenblick und benahm sich recht liebevoll.«[43] In ihren wöchentlichen Briefen beschrieb Therese ihrem Ludwig ihren Tagesablauf, der sich um Duni und ihre kleine Tochter drehte. Duni stillte die Kleine, die mit »Wittelsbacher Lebendigkeit« ihre Nahrung verlangte, selbst. »Ein rührend lieblich Bild ist, kleine Ärmchen an der Mutterbrust, und diese voll Liebe auf sie herabblicken zu sehen.«[44]

In München beschäftigte Ludwig sich derweil mit dem Sammeln von Erinnerungen an Lola, mit denen er seine Räume in der Residenz ausstattete, und mit der Planung eines weiteren Zusammenseins, diesmal in Rom. In der Bayerischen Staatsbibliothek liegt dazu der Schriftwechsel Ludwigs mit Papon, der als offizieller Berater Lolas auftrat. Ludwig war es sehr wichtig, dass das Treffen unter allen Umständen geheim blieb. Er schrieb Papon, dass er abreisen würde, sobald der Landtag seine Budgetsitzungen beendet hatte, um kein Risiko für seine Zivilliste einzugehen.[45]

Besonders perfide ist sein Verhalten zu nennen, wenn man seinen Brief an Lola vom 28. Oktober liest, in dem er ihr schrieb: »Letzte Nacht habe ich wieder geträumt, Deine Füße in mei-

nem Mund zu haben, so tief ich konnte«[46] und gleichzeitig im
Geheimen Hausarchiv eine getrocknete Rose findet, die er an
genau diesem Tag für Therese in ihrem Garten gepflückt und
mit folgenden Worten nach Grins geschickt hat: »Diese Rose
brach Ludwig für seine geliebte Therese.«[47]

Therese in Bozen freute sich über den Besuch ihres Sohnes
Luitpold und las zusammen mit beiden Kindern Gedichte, die
Ludwig geschrieben und ihnen geschickt hatte. Ihre Abreise
verzögerte sich immer wieder wegen Komplikationen bei Adelgunde: Einmal bekam sie eine Brustentzündung, dann musste
sie abstillen, weil ihre Milch nicht ausreichte. »Es war dieß ein
schwerer Augenblick für unsere *arme* Duni, welche keine Un-
terbrechung des Schlafes, keinen Schmerz der wunden Brust
gescheut hatte, um nur der Wonne des Stillens sich erfreuen zu
können. Ein Strom von Thränen machte ihrem gepressten Herzen Luft.«[48] Bereits am Nachmittag erschien dann eine »gesunde
kräftige Tirolerin«, die als Amme diente.

Dann kam die Nachricht, dass auf Dunis Ehemann Franz
während der Jagd ein Attentat verübt worden war. Er war nicht
verletzt worden, aber Therese wollte warten, bis ihre Tochter so
kräftig war, dass man ihr das schonend beibringen konnte. Fünf
oder sechs Mal verschob sie insgesamt die Abreise, weil sie das
für richtig hielt, ohne Ludwigs Meinung einzuholen.[49]

Ludwig war es mit Sicherheit recht, dass seine Frau noch eine
Weile wegblieb, denn er hatte ganz andere Sorgen. Lola hatte
ihm aus Genf mitgeteilt, dass sie schon zwei Heiratsanträge
bekommen habe, die sie aber alle abgelehnt hätte, weil sie nur
Ludwig liebe und es mit ihrer Pflicht und Ehre nicht zu vereinbaren sei, einen anderen Mann zu lieben oder zu heiraten.[50]
Ludwig fühlte sich einerseits geschmeichelt, dass sie die Heiratsanträge abgewiesen hatte, reagierte dann aber doch anders,
als von Lola erwartet: Er wolle ihrem Glück nicht im Wege stehen. Wenn sie heiraten wolle, sei das für ihn in Ordnung. »Aber
zu wissen, daß du eine Mätresse bist, wäre für mich unerträglich. *Auch wenn Du verheiratet sein solltest, werde ich nie für*

eine andere mehr Leidenschaft empfinden.«[51] Damit hatte er
erneut ganz deutlich gemacht, wo auch bei ihm eine Grenze
war: Heiraten, um versorgt zu sein, das konnte er akzeptieren.
Schließlich war er selbst ja auch verheiratet. Aber die Geliebte
eines anderen Mannes werden, das durfte sie nicht.

Anfang Dezember überschlugen sich dann die Ereignisse.
Zunächst erhielt Ludwig den ersten von vielen Erpresserbriefen
von Auguste Papon. Er behauptete, Lola habe ihm böse mitge-
spielt, schulde ihm noch Geld und da sie es nicht habe, wolle er
das von Ludwig einfordern. Er verlangte den Titel eines Kam-
merdieners und außerdem 10 000 Gulden. Um seiner Forderung Nachdruck zu geben, erwähnte er, dass er von Zeitungen
und Verlegern gedrängt würde, über seine Zeit mit Lola zu
schreiben und auch die Briefe des Königs, die er in Händen
habe, zu veröffentlichen.[52]

Lola war inzwischen nach London weitergereist, weil sie es
in der Schweiz nicht länger aushielt. Ludwig beschwor sie, sich
ruhig zu verhalten, damit die Zeitungen nichts von ihrem Aufenthalt erfuhren. In München tagte der Landtag, der über Ludwigs Zivilliste entscheiden musste. »Du, die einzige, an die ich
immer denke, aber ich wünsche, daß hier die Leute Dich vergessen. Es ist gefährlich, wenn sie vor dem Ende der Kammern
sich mit Dir beschäftigen.«[53] Ebenfalls Anfang Dezember –
Therese war noch in Grins – erschien Elias Preißner bei Ludwig, der Student, der Zeugenberichten zufolge mit Lola parallel
zu Ludwig ein Verhältnis gehabt haben sollte. Er kam, um Ludwig um Geld für sein Studium zu bitten. Ludwig sah seine
Chance, endlich Gewissheit über Lolas vermutete Untreue zu
bekommen, und versprach ihm gegen eine ehrliche Auskunft
seine Unterstützung.[54]

Von alldem ahnte Therese, die inzwischen zurück in München war, nichts. Sie bereitete sich auf das Fest vor: Zu Weihnachten traf sich die Familie zur traditionellen Weihnachtsfeier
mit insgesamt neun Christbäumen im Weißen Saal der Residenz. Silvester feierte man auf Schloss Nymphenburg. Ludwigs

Schwester Auguste schrieb, dass es diesmal keine der üblichen Belustigungen gab, »jedermann ist so traurig über alles, was passiert ist in 1848 und so besorgt um die Zukunft,...daß man keine Lust zur Zerstreuung hat.«[55]

»Gleich Dir mein lieber Otto, sagte auch ich dem scheidenden [Jahr] *gerne* Lebewohl«, schrieb Therese Ende 1848 an ihren Sohn Otto. »Dank dem Himmel ist Vater wohl und meist recht heiter.« Auch Therese war glücklich im Kreise ihrer Kinder und Enkel. Sie begann das neue Jahr mit Segenswünschen an ihre Kinder. Diese Wünsche müsse er in ihrem Herzen lesen, schrieb sie an Otto, »denn Worte vermöchten doch nur unvollkommen wiedergeben, was ein *Mutterherz täglich* – und mit *gedoppelter Innigkeit* – bei einem der wichtigsten Abschnitte des Lebens, vom Himmel für ihre Lieben erfleht. Möge dies Jahr...ein beglückenderes [dreifach unterstrichen] für *uns und unser Lieben Alle* werden als das vergangene.«[56]

Späte Erkenntnisse

❧❦❧

»Letzte Woche habe ich mit meiner Frau den oberen Teil der Bavaria bei Mondlicht angeschaut. Zwei Drittel sind fertig. Der Effekt war noch eindrucksvoller als im Sonnenlicht. Der Löwenkopf, der die Bavaria begleitet, ist auch vollständig gegossen. Es fehlt nur noch der Körper des Löwen, der dieses Jahr gegossen wird«,[1]

schrieb Ludwig Mitte März 1849 an Lola. Die Bronzestatue der Bavaria – von Ludwig in Auftrag gegeben –, die den Zeitgenossen als technisches Meisterwerk galt, steht neben der Ruhmeshalle oberhalb der Theresienwiese. Der Brief ist aber in anderer Hinsicht interessant: Seit Kurzem benutzte Ludwig, wenn er Lola gegenüber von Therese sprach, die Worte »meine Frau« und nicht mehr »die Königin«. Überhaupt verbrachte er jetzt wesentlich mehr Zeit mit der Familie, was Therese sicherlich gefreut hat. Statt des Hofballs besuchte er Thereses kleine Gesellschaft in ihren Räumen und trank dort seinen Tee. »Ich liebe es zu plaudern, und fast immer treffe ich eine kleine Gruppe in den Räumen meiner Frau, wenn gerade kein Theater ist.«[2]

Das waren die Themen, über die er Lola in Kenntnis setzte. Auch dass er ihr immer nach dem Morgengebet schreibe, erwähnte er[3] – mit Sicherheit absichtlich. Für Ludwig hatte das neue Jahr nämlich durch einen Brief Preißners mit der bitteren Erkenntnis begonnen, dass Lola ihn von Anfang an betrogen hatte.[4]

Anfang Januar bekam Ludwig außerdem einen anonymen Brief auf Französisch mit einer Ankündigung, dass Lolas Ver-

trauter Papon ihre Memoiren geschrieben habe und sie ab Anfang Februar in acht Folgen veröffentlicht würde. Vorab publi-
zierte Papon schon einmal die Antwort Ludwigs auf seinen
ersten Brief vom Oktober 1848, in dem von dem Treffen mit
Lola in Rom die Rede war und von den 400 000 Franken, die
Ludwig an Lola zahlen wollte.[5]

Das war in mehrfacher Hinsicht fatal für Ludwig: einmal
in der Wirkung auf seine Familie, wo die Erinnerungen an die
von allen als furchtbar empfundenen Monate durch die erneute
Diskussion immer wieder aufgewühlt wurden. Und auch weil
genau zu diesem Zeitpunkt der Landtag sich mit der Rückzahlung der griechischen Staatsanleihe befasste. Ludwig hatte
1835/37 das griechische Darlehen auf die Staatskasse übertragen lassen. 1849 nun wurde auf dem Landtag die Rückzahlung
einschließlich der Zinsrückstände gefordert beziehungsweise
Ludwig aufgefordert, sie bei Nichtzahlung aus seiner Privatkasse zu begleichen. Auch alle Beamten, die bei der Anleihe
mitgewirkt hatten, seien mit ihrem Vermögen haftbar zu
machen. Es herrschte große Aufregung in der Öffentlichkeit,
weil parallel dazu die Zahlungen Ludwigs an Lola bekannt
wurden.

Ludwig wandte sich daraufhin an seinen Sohn Otto und bat
ihn dringend, die fälligen Gelder aufzubringen. »Mir geht das
Wasser an den Kragen.«[6] Vergeblich. Ludwig musste schließlich aus seiner Privatkasse die Summe von 1 529 333 Gulden und
zusätzlich 296 000 Gulden Zinsen an den bayerischen Staat zu-
rückzahlen. Damit war die Gefahr für die Monarchie gebannt
und Ludwig wurde zum Privatgläubiger Griechenlands, immer
in der vergeblichen Hoffnung, sein Geld irgendwann einmal
zurückzubekommen.

Auch an Lola zahlte er weiterhin monatlich Unterhalt, weil
er ihr das versprochen hatte, ein Treffen aber plante er nicht
mehr. Das Einzige, was ihn noch interessierte, waren die Memoiren, die für ihn und seine Familie »schrecklich« sein würden.[7] Als Papon ihm dann noch schrieb, er sei im Besitz aller

Briefe an Lola, geriet Ludwig vollends in Panik. Jeder Brief an Lola, den er immer noch alle vier bis fünf Tage schrieb, enthielt die dringende Aufforderung, seine Briefe, die er immer nummerierte, durchzuzählen, ob einer fehlte. Am 1. Februar 1849 schrieb Lola ihm endlich, dass Papon nur bluffte. Alle Briefe seien in ihren Händen. Vergeblich bemühte Ludwig sich das ganze Jahr 1849 hindurch, sie von Lola zurückzubekommen. Lola hatte inzwischen den Wert dieser Briefe, vor allem der rosa Zettel, erkannt.

Am 1. Februar 1849 erfolgte auch die erste Auslieferung der Kurzbiografie Lolas, aus der Ludwig entnehmen konnte, dass sie keinesfalls eine feurige Andalusierin, sondern in Irland geboren worden war. Im März folgte der zweite Teil und Ludwig erboste sich gegenüber Lola: »Darin folgt eine Lüge nach der anderen, und die Beleidigungen sind so übertrieben, daß sie sich um ihren Effekt bringen.«[8] Das war wohl eher Wunschdenken. Die Veröffentlichung der Geschichte um Lola und Ludwig und der Inhalt der Briefe Ludwigs gingen auch an Therese nicht spurlos vorüber. Wir wissen nicht, ob sie ihn zur Rede stellte. Wahrscheinlich nicht, aber die Erkenntnis, dass es immer noch nicht vorbei war und dass immer neue öffentliche Demütigungen drohten, muss sie sehr getroffen haben. Sie wurde schwer krank und konnte erst Ende April wieder am traditionellen Familienfrühstück zu Adalberts zwanzigstem Namenstag teilnehmen, das bei ihr stattfand. »Der guten Mutter geht es täglich besser, und die herrliche, stärkende Sommerluft gab ihr ihre guten Farben wieder«, schrieb Alexandra an ihre Schwester Adelgunde.[9]

»Ludwig, schreib mir öfter«, klagte Lola im Juni aus London. »Laß mir etwas Platz in Deinem Herzen. Deine sehr treue und zugeneigte Lolitta«[10] »Ich bin immer noch an Deiner Gesundheit interessiert, besonders an Deinem Husten«, lautete Ludwigs Antwort.[11] »Ich habe von Dir geträumt, aber es ist ein Traum. Die Wirklichkeit ist, daß ich mit dem Platz zufrieden bin, den Du meiner Portrait-Lithographie gegeben hast.«[12]

Im Frühsommer bereiteten Ludwig und Therese ihren Umzug aus der Residenz vor. Bei ihrer Rückkehr im Oktober aus Berchtesgaden würden alle Möbel und privaten Dinge schon im Wittelsbacher Palais sein. Daher galt es, auszusortieren. Als sie im Juli die Residenz verlassen mussten, konnte Ludwig die Tränen kaum zurückhalten. Auch für Therese hieß es Abschied nehmen, aber da sie diese Räume nie geliebt hatte, war er nur deshalb emotional, weil sie Ludwig leiden sah.[13] An ihre Tochter Mathilde schrieb sie: »Gestern besuchte ich das Wittelsbacher Palais, um passende Plätze für die mir so lieben Familienbilder auszusuchen; ich leugne nicht, daß dieser Gang mich etwas wehmütig gestimmt hat. Der Frieden im Innern, den die Welt nicht zu geben und nicht zu nehmen vermag, wird, hoffe ich, auch in jenen Räumen mein Eigentum bleiben.«[14]

Den Sommer und Herbst verbrachten Therese und Ludwig in Berchtesgaden und besuchten Ludwigs Schwester Charlotte, die nach dem Tod ihres Mannes in Salzburg lebte. Hier trafen sie auch Hildegard mit ihrer kleinen Tochter, die zu Thereses großer Freude auch am Familienfrühstück zu Thereses Geburtstag in Berchtesgaden teilnahmen.[15] Im Juli erreichte sie dann die Nachricht vom Tod der kleinen Tochter Adelgundes, bei deren Geburt Therese ein halbes Jahr zuvor anwesend gewesen war.

Über Ludwig schwebte den ganzen Sommer das Damoklesschwert weiterer Veröffentlichungen, auch wenn er beschlossen hatte, die Sache auszusitzen.[16] Ebenfalls im Juli heiratete Lola den gerade volljährig gewordenen George Trafford Heald, forderte aber gleichzeitig weiterhin mehr Geld von Ludwig, da ihr Mann arm sei. Ludwig aber hatte längst Spione auf Lola angesetzt und hielt ihr vor, dass ihre Aussage nicht mit den tatsächlichen Fakten übereinstimme. Sie müsse mit den 10 000 Gulden im Jahr zufrieden sein.[17] Wenn man bedenkt, dass Therese während ihrer Ehe mit 12 000 Gulden Nadelgeld auskommen, bei Überziehung Schuldscheine ausschreiben musste und Ludwig die Zurückzahlung der Summen persönlich überwachte, kam

Lola mehr als gut weg. Kannte Therese diese Summen? Immerhin hatte der »Courrier de l'Europe« sie am 21. Juli in London veröffentlicht.[18]

Die Ehe Lolas stand von Anfang an unter einem schlechten Stern. Die Familie des jungen Engländers vermutete zu Recht, dass Lola nur an seinem Geld interessiert war, und kannte ihren Ruf. Als sie heraufanden, dass Lolas Scheidung von ihrem ersten Mann nicht rechtsgültig war, stellte man sie in London wegen Bigamie vor Gericht. Das Ehepaar, dessen Ehe nun ungültig war, floh nach Paris.

Ob Ludwig den Sommer unter diesen Umständen genießen konnte, bleibt dahingestellt.

Im September besuchte Mathilde ihre Eltern in Berchtesgaden und fuhr dann mit ihnen nach München zurück. Es fiel ihnen schwer, an der Residenz vorbeizufahren.[19] Am Wittelsbacher Palais warteten Luitpold und Adalbert auf die Eltern und Ludwig wünschte seiner Frau zum Einzug viel Glück.[20]

Ab Ende Oktober stürzte sich die nationale und internationale Presse auf den neuen Skandal um Lola. Genüsslich wurde dabei auch ihre Beziehung zu Ludwig thematisiert, über die es ja angesichts der Veröffentlichung von Originalbriefen des Exkönigs neues Material gab. Bei Therese rissen alte Wunden auf, aber diesmal konnte Ludwig sie ehrlicherweise beruhigen. Während Lola Ludwig am 6. Dezember 1849 noch »Millionen Küsse« schickte und nach wie vor mit »Deine fürs Leben zugetane Lolitta«[21] unterschrieb, hatte Ludwig das Kapitel abgehakt. »Es sind nicht Deine Feinde, die mich meine Gefühle haben ändern lassen, sondern Dein Verhalten.«[22]

Nun entschloss sich auch Lola zur Erpressung. Sie bot ihm an, ihm seine Briefe zu schicken, aber sie habe leider kein Geld dafür. Ihr Ehemann und seine Freunde suchten schon nach den Briefen und würden sie sicher veröffentlichen.[23] Ludwig antwortete ihr, sie könne die Briefe kostenlos über jeden Bankier schicken. Sobald er sie habe, und nur dann, würde er ihr den nächsten Monatswechsel schicken.[24] Daraufhin entschloss sich

Lola, die Briefe zur Erinnerung doch zu behalten, Ludwig zahlte ihr trotzdem, entgegen seiner Ankündigung, den monatlichen Wechsel weiter.[25]

Therese verfasste in dieser Zeit ihr Testament: »Überzeugt, daß unser Himmlischer Vater mich in seiner Gnade vor dem Könige, meinem innig geliebten Gemahle, von der Erde abrufen werde, spreche ich diesem hier wiederholt den *wärmsten* Dank des Herzens für jeden Beweis der Liebe aus, durch welchen er mir das Leben zu verschönern wußte. – Den heißgeliebten Kindern, mit denen Gott unsere Ehe gesegnet, bringe dieses Blatt *meinen mütterlichen Segen* – dem theuren Lande, für dessen dauernd Glück, täglich mein Flehen sich zu Gottes gnadenreichem Throne erhebt, den *herzlichsten* Scheidegruß. 26. Juni 1850. gez. Therese Königin von Bayern«[26]

Warum Therese das zu diesem Zeitpunkt machte, wissen wir nicht. Aber sie war häufig krank, litt seit vielen Jahren auch unter einer Augenkrankheit. Sie sah vor allem bei heißem Wetter alles doppelt. Die Gestalten würden aber nicht nebeneinander, sondern weit entfernt stehen, hatte sie Frau Escherich einmal erzählt. Und wenn man sie grüße, sehe sie zwei Personen, die grüßten, und sie wisse nie, welches die echte und welches die vorgespiegelte sei. Wenn sie dann zur falschen Seite grüße, hielten die Leute sie für dumm. Und darunter würde sie sehr leiden, denn sie könne es doch nicht ändern.[27]

In den Sommermonaten fuhr Therese daher in Begleitung ihrer Töchter Adelgunde und Alexandra gewöhnlich zur Kur nach Marienbad oder Franzensbad, von wo aus sie ihre gewohnt liebevollen Briefe an Ludwig schickte. Meist war eines ihrer Kinder dabei, das das Schreiben für die Mutter übernahm. Im Sommer 1850 war es Mathilde: »Das waren herrliche 14 Tage, die ich mit der Herzens Mutter verlebte … Ihnen, gütiger Vater, verdanke ich die genoßene Seligkeit des Zusammenseins mit der besten Mutter.«[28]

Zu ihrem Geburtstag erhielt sie von Ludwig einen zärtlichen Brief: »Geliebte Therese, sey gesund! Sey glücklich, daß ist das beste, was ich Dir wünschen kann;…denn Dein Glück gehört zu meinem [unterstrichen]. Vor vielen Jahren warst Du besorgt, daß wenn Du älter würdest, Du mir gleichgültig würdest. Es geschah eben gerade das Gegentheil. Je mehr ich Dich kenne, desto mehr bewährte sich Dein herrliches Gemüth und schloß mich inniger an Dich. … Dein Dich liebender Ludwig«[29] Am 9. Oktober 1850 wurde die Bavaria in einem feierlichen Akt enthüllt. Der Tag wurde zu einem großen Familienfest, bei dem auch Otto anwesend war. Zum ersten Mal traten das ehemalige und das regierende Königspaar gemeinsam auf, wobei sich König Maximilian II. und seine Frau Marie bewusst im Hintergrund hielten. Sie saßen auf der Tribüne des Königszeltes auf der Theresienwiese und beobachteten den vorbeiziehenden zweistündigen Festzug. Die Künstler Münchens ließen Ludwig als ihren Beschützer hochleben, das Volk jubelte Therese und Ludwig zu – Versöhnung und wehmütige Erinnerung zugleich.

Drei Tage später, am 12. Oktober, anlässlich ihres 40. Hochzeitstages, der gleichzeitig der zwölfte Hochzeitstag von König Max und seiner Frau Marie war, sagte Ludwig zu seiner Schwiegertochter: »Heute vor vierzig Jahren heiratete ich Therese, hatte ein großes Los gezogen, nicht sie.«[30]

Familienglück

»Da ergab's sich, daß ein Paar zu walzen anfing,
ich walzte und – Mütterlein walzte! Jung und alt,
alles tanzte«,

schrieb Ludwig über die Feier am Theresientag, dem 15. Oktober 1851, an seinen Sohn Otto. Wie jedes Jahr hatte sich die
Familie an Thereses Namenstag getroffen, um gemeinsam zu
feiern. Zunächst beim Familienfrühstück in Thereses neuem
Palais an der Schwabinger Straße, das Ludwig für sie von seinem Architekten Friedrich Gärtner erbauen lassen und ihr 1847
geschenkt hatte. Hier fanden nach 1848 die meisten der Familienfeiern, die Therese ausrichtete, statt. Dabei waren auch die
beiden Enkel, der sechsjährige Ludwig und der fünfjährige
Leopold, beides Söhne Luitpolds. Nach dem Frühstück fuhren
alle nach Schwaneck, wo sie das Mittagessen und den Kaffee –
untermalt von Musik von Ludwigs Regiment – einnahmen.
Und dann fingen alle an zu tanzen. Abends gab es noch Tee bei
Ludwigs Schwager Max und seiner Frau, begleitet von Zither-
musik.[1] Ein Bild trauter Familienidylle.

Auch in den letzten Jahren Thereses stand die Familie im
Mittelpunkt. Sie reiste seltener, da sie immer häufiger krank
war, und verbrachte viel Zeit mit ihren vier Enkelkindern. Wie
früher bei ihren Kindern organisierte sie Weihnachts- und
Osterfeiern, an denen auch Ludwig als ebenfalls begeisterter
Großvater teilnahm. »Höchst komisch war das kleine Otto-
chen«, schrieb Therese an ihren Sohn Otto in Athen, »denn
nachdem er lange vergebens nach seinem Neste gesucht, brachte
er mir, als gemachten Fund eine nicht sehr appetitlich ausse-

hende Schnecke und Kastanien.« Daraufhin habe man ihm die Richtung, in der er suchen solle, gezeigt, und als er es dann endlich entdeckte, hielt »der Großvater schirmend die Äste der Bäume und Sträucher empor, auf daß das kleine Mänchen die verschiedenen Spielsachen leichter hervorbringen könnte. Poldis kleiner Ludwig bat mich zu dem von ihm entdeckten Neste hinzuzukommen und rief, die Hände zusammenfaltend: ›Ach, ich bin so glücklich!‹« Auch Therese, die Tochter Luitpolds, bekam ein Nest mit ledernen Hasen und ledernen Eiern – zeitgenössische Spielsachen –, doch dies stand auf einer Wiese des Gartens, »um sogleich von der kleinen Dame gesehen zu werden, die auch sogleich darauf zuwackelte«.[2]

Ludwigs Gesundheit war – im Gegensatz zu Thereses – stabiler geworden. Er fuhr immer noch nach Italien, fuhr dort auch zu Marianna, aber aus der leidenschaftlichen Liebe war längst eine Freundschaft geworden. Da er aber ihren zweiten Ehemann nicht schätzte, waren diese Besuche nur kurz. Dafür besuchte er im April 1851 seine Tochter Adelgunde in Modena, die sich immer besser mit dem Vater verstand und an ihre Mutter schrieb: »Liebe Eltern ist doch der größte Segen, der Kindern zuteil werden kann.«[3]

Ludwig, der inzwischen nach Rom in seine Villa Malta gefahren war, erlebte dort eine unerwartete Überraschung. Noch im Januar 1851 hatte Lola erneut für sehr unangenehme Wochen gesorgt, als sie nun selber von ihr verfasste Memoiren herausbrachte, die in unregelmäßigen Folgen in der Zeitung »Le Pays« in Paris erschienen. Ludwig hatte vergeblich beim französischen Innen- und Außenministerium versucht, den Druck zu verhindern. Die Serie wurde nur gestoppt, weil die Zeitung an einen anderen Inhaber verkauft wurde. Aber Übersetzungen auf Deutsch erschienen in Berlin und im sächsischen Grimma und entsprechende Informationen schwappten natürlich auch nach München.[4] Anfang Mai kam ein Bote in die Villa Malta und überreichte Ludwig im Auftrag Lolas das Paket mit seinen Briefen. Dafür bekam sie 5000 Francs, was im Vergleich zu dem

Schaden, den sie damit noch hätte anrichten können, sehr preis-
wert war.[5]

Am 16. Mai 1852 starb Thereses Bruder Eduard, der ihr in
München in den schwersten Stunden beigestanden hatte. Sie
wurde schwer krank, was Ludwig das Schlimmste fürchten ließ.
»Der *tiefe – tiefe* Schmerz [fünffach unterstrichen], der jetzt
mein Herz erfüllt, er kommt von unserem himmlischen Vater –
ist als *Prüfung* des *Glaubens* von Ihm mir auferlegt«, schrieb
Therese an ihre Tochter Mathilde und bat sie, diesen Brief an
ihre Geschwister weiterzuleiten, da sie selbst keine Kraft für
mehr als einen Brief habe. Wobei sie so schwach war, dass sie
nicht einmal diesen selbst geschrieben, sondern ihn diktiert
hatte. Sie danke Gott für jeden Tag, den sie mit diesem treuen
Bruder hatte erleben dürfen.[6]

Therese litt furchtbar. Das bemerkte auch Ludwig. Nachdem
Therese wieder gesund war, schrieb er an seinen Sohn Otto: »Es
bedurfte dessen nicht, um mich fühlen zu lassen, wie sehr ich
an ihr hänge, und das mit vollstem Rechte. Gott sei gelobt, daß
es wieder gut mit ihr geht.«[7]

Der Kreis der ganz vertrauten Menschen, mit denen Therese
ihr Leben verbracht hatte, verkleinerte sich immer mehr: Nach
dem Tod ihrer Schwester Charlotte 1847, ihrer Schwägerinnen
Amalie von Sachsen-Altenburg 1848 und Auguste von Leuchtenberg 1851, ihrem Bruder Eduard 1852, starb 1853 noch ihr
Bruder Georg. Auch Therese war immer häufiger und immer
länger krank, liebevoll gepflegt von ihren Töchtern. Aber die
nachhaltende Erschöpfung konnten auch die jährlichen Kuraufenthalte nur unzureichend verbessern.

Das letzte größere Familienfest, von dem Therese noch selbst
berichtete, war der 32. Geburtstag Luitpolds am 12. März 1853,
den sie wieder in ihrem Palais ausrichtete. Insgesamt 14 Personen versammelten sich bei ihr um den Tisch, »groß, klein und
kleinwinzig«. Nach dem Frühstück spielten die Kleinen das
Ringelspiel, das schon Thereses Kinder geliebt hatten, wofür sie
wieder kleine Preise ausgesucht hatte. »Mir machte das Ganze

viel Freude, doch kam ich aus Mattigkeit hier und da noch etwas in Transpiration.«[8]

Die letzte größere Reise, die sie ohne Ludwig, aber in Begleitung ihrer Schwiegertochter Prinzessin Luitpold unternahm, ging im Frühjahr 1853 nach Sachsen, wo sie den berühmten Augenarzt Dr. Schmalz aufsuchen wollte. Es konnte kein organischer Fehler festgestellt werden, der Arzt empfahl, weiterhin das Augenwasser zu nehmen, das die Marchesa Florenzi dem König für seine Frau gesandt hatte. Therese nutzte die Reise, die zum Teil mit der Eisenbahn gemacht wurde, um Verwandte zu besuchen: ihren Bruder Joseph in Altenburg, in Dresden und Leipzig zwei Schwestern Ludwigs. Anfang Juli kehrte sie geschwächt von der langen Reise nach Berchtesgaden zu Ludwig zurück. Von hier schrieb sie einen Brief an ihre beiden Enkel Ludwig und Otto, worin sie sich für deren erste selbst geschriebene Briefe bedankte und sich erkundigte, ob die »kleinen Altenburger Bauern«, die sie als Spielzeug geschickt hatte, heil angekommen seien. Sie schloss den Brief mit den Worten: »Die innig Euch liebende Großmutter«.[9]

Krankheit und Tod

»Lieber Otto, Du hast die beste Mutter,
ich die beste Frau verloren!«,

schrieb Ludwig am 4. November 1854 nach Athen. Im Sommer
war in München erneut die Cholera ausgebrochen. Therese und
Ludwig waren zu der Zeit in Aschaffenburg, warteten zunächst
ab und kehrten erst zurück, als es hieß, es bestehe keine Gefahr
mehr. Sie besuchten gemeinsam noch die Industrieausstellung.
Kurze Zeit später erkrankte Therese und starb am 26. Oktober
gegen vier Uhr. Sie wurde 61 Jahre alt. »Innerhalb von 12 Stunden noch ohne Lebensgefahr und todt! Das Schmerzlichste,
was mein Herz treffen konnte, hat es erlitten«, schrieb Ludwig
weiter an seinen Sohn. »Sanft, wie Deiner Mutter Leben, war
ihr Sterben, schmerzlos schlummerte sie hinüber. Hätte es der
Arzt nicht gesagt, ich würde es nicht geglaubt haben, obgleich,
mein Gesicht dem ihren gegenüber, ich am Sterbebett mich
befand, mit gefalteten Händen. Trennung für dieses Leben,
solch plötzliche, nach 44-jähriger Ehe, in der sie mir immer lieber und lieber wurde, ihrer Fürtrefflichkeit wegen. Seit Jahren
bangte mir schon um sie, ich zitterte, wie sie Herzklopfen
spürte. Laut auf weinte ich, als sie nicht mehr athmete und laut
weinend verließ ich den verödeten Palast.«[1]
Neben Ludwig waren auch ihre Kinder Luitpold und Adalbert am Sterbebett der Mutter. Max und Mathilde kamen zu
spät. Mathilde schrieb an ihre Schwester Adelgunde: »Vorgestern abends kam ich – fand nur noch die *entseelte Hülle* (jedoch
mit dem Ausdruck eines *Engels); als ich mich dem Bette näherte,

sank ich in die Knie – ebenso Pold, Berti und Onkel Karl. Ein Kruzifix stand neben der geliebten Mutter. Gestern morgens … sah ich mir von ferne noch einmal die lieben, verklärten Züge an – dankte *ihr* … für alle *Liebe,* welche sie uns gespendet. … Mein Herz ist geknickt.«² Noch vor der Beerdigung reiste Ludwig mit Mathilde und Adalbert nach Darmstadt ab. Otto erklärte er, dass er es in München nicht ausgehalten habe, wo ihn alles an Therese erinnere.

Die Einbalsamierung fand in der Maxburg statt, die Beerdigung am 31. Oktober in der Theatinerkirche. Prinz Leopold, der mit den anderen Enkeln aus dem Fenster den Beerdigungszug beobachtete, erinnerte sich: »Von dem Trauergepränge desselben machten mir die Guglmänner einen unheimlichen Eindruck. Diese schwarzvermummten Gestalten mit den schwarzen Kapuzen, die nur mit schmalen Sehschlitzen versehen waren, auf der Brust den bayrischen Weckenschild, in den Händen die gekreuzten brennenden Kerzen, welche nach alter Hofsitte den Sarg aus dem Prunkleichenwagen in die Gruft zu bringen hatten, erinnerten mich zu sehr an die Abbildungen der mittelalterlichen Femegerichte in den Münchner Bilderbogen, die mir stets ein geheimes Gruseln verursachten.«³

Der König hatte schon unmittelbar nach dem Tod Thereses entschieden, dass die Hofkirche nur vorübergehende Ruhestätte werden sollte, auf Dauer sollten in einer Seitenkapelle der Abtei St. Bonifaz beide Sarkophage aufgestellt werden. »Beschäftigte mich auf der Reise sehr damit. Wenn ich nur gleich nach dem Tode mit ihr vereinigt werde! Ihr Leben war rein, meines nicht«, notierte er in sein Tagebuch.⁴

»Es ist dem weiblichen Berufe nicht vorgezeichnet, durch Großthaten der Tapferkeit, oder Höhe der Wissenschaft, oder einflußreiches Wirken in öffentlichen Aemtern sich einen unsterblichen Namen zu machen«, heißt es in einer Trauerrede zum Tod Thereses. Die Frau habe im häuslichen Bereich zu wirken und die Tugenden, die man von ihr fordere, seien »die stillen, sanften, freundlichen Thaten einer tiefen, treuen, from-

men, opferwilligen Gemüthlichkeit«. In diesem Sinne sei die
Königin vorbildlich gewesen, auch was ihre Frömmigkeit und
ihre Mildtätigkeit anbetraf. Durch diese christliche Tugend war
sie »im vollsten Sinne die Mutter des ganzen bayerischen Volkes, insbesondere die Mutter der Bedrängten und Nothleiden-
den, der Wittwen und Waisen« geworden.[5]

Therese hatte sich in ihrem Testament gewünscht, dass Ludwig sich erst alles aus ihrem Nachlass heraussuchen solle, was
für ihn wertvoll sei, um »*freundliche Bilder* aus der Vergangenheit, ihm vor die Seele zu führen«. Diese Bilder hatte Ludwig
aber auch so vor Augen: »An die Unersetzliche denke und
denke ich«, schrieb er ein Jahr später an Otto. »Wenn ich ausgehe, komme ich an ihren Gemächern vorbei, wie still und todt
ist es da! Wann ich zum Fenster hinaussehe, erblicke ich die
Kirche [Hof- und Stiftskirche St. Kajetan = Theatinerkirche]
unter der ihre Hülle ruht, und komme ich aus dem Theater,
führt mich mein Weg an ihr vorüber. Am 26. Oktober erwachte
ich zu d e r Stunde, in der sie einschlief, um auf Erden nicht
mehr zu erwachen.«[6]

Für Ludwig war zudem eine kleine Bronzeuhr bestimmt, die
Therese täglich in München und auf Reisen benutzt hatte. Sie
war ein Geschenk ihres Schwagers Karl gewesen. »Möge ihr
Schlag dem Könige, meinem besten Freunde, stets nur heiter-
frohe Stunden bezeichnen.« Auch die Kinder sollten sich das
heraussuchen, was sie an die Mutter erinnerte. Ihren ältesten
Sohn Max bat sie dringend, seinen Geschwistern »ein *natürlich-
rathender Freund und liebevoller Bruder*« zu sein. »Hierfür,
ferner für die gewissenhafte Erfüllung der ihm von Gott über-
tragenen *heiligen* Regentenpflichten, wird stets der Mutter
Segen auf ihm ruhen.« Sie bat ihn auch, für die Personen ihres
Hofes Sorge zu tragen.[7]

In der Nacht vom 9. auf den 10. März 1857 wurde der Leich-
nam Thereses nach St. Bonifaz überführt. Im April 1857 wurde
auch Ludwigs Sarkophag auf dessen Geheiß in St. Bonifaz aufgestellt. Nebeneinander durften die Sarkophage nicht stehen,

das erlaubten die Vorschriften der katholischen Kirche nicht. Also wurde Thereses Sarkophag in die Gruft direkt unter Ludwigs späterer Grabstelle gebracht. Ludwig schrieb an diesem Tag:

> *Der Du gereinigt lebtest, ohne Fehle,*
> *Sei mein Schutzengel auf der Erde Du,*
> *Beschirme in dem Kampfe meine Seele,*
> *Geleite, liebend sie dem Himmel zu.*[8]

Nach seinem Tod am 29. Februar 1868 in Nizza wurde Ludwig im März desselben Jahres dort bestattet. Obwohl es schon in den 1960er-Jahren entsprechende Bemühungen beider Konfessionen gab, wurden die sterblichen Überreste Thereses erst 2002 gehoben und in einem Wandgrab neben dem Sarkophag ihres Mannes zur Ruhe gebettet.[9]

Nun dürfen sie also doch noch nebeneinanderliegen – so wie Ludwig das gewollt hatte. Und das wird auch in Thereses Sinn gewesen sein, die sich in ihrem Testament von ihrer Familie mit den Worten verabschiedete: »Auf *Wiedersehen* dann in einer besseren Welt, deren Pforten unser himmlischer Vater in seiner *erbarmenden Liebe* uns um Jesus Christus, unseres Heilands willen, keinem von uns verschließen wolle!«[10]

Anhang

Verzeichnis der benutzten Quellen und Literatur

❧❧❧

Ungedruckte Quellen
Es wurden die Bestände der folgenden Archive benutzt:
Bayerisches Hauptstaatsarchiv München (BSB)
Bayerisches Hauptstaatsarchiv München: Geheimes Hausarchiv (GHA):

- Nachlass König Ludwig I. (NlKgLI)
- Kabinettsakten König Maximilian II.
- Nachlass König Otto von Griechenland
- Nachlass Prinzregent Luitpold
- Nachlass Herzogin Adelgunde von Modena

Landeshauptarchiv Schwerin. Briefsammlung des Hauses Mecklenburg-Strelitz 4-3-2 (SchwBr)
Landesarchiv Baden-Württemberg. Württembergisches Hausarchiv Schloss Altshausen (WH)
Thüringisches Staatsarchiv Altenburg (ThSA)

- Haus- und Staatsurkunden
- Geheimes Archiv

Gedruckte Quellen und Sekundärliteratur
Adalbert von Bayern: Als die Residenz noch Residenz war. München 1967
Adalbert von Bayern: Die Wittelsbacher. Geschichte unserer Familie. München ³1980
Allgemeine Zeitung München. Nr. 13 und 29/1830
Atterbom, Per Daniel Amadeus: Reisebilder aus dem romantischen Deutschland. Jugenderinnerungen eines romantischen Dichters und Kunstgelehrten aus den Jahren 1817 bis 1819. Berlin 1867 (Neudruck: Stuttgart 1970)
Augsburgische Ordinari Postzeitung. Nr. 254/1824
Augsburgische Politische Zeitung. Nr. 249, 251–253, 268/1810
Beck, Barbara: Mathilde: Großherzogin von Hessen und Bayern (1813–1862). Darmstadt 1993
Beiel, Jakob: Denkmäler der Liebe und Ergebenheit von treuen Bürgern. München 1810
Böhm, Christiane: Wie lebten Prinzen und Prinzessinnen in Wirklichkeit. München ²2010
Büchner, Georg: Der Hessische Landbote. September 1834

Bürger, Gottfried August: Gedichte. Stuttgart 1997

Chroust, Anton (Bearb.): Gesandtschaftsberichte aus München 1814–1848.

- Chroust, Anton (Hrsg.): Die Berichte der französischen Gesandten. 4 Bde. München 1935
- Chroust, Anton (Hrsg.): Die Berichte der österreichischen Gesandten. 3 Bde. München 1942
- Chroust, Anton (Hrsg.): Die Berichte der preußischen Gesandten. 4 Bde. München 1950

Copenhavener, Brian/Copenhavener, Rebecca: From Kant to Croce. Modern philosophy in Italy 1800–1950. Toronto 2012

Corti, Egon Cäsar: Ludwig I. von Bayern. München 1937 (Taschenbuchausgabe: 1979)

de la Garde, Auguste: Gemälde des Wiener Kongresses. Erinnerungen, Feste, Sittenschilderungen, Anekdoten. München 1912

Destouches, Ulrich von: Gedenk-Buch der October-Feste in München vom Jahre 1810–1835. München 1835

Deutsche Allgemeine Zeitung. 25. Juli 1919, 26. Juli 1919, November 1919

Dickinger, Christian: Die schwarzen Schafe der Wittelsbacher. Zwischen Thron und Wahnsinn. München 2005

Dinkel, Pankratius von: Trauerrede auf den Tod Ihrer Majestät der Königin Therese von Bayern. Gehalten in der katholischen Pfarrkirche zu Erlangen am 8. November 1854

Droß, Elisabeth: Vom Spottgedicht zum Attentat. Angriffe auf König Ludwig I. o.O. 1994

Escherich, Emilie: Die Escherichs. Lebenserinnerungen aus dem Königreich Bayern. München 1985

Foerster, Ernst: München. Ein Handbuch für Fremde und Einheimische, mit besonderer Berücksichtigung der Kunstschätze dieser Residenz-Stadt. München 1843

Fournier, August: Die Geheimpolizei auf dem Wiener Kongress. Eine Auswahl aus ihren Papieren. Wien 1913

Gollwitzer, Heinz: Ludwig von Bayern. München 1989

Graziani Natale/Selvi, Luisa: Amante reale. La marchesa Florenzi e il re di Baviera. Mailand 2009

Herre, Franz: Ludwig I. Stuttgart/Leipzig 2005

Hojer, Gerhard: Die Prunkappartements Ludwigs I. im Königsbau der Münchner Residenz. München 1992

Hojer, Gerhard: Die Schönheitsgalerie König Ludwigs I. Regensburg [6]2006

Human, Rudolf Armin: Chronik der Stadt Hildburghausen 1886. Hildburghausen 1999 (hrsg. von Hans-Jürgen Salier)

Journal für Literatur und Kunst. 1817

Katholische Literaturzeitung. 1835

Königlich-Bairisches Salzach-Kreis-Blatt für das Jahr 1814

Kraus, Gustav Wilhelm: Festzug zur Feyer der Jubel-Ehe Ihrer Majestäten, des Koenigs Ludwig und der Koenigin Therese zu München am 4ten Oktober 1835. München 1835

Verzeichnis der benutzten Quellen und Literatur

Lossius, Kaspar Friedrich: Gumal und Lina. Eine Geschichte für Kinder zum Unterricht und Vergnügen, besonders, um ihnen die ersten Religions-begriffe beizubringen. Gotha 1795

Ludwig I.: Gedichte. Bd. 1–3 München 1839, Bd. 4 München 1847, Bd. 5 München 1888

Magdeburger Zeitung. 6. September 1847

Mainer, Benedikt (Hrsg.): Cantate zur Namensfeyer Ihrer Majestät der Königin Therese von Bayern, aufgeführt am 15. Oktober 1833. München 1833

Mainer, Benedikt (Hrsg.): Hymne zur fünfundzwanzigjährigen Jubelehe Ihrer Königlichen Majestäten Ludwig I. und Therese v. Bayern. 12. Oktober 1835

Morgenblatt für gebildete Leser, Bd. 11. Tübingen 1817

Morgenblatt für gebildete Stände, Nr. 95. 26. November 1829

Müller, Christian: Auch ein Wort über die Kunstausstellung der königlichen Akademie der Künste zu München. München 1817

Murr, Karl Borromäus: Ludwig I. Königtum der Widersprüche. Regensburg 2012

Neumärkische Zeitung. 26. August 1831

Philipps, Carolin: Die Dunkelgräfin. München 2013

Philipps, Carolin: Luise und ihre Geschwister. München 2010

Platen, August von: Die Tagebücher des Grafen August von Platen. Stuttgart 1896

Rauh, Reinhold / Seymour, Bruce: Ludwig I. und Lola Montez. Der Briefwechsel. München 1999

Reiser, Rudolf: Klenzes geheime Memoiren. München 2004

Reiser, Rudolf: Klenzes geheime Tagebücher. München 1998

Reiser, Rudolf: König und Dame. München 1999

Rheinischer Beobachter. 12. September 1847

Rothkirch, Malve Gräfin (Hrsg.): Königin Luise von Preußen. Briefe und Aufzeichnungen 1786–1810. München 1885

Rudolph, Frank W.: Zeittafel zur Kindergartengeschichte. 2008. Online: http://www.f-rudolph.info/downloads/rudolphkindergartengeschichte2.pdf

Sailer, Johann Michael: Joseph Anton Sambuga – wie er war. München 1816

Sailer, Johann Michael: Ueber Erziehung für Erzieher. Paderborn 1962 (hrsg. von Eugen Schoelen)

Saphir, Moritz Gottlieb: Der Bazar für München und Bayern: ein Frühstücksblatt für Jedermann u. jede Frau. München 1830

Schad, Martha: Bayerns Königinnen. München ⁴2006

Schoeppl, Heinrich Ferdinand: Die Herzoge von Sachsen-Altenburg. Bozen 1917 (Neudruck: Altenburg 1992)

Seymour, Bruce: Chronological Documentation – a documentary chronology of LM's life. Collection number: BANC MSS 96/58 cz, at The Bancroft Library, University of California, Berkeley 1996

Sing, Achim: Die Memoiren König Maximilians II. von Bayern 1848–1864. München 1997

Thiersch, Hermann: Ludwig von Bayern und die Georgia Augusta. Abhandlungen der Gesellschaft der Wissenschaften zu Göttingen. Berlin 1927

Verzeichnis der benutzten Quellen und Literatur

Trost, Ludwig: König Ludwig I. von Bayern in seinen Briefen an seinen Sohn, den König Otto von Griechenland. Bamberg 1891

von Bernstorff, Elise: Ein Bild aus der Zeit von 1789–1835, Bd. 1. Göttingen 1896

von Hase-Schmundt, Ulrike: Joseph Stieler (1781–1858). Sein Leben und sein Werk. München 1971

von Holbein, Franz Ignaz: Mirina, Königin der Amazonen. Ein dramatisches Gedicht in 3 Aufzügen. Wien 1806

von Poißl, Johann Nepomuk: Vergangenheit und Zukunft. Dramatisches Gedicht in sechs Scenen und zwei Bildern zur Thronbesteigung Seiner Majestät Otto des Ersten, des Königs von Griechenland; uraufgeführt auf dem Königl. Hoftheater zu München, den 30. November 1832. München 1832

von Ringseis, Johann Nepomuk: Erinnerungen. 3 Bde. Berlin 1886 (gesammelt, ergänzt und hrsg. von Emilie Ringseis)

Wolf, Josef Heinrich: Ludwig I. König von Bayern. Allerhöchst-Dessen Leben und Wirken von 1786–1841. Augsburg 1841

Wulff-Woesten, Hanspeter: Hildburghäuser Hoheiten – dem Volk verbunden (1792–1992). Hildburghausen 1992

Zedler, Jörg: Konfrontation zwischen König und Kurie. Der Streit um die Grablege von Königin Therese von Bayern in der Abteikirche St. Bonifaz 1854–1857. In: Historisches Jahrbuch. 133/2013. S. 277–311

Anmerkungen

Prolog

Soweit nicht anders vermerkt, stammen alle zitierten Briefe aus dem Geheimen Hausarchiv des Bayerischen Hauptstaatsachives München, kurz GHA

1 4.2.1821, GHA NlKgLI, IA4/I
2 13.10.1847, BSB LA 39, Seymour doc BC1847

Behütete Kindheit in kriegerischen Zeiten (1792–1809)

Geburt im Revolutionsjahr 1792

1 zit. n. Wulff-Woesten 18
2 ThSa Loc.12, Nr.6
3 s. hierzu a. Philipps, Luise 74
4 Human 217
5 s. Philipps, Dunkelgräfin 90ff.
6 10.2.1808, zit. n. Philipps, Luise 85

Erziehung einer Prinzessin

1 Esquisse Biographique de SM la Reine Thérèse de Bavière. 1855.1-13-001, ThSA Nr. 1896, 8f.
2 zit. n. Philipps, Luise 79
3 Human 247
4 ebenda 225
5 Lossius 121
6 Esquisse, ThSA Nr. 1896, 8
7 Schoeppl 160

Familienleben zwischen Freude und Trauer

1 13.7.1800, SchwBr
2 19.1.1801, SchwBr
3 12.12.1809, SchwBr 19.37
4 30.7.1808, SchwBr 49.II.35.1

Konfirmation – Ende der Kindheit

1 Wulf-Woesten 24f.
2 12.12.1809, SchwBr 19.37
3 1.9.1809, Rothkirch 512

Romantische Brautzeit und Traumhochzeit (1809–1810)

Therese von Sachsen-Hildburghausen – begehrte Heiratskandidatin

1 Platen 49
2 s. u. a. Rothkirch 533, Philipps, Luise 333
3 Philipps, Luise 332f.
4 SchwBr 49.II.35.1
5 Corti 77
6 ebenda
7 Gollwitzer 249ff.
8 24.1.1810, NlKgLI, 91c
9 ebenda
10 31.1.1810, ebenda

Ludwig, Kronprinz von Bayern (1786–1868)

1 Gedichte,1 35
2 Gollwitzer 255
3 ebenda 257
4 ebenda 13
5 Corti 17ff.

6 Gedichte,2 161
7 zit. n. Beck 17 f.
8 Corti 23
9 Sailer 65 f.
10 Corti 29
11 Gollwitzer 252 f.
12 zit. n. Corti 35
13 ebenda 39
14 ebenda 48
15 s. ebenda 64 ff.

Brautzeit zwischen Liebesschwüren und ersten Missverständnissen

1 12.1.1810, Rothkirch 530 f.
2 Brief verschollen, erwähnt in Brief Therese an Ludwig, 26.8.1810, NlKgLI, A 4/1
3 Gollwitzer 603
4 24.1.1810, NlKgLI, 91c
5 Rothkirch 533, 527; Philipps, Luise 333 f.
6 zit. n. Herre 92
7 SchwBr 49.II.35.1
8 2.3.1810, NlKgLI, 91c
9 17.3.1810, NlKgLI, A4/I
10 25.2.1810, NlKgLI, 91c
11 26.2.1810, ebenda
12 28.2.1810, NlKgLI, A4/I
13 2.3.1810, ebenda
14 10.3.1810, NlKgLI, A4/I
15 Gedichte, 1, 76
16 13.3.1810, NlKgLI, A4/I
17 19.3.1810, ebenda
18 29.5.1810, ebenda
19 15.5.1810, ebenda
20 8.5.1810, ebenda
21 Schoepp 170.
22 5.5.1810, Rothkirch 550
23 18.7.1810, NlKgLI,A4/I
24 ebenda
25 7.8.1810, ebenda
26 23.8.1810, NlKgLI, 91c
27 10.8.1810, NlKgLI,A4/I
28 12.9.1810, ebenda
29 21.8.1810, ebenda
30 26.8.1810, ebenda
31 5.9.1810, ebenda

32 ThSALoc. 43 Nr. 4, Hausurkunden Nr. 5434
33 29.7.1810, NlKgLI, A/4I
34 19.8.1810, NlKgLI, 91c
35 25.8.1810, NlKgLI, I A 4/I
36 26.8.1810, NlKgLI, 91c
37 30.8.1810, ebenda
38 5.9.1810, NlKgLI, A4/I
39 9.9.1810, NlKgLI, 91c
40 15.9.1810, NlKgLI, A4/I

Abschied von Hildburghausen und eine Märchenhochzeit in München

1 26.9.1810, ebenda
2 Human 242
3 1.10.1810, NlKgLI, 91c
4 Beiel 24
5 Wolf 33
6 Beiel 26
7 Aug.Pol.Zeit. Nr. 249, 17.10.1810
8 ebenda Nr. 251, 19.10.1810
9 Beiel 31
10 Aug.Pol.Zeit. Nr. 251, 19.10.1810
11 ebenda Nr. 252, 20.10.1810
12 ebenda Nr. 253, 22.10.1810

Angekommen in der Realität

1 9.10.1810, NlKgLI, 91c
2 Corti 84
3 ebenda
4 30.9.1810, NlKgLI, A4/I
5 Charlotte an ihren Vater, 29.10.1810, SchwBr 47/137
6 Philipps, Luise 371 f.
7 Corti 83
8 12.9.1810, NlKgLI, A4/I

Kronprinzessin in Salzburg und Innsbruck (1810–1816)

Erstes Ehejahr und Geburt des Thronfolgers

1 Corti 85
2 Aug.Pol.Zeit. Nr. 268, 28.11.1810
3 ebenda
4 Gollwitzer 149

5 Herre 87
6 31.1.1812, NlKgLI, IA4/I
7 Corti 89 f.
8 ebenda 90

*Einsame Ehefrau und
begeisterte Mutter*

1 6.1.1813, NlKgLI, IA4/I
2 6.6.1812, NlKgLI, 91c
3 8.1.1813, NlKgLI, IA4/I
4 ebenda
5 ebenda
6 Corti 94
7 Gedichte, 1, 118
8 13.10.1813, NlKgLI, IA4/I
9 19.12.1813, ebenda

*Socken und Filzschuhe
für die Soldaten*

1 22.12.1813, ebenda
2 29.12.1813, ebenda
3 22.12.1813, ebenda
4 29.12.1813, ebenda
5 ebenda
6 14.1.1814, Kg.-Bair.Salzach-
Kreis-Blatt
7 4.3.1814, NlKgLI, IA4/I
8 14.3.1814, ebenda
9 18.3.1814, ebenda
10 25.3.1814, ebenda
11 24.4.1814, ebenda
12 ebenda
13 30.4.1814, ebenda
14 5.5.1814, ebenda
15 Herre 105
16 9.7.1814, NlKgLI, IA4/I
17 3.8.1814, ebenda

Zwischen Krieg und Frieden

1 Corti 119
2 19.2.1815, NlKgLI, IA4/I
3 ebenda
4 Reiser, König und Dame 19 f.
5 Bernstorff 153
6 Fournier 59
7 Gollwitzer 179

8 27.6.1814, WH G 276 Bü6
9 30.4.1814, NLKgLI, IA4/I
10 NlKgLI, 88/4/4d
11 30.4.1814, NLKgLI, IA4/I
12 ThSA HPA, 1898
13 Corti 113
14 de la Garde, 408 f.
15 1.3.1815, NlKgLI, IA4/I
16 4.3.1815, ebenda
17 ThSa HPA, 1898
18 Herre 111
19 18.6.1815, NLKgLI, IA4/I
20 zit.n. Sing 106
21 26.6.1815, NlKgLI, IA4/I
22 26.6.1815, ebenda
23 30.6.1815, ebenda
24 8.7.1815, ebenda

Leben in zwei Welten (1816–1825)

Große Politik versus Häuslichkeit

1 1.1.1817, Chroust pr, I, S.89 f.
2 Gollwitzer 196 f.
3 12.10.1821, NlKgLI, 98/5/IV
4 Journal für Literatur, Kunst
202 f.
5 Gollwitzer 229
6 1.1.1817, Chroust pr, I, 89 f.
7 15.2.1818, ebenda 172
8 22.5.1822, ebenda 301
9 2.8.1816, NlKgLI, IA4/I
10 21.1.1821, ebenda
11 24.1.1821, ebenda
12 17.2.1821, ebenda
13 31.1.1821, ebenda
14 10.1.1821, ebenda
15 21.1.1821, ebenda
16 11.11.1820, ebenda
17 11.11.1820, NlKgLI, IA4/I
18 20.1.1818, ebenda
19 2.5.1821, ebenda
20 6.12.1817, ebenda
21 20.1.1818, ebenda
22 31.10.1820, ebenda
23 26.12.1816, ebenda
24 26.12.1816, ebenda
25 11.10.1819, ebenda

26 21.2.1821, ebenda
27 26.12.1816, ebenda
28 11.2.1821, ebenda
29 24.2.1821, ebenda
30 Aug.Ord.Postzeit. Nr. 254,
    22.10.1824
31 11.2.1821, NlKgLI, IA4/I
32 13.5.1819, ebenda
33 ebenda

Gemeinsame Freuden und Pflichten

 1 19.2.1825, Beck 28
 2 ebenda
 3 30.3.1825, ebenda 28 f.
 4 16.1.1825, ebenda
 5 28.7.1820, Ringseis, II, 7
 6 zit. n. Sing 111
 7 ebenda 53
 8 3.12.1820, NlKgLI, IA4/I
 9 26.1.1821, ebenda
10 11.10.1820, ebenda
11 Beck 26
12 6.12.1820, NlKgLI, IA 4/I
13 26.1.1821, ebenda
14 4.2.1821, ebenda
15 zit. n. Sing 109
16 ebenda 107
17 ebenda 56
18 Brief Oettl an Ludwig, 9.2.1825,
    zit. n. Sing 57
19 15.12.1817, NlKgLI, I A4/I
20 Sing 45
21 ebenda 118
22 3.10.1821, NlKgLI, IA4/I
23 15.12.1817, ebenda
24 20.1.1818, ebenda
25 31.10.1820, ebenda
26 13.12.1820, ebenda
27 26.12.1816, ebenda
28 28.12.1817, ebenda
29 ebenda
30 30.4.vI818, ebenda
31 24.2.1821, ebenda
32 28.9.1821, ebenda
33 26.10.1820, ebenda
34 Sing 117
35 4.3.1825, zit. n. Beck 27

36 28.9.1821, NlKgLI, IA4/I
37 zit. n. Sing 111
38 3.7.1821, zit. n. Herre 159
39 zit. n. Herre 159
40 ebenda
41 ebenda 160
42 15.8.1821, Chroust pr, I, 282
43 Herre 161
44 9.9.1821, Chroust pr, I, 283 f.
45 24.8.1817, SchwBr 43.II.5.8
46 30.6.1817, SchwBr 43.II.5.X
47 21.7.1818, ebenda
48 5.6.1819, ebenda

Nähe durch Ferne

 1 Gedichte, 1, 275
 2 Reiser, König und Dame 88
 3 Croust frz, I, 60 f.
 4 Reiser, König und Dame 23 f.
 5 Morgenblatt f. gebild. Leser 213
 6 Müller 14
 7 zit. n. Hase 95 f., s. a. Hojer,
    Schönheitsgalerie 16
 8 Reiser, König und Dame 23
 9 Gedichte, 1, 278
10 15.12.1817, NlKgLI, I A4/I
11 11.1.1818, ebenda
12 Ringseis, I, 389
13 ebenda 432 ff.
14 zit. n. Herre 138
15 Atterbom 220
16 ebenda 181
17 Reiser, König und Dame 26
18 Reiser, Memoiren 7
19 7.2.1818, NlKgLI, I A4/I
20 30.2.1818, ebenda
21 11.1.1818, ebenda
22 7.2.1818, ebenda
23 30.4.1818, zit. n. Atterbom 214 ff.
24 zit. n. Herre 142
25 13.5.1819, NlKgLI, I A4/I
26 18.10.1820, ebenda
27 ebenda
28 31.12.1820, ebenda
29 4.1.1817, ebenda
30 11.3.1818, ebenda
31 zit. n. Sing 47

32 16.5.1821, NlKgLI, I A4/I
33 13.5.1819, ebenda
34 15.3.1820, Chroust pr, I, 251
35 11.10.1820, NlKgLI, I A4/I
36 26.10.1820, ebenda
37 6.11.1820, ebenda
38 11.11.1820, ebenda
39 23.12.1820, NlKgLI, 89/5/IV
40 31.12.1820, NlKgLI, I A4/I
41 1.1.1821, NlKgLI, 89.5 IV
42 10.1.1821, NlKgLI, I A4/I
43 ebenda
44 Ringseis, II, 67 ff.
45 3.2.1821, NlKgLI, 89.5 IV
46 4.2.1821, NlKgLI, I A4/I
47 ebenda
48 14.2.1821, NlKgLI, I A4/I
49 17.2.1821, ebenda
50 21.2.1821, ebenda
51 Ringseis, II, 75 f.
52 Graziani 27
53 28.2.1821, NlKgLI, 89/5/IV
54 3.3.1821, ebenda
55 24.2.1821, NlKgLI, I A4/I
56 28.2.1821, ebenda
57 20.3.1821, NlKgLI, 89/5/IV
58 24.3.1821, ebenda
59 28.3.1821, ebenda
60 31.3.1821, ebenda
61 20.3.1821, ebenda
62 4.4.1821, ebenda
63 28.2.1821 und 31.3.1831, ebenda
64 3.4.1821, NlKgLI, I A4/I
65 13.4.1821, ebenda
66 18.4.1821, ebenda
67 10.4.1821, NlKgLI, 89/5/IV
68 23.4.1821, NlKgLI, I A4/I
69 17.4.1821, NlKgLI, 89/5/IV
70 29.4.1821, NlKgLI, I A4/I
71 29.4.1821, NlKgLI, 89/5/IV
72 25.4.1821, 3.5.1821, 3.6.1821, Graziani 41 f.
73 3.12.1821, ebenda 47
74 ebenda 120
75 12.10.1821, NlKgLI, 89/5/IV
76 30.10.1823, Graziani 53 f.

77 Reiser, Memoiren 28; Reiser, Tagebuch 25
78 Reiser, Tagebuch 25
79 Graziani 54
80 11.11.1823, ebenda
81 ebenda 55
82 Graziani 160
83 Graziani 120 ff.
84 Corti 56
85 Ringseis, II, 167 f.
86 ebenda
87 Reiser, Tagebuch 24; Reiser, Memoiren 28 ff.
88 Ringseis, II, 167 f.
89 16.4.1824, Graziani 67
90 Reiser, Tagebuch 24; Reiser, Memoiren 28 ff.
91 Ringseis, II, 167 f.
92 26.4.1824, NlKgLI, 87/5
93 4.5.1824 und 7.5.1824, ebenda
94 12.5.1824 und 15.5.1824, ebenda
95 Reiser, Tagebuch 29
96 20.11.24, Graziani 73

Königin Therese (1825–1834)

Das Jahr 1825

1 23.10.1825, NlKgLI, 87/5
2 13.10.1825, Chroust frz, II, 1
3 19.10.1825, NlKgLI, II A1
4 22.10.1825, NlKgLI, 87/5
5 21.10.1825, ebenda
6 23.10.1825, ebenda
7 24.10.1825, NlKgLI, II A1
8 26.10.1825, Graziani 77
9 ebenda 78
10 22.10.1825, NlKgLI, II A1
11 22.10.1825, ebenda
12 24.10.1825, ebenda
13 22.10.1825, ebenda
14 24.10.1825, ebenda
15 22.10.1825, ebenda
16 ebenda
17 19.10.1825, ebenda
18 Corti 156
19 15.11.1825, Chroust pr, II, 5 ff.
20 21.10.1821, NlKgLI, 87/5

Anmerkungen

21 15.11.1825, Chroust pr, II , 5 ff.

22 19.10.1825, NlKgLI, II A1

23 6.11.1825, Chroust pr, II, 4

24 Corti 156

25 15.11.1825, Chroust pr, II, 5 ff.

26 6.12.1825, Chroust frz, II, 9

27 Corti 157 f.

28 7.3.1826, Chroust frz, II, 18 f.

29 29.3.1826, Chroust pr, II, 26 f.

Leben im Fokus der Öffentlichkeit
(1826–1834)

1 20.5.1848, Beck 167

2 zit. n. Murr 64

3 Droß 44 f.

4 Murr 67 f.

5 ebenda 66 f.

6 15.8.1828, Chroust frz, II, 133 f.

7 Platen 46

8 Gedichte, 2, 169

9 5.5.1826, Chroust pr, II, 34 f.

10 5.5.1826, ebenda

11 6.5.1826, Chroust frz, II, 24 f.

12 5.5.1826, Chroust pr, II, 34 f.

13 6.5.1826, Chroust frz, II, 24 f.

14 5.5.1826, Chroust pr, II, 34 f.

15 Graziani 80

16 8.1.1826, ebenda 81

17 ebenda 81 f.

18 19.5.1826, Chroust frz, II, 27 f.

19 5.6.1826, ebenda, 29 f.

20 ebenda

21 5.5.1826, Chroust pr, II, 34 f.

22 13.5.1826, NlKgLI, II A1

23 26.5.1826, ebenda

24 19.5.1826, ebenda

25 Graziani 83

26 ebenda 86

27 24.4.1827, Chroust frz, II, 71

28 23.4.1827, Chroust pr, II, 71

29 4.5.1827, 10.5.1827 NlKgLI, II A1

30 10.5.1827, ebenda

31 21.5.1827, ebenda

32 27.5.1827, ebenda

33 Graziani 79 ff.

34 3.6.1827, NlKgLI, II A1

35 Graziani 82

36 29.6.1827 und 6.7.1827, ebenda 95

37 ebenda 96

38 9.7.1827, ebenda 95

39 Graziani 96 ff.

40 27.2.1829, Chroust frz, II, 164

41 4.1.1828, Graziani 104 f.

42 11.1.1828, ebenda 105 f.

43 12.2.1829, NlKgLI, II A1

44 19.2.1829, ebenda

45 17.2.1829, NlKgLI, 87/5

46 19.2.1829, ebenda

47 4.3.1829, NlKgLI, II A1

48 19.2.1829, ebenda

49 19.2.1829, Graziani 113

50 22.2.1829, NlKgLI, 87/5

51 ebenda

52 4.3.1829, NlKgLI, II A1

53 26.2.1829, NlKgLI, 87/5

54 27.2.1829, ebenda

55 11.3.1829, NlKgLI, II A1

56 1.3.1829, NlKgLI, 87/5

57 6.3.1829, ebenda

58 11.3.1829, ebenda

59 16.3.1829, ebenda

60 18.3.1829, ebenda

61 19.3.1829, 26.3.1829 und 28.3.1829, ebenda

62 31.3.1829, ebenda

63 4.4.1829, 7.4.1829 und 11.4.1829, ebenda

64 21.4.1829, ebenda

65 29.4.1829, ebenda

66 4.4.1830, ebenda

67 25.4.1830, NlKgLI, II.A1

68 1.11.1829, Thiersch 110 f.

69 Brief Ludwig an Max, 25.1.1830, ebenda 120

70 17.3.1830, NlKgLI, II.A1

71 21.4.1830, ebenda

72 23.4.1830, NlKgLI, 87/5

73 7.5.1830, NlKgLI, II.A1

74 6.5.1830, NlKgLI, 87/5

75 16.5.1830, ebenda

76 26.5.1830, NlKgLI, II.A1

77 Brief aus Colombella, 31.5.1830, NlKgLI, 87/5

Anmerkungen

78 2.7.1831, Chroust frz, II,
   Anm. 1, 424
79 Morgenblatt f. gebild. Stände
   379
80 Hojer 70
81 31.3.1830, NlKgLI, II.A1
82 31.3.1830, ebenda
83 26.5.1830, ebenda
84 15.7.1831, NlKgLI, 87/5
85 22.7.1831 und 29.7.1831, ebenda
86 23.7.1831, NlKgLI, II.A1
87 ebenda
88 2.7.1831, ebenda
89 23.8.1831, ebenda
90 Graziani 142
91 23.8.1831, NlKgLI, II.A1
92 Graziani 144
93 Mainer, Cantate
94 4.4.1830, NlKgLI, II.A1
95 23.5.1830 und 4.4.1830, ebenda
96 29.4.1830, ebenda
97 31.3.1830, ebenda
98 4.4.1830, ebenda
99 Ritter 39f.; 9.2.1828, Chroust
   frz, II, 114f.
100 23.7.1828 Chroust pr, II, 114
101 Ritter 39f.
102 28.2.1827, Chroust frz, II, 62
103 18.9.1830, ebenda
104 16.4.1830, ebenda
105 2.5.1830, ebenda
106 18.9.1830, NlKgLI, II.A1
107 ebenda
108 19.2.1829, ebenda
109 28.4.1830, ebenda
110 21.4.1830, ebenda
111 11.3.1829, ebenda
112 17.3.1830, ebenda
113 31.3.1830, ebenda
114 21.2.1829, ebenda
115 24.4.1829, ebenda
116 6.6.1833, ebenda
117 21.4.1830, ebenda
118 12.2.1829, ebenda
119 25.2.1829, NlKgLI, 87/5
120 Sailer, Erziehung 181
121 zit. n. Sing 120f.

122 ebenda 124
123 ebenda 125
124 ebenda
125 4.3.1829, NlKgLI, II.A1
126 9.4.1829, ebenda
127 Thiersch, 106f.
128 Thiersch, 97f.
129 ebenda, 112f.
130 8.1.1830, Beck 33f.
131 Max an Mathilde, 10.10.1830,
   zit. n. Beck 34
132 31.3.1830, NlKgLI, II.A1
133 Max an Mathilde, 10.10.1830,
   zit. n. Beck 39f.
134 31.3.1830, NlKgLI, II.A1
135 28.4.1830, ebenda
136 Beck 57f.
137 ebenda 66
138 ebenda 81
139 ebenda 85
140 ebenda 87f.
141 ebenda 91
142 zit. n. Adalbert, Residenz 255f.
143 10.10.1829, Chroust frz, II,
   209f.
144 13.12.1829, Chroust pr, II, 143f.
145 6.12.1829, Chroust frz, II, 225
146 23.3.1832, Chroust pr, II, 244
147 4.3.1832, ebenda 240ff.
148 28.10.1832, ebenda 273
149 25.2.1832, Chroust frz, II, 25
150 16.5.1832, zit. n. Beck 36ff.
151 15.6.1832 und 30.7.1832,
   NlKgLI, II A1
152 22.7.1832, 5.8.1832 und
   30.6.1832, Chroust frz, II,
   71–75
153 Poißl 13ff.
154 Adalbert, Residenz 257
155 3.12.1832, Chroust pr, II, 277
156 4.12.1832, Chroust frz, II, 102f.
157 Adalbert, Residenz 258
158 Prinzen 66
159 9.8.1831, Kabinettsakten Kg
   MaxII 363
160 Neumärkische Zeitung,
   26.8.1831

161 25.8. 1831, Chroust pr, II, 220
162 9.8.1831, Chroust frz, II, 442
163 26.9.1831, ebenda 450
164 29.9.1831, ebenda 451
165 29.9. 1831, ebenda
166 ebenda
167 Neumärkische Zeitung,
26.8.1831
168 30.10.1836, Chroust frz, III,
288
169 1.9.1830, NlKgLI, II.A1
170 16.9.1830, ebenda
171 18.9.1830, ebenda
172 Philipps, Dunkelgräfin 14
173 25.8.1830, Chroust pr, II,
Anm. 3, 166
174 15.9.1830, ebenda, Anm. 1,
167 f.
175 18.9.1830, NlKgLI, II.A1
176 24.9.1830, ebenda
177 ebenda
178 Schoeppl 173
179 Allg.Zeit.München, Nr. 13,
25.9.1830
180 24.9.1830, NlKgLI, II.A1
181 ebenda
182 ebenda
183 ebenda
184 28.9.1830, ebenda
185 24.9.1830, ebenda
186 18.9.1830, ebenda
187 8.10.1830, ebenda
188 21.9.1830, Chroust pr, II, 168 f.
189 22.9.1830, Chroust frz, II, 287
190 3.10.1830, Chroust pr, II, 170 f.;
Chroust frz, II, 298
191 28./29.12.1830, ebenda 336
192 9.2.1831, ebenda 350
193 3.3.1831, Chroust pr, II, 190 ff.
194 Chroust frz, II, 372 f.
195 5.5.1832 und 7.6.1832, NlKgLI,
II.A1
196 19.6.1832, Chroust frz, II, 63
197 30.6.1832, ebenda 66 f.
198 ebenda

**Silberhochzeit zwischen offiziellem
Jubel und privatem Desaster
(1834–1836)**

Ängste, Kummer und Sorgen

1 Büchner
2 10.7.1834, Chroust frz, II, 196 f.
3 15.5.1834, ebenda 184
4 1.6.1834, ebenda 186
5 Droß 91
6 Büchner
7 14.4.1834, Chroust frz, II, 180
8 23.6.1834, Chroust pr, II. 327;
16.5.1834, Chroust frz, II, 88 f.
9 23.6.1834, Chroust pr, II. 327

Eine Aufforderung und ihre Folgen

1 21.2.1836, NlKgLI, II.A ad1
2 Corti 199
3 4.10.1834, NlKgLI, II.A1
4 20.10.1834, NlKgLI, 87/5
5 29.10.1834, NlKgLI, II.A1
6 26.10.1834, NlKgLI, 87/5
7 21.2.1836, NlKgLI, II.A ad1
8 25.7.1835, NlKgLI, 87/5
9 26.7.1835, NlKgLI, II.A1
10 27.7.1835, NlKgLI, 87/4
11 Mainer, Hymne

Silberhochzeit am 12. Oktober 1835

1 ebenda
2 Destouches 80 f.
3 15.11.1835, Chroust pr, II,
384 ff.
4 Festzug
5 Mainer, Hymne
6 21.2.1836, NlKgLI, II.A ad1
7 13.10.1835, Chroust pr, II, 375 f.
8 Adalbert, Residenz 263
9 12.10.1835, NlKgLI, 87/5
10 21.2.1836, NlKgLI, II A ad1
11 13.10.1835, Chroust pr, II, 375 f.
12 Hojer 23
13 Ludwig Schorn , zit. n. Hojer 27
14 ebenda
15 ebenda
16 ebenda 107 ff.

17 Bürger 90 ff.
18 ebenda 112
19 ebenda
20 Adalbert, Residenz 260 f.
21 ebenda 263

Zwischen Pflichterfüllung
und persönlicher Würde

1 21.11.1835, NlKgLI, 87/5
2 12.12.1835, NlKgLI, II.A ad 1
3 11.1.1836, ebenda
4 2.1.1836, ebenda
5 11.1.1836, ebenda
6 21.2.1836, ebenda
7 10.3.1836, ebenda
8 14.3.1836, ebenda
9 22.3.1836, ebenda
10 12.4.1836, ebenda
11 o.D. (vor dem 28.6.1835), ebenda
12 28.6.1836, ebenda

Realitäten zwischen Traum
und Albtraum (1837–1846)

Als Protestantin in Bayern

1 14.12.1829, Chroust frz, II, 201
2 26.12.1839, Chroust pr, III, 133 f.
3 27.2.1826, Chroust frz, II, 17 f.;
   15.11.1835, Chroust pr, II, 384 ff.
4 29.1.1839, ebenda 101 f.
5 29.6.1835, Chroust pr, II, 368;
   4.3.1841, ebenda 202
6 16.5.1839, ebenda, III, 116
7 23.8.1838, ebenda 59
8 26.12.1839, ebenda 133
9 14.12.1845, ebenda, IV, 110
10 2.12.1837, ebenda, III, 3
11 28.12.1837, ebenda 11 f.
12 17.12.1837, ebenda 6 f.
13 5.2.1839, ebenda 103 f.
14 15.1.1838, ebenda 13
15 27.1.1838, ebenda 16
16 12.3.1838, ebenda 30
17 5.6.1838, ebenda 44
18 27.6.1840, ebenda 171
19 28.11.1840, ebenda 179
20 ebenda

21 ebenda
22 ebenda
23 Kath. Literaturzeitung 210 ff.
24 11.4.1835, Chroust pr, II, 360
25 29.4.1838, ebenda 41
26 4.3.1841, ebenda 201
27 25.2.1841, ebenda 199
28 4.3.1841, ebenda 201
29 27.9.1841, ebenda 225
30 23.2.1839, ebenda 111
31 5.11.1841, ebenda 235
32 3.1.1830, Bazar 43 f.
33 Allg.Zeit.München, Nr. 29,
   29.1.1830
34 30.1.1830, Chroust frz, III, 241
35 20.11.1841, ebenda, IV, 276
36 27.11.1841, Chroust pr, III, 237 f.
37 1.12.1841, ebenda 247
38 16.12.1841, ebenda 256
39 22.12.1841, ebenda 259
40 1./2.2.1842, ebenda 268
41 1./2.2.1842, ebenda 268
42 21.2.1842, ebenda 274
43 28.2.1845, Chroust pr, IV 86;
   2.4.1840, ebenda III 157
44 14.01.1846, ebenda 120 f.
45 Beck 130 ff.
46 25.5.1839, NlKgLI, 85/2/8
47 6.8.1839, ebenda
48 7.8.1840, ebenda
49 Escherich 108 f.
50 Rudolph 25
51 12.8.1838, NlKgLI, II.A ad 1;
   20.5.1844, NlKgLI, 85/2/8

Hoch-Zeiten und Tief-Punkte

1 16.6.1836, Chroust frz, III, 272
2 7.7.1836, NlKgLI, II.A ad 1
3 ebenda
4 21.7.1836, ebenda
5 13.8.1836, ebenda
6 28.10.1838, Chroust frz, III, 57
7 17.10.1843, Chroust pr, IV, 5
8 11.10.1843, Chroust pr, IV, 2
9 Beck 126
10 9.8.1834, Nl Herz.Adelgunde 2
11 11.4.1841, Chroust pr, III, 211

12 Adalbert, Residenz 270 f.
13 30.3.1844, NlKgLI, 85/2/8
14 8./10.6.1833, zit. n. Beck 33
15 9.8.1838, Chroust pr, III, 51;
    13.3.1837, Chroust frz, III, 316;
    19.11.1838, Chroust pr, III, 79;
    28.10.1838, Chroust fr, III, 57
16 9.11.1838, Chroust pr, III, 79
17 13.3.1837, Chroust frz, III, 316
18 20.12.1841, Chroust pr, III, 258 f.
19 Adalbert, Residenz 274
20 15.5.1843, Chroust frz, IV, 357
21 Abschied von unserer Tochter
    Hildegard im May 1844,
    Gedichte, 4, 227
22 12.3.1844, Nl Herz.Adelgunde
23 4.4.1839, NlKgLI, 85/2/8
24 13.12.1844, Chroust frz, V, 96
25 30.3.1844, Nl Herz.Adelgunde
26 12.3.1844, ebenda
27 3.5., 4.5., 6.5.1844, Chroust pr,
    IV, 44 ff.
28 24.5.1844, NlKgLI, 85/2/8
29 10.10.1844, Chroust pr, IV, 63 f.
30 15.7.1844, ebenda 57 ff.;
    10.10.1844, ebenda 63 f.
31 20.5.1844, NlKgLI, 85/2/8
32 3.1.1845, Nl Herz.Adelgunde
33 Escherich 114 f.
34 ebenda 110 ff.
35 ebenda
36 ebenda 112 f.
37 ebenda 114 f.
38 ebenda 115
39 ebenda 116
40 ebenda 117
41 ebenda 118
42 ebenda 119 f.
43 21.1.1893, Nl Herz.Adelgunde
    239
44 12.3.1839, 19.3.1839 und
    20.3.1839, NlKgLI, 85/2/8
45 12.5.1842, ebenda
46 7.8.1840, ebenda
47 6.8.1839, ebenda
48 u.a. 5.5.1842, ebenda
49 31.12.1843, Chroust frz, V, 30

50 Dickinger 101 f.
51 ebenda 100
52 9.1.1845, Chroust frz, V, 99
53 15.7.1845, NlKgLI, 85/2/8
54 Reiser, Memoiren 88 f.

Ludwig und Therese

1 21.1.1893, Nl Herz.Adelgunde
    239
2 20.6.1843, NlKgLI, 85/2/8
3 4.7.1843, ebenda
4 1.9.1845, ebenda
5 2.5.1839, ebenda
6 12.5.1842, ebenda
7 20.4.1839, ebenda
8 25.4.1839, ebenda
9 18.5.1839, ebenda
10 21.4.1841, ebenda
11 6.8.1841, ebenda
12 8.7.1844, ebenda
13 1.9.1845, ebenda
14 12.7.1845, ebenda
15 Gedichte, 4, 59
16 Reiser, König und Dame 77 ff.
17 ebenda 82
18 Adalbert, Residenz 278
19 Escherich 122
20 ebenda 121 f.
21 29.9.1844, Chroust frz, IV, 74
22 Reiser, König und Dame 82
23 Gedichte, 4, 298

Eine Königin im passiven Widerstand (1846–1848)

Königlicher Liebesrausch

1 25.11.1846, Chroust ö, III, 395
2 30.11.1846, Chroust pr, IV, 203 f.
3 zit. n. Sing 148
4 Rauh 11
5 ebenda 13 ff.
6 ebenda 10
7 Escherich 131 f.
8 25.11.1846, Chroust ö, III, 395
9 20.11.1846, BSB LA 33, Seymour
    doc BC 1846
10 30.11.1846, Chroust pr, IV, 203 f.

11 ebenda
12 25.7.1919, Seymour doc BC1846
13 Rauh 38
14 25.1.1847, Chroust ö, III, 407
15 25.12.1846, Chroust ö, III, 402 f.
16 zit. n. Sing 148
17 Reiser, Memoiren 76
18 6.12.1846, Chroust ö, III, 397
19 25.1.1847, ebenda 407
20 25.12.1846, ebenda 402 f.
21 Reiser, Memoiren 76
22 3.1.1847, Chroust ö, III, 403 f.
23 Escherich 124
24 NlKgLI, 85/3/7; 2.1.1847,
   Seymour doc BC1847; Corti 240
25 25.1.1847, BSB LA 39, Seymour
   doc BC1847
26 6.12.1846, Chroust ö, III, 397
27 BSB LA 39, Seymour doc
   BC1847
28 Corti 238
29 ebenda 240
30 BSB LA 39, Seymour doc
   BC1847
31 BSB Autogr. Cim. Lu. I.,
   Seymour doc BC1847; Corti 242
32 13.7.1847, Chroust pr, IV, 281
33 Escherich 124
34 GB, Seymour doc BC1847
35 Dt.Allg.Zeit., 26.7.1919
36 5.2.1847, Chroust pr, IV, 215
37 10.2.1847, Corti 246
38 13.2.1847, Chroust ö, III, 417
39 16.2.1847, Chroust pr, IV, 217
40 ebenda
41 28.2.1834, Chroust pr, II, 230
42 25.2.1847, Chroust ö, III, 421 ff.
43 Corti 46
44 25.2.1847, Chroust ö, III, 421 ff.
45 2.3.1847, BSB LA 39, Seymour
   doc BC1847
46 1.3.1847, Chroust ö, III, 429 f.
47 Corti 42
48 6.3.1847, Chroust pr, IV, 239
49 5.3.1847, Chroust ö, III, 436
50 7.3.1847, Chroust frz, V, 240 ff.
51 2.3.1847, Chroust ö. III 430 f.

52 5.3.1847, Dt.Allg.Zeit., 26.7.1919
53 Therese an Mathilde, 4.3.1847,
   Beck 146
54 21.2.1836, NlKgLI, II.A ad1
55 24.3.1847, Trost 8 f.
56 ÖGB S 435, Seymour doc BC1847
57 10.3.1847, BSB LA 39, ebenda
58 Corti 252 f.
59 9.3.1847, Chroust ö, III, 244

Keine Anerkennung für die Gräfin

1 5.3.1847, Chroust ö, III, 433 f.
2 3.3.1847, ebenda 430 ff.
3 5.3.1847, ebenda 437 f.
4 29.3.1847, ebenda 445
5 Rauh 42
6 29.3.1847, Chroust ö, III, 443
7 12.4.1847, ebenda 448
8 Rauh 43
9 4.5.1848, BSB Heideckiana
   III.4.e.2, Seymour doc BC1848
10 Rauh 92
11 12.4.1847, Chroust ö, III, 448
12 4.5.1847, ebenda 453
13 13.7.1847, Chroust pr, IV, 281
14 16.6.1848, Rauh 202
15 13.7.1847, Chroust pr, IV, 281
16 9.7.1847, NlKgLI, 85/2/8
17 29.3.1847, Beck 141 f.
18 12.7.1847, Beck 141
19 19.7.1817, NlKgLI, 85/2/7
20 Rauh 37
21 7.7.1847, NlKgLI, 85/2/8
22 10.7.1847, ebenda
23 29.8.1847, ebenda
24 4.8.1847, Rauh 51
25 Corti 258
26 Rauh 54
27 6.8.1847, ebenda 55
28 Ludwig an Lola, 8.8.1847,
   Rauh 56
29 9.8.1847, ebenda
30 12.8.1847, Rauh 57
31 ebenda 63
32 ebenda
33 Urkunde 54/4/32

Vivat für die Königin –
Pereat für Lola

1 13.10.1847, BSB LA 39, Seymour docBC1847
2 Rhein. Beobachter, 12.9.1847; Magdeb. Zeitung, 6.9.1847
3 15.2.1848,Chroust pr, IV, 378 f.
4 16.10.1848, Chroust frz, V, 294
5 4.9.1847, Chroust pr, IV, 298
6 24.9.1847, ebenda 303 f.
7 9.10.1847, Chroust pr, IV, 310
8 lt. Thiersch Mitte November 1847, Dt.Allg.Zeit., 26.7.1919
9 5.9.1847, Chroust pr, IV, 469
10 29.11.1847, Chroust ö, III, 499; Corti 262
11 Rauh 263; 30.11.1847, Chroust pr, IV, 330 f.
12 ebenda
13 ebenda
14 15.2.1848, ebenda 376 f.
15 zit. n. Sing 150
16 30.11.1847, Chroust pr, IV, 330 f.
17 25.11.1847, Chroust frz, V, 307
18 14.12.1848, Seymour docBc1848
19 19.12.1847, Beck 148
20 30.11.1847 Chroust pr, IV, 138 f.
21 17.1.1848, Chroust frz, V, 324
22 1.1.1848, Chroust ö, III, 513 ff.
23 Rauh 86

Königin und Volk versus König und Lola

1 30.1.1848, Chroust ö, III, 517 ff.
2 26.1.1848, NlKgO 12
3 1.1.1848, Mon.Diary 14, Seymour docBC1848
4 3.1.1848, Chroust ö, III, 511 ff.
5 30.1.1848, Chroust ö, III, 517 ff.
6 7.2.1848, Chroust ö, III, 519
7 15.2.1848, Chroust pr, IV, 378 f.
8 7.2.1848, Chroust ö, III, 518.
9 ebenda
10 3.2.1848, Mon.Diary 17 f., Seymour docBC1848

11 1.2.1848, Thiersch, Dt.Allg.Zeit., 26.7.1919
12 9.2.1848, Chroust ö, III, 520
13 ebenda
14 ebenda 524
15 15.2.1848, Chroust pr, IV, 378 f.
16 Rauh 92 f.
17 9.–11.2.1848, Chroust ö, III, 520 ff.; Rauh 92 f.
18 10.2.1848, Rauh 93
19 22.2.1848, Chroust pr, IV, 391
20 Reiser, Memoiren 78
21 Escherich 140
22 ebenda 142 f.
23 Rauh 96
24 15.2.1848, Chroust pr, IV, 378 f.
25 11.2.1848, Rauh 97
26 12.2.1848, ebenda 98
27 11.2.1848, Chroust frz, V, 333
28 19.2.1848, Nl Herz.Adelgunde 2
29 24.2.1848, ebenda
30 15.2.1848, Beck 152
31 2./3./4.3.1848, ebenda 153
32 3.3.1848, ebenda 154
33 Chroust ö, III, 528

Ein erzwungener freiwilliger Rücktritt

1 14.2.1848, ebenda 529
2 15.2.1848, Chroust pr, IV, 378 f.
3 21.2.1848, Chroust ö, III, 533
4 21.2.1848, ebenda 536
5 29.2.1848, ebenda 397 f.
6 Rauh 268
7 2.3.1848, Chroust ö, III, 539
8 Beck 155 ff.
9 Beck 157
10 5.3.1848, Chroust frz, V, 347
11 4.3.1848, Rauh 133
12 Beck 157
13 5.3.1848, Chroust pr, IV, 408 f.
14 zit. n. Sing 131 ff.
15 ebenda 134
16 7.3.1848, Chroust pr, IV, 418 f.
17 zit. n. Sing, 135
18 7.3.1848, Rauh 135 f.
19 Sing 136

20 ebenda
21 6.3.1848, Beck 159
22 Therese an Adelgunde, 6.3.1848,
Nl Herz.Adelgunde 2
23 Rauh 270 f.
24 BSB LA 36, Seymour docBC1848
25 14.3.1848, Rauh 139
26 16.3.1848, Nl Herz.Adelgunde 2
27 Rauh 140
28 ebenda 277
29 zit. n. Sing 138
30 18.3.1848, Chroust pr, IV, 435
31 Rauh 142
32 17.3.1848, ebenda
33 zit. n. Sing 139
34 21.3.1848, Rauh 155
35 23.3.1848, Nl Herz.Adelgunde 2
36 Rauh 148
37 21.3.1848, Chroust pr, IV, 437
38 23.3.1848, Nl Herz.Adelgunde 2
39 30.3.1848, NlKgOtto 12
40 20.5.1848, ebenda
41 2.4.1848, Beck 167

Exkönigin Therese (1848–1854)

Lola und kein Ende

1 16.10.1848, NlKgLI, 85/2/8
2 29.3.1848, Nl Herz.Adelgunde 2
3 ebenda
4 30.3.1848, Trost 108 f.
5 zit. n. Gollwitzer 725
6 an Otto, 26.4.1848, Trost 24
7 Gollwitzer 723
8 28.3.1848, Rauh 164
9 4.5.1848, Beck 94
10 15.5.1848, Trost 24
11 6.11.1848, NlKgLI, 85/2/8
12 30.4.1848, Nl Herz.Adelgunde 2
13 17.4.1848, NlKgOtto 12
14 23.3.1848, Rauh 158
15 21.3.1848, ebenda 155
16 19.3.1848, ebenda 153
17 Genf S.1.3 und London236,
Seymour docBC1848
18 11./13.4.1848, Chroust pr, IV,
438

19 11.4.1848, Rauh 173
20 22.6.1848, ebenda 203
21 22.3.1848, ebenda 161
22 17.4.1848, ebenda 175
23 1.6.1848, ebenda 196
24 8.6.1848, ebenda 197
25 30.5.1848, ebenda 195 f.
26 8.6.1848, ebenda 199
27 rosaroter Zettel, Beilage zum
18.6.1848, ebenda 202
28 15.5.1848, Nl Herz.Adelgunde 2
29 10.7.1848, Kabinettsakten
KgMaxII 363
30 8.7.1848, Rauh 210
31 28.8.1848, ebenda 224
32 ebenda 225
33 2.8.1848, SchwBr ad 43.II.5.54
34 1.9.1848, Rauh 229
35 4.9.1848, ebenda 231 f.
36 9.9.1848, ebenda 232
37 13.9.1848, ebenda 234
38 24.9.1848, NlKgLI, 85/2/8
39 ebenda
40 21.9.1848, NlKgLI, 85/2/8
41 11.10.1848, ebenda
42 27.11.1848, Kabinettsakten
KgMaxII 363
43 19.10.1848, NlKgLI, 85/2/8
44 24.10.1848, ebenda
45 BSB LA 38; 30.10.1848, Seymour
docBC1848
46 28.10.1848, Rauh 251
47 28.10.1848, Kabinettskasse Kl L
I. 51/6/7 1/4
48 o.D. (zwischen 9.11. und
24.11.1848), NlKgLI, 85/2/8
49 1.11.1848 und 9.11.1848, ebenda
50 20.11.1848, Rauh 259 f.
51 23.11.1848, ebenda 261
52 1.12.1848, ebenda 264
53 ebenda 267
54 BSB LA 38; Seymour docBC1848
55 Adalbert 284 f.
56 17.1.1849, NlKgOtto 12

Anmerkungen

Späte Erkenntnisse

1 15.3.1849, Rauh 305
2 7.1.1849, ebenda 281; 11.1.1849, ebenda 283; 31.12.1849, ebenda 350
3 ebenda
4 12.1.1849, ebenda 283
5 BSB LA 39; Papon file, Seymour docBC1849
6 Corti 287f.
7 26.1.1949, Rauh 286
8 17.3.1849, ebenda 305
9 24.4.1849, Nl Herz.Adelgunde 22
10 6.6.1849 und 15.6.1849, Rauh 324
11 16.6.1849, ebenda 325
12 24.6.1849, ebenda 324
13 Adalbert, Residenz 285
14 25.5.1849, Beck 194
15 11.7.1849, Nl Herz.Adelgunde 22
16 8.7.1849, Rauh 328; BSB LA 39; Seymour docBC1849
17 Rauh 335f.
18 21.7.1849, Seymour doc BC1849 461
19 Beck 195
20 Adalbert, Residenz 286
21 Rauh 350
22 23.12.1849, ebenda
23 25.2.1850, ebenda 354
24 8.3.1850, ebenda 355
25 26.5.1850, ebenda 356ff.
26 Testament Thereses in Abschrift, Kabinettsakten KgMaxII, Nr. 1
27 Escherich 116
28 12.7.1850, NlKgLI, 85/2/8
29 8.7.1850, NlKgLI, 87/5
30 Adalbert, Residenz 287

Familienglück

1 19.10.1851, Trost 10
2 13.4.1852, NlKgO 12
3 13.4.1851, ebenda
4 Rauh 361ff.
5 ebenda 368
6 18.5.1852, NlKgLI, 85/2/8
7 Trost 9
8 Nl Herz.Adelgunde 2
9 Schad 128

Krankheit und Tod

1 4.11.1854, Trost 11
2 Beck 266
3 Prinzen 66
4 Zedler 31
5 Dinkel
6 8.11.1855, Trost 12
7 Kabinettsakten KgMaxII Nr. 1
8 Trost 13
9 Zedler 280ff.
10 Kabinettsakten KgMaxII Nr. 1

Einem Mythos auf der Spur

*Cover- und Preisänderungen vorbehalten

Brigitte Hamann
Elisabeth
Kaiserin wider Willen

Piper Taschenbuch, 640 Seiten
€ 16,00 [D], € 16,00 [A]*
ISBN 978-3-492-30180-0

Das übliche süße Sisi-Klischee wird man in diesem Buch vergeblich suchen – Elisabeth, Kaiserin von Österreich, Königin von Ungarn, war eine der gebildetsten und interessan-
testen Frauen ihrer Zeit. Schon vor dem Attentat, das 1898
ihr Leben beendete, war sie zur Legende geworden. Brigitte
Hamann schildert in dieser zum Standardwerk gewordenen
Biografie das wirkliche Leben der Kaiserin. Die virtuos erzählte und historisch präzise Geschichte eines ungewöhnli-
chen Lebens.

PIPER

Leseproben, E-Books und mehr unter **www.piper.de**

Tragische Schicksale hinter prunkvollen Fassaden.

Helga Thoma
Ungeliebte Königin
Ehetragödien an
Europas Fürstenhöfen,
Mit 20 Abbildungen

Piper Taschenbuch, 256 Seiten
€ 9,99 [D], € 10,30 [A]*
ISBN 978-3-492-23526-6

Nach außen mochten die großen europäischen Fürstenhöfe
Pracht und Luxus ausstrahlen, doch hinter ihren Fassaden
spielten sich wahre Ehetragödien ab. Die Töchter von Kai-
sern und Königen wurden häufig wie ein Stück Ware gehandelt und noch als Kinder aus Staatsräson in ein fernes Land
verschachert; nach persönlichem Glück wurde selten gefragt.
Packend und historisch fundiert erzählt Helga Thoma von
tragischen Schicksalen, aber auch von starken Frauen, die
sich vom Leid nicht brechen ließen.

PIPER

Leseproben, E-Books und mehr unter www.piper.de

Vom Glück zu lieben und geliebt zu werden

Carolin Philipps
Friederike von Preußen
Die leidenschaftliche Schwester
der Königin Luise

Piper Taschenbuch, 384 Seiten
Mit 16 Seiten farbigem Bildteil
€ 10,99 [D], € 11,30 [A]*
ISBN 978-3-492-25724-4

»Galanteste Löwin des Jahrhunderts« hat man sie genannt: Friederike von Preußen, geborene Prinzessin von Mecklenburg-Strelitz (1774–1841). Tatsächlich rankt sich um die »sündige« Schwester der Königin Luise ein streng gehütetes Familiengeheimnis, das nach mehr als anderthalb Jahrhunderten aufgedeckt wurde. Carolin Philipps schreibt aus bis dahin unbekannten Quellen heraus die Biografie einer außergewöhnlichen Frau, die entgegen allen Regeln ihre Sehnsucht nach Glück und Liebe lebte.

PIPER

Leseproben, E-Books und mehr unter www.piper.de